长沙五一广场简与东汉历史文化学术研讨会论文集

清华大学出土文献研究与保护中心 主编

清华大学出版社

北京

内 容 简 介

本论文集是清华大学出土文献研究与保护中心召开的"五一简与东汉历史文化"学术研讨会的会议论文集。集中论文以五一简为主,但不限于五一简,不少论文讨论了里耶秦简、走马楼西汉简、西北汉简、走马楼吴简等简牍,深化了对秦汉法制史、经济史、地方行政制度、文书学、古文字、书法史、西北边塞等多领域的认识。本次会议是国内首次以五一简为主体的研讨会,本论文集也是国内首部以五一简为主的学术论文集。本书可供出土文献、中国古代史、法制史、古文字、汉语史、书法史等学科领域的研究者参考。

图书在版编目(CIP)数据

长沙五一广场简与东汉历史文化学术研讨会论文集/清华大学出土文献研究与保护中心主编. —北京:清华大学出版社,2023.2
  ISBN 978-7-302-62704-3

  Ⅰ. ①长… Ⅱ. ①清… Ⅲ. ①简(考古)-长沙-东汉时代-学术会议-文集 Ⅳ. ①K877.5-53

  中国国家版本馆 CIP 数据核字(2023)第 026983 号

责任编辑:张维嘉
封面设计:刘艳芝
责任校对:薄军霞
责任印制:宋 林

出版发行:清华大学出版社
  网　　　址:http://www.tup.com.cn,http://www.wqbook.com
  地　　　址:北京清华大学学研大厦 A 座　　　**邮　编:**100084
  社 总 机:010-83470000　　　**邮　购:**010-62786544
  投稿与读者服务:010-62776969,c-service@tup.tsinghua.edu.cn
  质量反馈:010-62772015,zhiliang@tup.tsinghua.edu.cn
印 装 者:三河市东方印刷有限公司
经　　销:全国新华书店
开　　本:170mm×240mm　　　**印　张:**23.25　　　**字　数:**379 千字
版　　次:2023 年 4 月第 1 版　　　**印　次:**2023 年 4 月第 1 次印刷
定　　价:149.00 元

产品编号:096626-01

古文字与中华文明传承发展
工程《五一广场简牍整理与研究》
项目（G2433）阶段成果

前　言

　　长沙五一广场东汉简牍是 2010 年出土的,随后清华大学出土文献研究与保护中心与长沙市文物考古研究所、中国文化遗产研究院、湖南大学岳麓书院合作,共同整理这批简牍。经过四家单位十余年的持续努力,至 2021 年 10 月,已有约半数的简牍正式刊布。在这个时间节点我们组织召开学术研讨会,并出版会议论文集,是一件十分有意义的工作。

　　五一广场东汉简牍,有字者近 7000 枚,简牍年号分布在和帝永元二年(90年)至安帝永初五年(111 年)之间,属东汉早中期,资料价值弥足珍贵。此前,秦代有睡虎地秦简、岳麓秦简、里耶秦简等简牍的出土,西汉有张家山汉简、定县汉简、居延汉简、悬泉汉简等简牍的发现,唯独东汉,虽然也出土了东牌楼简牍、尚德街简牍,但时代晚至汉末,数量也较少,才一二百枚。五一广场东汉简牍的出土,填补了东汉简牍的空白。秦汉四百多年的历史,由于这批简牍的问世,各个时期大致上都有了文书和法律方面的地下资料。

　　这批简牍内容以法律案件为主,广泛涉及东汉长沙郡的治安管理、经济贸易、家族结构、民风民俗等情况,对于研究秦汉法制史、经济社会史和基层治理具有重要意义。同时,“五一简”及南方其他地区的资料,还可以结合五一广场附近出土的走马楼西汉简、走马楼吴简,拉长时段,研究秦汉三国时期南方地域社会的变化。另外,这批简牍与典籍简不同,属于同时资料,记录的都是当时行用的语言,魏晋六朝文献的很多词汇都可从中找到源头,因此一定会有力推动中古汉语史研究的发展。当然,在文字学、书法史等方面,其价值也是值得重视并深入挖掘的。

　　为了推动学界对这批简牍的关注和研究,我中心在 2021 年 10 月举办了学术研讨会,得到学界同仁的积极回应,大家济济一堂,就“五一简”相关问题进行了交流研讨。这次结集出版的论文集,就是会议的一项成果。在此,对与会和提供论文的诸位作者表示感谢!

　　到目前为止,“五一简”已经出版了一部《选释》和八卷整理本,在保证质量的前提下,我们将尽快推出余下部分。当然,出土文献研究与保护中心同时还参与了悬泉汉简、定县汉简、上孙家寨汉简、尹湾汉简等秦汉简牍的整理和再整理工作。在做好甲骨文、清华简整理研究的同时,秦汉简牍整理与研究也是本中心重点加强和开拓的研究领域,期待学界同仁继续予以大力支持。

近年来,得益于国家政策的支持,出土文献的整理与研究日益受到重视。"冷门绝学"与边疆史研究、"古文字与中华文明传承发展工程"等工程项目陆续实施,出土文献研究迎来了前所未有的难得的发展机遇。身处这样一个时代,躬逢出土文献的大发现,我们能与两千多年前的古人直接对话,何其有幸,同时责任又何其重大!

在论文集即将付梓之际,略缀数语,谨抒浅见,期待出土文献研究这一关乎中华文明传承发展的事业不断弘扬光大。

黄德宽

2022 年 8 月 22 日

目　录

简牍中法律史料与传承中华优秀
传统法律文化研究[*]

刘海年

本次研讨会是一次重要的学术会议，也是一次很好的学习机会。感谢清华大学出土文献研究与保护中心邀请我参加本次研讨会，也感谢长沙市文物考古研究所的各位同仁。我离开简牍研究工作已三十多年，对"长沙五一广场东汉简牍"没有研究，好在法律也是一种文化。今天只能就简牍中的法律史料与法律文化研究谈点看法，如有不妥请诸位批评。

一、要重视简牍中的法律史料与传统法律文化研究

近代以来我国陆续从地下出土大批简牍。二十世纪七十年代以来，随着基建的发展出土数量大大增加。据介绍，到目前数量已超过三十万支。其中，有关法律及法律运作的简牍占相当大比重。我国古代法律现存最早最完备的是《唐律疏议》。此前的法律史籍，记载均较笼统，具体内容多为残篇断条。地下所出土简牍的年代从战国、秦汉到魏晋，简牍所记为当时经济、政治、文化、法律、军事和社会等方面状况，有些也述及前代，不仅填补了我国史籍未记载之空白，且每字每句都为当时之真迹，极为珍贵。春秋战国和秦汉，是我国古代史上大变革、新制度走向稳定的时代。简牍中记载的以法律推进变革、维护社会稳定和促进社会发展的许多举措，超出了我们以往的认知。

主要记载汉代社会状况和法律内容的敦煌与居延简牍，二十世纪初就有发现，七十年代后又有新发现。其中有关于屯戍边疆的法律内容；有如"王杖十简""王杖诏书令"等记载关于优待高龄老人、抚恤鳏寡孤独和残疾者的法律与实施情况；有如《候粟君所债寇恩事》简册，记载建武三年（27 年）居延县令处理当

---

* 本文是在清华大学出土文献研究与保护中心举办的"五一简与东汉历史文化"学术研讨会上的致辞基础上撰写的，承蒙李均明先生对初稿提供了修改意见，谨此致谢！

地边防一位俸禄与县令相同的军官,状告一位河南移民欠债、借牛不还,经调查属告不实,县令判处其"政不直"报太守府的裁定。"为政不直"在秦汉均为重罪,府衙如何批,案卷至此为止,但案件调查过程至少说明县令能严格依法办事。此案于东汉初年事发西北边疆,依法裁决对稳定社会安定也是重要的。二十世纪九十年代前出版的居延汉简①中的法律史料,李均明先生编撰的《汉代屯戍遗简法律志》有比较全面的汇集和阐释,由科学出版社以繁体字精装出版。只是因其系《中国珍稀法律典籍集成》甲编中的一册,全书印数少,定价高,且主要面向国外,国内只有一些大图书馆有存,很难见到。据介绍,居延和西北地区二十世纪九十年代后又出土了大批汉代简牍,多有关于西汉及东汉初期的法律等。

此次研讨会前几天,我收到清华大学出土文献研究与保护中心赠送的一套《长沙五一广场东汉简牍》,尚未及学习,只粗略看了前两卷,感到内容十分丰富。其中记载的长沙郡发生的待处理和已处理的司法案件,由于内容涉及刑事、民事和经济等多方面关系,牵涉官府运作、执法实况、司法检验、刑徒移送等,有些也引用了诏令律条。此书释文现在是依出土简牍号排列。我想如将现在的释文以小体字排在相应的简牍图版旁边,释文部分将司法文书经过缀合编联,基本依汉《九章律》盗、贼、囚、捕、杂、具、兴、厩、户序列结合案例实际编排,其余非法律史料单独分类,五一广场简牍的内容就更加凸出了。

将长沙五一广场简牍和居延及西北地区出土的汉代简牍,与湖北、湖南等地出土汉简一起研究,将对汉代法律有进一步具体了解。"汉承秦制",将两汉法律与战国、秦代典籍、简牍记载的法律史料相衔接,并与三国吴简的有关内容结合研究,会对这一重要历史阶段和我国整个古代法律发展脉络有新认识。

文化是民族的血脉。习近平同志说:"要加强对中华优秀传统文化的挖掘和阐发……把继承优秀传统文化又弘扬时代精神,立足本国又面向世界的当代中国文化创新成果传播出去。"②中华优秀传统法律文化是中华优秀传统文化的重要组成部分。习近平同志不久前在谈到建设中国特色社会主义法治体系时特别提出"要传承中华优秀传统法律文化"(《人民日报》2020 年 11 月 18 日)。这说明我们研究简牍中的法律史料、法律文化,对全面建设社会主义现代化国家有重要意义。

---

① "居延汉简"因在我国内蒙古自治区额济纳旗的居延地区和甘肃省嘉峪关以东的金塔县肩水金关被发现而得名。

② 《习近平谈治国理政》,外文出版社,2014 年,第 106 页。

二、关于简牍的分类问题

分类是依据事物的同异将其归集成类的过程,对事物分类本身就是一种科学研究。科学分类是进一步研究的方法,也标志着对事物认识之加深,简牍的分类即是如此。自简牍发现起,前辈学者就重视对其分类。罗振玉、王国维在《流沙坠简》一书中将二十世纪初出土的汉简分为三类:①小学、数学方技书;②屯戍丛残简;③简牍遗文。劳干在《居延汉简考释·释文之部》中将二十世纪三十年代出土的居延汉简分为文书、簿录、信札、杂类四大类。今人李均明、刘军在《简牍文书学》一书中依据二十世纪和二十一世纪初出土的大量简牍,将其中的简牍文书部分按功能特性分为书檄、簿籍、律令、录课、符券、检楬六大类。此后,李均明先生在所著《秦汉简牍文书分类辑解》一书中对以上所分六大类作了修订,分为:①书檄类;②律令类;③簿籍类;④录课类;⑤符券类;⑥检楬类。新修订仍为六大类,主要是将前述②③类排列次序作了调整。

二十世纪七十年代以来简牍大量发现,内容进一步丰富,李均明、刘军二位先生按简文内容性质分类,突出了有关法律的内容,更为科学。但仍将法律部分放在文物考古界所列之简牍文书大类之中,似应进一步考虑。去年我曾与均明先生商量,是否将简牍中的法律部分从文书中分离出来,将其与简牍典籍、简牍文书并列为三大类。后来我们都很忙,虽有微信经常联系,但却未再见面谈及此问题,直到今天开会。现在借研讨会之机,将问题提出与各位探讨。

所以考虑如此分类,是基于以下理由。其一,法律与其他文书性质不同,法律是社会经济基础和上层建筑的核心组成部分,自古至今都具有国家强制力。其二,早在春秋战国时期,一些政治家和学者对法律就从不同角度下有定义。《管子·七臣七主》:"法律政令者,吏民规矩绳墨也。"《韩非子·难三》:"法者编著之图籍,设置于官府,布之于百姓者也。"又说:"法者宪令著于官府,赏罚毕于民心,赏存乎慎法。而罚加乎奸令者也,此臣之所以师也。"(《韩非子·定法》)依据形势发展,西汉武帝时廷尉杜周曾说:"三尺法安出哉,前主所是著为律,后主所是疏为令,当时为是。"(《汉书·杜周传》)其三,法律有相对稳定的名称和篇章,行文有其特别要求,表达更为严谨。其四,法律并非仅仅有律令条文,不仅指朝廷发布的诏书、制书,也不是专指刑法,还包括中央和地方官府发布的地方法规,以及土地、农林、畜牧、工商、国家安全等规范性文件,内容广泛,数量庞大。

其五,从形势发展看,将其单独列为一大类,更接近现代观念对其分科,以便于理解,服务现实。以上只是个人的浅见,是否妥当,供学界(尤其文物考古界)同仁们参考。

三、关于基础研究与专题研究

处理好简牍基础研究与专题研究的关系,是文物考古研究单位和从事简牍基础研究、专题研究的人员应解决的重要问题。基础研究包括文物发现、发掘、保护、文字辨识、简册复原、解读注释等工作。对文物的发现者,无论是必然或偶然,都应依法保障其权利,根据所发现文物的等级予以精神和物质奖励,这也是保护国家文物之需要。发现简牍后,发掘过程是很辛苦、很细致的工作。千年竹木材质很易损毁。移入室内后,要进一步对其清理、保护、保存,进行文字辨识、简牍拼接、联结复原。其中许多字词需查阅多种传世典籍反复考究才能厘定,然后形成文稿交付出版。专题研究是在基础研究基础上,将简牍记载的内容分为经济、政治、文化、社会、法律、军事以及科学技术等门类进行细化研究。在上述不同领域,研究实践中又会分为不同专题。这是研究深入的必然,也是弘扬中华优秀传统文化的要求。

从事基础研究与专题研究的人员有些是交叉的,他们既从事基础研究又从事专题研究,也有专题研究者对基础研究很有造诣。老一辈专家如郭沫若、唐兰、张政烺先生等,在基础研究、专题研究方面都是大家。我认识的同龄人中李学勤、裘锡圭、于豪亮先生等也是。他们在两个方面都做出了突出贡献。参加今天研讨会的李均明教授经四十多年的刻苦努力,也成了这方面的佼佼者。今天与会的同仁一定也有不少具有这一特点的专家,恕我无法一一列举。

简牍法律史资料研究总体上属于专题研究。我本人在参加云梦秦简整理时和整理后从事了一段时间法律方面的专题研究,后来因工作需要未能坚持下来。这段研究持续时间不长,不过却让我结识了不少老一代专家和同龄人中的专家。他们的学识和严谨的治学态度给我留下了深刻印象。与他们一起工作的一段时间使我认识到,从事简牍法律专题研究与简牍典籍、简牍文书专题研究一样是困难的,要具备较好的古文、历史知识,法律专业知识也应扎实。在简牍法律典籍专题研究中,要充分尊重简牍基础研究的成果,以谦虚谨慎的态度向从事基础研究的专家们学习。对一些词语的理解如产生分歧,应将其放在特定历史背景下,依据当时典籍或注释考虑。简牍基础研究与专题研究,是知识发展密切联系的两个阶段。专题研究要立足于扎实的基础研究才能做到言之有据,撰写出有分量的研究成果;而有质量的专题研究成果则能使简牍基础研究中的新发现在更大范围展示,向国内外传播包括优秀法律文化在内的中华优秀传统文化。

四、大力培养新生力量

如前所述,我国已发现的简牍数量很大,且仍会继续发现。百余年来,前辈和今人已做出的研究,奠定了良好的研究基础。但就现状与未来形势发展需要来说,差距还是大的。基础研究由于难度大介入力量少,从发掘到出版周期时间长。专题研究难度大,也有介入力量少的问题,致使已出版的珍贵文献,不少仍处于沉睡或半沉睡状态,未能更好地发挥应有作用。解决这两方面的问题,进一步发挥现有力量和积极性是重要的。不过无论从现时需要还是从长远发展看,在发挥现有力量积极性的同时,都需要大力吸引与培养新生力量。

吸引新生力量需要加强对简牍重要发现的宣传介绍,同时要以优秀的专题研究成果,让更多青年学者了解其对传承中华优秀传统文化的重大意义。相关高校的相关学科应依据需要扩大文物考古相关专业的招生,其中包括中文或历史专业的古文字学、古文献学,建筑专业的古建筑学,以及理工专业有关文物保护课程的设置,等等。此外,为加强基层(尤其是边远地区)文物基地建设,高校有关学科也可以对文物发掘地区有志于此项工作的青年,采取定向招生的办法进行培养。

对于培养新生力量,上述制度改革完善是重要的。同时,要发挥老专家在培养新生力量中的作用。包括简牍基础研究在内的文物考古事业新生力量培养,都要重视老专家的传帮带作用。老专家们文史功底深厚,实践经验丰富,不少人的学术研究与文物考古经历,就是一部有益的教科书;而不少研究机构的退休年龄却是一刀切。像大家尊敬的李学勤先生,在将到退休年龄时被清华大学聘请,成为研究中心的学术带头人,十多年中为清华简的整理和研究做出了杰出贡献。李均明先生情况也大体如此。他来清华后与学勤先生等一起,为清华简整理及研究做出贡献,还主持了长沙五一广场东汉简的整理和研究。他们在清华培养了一批新生力量,实在难能可贵。今天到清华后,我参观了学校为前两年作古的李学勤先生设立的纪念室。看到这位老同事、老朋友受到如此敬重,在感动之余,也体会到了清华大学尊重老学者、重视培养新生力量的良好校风。

五、更加响亮地提出建设简牍帛书学

本人从事简牍法律研究的时间很短,研究的问题很少。三十多年来,尽管忙于现时问题研究和事务工作,却无法不惦记简牍研究和简牍新发现的动向,每次新发现的消息传来我都会心情激动。当里耶秦简发现的消息传来后,我曾在一篇文章中写道:"此消息(令我)激动得彻夜难眠,愿生命假我以时日,继续从事秦汉简牍研究。"所以如此,一是我对简牍法律研究产生了感情,它能不断引导我在新领域探索;二是秦汉简牍中关于农田水利保护、手工业生产标准化、商业市场物价管控及外邦人入境经商登记、外邦车马入境的检疫消除有害寄生虫、传染病人隔离等措施,以及对人犯一般不提倡笞打等法律规定达到的文明程度,的确已居当时世界领先地位。

二十世纪七八十年代我发表了一些文章,之后由法律出版社汇集出版,2017年由中国社会科学出版社再版,书名是《战国秦代法制管窥》。现在将其放在二十世纪八十年代后发现的大量秦汉简牍之中审视,说"管窥"太夸张了,对一些问题只是一孔之见,且孔的直径充其量只细如发丝。在该书《再版前言》中,我曾称"马王堆帛书、银雀山汉简、云梦秦简等相继被发现,尽管只是拉开了此段壮丽史诗帷幕的一角,也引起了国内外学界的关注和研究热情"。对此我深有体会。三十多年来,我在从事法治和人权理论研究与对外交流中,每当在会下与外国学者谈及中国传统优秀法律文化,向他们介绍上述事例时,他们都异常惊诧。二十世纪八十年代的东京大学校长、著名刑法专家平野龙一先生听说秦代法律规定讯问人犯将笞打列为下等,一般不提倡,如按法律规定经过笞打的,"爰书"(口供记录)中要予以说明时,认为当时的法律达到如此文明程度不可思议。在国内两次有关国学座谈会上,我曾提出不要将古代法学当成"遗忘的角落",在讲授儒学和诸子哲学思想时,也应将简牍中展现的法律思想与法家学说融合在一起向国内外介绍。由于一些外国历史书籍对法律制度沿革较重视,将我国简牍法律与传世典籍中优秀传统法律文化列入孔子学院教材内容,一定会产生良好效果,可惜至今未能如愿。

二十世纪九十年代以来,地下埋藏的简牍在全国多地出土,湖南、湖北则可谓"井喷式"发现。给文物考古等史学研究界带来了一次次震动,相关地区和一些高等学校及研究机构迅速投入大量人力、物力,产出的研究成果达到了空前水平。不过由于成果出版多为附有图版的精装大开本,很少有如当年云梦睡虎地秦简的情况——1975 年年末发现,1976 年开始整理,1977 年出版线装大字本,1978 年出版简体字平装本,1981 年出版附有图版之精装本。现在不少出土的简牍数量多,要求将进一步整理的平装本很快出版难度大,但为了尽快使其内容传播开来,是否也可以将出版初步断句、简注的平装本纳入考量之内?这次清华大学出土文献研究与保护中心邀请从事简牍基础研究和专题研究的老师与专家,共同探讨长沙五一广场东汉简牍与东汉历史文化,应该说是简牍基础研究与专题研究的良好结合,也是传播简牍所涵优秀传统文化的重要举措。不过就全国总体情况看,实现习近平同志希望的"把继承优秀传统文化又弘扬时代精神"的简牍研究成果传播出去,还需多方面努力。

前面已经谈到,现在已发现的简牍出自战国到魏晋。老一代学者推断,以竹木为书写材质,应与商代甲骨同时。战国之前的简牍,以后可望发现。战国之后的简牍,相信目前的三十余万支只是序文,还有更丰富宏伟的篇章可期。地下简牍是中华传统文化的瑰宝。研究简牍帛书是传承和弘扬优秀传统文化之需要。为了弘扬简牍帛书中文献与传世典籍优秀传统文化,去年我曾写报告建议,进一步加强简帛学建设。其中提出希望国家有关部门和简牍帛书发现地区政府财政部门,以及有关基金会加大对简帛研究的支持,加强对简帛研究的新生力量培养,各高等院校和研究机构对从事简帛研究、保护的人员建立更适合的考核机制。更重要的是:第一,在现有基础上,各发现地文物机构、各相关高校和研究机构进一步加强联系,对重大项目进行合作研究,争取在主管部门支持下,建立国家挂牌的简帛学研究工程,尽快形成享誉世界的中国简帛学;第二,为实现上述目的,成立学术研究性质的中国简帛学研究会,定期或不定期组织简帛研究领域学术问题研讨,组织国内人员学术交流,同时加强对外(包括外籍华人)交流和中华优秀传统文化传播。

以上只是个人过去曾提出、今天再次提出的加强简帛学建设的一些想法。我已进入耄耋之年,许多事已力不从心,简牍研究更是如此。今天有幸到清华大学参加研讨会,谈的只是个人认识和想法,供与会线下和线上的各位同仁参考。

五一广场东汉简牍所反映的
临湘县治安体系初探

李均明

清华大学出土文献研究与保护中心

长沙五一广场井窖遗址出土东汉简牍近七千枚，大多为临湘县的司法文书，是研究东汉临湘县乃至长沙郡治安体系的绝佳资料，可补史载所缺。五一简表明，当时的治安体系有别于行政体系：行政体系是按县、乡、里的三级架构布设，而治安体系则按县、部、亭的三级架构布设。运作方式皆为纵向联系，垂直领导。以下仅就后者略述一二。

一、体系架构

体系架构主要指机构设置、人员安排及统辖关系。

（一）机构与人员

县令、丞

临湘令、丞屡见于五一简，是县级治安的领导者，负有领导责任。《后汉书·百官五》县令、长的职责包括"显善劝义，禁奸罚恶，理讼平贼"①。治安为其重要职责，如《五一简》[伍]1725"临湘令禁备盗贼，无发，发辄捕得，殼（系）"；还要亲自指挥对盗贼的抓捕，如《五一简》[伍]1776"君追贼逢门亭部"②、《五一简》[壹]351"君追贼磨亭部"③等。五一简所见，县令常被尊称为"君"，如《五一简》[肆]

---

① ［宋］范晔撰，［唐］李贤等注：《后汉书》，北京：中华书局，1965 年，第 3622 页。以下仅在引文处括注页码。

② 长沙市文物考古研究所、清华大学出土文献研究与保护中心、湖南大学岳麓书院、中国文化遗产研究院编：《长沙五一广场东汉简牍》[伍]，上海：中西书局，2021 年。本文简称《五一简》[伍]。

③ 长沙市文物考古研究所、清华大学出土文献研究与保护中心、湖南大学岳麓书院、中国文化遗产研究院编：《长沙五一广场东汉简牍》[壹]，上海：中西书局，2017 年。本文简称《五一简》[壹]。

1264"延平元年四月戊申朔廿三日庚午,临湘令君、守丞护……"①。一切重大治安事务,都要经过县丞审核、县令画诺批准(详下文)。

左尉、右尉、尉曹

左尉(含守左尉),见《五一简》[贰]460、695②,《五一简》[叁]893、1094、1106、1133、1134、1142＋1241③,《五一简》[肆]1330、1370、1454、1472、1687,《五一简》[伍]1833、1882、1894、1923、1924、2011、2080,《五一简》[陆]2238、2288、2337、2362、2427。④

右尉(含守右尉),见《五一简》[壹]1,《五一简》[伍]1984。

尉曹,见《五一简》[壹]156,《五一简》[贰]681、735,《五一简》[叁]1136。

县尉专职治安,分左右。《后汉书·百官五》(3623):"尉主盗贼,凡有贼发,主名不立,则推索行寻,案察奸宄,以起端绪。"据《汉书·百官表上》,诸县"皆有丞、尉,秩四百至二百石,是为长吏"⑤。尊称"卿",《汉官仪》:"大县丞、左右尉,所谓命卿三人。小县一尉、一丞,命卿二人。"⑥临湘县为郡治所在地,故设左、右尉。《史记·陈涉世家》索隐引《汉旧仪》:"大县二人,其尉将屯九百人。"⑦西北之居延,亦是一县设两尉。《金关简》[壹]73EJT3.115见"居延守右尉"⑧。《合校》132.39见"居延左尉"⑨。又,《校官碑》溧阳长下见"左尉"及"右尉"⑩。

尉曹为尉之办公机构,设尉史为其助手,《五一简》[陆]2363见"守左尉史"。

① 长沙市文物考古研究所、清华大学出土文献研究与保护中心、湖南大学岳麓书院、中国文化遗产研究院编:《长沙五一广场东汉简牍[肆],上海:中西书局,2019年。本文简称《五一简》[肆]。

② 长沙市文物考古研究所、清华大学出土文献研究与保护中心、湖南大学岳麓书院、中国文化遗产研究院编:《长沙五一广场东汉简牍[贰],上海:中西书局,2017年。本文简称《五一简》[贰]。

③ 长沙市文物考古研究所、清华大学出土文献研究与保护中心、湖南大学岳麓书院、中国文化遗产研究院编:《长沙五一广场东汉简牍[叁],上海:中西书局,2019年。本文简称《五一简》[叁]。

④ 长沙市文物考古研究所、清华大学出土文献研究与保护中心、湖南大学岳麓书院、中国文化遗产研究院编:《长沙五一广场东汉简牍[陆],上海:中西书局,2021年。本文简称《五一简》[陆]。

⑤ [汉]班固撰:《汉书》,北京:中华书局,1962年,第742页。以下仅在引文处括注页码。

⑥ [清]孙星衍等辑,周天游点校:《汉官六种》,北京:中华书局,1990年,第155页。以下仅在引文处括注页码。

⑦ [汉]司马迁撰,[宋]裴骃集解,[唐]司马贞索隐,[唐]张守节正义:《史记》,北京:中华书局,1959年,第1952页。以下仅在引文处括注页码。

⑧ 甘肃简牍保护研究中心、甘肃省文物考古研究所、甘肃省博物馆、中国文化遗产研究院古文献研究室、中国社会科学院简帛研究中心:《金关汉简》,上海:上海辞书出版社,2012年。本文简称《金关简》。

⑨ 谢桂华、李均明、朱国炤:《居延汉简释文合校》,北京:文物出版社,1987年。本文简称《合校》。

⑩ [清]王昶撰:《金石萃编》卷11,北京:中国书店,1985年,第4页。

贼曹及掾、史

贼曹,见《五一简》[壹]355＋357、《五一简》[伍]2094。贼曹为治安机构之统称,对辖区施行分部管理。临湘县贼曹分左、右。

贼曹掾、史,见《五一简》[壹]539、《五一简》[贰]889,贼曹主管与助手之称谓。

左贼曹,见《五一简》[壹]325。

右贼曹,见《五一简》[壹]16。

"左贼曹"在更多的场合下被简称为"左贼",如《五一简》[壹]350、[贰]673、[叁]190、[陆]2350 等。

"右贼曹"亦然,如《五一》[壹]7。

五一简中屡见左贼史(兼左贼史)、助史及右贼史(兼右贼史)、助史,是贼曹机构里的具体办事人员(详见下节"运行机制·内勤")。

临湘县下设若干警区,每一警区设"贼捕掾"及"游徼",简文所见如:

左部贼捕掾,见《五一简》[壹]138、141、324,《五一简》[贰]429＋430、440、506、530,《五一简》[叁]924、996＋1286,《五一简》[肆]1278、1421、1484,《五一简》[伍]1719、1752、1753,《五一简》[陆]2592 等。

右部贼捕掾,见《五一简》[壹]120、307、330,《五一简》[陆]2172 等。

东部贼捕掾,见《五一简》[壹]230,《五一简》[贰]411、412,《五一简》[叁]1003、1083、1118、1124、1176,《五一简》[肆]1283、1370、1383,《五一简》[伍]1882、1894 等。

西部贼捕掾,见《五一简》[壹]665。

北部贼捕掾,见《五一简》[壹]128、129、325,《五一简》[贰]507、651、725、737,《五一简》[叁]1065、1155,《五一简》[肆]1509、1511、1671,《五一简》[伍]1752＋1755。

南部贼捕掾,暂未见于第六辑前各辑简文,但简文数见"南部游徼"的记载,据其统辖关系(详见下文),临湘县当设南部警区。

桑乡贼捕掾,见《五一简》[贰]500、618、669,《五一简》[叁]816,《五一简》[伍]1752＋1755。

外部贼曹掾,见《五一简》[壹]66、71。

前部贼捕掾,见《五一简》[贰]427。

又诸部皆设贼捕史协助贼捕掾工作,屡见,文略。

两汉郡县皆设贼曹,职能相类,皆主捕盗贼。《汉书·张敞传》(3223)"敞使(卒)[贼]捕掾絮舜有所案验",师古注:"贼捕掾,主捕贼者也。"《后汉书·铫期传》(731)"光武略地颍川,闻期志义,召署贼曹掾,从徇蓟",李贤注引《汉官仪》:"贼曹,主盗贼之事。"汉碑屡见诸县贼曹,如《苍颉庙碑》见"衙门下贼曹"①,《郃阳令曹全碑》见"门下贼曹""贼曹史"等②。门下为直属县廷的机构。根据下文所见统辖关系,临湘县之左、右曹,或亦为门下曹,其余诸部贼捕掾、史当为派出人员。以上所见诸部贼捕掾中,仅桑乡贼捕掾冠以乡名,或此乡地域范围较大,一乡即构成一个治安分部,故称。其余皆以方位划分。

"外部贼曹掾"与"前部贼捕掾"的称呼比较特殊,所见"部"字,皆为动词,是部署、安排的意思,如《史记·淮阴侯列传》(2628):"欲发以袭吕后、太子,部署已定。"这种用法,五一简亦屡见,如《五一》[壹]156:"前以府书部守史沇纲,柤乡陵亭长王岑、蔡英逐捕泠乡干胡苍、黄阳。"《五一》[叁]876:"辄部贼曹掾黄纳、游徼李临逐召贤……书到,亟部吏与纳并力逐召贤等必得。"都是部署安排的意思。"前部"之"前"指以前、之前。则"前部"指之前的安排。同理,"外部掾"泛指部署在外的曹掾。"外部贼曹掾"则指部署在外的贼曹掾。

游徼

游徼分属诸部,如:

游徼,屡见。

左部游徼,见《五一简》[叁]996+1286,《五一简》[肆]1421,《五一简》[伍]1719,《五一简》[陆]2592。

右部游徼,见《五一简》[陆]2172。

东部游徼,见《五一简》[壹]230,《五一简》[贰]412,《五一简》[叁]1193,《五一简》[肆]1370、1383,《五一简》[伍]1882。

上文见西部贼捕掾的记载,则该部亦应有游徼的编制。

北部游徼,见《五一简》[壹]128,《五一简》[贰]725,《五一简》[叁]1065、1671。

南部游徼,见《五一简》[贰]426、428。

---

① [清]王昶撰:《金石萃编》卷10,北京:中国书店,1985年,第3页。
② [清]王昶撰:《金石萃编》卷18,北京:中国书店,1985年,第2页。

桑乡游徼,见《五一简》[贰]523、618,《五一简》[叁]816。

门下游徼,见《五一简》[陆]2622。

寺中游徼,见《五一简》[肆]1311。

游徼专职治安。《汉书·百官表上》(742):"乡有三老、有秩、啬夫、游徼。""游徼徼循备盗贼。"《后汉书·百官五》(3624):"游徼掌徼循,禁司奸盗。"值得关注的是五一简所见,游徼归属诸治安部,不是如史籍所云属诸乡管辖。汉居延县亦见游徼之编制,如《金关简》[壹]:73EJT3.115"居延守左部游徼"。游徼亦属治安部,《金关简》[壹]73EJT9.2"居延守右尉游徼安故里……",《金关简》[壹]73EJT9.7"行右尉事守游徼武"。汉碑所见,如《苍颉庙碑》之"衙门下游徼"①,《武氏前石室画像题字》右第三层第四石见"门下游徼"、第六石见"游徼车"②。《后汉书·王忳传》(2681)王忳除郿令,其属下即有"门下游徼"。

今见游徼所属诸部大致与上文贼捕掾诸部对应,知游徼亦属各治安分部管辖。门下游徼、寺中游徼当负责县衙门及附近地区,其属左部或右部的可能性最大。

据迄今已公布五一简所见诸部贼捕掾及游徼的设置,当时的临湘县划分为左部、右部、东部、西部、南部、北部、桑乡七个警务分区。

亭与亭长

亭是汉代治安的基层,犹今派出所。五一简所见名目如:

亭,屡见。

亭长,屡见。

都亭,见《五一简》[壹]137、294、304、309,《五一简》[贰]470、738,《五一简》[叁]895、1121,《五一简》[肆]1420、1600,《五一简》[伍]1856,《五一简》[陆]2123。

逢门亭,见《五一简》[壹]3,《五一简》[贰]570,《五一简》[叁]889、1022、1024、1186,《五一简》[肆]1393,《五一简》[伍]1776、1901,《五一简》[陆]2176、2288、2496、2505。

御门亭,见《五一简》[壹]124,《五一简》[贰]543,《五一简》[叁]1341,《五一简》[伍]1719,《五一简》[陆]2199、2494。

庾门亭,见《五一简》[叁]1022。

① [清]王昶撰:《金石萃编》卷10,北京:中国书店,1985年,第4页。
② [清]王昶撰:《金石萃编》卷21,北京:中国书店,1985年,第1页。

庾亭，见《五一简》[壹]331，《五一简》[贰]494、692，《五一简》[叁]996＋1286、1025，《五一简》[肆]1266、1421、1490，《五一简》[伍]1810、1985。

监亭，见《五一简》[贰]467、503，《五一简》[叁]880，《五一简》[伍]2066。

阳马亭，见《五一简》[贰]432、481、538、758，《五一简》[肆]1262。

南亭，见《五一简》[壹]117＋115，《五一简》[贰]660，《五一简》[叁]934、1053，《五一简》[肆]1669，《五一简》[陆]2190、2265、2498。

南门亭，见《五一简》[肆]1681。

三门亭，见《五一简》[壹]339，《五一简》[肆]1420，《五一简》[伍]2030。

小武陵亭，见《五一简》[叁]1106、1110、1134。

广成亭，见《五一简》[陆]2191。

以上诸亭归左部管辖，详下文。

市亭，见《五一简》[壹]336，《五一简》[陆]2172。

西市亭，见《五一简》[壹]257。

曲平亭，见《五一简》[壹]336，《五一简》[叁]1103。

以上诸亭归右部管辖，详下文。

长赖亭，见《五一简》[壹]89、90，《五一简》[叁]809、876、1065，《五一简》[肆]1255、1671。

廉亭，见《五一简》[壹]380，《五一简》[贰]443、474、492、501、523、649、763，《五一简》[叁]812，《五一简》[伍]1482。

磨亭，见《五一简》[壹]351。

广亭，见《五一简》[壹]126、339、341、348，《五一简》[贰]664＋542、629、654、657，《五一简》[肆]1472、1682、1752＋1755。

以上诸亭属北部或桑乡部管辖，详下文。

杆亭，见《五一简》[壹]380，《五一简》[肆]1383、1466。

效功亭，见《五一简》[壹]441，《五一简》[叁]984、1120，《五一简》[肆]1383、1430、1503，《五一简》[伍]1732。

效亭，见《五一简》[贰]489。或"效功亭"之略称。

驷望亭，见《五一简》[壹]125、221、230，《五一简》[叁]1064、1067，《五一简》[伍]1927。

以上诸亭属东部管辖，详下文。

例亭,见《五一简》[壹]3、359,《五一简》[贰]426、520,《五一简》[肆]1296、1299,《五一简》[伍]1752+1755、1792、1796、1798、1800、1801,《五一简》[陆]2134、2140。例亭指巡查岗亭,乃泛称,诸部皆可设置,简文所见设于水陆交通要道者居多,详另文考述。

郭亭,见《五一简》[壹]91。

南山亭,见《五一简》[壹]4。

高置亭,见《五一简》[壹]4。

雍亭,见《五一简》[壹]395,《五一简》[贰]466。

波亭,见《五一简》[贰]466。

以上诸亭未知归属。不排除有些亭在临湘县之外,故无法配属。

《汉书·百官表上》(742):"大率十里一亭,亭有长。"《后汉书·百官五》(3624):"亭有亭长,以禁盗贼。本注曰:亭长,主求捕盗贼,承望都尉。"都亭,通常指县衙门所在地区所设亭。《汉书·司马相如传上》(2530)"于是相如往舍都亭",师古注:"临邛所治都之亭。"以上尉、贼曹、游徼、亭长诸吏,皆配备全副武装。《后汉书·舆服上》(3654)"贼曹、督盗贼功曹,皆带剑",县贼曹准此。《汉官旧仪》(48):"亭长课射,游徼徼循。尉、游徼、亭长,皆设备五兵。五兵:弓弩,戟,盾,刀剑,甲铠。鼓吏,赤帻大冠,行滕,带剑配刀,持盾被甲,设矛戟,习射。"《汉官旧仪》(49):"设十里一亭,亭长、亭候;五里一邮,邮间相去二里半,司奸盗。亭长持三尺板以劾贼,索绳以收执盗。"

伍与伍长

伍长,见《五一简》[壹]83、298+299、376,《五一简》[贰]471,《五一简》[叁]915、1022、1042、1191,《五一简》[肆]1422,《五一简》[陆]2202。

逐事伍长,见《五一简》[壹]409,《五一简》[叁]880。

都伍长,见《五一简》[叁]1029,《五一简》[陆]2441。

大伍长,见《五一简》[叁]1024、1025。

小伍长,见《五一简》[壹]380,《五一简》[贰]1023、1024、1025、1026、1028、1029、1030、1031、1033。

伍为军事组织形式,《礼记·燕义》"若有甲兵之事,则授之以车甲,合其卒伍",郑注:"军法,百人为卒,五人为伍。"[1]即每五人编为一组。简文所见则用于

---

① [清]阮元校刻本:《十三经注疏》,北京:中华书局,1980年,第1690页。

警务。伍长乃职役。《汉官旧仪》(53)："五人为伍,伍长一人。"《后汉书·马融传》(1959)"校队案部,前后有屯,甲乙相伍,戊己为坚",李贤注引《周礼·司马》职曰:"'前后有屯。'甲乙谓相次也,伍,伍长也。"逐事,形容伍长勤务。伍长分都、大、小等次,或依重要性及任职地点而定。伍,隶属于诸亭,详下文。

卒

卒,屡见。

亭卒,见《五一简》[壹]867。

门卒,见《五一简》[贰]333+334、337。

候卒,见《五一简》[伍]2042。

驿卒,见《五一简》[壹]392,《五一简》[陆]2187。

邮卒,见《五一简》[壹]156。

骖驾卒,见《五一简》[陆]2593。

车卒,见《五一简》[贰]692。

简文所见单称"卒"者多为亭卒。其他按工作地点如"门卒"、按工作性质如"驿卒"等划分,皆为服役人员,只是分工不同而已,大多直接服务于警务工作,如《五一简》[壹]347"廷门卒"无疑是县衙门的警卫。

狱及狱吏

狱,屡见。

临湘狱,见《五一简》[壹]257。

狱掾,见《五一简》[壹]126,《五一简》[陆]2144。

狱司空,见《五一简》[陆]2522。

狱书佐,见《五一简》[壹]126、341。

狱史,见《五一简》[壹]126,《五一简》[贰]579,《五一简》[伍]1707、1828。

狱助史,见《五一简》[贰]437。

简文屡见单称"狱"者,多指临湘狱。狱掾,监狱主管。《汉书·薛宣传》(3390):"池阳令举廉吏狱掾王立。"《后汉书·崔骃传》(1722),东郡发干县狱,"狱掾善为《礼》"。狱司空,负责管理囚徒劳务等。《后汉书·百官一》(3562)"世祖即位,为大司空",注引应劭《汉官仪》曰:"绥和元年,罢御史大夫官,法周制,初置司空。议者又以县道官狱司空,故覆加'大',为大司空,亦以别大小之文。"《汉书·陈咸传》(2900)"以律程作司空",师古注:"司空,主作行役之官。"狱书佐主文书事。狱史、狱助史为办事员,佐助监狱管理,通常比较熟悉业务。《汉书·路温舒传》(2367),路温舒"求为狱小吏,因学律令,转为狱史,县中疑事皆问焉"。

(二)隶属关系

五一简所见临湘县治安体系有严密的组织隶属关系。从文书行政过程中的共同署名、协作行动、责任共担等都可以找到许多隶属关系的依据,例如《五一简》[叁]996+1286"永元十一年十一月壬戌朔十八日己卯,左部贼捕掾宫、游徼饶、庚亭长扶叩头死罪敢言之⋯⋯"中,对某件事,三个人共同处理、共同署名,其间显然有统辖关系。今据五一简所见将与隶属关系相关的线索归纳如下(限于篇幅,仅引简号,不列全文)。

左尉—左部,见《五一简》[叁]1094,《五一简》[肆]1687。

左尉—东部,见《五一简》[肆]1370,《五一简》[伍]1882、1894。

左尉—北部,见《五一简》[肆]1454。

从以上简文可知左尉与左部、北部、东部关系密切。

左部—庚亭,见《五一简》[壹]331,《五一简》[叁]996+1286、1022,《五一简》[肆]1421。

左部—逢门亭,见《五一简》[叁]889、1022,《五一简》[陆]2288、2497。

左部—御门亭,见《五一简》[叁]1022,《五一简》[陆]1719。

左部—小武陵亭,见《五一简》[叁]1106、1110。

左部—阳马亭,见《五一简》[贰]538。

左部—监亭,见《五一简》[贰]503。

左部—三门亭,见《五一简选释》140。

左部—南亭,见《五一简》[陆]2262。

左部—庚亭,见《五一简》[肆]1383。

又据未刊简文,左部与广成亭当有隶属关系。

右部—市亭,见《五一简》[陆]2172。

右部—西市亭,见《五一简选释》1。

右部—曲平亭,见《五一简选释》1。

右部—都亭,《五一简》[壹]294见"故都亭长区昭",《五一简》[贰]见惺与亭长区昭的组合,《五一简》[陆]见向惺为右部劝农贼捕掾,则都亭或属右部。

北部—长赖亭,见《五一简》[叁]1065,《五一简》[肆]1255、1671。

北部—廉亭,见《五一简》[贰]725。

北部(或桑乡部)—广亭,见《五一简》[伍]1752＋1755。

东部—驷望亭,见《五一简》[壹]230,《五一简选释》19。

东部—杅亭,见《五一简》[肆]1383。

东部—效功亭,见《五一简》[肆]1383。

又,简文中尚有诸部联动的信息,如:

左部—北部,见《五一简》[壹][贰]651、737,《五一简》[肆]1509。

左部—东部,见《五一简》[壹][肆]1283。

如上所示,门下左部贼曹与派出的北部贼捕掾之间出现较多联动的现象,或表明其间有相对稳定的业务关系。

以上所列部、亭隶属关系,包含了今见大部分部、亭,只有少量部、亭关系未明。当然,不同时期,部、亭隶属关系未必一成不变,但其大致框架还是清晰的。左、右部驻地乃临湘县廷及长沙郡治所在,是当时繁华地段,人口密集,商业发达,故所辖门亭及市亭较多,犹洛阳之街亭及门亭。《汉官仪》(211):"洛阳二十四街,街一亭;十二城门,门一亭。"

二、运行机制

(一)内勤

内勤指贼曹机关的内部工作,多见于"君教"木牍,有特定的程序。

例1:

> 君教若
>
> 左贼史颜、迁白:府檄曰:乡佐张鲔、小史石竟、少郑平殷杀费栎,
>
> 亡入醴陵界。竟还归临湘,不处鲔从迹所,断绝。案文书:前部
>
> 贼捕掾蔡错、游徼石封、亭长唐旷等逐捕鲔、平、竟,迹绝
>
> 醴陵梜亭部劣淳丘干溲山中。前以处言,如府书。丞优、掾隗
>
> 议:请□却贼捕掾错等,白草。(《五一简》[贰]427)

"府檄"指长沙太守府的下行檄文。事涉某乡小史张鲔、石竟、郑平杀人逃亡案。先前曾派遣贼捕掾蔡错、游徼石封、亭长唐旷去追捕,因案犯逃往邻县醴陵

而未果。临湘县曾上报有关报告,当被退回。经丞优、掾隗商量,建议把原来的报告退回贼捕掾蔡错等重新处理。得到县令批准。

例2:

> 君教若
>
> 左贼史迁、兼史修、助史详白:府赵卒史留事:召男子
>
> 张阳、刘次、次舍客任惠将诣在所,
>
> 教今白。丞优诣府对,掾隗议请敕庚亭长伦亟召次等,
>
> 将诣廷,到,复白。
>
> 延平元年十二月一日甲辰白(《五一简》[壹]331A)
>
> 十二月二日付证(《五一简》[壹]331B)

"府赵卒史"指长沙太守府姓赵的卒史。"留事"指待办事务。赵卒史指令临湘县传唤张阳等三人到其驻地,要求当日回报。收到指令后,因丞优已到太守府应对,便由掾隗建议派遣庚亭长伦传唤并带次等人到县廷。据木牍背面所见"付证",张阳等当为证人。

例3:

> 君教若
>
> 左贼史式,兼史顺、详白:前部左部贼捕掾蒿等考实
>
> 南乡丈田史黄宫、趣租史李宗殴男子邓官状。今
>
> 蒿等书言解如牒。又官复诣曹诊右足上有殴创一所,
>
> 广、袤五寸,不与解相应。守丞护、掾普议:解散略,请
>
> 郤,实核,白草。(《五一简》[贰]429+430)

据简文所见,临湘县曾派遣左部贼捕掾蒿等调查处理南乡丈田史黄宫、趣租史李宗殴打男子邓官的事件,已上交报告。但邓官也到贼曹验伤,查出右足一处长、宽各五寸的伤口,与左部贼捕掾蒿的报告不符。所以丞护、掾普建议退回报告书,重新核实。

类似以上三例的文书形式屡见于五一简,反映了贼曹机关工作(即内勤)的三个程序:

首先,由史、助史负责文件的起草、收发、存档,处理具体的机关事务。如上

述三例所见文件皆由左贼史、兼史或助史起草。例1、例2长沙太守府送达临湘县的文件由诸史保存、查对。例3左部贼捕掾蕑等的报告亦由诸史接受、保存并核对其真实性(如得出"不与解相应"的结论)。被害人邓官的验伤或亦由诸史进行。贼曹诸史通常是两人或两人以上共同起草文件或经办具体事务。

再者,诸史起草的文件及具体处理的事务,须送呈丞、掾审阅,并由丞、掾共同提出解决方案,如例1"丞优、掾隗议:请□却贼捕掾错等",例2"掾隗议请敕庾亭长伦敺召汯等,将诣廷,到,复白",例3"守丞护、掾普议:解散略,请郗,实核"。实质而言,贼曹机关的工作是由丞、掾主持监管。丞,无疑指临湘县丞。"君教"木牍常见的丞名"优",又见《五一简》[叁]1133"临湘令君丞优告左尉"、《五一简》[柒]2921"五月七日庚辰临湘令君 丞优告左尉"即证。掾的情况则比较复杂。此掾有可能是贼曹掾,但实际并非全然,如"君教"木牍最常见之签名掾"隗",《五一简》[叁]1110、[肆]1276作"行驿掾隗";"君教"木牍《五一简》[贰]503、538之"兼掾重",又见于《五一简》[伍]"兼掾重、兼令史陈□□",这是临湘县文件的起草人,与令史共同起草者当为廷掾。"君教"木牍《五一简》[壹]323"丞优、掾合",《五一简》[壹]330见"廷掾合议请记告右部贼捕掾□□等实核",知"合"的身份为廷掾。则配合县丞主持监管贼曹工作的可以是县廷诸曹掾,不必一定是贼曹掾。

最后呈送县令批示,即木牍所云"君教"。"君教"二字是提前写上的,如果县令完全同意所呈文件的内容,则签署"诺"字,"诺"有时也写成"若"。如有其他想法,则署具体意见,如《五一简》[贰]601"君教信真臧非"之类。

(二) 外勤

外勤指贼曹机关之外的警务行动,通常由诸部贼捕掾、游徼、亭长共同执行。

例4:

> 永初元年正月癸酉朔廿日壬辰,东部劝农贼捕掾迁、游徼尚、驷望
> 亭长范叩头死罪敢言之。
>
> 廷书曰:言男子吴辅斗伤弟妻麛,亡,逐捕有书。辅以微辨贼伤
> 麛,所犯无(《五一简》[壹]230A)
>
> 东部劝农贼捕掾黄迁名印
>
> 史白开
>
> 正月日邮人以来(《五一简》[壹]230B)

永初元年,时当公元 89 年。嫌疑犯吴辅因小事斗殴伤害弟妻廯而被追捕。"逐捕有书"之"有书"乃指有文件依据,犹今言有逮捕令。

例 5:

　　永元十一年十一月壬戌朔十八日己卯,左部贼捕掾宫、游徼饶、庚亭长扶叩头死罪

　　敢言之。谨移男子袁常失火所燔烧民家及官屋名、直钱数如牒。

前以处,常(《五一简》[叁]1286＋996A)

　　左部贼捕掾殷宫名印

　　十一月日邮人以来　史白开(《五一简》[叁]1286＋996B)

永元十一年,时当公元 99 年。事涉男子袁常失火延烧民屋及官舍,由左部贼捕掾宫、游徼饶、庚亭长扶作详细调查,核实数量及价值,前已上报,此件所述当为后续事宜,文缺。

例 6:

　　永初三年八月戊午朔八日甲子,东部贼捕掾阳、游徼范、杆亭长郁

　　叩头死罪死罪敢言之。

　　廷书:效功亭长龚均捕得伤李朕者吴统。书到,亟考实辨状,正处

(《五一简》[肆]1383A)

　　东部贼捕掾连阳名印

　　八月日邮人以来史白开(《五一简》[肆]1383B)

永初三年,时当公元 109 年。据简文提供的信息,效功亭长捕得伤人者后,县廷即命东部贼捕掾阳、游徼范、杆亭长郁继续深入调查,此事或与杆亭有关,故参与。

例 7:

　　永元十七年二月乙酉朔廿一日乙巳,右部劝农贼捕掾悝、游徼光、市亭长则叩

　　头死罪敢言之。带肆女子陈任诣则告,辞:履所有青糸蒠之市,解置肆前。(《五一简》[陆]2172A)

　　右部劝农贼捕掾向悝名印

　　史白开

　　二月日邮人以来(《五一简》[陆]2172B)

有顷,欲起,不知蓋所在。辄讯问任知状女子马亲、陈信、王义等,
辞皆曰:县民,各有庐舍御门、都亭部,相比近知习,各占租坐卖缴带为
事。任今月十七(《五一简》[壹]304)

以上二简属同一册书之前半部分,内容连贯,下段尚缺。永元十七年,时当
公元 105 年。市亭,市场所在处设置的亭。带肆,卖腰带的店铺。糸蓋,丝履。[①]
任知状,能做担保的知情人、见证人。据简文,知情人马亲、陈信、王义当为同一
市场内的同行买卖人。

从以上例 4 至例 7 可知,关键的警务行动,多数由同一警区的贼捕掾、游徼
及具体案发地所在亭的亭长共同执行,上报有关文书时,亦往往三人共同署名,
有明确地点或职务、人名者除以上所见,又如:

贼捕掾蔡错、游徼石封、亭长唐旷(《五一简》[贰]427)

(右部)贼捕掾向悝、游徼黄勤、(都)亭长区昭(《五一简》[伍]491＋
1709)

贼捕掾竟范、游徼□□、亭长龙贪(《五一简》[贰]695)

贼捕掾黄朗、游徼殷弘、亭长张汉(《五一简》984)

贼捕掾饶、游徼逢□、亭长勤(《五一简》[伍]1866)

五一简所见许多(不是全部)三人共同署名者,亦属贼捕掾、游徼、亭长组合。

诸警务区业务范围甚广,当以刑事案件为主,如例 4、例 6 所见伤害罪。亦
包括民事案件与纠纷,如例 5、例 7 所见。

发生重大案件时,县尉常常出面协调指挥,如《五一简》[贰]695"府前言:诡
课左尉训案、贼捕掾竟范、游徼□□亭长龙贪逐捕杀人"。

(三) 联勤

联勤是针对特定事务的联合行动(包括多亭、多部、多曹的联合),如:
例 8:

延平元年正月己卯朔廿四日壬寅,守史勤叩头死罪敢言之。前受
遣,调署伍长,辄

---

① 罗小华:《五一广场简牍所见名物考释(一)》,《出土文献》第 14 辑,第 348 页。

与御门、庚门、逢门亭长充、德等并力循行。案文书:史黄条前皆
署,以书言,辄复(《五一简》[叁]1022A)

守史周勤名印史白开

正月　日　邮人以来(《五一简》[叁]1022B)

延平元年,时当公元106年。循行,巡逻。简文所述涉御门、庚门、逢门三亭
的联合行动。

例9:

延平元年七月丙子朔十五日庚寅,北部、桑乡贼捕掾绥、并,游徼
戎、厚,广亭长封、肥例亭

[亭长谢晹叩]头死罪敢言之。男子谢光与弟□奉射肥例亭长谢晹
马,光刺晹,奉(《五一简》[伍]1752+1755A)

桑乡贼捕掾李绥名印

史白开

七月日邮人以来(《五一简》[伍]1752+1755B)

此例涉恶性袭警案。肥地例亭长不仅乘骑的马被射击,本人也被刺。案犯
或跨地域犯罪,所以北部、桑乡部的贼捕掾、游徼及各部属下的广亭、肥例亭联合
行动并共同署名上报文件。

例10:

待事掾张鲔、左仓曹史董和、

待事掾范滕、守史五承皆从追

(《五一简》[壹]389)

此例所见,贼曹以外的待事掾、左仓曹史皆参与治安行动,亦是联勤的体现。

(四) 辖地责任制

辖地责任制指所辖区域发生的事情由所在首长承担责任,逐级贯彻。如前
文所见,诸亭发生的事情,先由亭长处理,再报所在部。所在部之贼捕掾、游徼与
事发亭共同行动做进一步处理。如果事情严重,则县尉、县令也会出面。《张家
山汉简·捕律》:"盗贼发,士吏、求盗部者,及丞、尉弗觉知,士吏、求盗皆以卒戍
边二岁,令、丞、尉罚金各四两。令、丞、尉能先觉知,求捕其盗贼,及自劾,论吏部

主者,除令、丞、尉罚。一岁中盗贼发而令、丞、尉所不觉知三发以上,皆为不胜任,免之。"①东汉时期亦当有类似的规定,故五一简亦见严厉的追责,如:

例11:

> 君教若
>
> 左贼史迁白:左尉檄言:小武陵亭比月下发贼捕掾、游徼
>
> 遘留塞文书,不追。贼捕掾周并、游徼李虎知盗贼民之大害,
>
> 至遘不追,当收,正。恐,辞,有解。丞优、掾隗议:请召并、虎
>
> 问状。写移东部邮亭掾参考实。白草。
>
> 十一月十二日乙酉白(《五一简》[叁]1106)

简文所云"贼捕掾周并、游徼李虎知盗贼民之大害,至遘不追"为严重失职行为,故召其至县廷问状,以待进一步处理。追责调查由东部邮亭掾具体执行。

与辖地责任制相关的还有县廷机关的值班制度,如:

例12:

> 案:都乡利里大男张雄、南乡匠里舒俊、逢门里朱循、东门里乐竟、
>
> 中乡泉阳里熊赵,皆坐雄贼曹掾,俊循史,竟骖驾,赵驿曹史,驿卒李崇
>
> 当为屈甫
>
> 证,二年十二月廿一日被府都部书逐召崇不得。雄、俊、循、竟、赵,
>
> 典主者掾史,知崇当为甫要证,被书召崇,皆不以征遣为意,不承用
>
> 诏书。
>
> 发觉得
>
> 永初三年正月壬辰朔十二日壬寅,直符户曹史盛勃,敢言之。谨移
>
> 狱,谒以律令从事,敢言之。(《五一简》[陆]2187)

永初三年,时当公元 109 年。直符,值班。《汉旧仪补遗》卷下:"系刁斗,传五夜,百官徼,直符案行,卫士周庐击木柝,传呼备火。"五一简所见,每轮值班通常为一昼夜,如《五一简选释》97A、B:"直符户曹史宋丰、书佐烝谭符书。直月十七日。永初五年七月丁未朔十八日甲子,直符史丰、书佐谭敢言之。直月十七

---

① 张家山二四七号汉墓竹简整理小组:《张家山汉墓竹简》[二四七号墓],北京:文物出版社,2001 年。

日,循行寺内狱司空、仓、库,后尽其日夜,无诣告当举劾者。以符书属户曹史陈躬、书佐李宪,敢言之。"此为无事报平安的报告。例12所见正在值班的户曹史盛遇到贼曹掾张雄等不承用诏书案件事发,则必须及时处理。

综上所述,五一简所见临湘县治安体系分县、部、亭三级。县令对全县治安负责,对重大治安行动有批准决定权。县丞、尉协助县令工作。县丞主内勤,左、右尉多参与外勤行动。县设左、右贼曹处理治安事务,具体工作则主要由贼曹史、助史执行,县丞、掾监管并提出处理意见,县令审准。左、右贼曹下设左部、右部、东部、西部、北部、南部、桑乡七个警区,每区皆设贼捕掾及游徼。每部警区辖若干亭,为治安基层,设职役伍长协助工作。除常设亭外,诸部亦有临时性的检查站,泛称"例亭"。警务采取辖区责任制,警情多由诸亭上报,然后由所在部的贼捕掾、游徼及有关亭长共同采取行动。案情涉及面广时则可多部甚至跨县行动。县廷机关严密的值班制度也顾及治安事务,以保障及时处理相关事件。

长沙五一广场简"小溲田"试解

王子今

中国人民大学国学院

摘要：长沙五一广场东汉简可见"小溲田"，应是指示田地等级的用语。"溲田"可能是说"瘦田"。"瘦田"见于农书。《荀子》有"田肥""田瘠"的对比。《说文》段注说到"瘠土"，也说贫瘠的田地。"小"，在这里取稍、略的字义，如《孟子》"小有才"及贾谊赋"小知"之"小"。"小溲田"，义指比较贫瘠、略为贫瘠的土地。南土关于田地的用语以"溲"言"瘦"，大概稻作经济区决定耕田之"肥""瘠"、"肥""瘦"者，灌溉条件是主要指标。

关键词：五一广场简；小溲田；瘦田；贫瘠；灌溉条件

长沙五一广场东汉简可见"小溲田"简文。"小溲田"，是指示土地的用语，其文义并不明朗，有必要讨论。"小溲田"，义指比较贫瘠、略为贫瘠的土地。南土稻作经济区关于田地的用语以"溲"言"瘦"，大概决定田土等级之"肥""瘠"、"肥""瘦"者，灌溉条件是主要指标。对于简文"小溲田一町"的单位"町"，也有必要澄清认识。

一、"小溲田""小溲"简文

谨举列五一广场简可见"小溲田"简文的简例：

> 钱五千八百比守责伯不肯雇长　穷老为伯所侵宛书到　诡责伯悉
> 毕处言凌叩头

> 死罪死罪奉得书辄诡责　伯伯辄以小溲田一町与长　当钱五千八
> 百悉毕凌稽迟

> (二一四五　木两行 2010CWJ1③：266-477)①

---

①　长沙市文物考古研究所、清华大学出土文献研究与保护中心、中国文化遗产研究院、湖南大学岳麓书院编：《长沙五一广场东汉简牍》(伍)，上海：中西书局，2020年，第58页，第118页，第187页。

罗小华《五一广场简牍所见名物考释》(五)一文就"小溲田"名义进行了有意义的讨论:

小溲田一町……当钱五千八百

(二一四五　木两行 2010CWJ1③：266-477)

"溲田",疑当为以溲种之法耕种的农田。"町",当为"小溲田"之量词。《左传》襄公二十五年："町原防,牧隰皋,井衍沃。"杜预注："堤防间地,不得方正如井田,别为小顷町。"孔颖达疏："原防之地,九夫为町,三町而当一井也。"《周礼·地官·小司徒》"乃经土地而井牧其田野",郑玄注引《司马法》曰："六尺为步,步百为晦,晦百为夫。夫三为屋,屋三为井。"如按"九夫为町""晦百为夫"折算,则一町为九百晦,"小溲田"一亩约值六钱四分。如按"三町而当一井""晦百为夫。夫三为屋,屋三为井"折算,则一町相当于一屋,也就是三百亩,"小溲田"一亩约值十九钱三分。温乐平指出："三町为 100 亩,则一町约为 33.3 亩。"①此说未见相关证据。"町"与"亩"之间的换算关系不明,导致田地价格不清。②

以为"溲田"可能是"以溲种之法耕种的农田",论者言"疑当为",是并不确定的意见。现在看来,是可以商榷的。

《五一广场东汉简牍释文选》所见一枚简,简文有"小溲"字样,值得我们在讨论中注意:

小溲无坯□墼旱少　　水又各颇有神处募　　卖以来廿余岁无人
求市者蒙崇土致三町　　贾并直钱一万减本　　贾四千募卖贾极唯

(九一　木两行 J1③：325-1-10)

"小溲",从"无坯□墼旱少水"等文字以及以"町"计量看,应当是说"小溲田"。整理者以"释文注释"发表了研究收获:

［说明］

此件长二十三·一厘米、宽三·二厘米,保存完整,有两道明显编

---

① 原注："温乐平:《秦汉物价研究·秦汉物价表》,江西师范大学硕士学位论文,2002 年,第 20 页。"
② 罗小华:《五一广场简牍所见名物考释》(五),《出土文献研究》第 19 辑,上海:中西书局,2020 年,第 395 页。

痕,编痕,编绳通过处留空未书字。从内容上看,其前后当有一枚或多枚木两行与之编联。

[释文]

小溲。无坏□墼旱少水[一],又各颇有神处[二],蒙卖以来廿余岁[三],无人

求市者。蒙崇土致三町[四],贾(价)并值钱一万,减本贾(价)四千[五],蒙卖

贾(价)极。唯

其"注释"有关于"小溲"及相关词语的解说:

[注释]

[一] 溲,《说文·水部》:"浚,浸茨也。"

[二] 神处,神奇之处。简文似指募卖之物,多有神奇之处,可募卖高价。

[三] 募卖,公开出售。《说文·力部》:"募,广求也。"

[四] 崇,《广雅·释诂》:"积也。"《汉书·五行志》"长民者不崇薮",师古注:"聚也。"崇土,积土,后世多有"崇土为台"之语。在此意为"填土"。町,地块量词。《长沙走马楼三国吴简竹简(壹)》简三三七〇:"右区景妻田四町合廿六亩"。

[五] 本价,原本之价值。《汉书·食货志》:"用其本贾取之,毋令折钱"。①

解释"又各颇有神处",言"简文似指拟募卖之物,多有神奇之处,可募卖高价",可能表达的意思与简文原意恰好相反。

用《说文》"浚,浸茨也"解说"溲",似未能明畅其义。

二、"溲田""瘦田"说

"溲"字在这里有可能通"瘦"。

传统农书可见"田肥""田瘦"之说。《农政全书》卷一五《水利·东南水利下》

---

① 长沙市文物考古研究所、清华大学出土文献研究与保护中心、中国文化遗产研究院、湖南大学岳麓书院编:《长沙五一广场东汉简牍选释》,上海:中西书局,2015 年,第 32 页,第 92 页,第 185 页至第 186 页。

附"水利用湖不用江为第一良法":"夫湖水清,灌田田肥,其来也,无一夕之停。江水浑,灌田田瘦,其来有时,其去有候。来之时,虽高于湖水,而去则泯然矣。"《农政全书》卷二八《树艺》"蔬部":"[蘸菜]……玄扈先生曰:……正二月中,视田肥瘦燥湿加减,加粪壅四次。"《农政全书》卷四〇《种植》:"[灯草]玄扈先生曰:种法与席草同。最宜肥田,瘦则草细。"[①]"田瘦"者,可能和其墒情不理想即"燥"有关。极可能亦体现水资源条件较差或灌溉能力不足。这正符合第二例简文"旱少水"辞义。

"瘦"亦作"瘠"。《史记》卷九九《刘敬叔孙通列传》:"徒见赢瘠老弱。"司马贞《索隐》:"瘠,瘦也。"[②]《汉书》卷二四上《食货志上》:"国亡捐瘠者。"颜师古注:"瘠,瘦病也。言无相弃捐而瘦病者耳。"[③]又《汉书》卷四三《娄敬传》颜师古注:"瘠,瘦也。"[④]《荀子·富国》:"裕民则民富,民富则田肥以易,田肥以易则出实百倍。""不知节用裕民则民贫,民贫则田瘠以秽,田瘠以秽则出实不半。"[⑤]也说"田肥""田瘠"。所谓"田瘠",指"瘠薄之田"。《汉书》卷二四上《食货志上》:"若山林薮泽原陵淳卤之地,各以肥硗多少为差。有赋有税。"颜师古注:"硗,硗确也,谓瘠薄之田也。"[⑥]王辉《古文字通假字典》说:"上博楚竹书《子羔》简一'思(肥)、竃',复印件注说竃即脆字,读为硗,《孟子·告子上》:'虽有不同,则地有肥硗、雨露之养,人事之不齐也。'何琳仪读为瘠。"[⑦]

南土稻作经济区关于田地的用语以"溲"言"瘦",转义为"瘠",体现在"江南""水耨"的生产条件下[⑧],大概决定耕田之"肥""瘠"、"肥""瘦"者,水资源利用即灌溉能否较好实现,是主要的指标。

长沙五一广场东汉简牍又可见另外出现"溲"字的简文:"……郁吏次署视

① [明]徐光启撰,石声汉校,西北农学院古农学研究室整理:《农政全书校注》,上海:上海古籍出版社,1979年,第378页,第732页,第1125页。

② 《史记》,北京:中华书局,1959年,第2718页。

③ 《汉书》,北京:中华书局,1962年,第1130页,第1131页。

④ 《汉书》,北京:中华书局,1962年,第3122页。

⑤ [清]王先谦撰,沈啸寰、王星贤点校:《荀子集解》,北京:中华书局,1988年,第177页。

⑥ 《汉书》,北京:中华书局,1962年,第1120页。

⑦ 王辉编著:《古文字通假字典》,北京:中华书局,2008年,第60页。

⑧ 《史记》卷三〇《平准书》"天子怜之,诏曰:'江南火耕水耨,……'"裴骃《集解》"应劭曰:'烧草,下水种稻,草与稻并生,高七八寸,因悉芟去,复下水灌之,草死,独稻长,所谓火耕水耨也。'"北京:中华书局,1959年,第1437页。《史记》卷一二九《货殖列传》:"楚越之地,地广人希,饭稻羹鱼,或火耕而水耨,……"北京:中华书局,1959年,第3270页。

事干伯等县民卢☒部租溲丘相比近……"(二一五○＋一八二七＋一八八六,木两行 2010CWJ1③：266、482＋266、204＋266、218)。① "溲"作为"丘"名用字,意义也不能排除"瘦""瘠"的可能。

三、"小溲田"之"小"的字义

"小溲田"之"小",在这里取稍、略的字义,如《孟子》"小有才"②及贾谊赋"小知"之"小"③。

类似文例又有《史记》卷八一《廉颇蔺相如列传》"匈奴小入"④,又《史记》卷一一○《匈奴列传》"小入盗边"⑤等。后世语例,有"小不如意"则如何如何等。⑥

《太平御览》卷八五○引《风俗通》："辅车上饭,小小不足济也。"⑦《三国志》卷二四《魏书·高柔传》："校事刘慈等,自黄初初数年之闲,举吏民奸罪以万数。柔皆请惩虚实,其余小小挂法者,不过罚金。"⑧有的辞书释"小小"为"少量,稍稍;短暂",即以此两例为书证。⑨

"小溲田",很可能义指比较贫瘠、略为贫瘠的土地。

---

① 长沙市文物考古研究所、清华大学出土文献研究与保护中心、中国文化遗产研究院、湖南大学岳麓书院编：《长沙五一广场东汉简牍》(伍),上海：中西书局,2020 年,第 33 页,第 93 页,第 148 页。

② 《孟子·尽心下》："其为人也小有才,未闻君子之大道也……"对于"其为人也小有才",杨伯峻译文："他这个人有点小聪明。"杨伯峻编著,兰州大学中文系孟子译注小组修订,《孟子译注》,北京：中华书局,1960 年,第 336 页。"小有才",又见于《宋史》卷三二九《王广渊传》,卷三三七《范祖禹传》,卷四四五《文苑传七·叶梦得》,卷四七○《佞幸传·谯载熙传》,北京：中华书局,1977 年,第 10609 页,第 10796 页,第 13133 页,第 13695 页;《元史》卷一八一《虞汲传》,北京：中华书局,1976 年,第 4180 页;《明史》卷二二一《耿定向传》,卷二七八《梁朝仲传》,北京：中华书局,1974 年,第 5818 页,第 7139 页。

③ 《史记》卷八四《屈原贾生列传》,北京：中华书局,1959 年,第 2500 页。

④ 《史记》,北京：中华书局,1959 年,第 2450 页。

⑤ 《史记》,北京：中华书局,1959 年,第 2904 页。

⑥ 如《旧唐书》卷一三四《马燧传》："供饩小不如意,恣行杀害。"卷一七○《裴度传》："所至官吏必厚邀供饷,小不如意,即恣其须索,百姓畏之如寇盗。"卷一八一《罗子威传》："优奖小不如意,则举族被害。"卷二○○下《秦宗权传》："(朱泚)身留京邑,小不如意,别怀异图。"北京：中华书局,1975 年,第 3690 页,第 4414 页,第 4691 页,第 5399 页。

⑦ ［宋］李昉等撰：《太平御览》,北京：中华书局,用上海涵芬楼影印宋本 1960 年 2 月复制重印版,第 3801 页。

⑧ 《三国志》,北京：中华书局,1959 年,第 685 页。

⑨ 汉语大词典编辑委员会、汉语大词典编纂处编纂：《汉语大词典》第 2 卷,上海：汉语大词典出版社,1988 年,第 1587 页至第 1588 页。《三国志》卷六四《吴书·诸葛恪传》："时务从横,而善人单少,国家职司,常苦不充。苟令性不邪恶,志在陈力,便可奖就,骋其所任。若于小小宜适,私行不足,皆宜阔略,不足缕责。"第 1432 页。所云"小小"亦近义。

四、关于"町"与"亩"的关系

前引罗小华说："'町'与'亩'之间的换算关系不明,导致田地价格不清。"其实,有学者曾经讨论田亩计量方式"町"的意义:"《说文·田部》:'町,田践处曰町。'"又引朱骏声《说文通训定声》"此字当依《仓颉篇》训'田区也'",指出:"其本义是田界、田间小路,引申为土地面积单位……""《走马楼吴简》中,'町'很常见,但并不是一个土地面积单位,而是一个个体单位量词,用于量'田地',相当于现代汉语中的量词'处'或'块'……"论者又说:"'町'作为土地面积单位量词在传世先秦两汉文献中常见,出土先秦两汉简帛文献亦较多见(如《龙岗秦简》等),但用作个体单位量词则很罕见,魏晋六朝以后似乎也没有得到继承,刘世儒先生《魏晋南北朝量词研究》中也没有提到这个量词。"

然而,论者以为"町"是"土地单位量词"的例证,"均见于《龙岗秦简》"。但是所引4例,"由于所见用例尚少,且简文多有残缺,因此整理者认为:'秦代町的面积今已不得而知。'"其实,从所引简例看,"町"也都可以理解为"相当于现代汉语中的量词'处'或'块'"。① 现在看来,长沙五一广场简与"小溲田"相关的"町","相当于现代汉语中的量词'处'或'块'"。如果思考"'町'与'亩'之间的换算关系",探求"田地价格",其实是不大可能找到规律的。

---

① 张显成、李建平著:《简帛量词研究》,北京:中华书局,2017年,第112页至第113页,第334页至第335页。

长沙五一广场东汉简中的隶书异写现象分析

陈松长

湖南大学岳麓书院

《长沙五一广场东汉简牍》已整理出版了 6 卷,编者在每卷之后都附有《异体字表》,细读表中所列之字,大致可以得出这样两个印象:一是这批简牍的书体大都属于隶书;二是这些隶书的草化现象很多,异写字不少。严格地说,这些异写字并不是典型的异体字,而是因为各种草化或简写所形成的异写字。这些隶书异写字的大量出现,应该是隶书日常书写过程中的常见现象,特别是在隶书以熹平石经定于一尊之前的自然现象,对此进行具体分析,也许会对隶书的辨识和隶书演变的过程认识有所帮助。基于这种认识,我们从已出版的《长沙五一广场东汉简牍》(壹—陆)的《异体字表》中,选择了 200 多个较有代表性的异写字体,分别归类,并对其异写现象试作一些具体分析。

整理者在整理报告的《前言》中已指出,"这批简牍中的木牍及木简,大多保存较好,竹简保存状况较差,不少简牍上有纪年,如'章和''永元''元兴''延平''永初'等东汉时期的年号,由此可知,该批简牍形成于东汉中期偏早。已经清理的简文中,时代最早者为汉章帝章和四年(实际是汉和帝永元二年,属年号延后现象),时当公元 90 年,最晚者为汉安帝永初六年,时当公元 112 年……根据目前已整理纪年简文分析,初步断定该批简牍的时代主要为东汉中期和帝至安帝时期"①。由此可知,这批简牍墨迹乃是东汉晚期汉灵帝熹平二年(173 年)之前的隶书墨迹。我们为什么特别强调这批墨迹资料是东汉中期之物,是因为这个时期,尚是隶书还没有定于一尊之前的书写材料,自然特别珍贵。

大家知道,东汉名碑的产生年代都在东汉晚期的桓、灵时代,最有名的《乙瑛碑》刻于汉桓帝永兴元年(153 年),《礼器碑》刻于桓帝永寿二年(156 年),《孔宙碑》

---

① 长沙市文物考古研究所、清华大学出土文献研究与保护中心、湖南大学岳麓书院、中国文化遗产研究院编:《长沙五一广场东汉简牍》(壹),上海:中西书局,2018 年,第 2 页。

刻于桓帝延熹七年(164 年),《衡方碑》《史晨碑》刻于灵帝建宁元年(168 年),《西峡颂》刻于灵帝建宁四年(171 年),《郙阁颂》刻于灵帝熹平元年(172 年),《熹平石经》刻于熹平二年(173 年),自此以后,隶书的标准范式就此成型,隶书也正式进入其鼎盛时期。

我们不厌其烦地列举这些东汉名碑的刻制时间,无非是要以此来说明,五一广场东汉简的书写时代比这些隶书名碑产生的时代略早,因此,可以说这是一批隶书鼎盛期之前,或者说是隶书定于一尊之前的自由书写的墨迹,正因为隶书尚未定于一尊,故其书写多带有书写者的书写习惯和个性特征,而这也正是隶书定于一尊之前的必然铺垫。

在这批数以万计的隶书墨迹中,异写的方式很多,这里,我们且参考何琳仪先生在《战国文字通论(订补)》[①]中有关文字演变的归类分析,对长沙五一广场东汉简中的隶书异写现象归类分析如下:

一、简　　省

简省是文字演变过程中最常见的方式之一,也是文字异写的主要原因之一。文字简省的方式有很多种,如笔画简省、偏旁部件简省等,下面我们试分别举例作些分析。

1. 笔画简省

在笔画简省中又有多种不同的情况,最常见的是直接省略笔画,省横画者如：₁₄₂₂、₁₁₁₉、₁₄₄₈₊₁₃₈₇(字头下的数字是简的原始编号,下同)。"阴"字的写法有很多种,我们随便取了 3 个就可看出,第一个还基本保留了作为音符的"今"的笔画,第二个就将横折的笔画简省为单一的横画了,而第三个则连这一横画也省掉了,仅保留了"人"作为"今"的代表。再如"勤"字写作₁₂₈₁,"职"字或写作₁₁₀₈,这都是简省横画的结果。

省竖画者如：₁₆₈₀。此字的文例是"农业",可知其为"业"字的简写,它不仅省掉了中间的点画,而且还省掉了上部的竖画,将本是两竖的"业"字简省为不太好认的一个字,如果从文字的书写上来分析,这就是直接简省了上部的竖

[①]　何琳仪:《战国文字通论(订补)》,南京:江苏教育出版社,2003 年,第 202-265 页。

笔。再如"盾"字,中间的竖画是很关键的笔画,但简文中也或有写作 529者,直接将竖画给省掉了。

省点画的字比较多,如上例的"业"字中就省了中间的点画,将两点变成了与下相连的竖笔,如"诺"字写作 308、388,前者字形清楚,右边上部是草字头,后者则省掉其中的一点,变成一点一横的构件,直接造成字形的讹误。又如"狼"字,省掉点画,竟然变成了"狠"字,如简文中"虎狼"的"狼"就写作 1080+4425。再如"头"字写作 996+1286、1022,前者是没有简省点画的标准写法,后者则省略了"豆"下的两点,成为一个比较奇怪而不认识的偏旁。又如 2503,这是"病"字,其中省掉了左边的两点,也让它成为一个生僻的文字形体。此外还有一个字中既省点画,也省撇画、横画者,如:291、393、1581、2218,"延"字在这批简中出现的频率很高,我们挑选的这四个字就很有代表性。其中第一个是没有简省笔画的,第二个就既省点画,又省撇画,第三个则只省横画,第四个的走之旁则因草化而将点横折的笔画简省为一弧笔,成为带草化的字体。

笔画的简省又多与笔画的连写组合构件联系交织在一起,例如常见的"能"字写作 881+927、1142+1241、926,"能"字右边本是两个"匕",这在第一个字例中非常明显,第二个则将上下两个"匕"的左边连成了一条竖线,到了第三个字中,则不仅仍将两个"匕"字连写,而且作为"匕"字的一横也干脆简省了,变成简文中常见的"长"字了。

2. 偏旁部件的简省

除了笔画的简省外,还多有偏旁部件的简省,如"掩"字写作 538 或 416,第二个"掩"字如果没有上下文的话,其字还真不好认,其实这就是将右边上部的"大"省掉了一个"人",而且在下部还加有撇笔,故乍一看还真不像是"掩"字。再如"晓"字,写作 940 或 1490,这两个字的写法一样,都是将"尧"的中间省掉了一个"土",即从相同的构件简省而成。又如"寿"字,多写作 736 或 474,第一个字例是比较标准的"寿"字,相比之下,第二个就将上部的"口"简省为一横,且将其与下面的一横联写,形成了这个"己"字形的"寿"字。

33

这类简省偏旁部件的字还有不少,例如"曹"字写作 ₃₅₅₊₃₅₇、₂₅₇,后者就省略了上部一个相同的构型部件。又如"鞭"字写作 ₂₂₀₁,省掉了中间的单人旁。"嘉"字写作 ₁₀₉₅,直接将中间"口"下的两点一横给简省了。

这种部件的简省,有些还有简省的有序痕迹可作分析,如出现频率很高的"还"字,我们从简文中挑选了 4 个,分别写作 ₈₅、₃₇₀、₃₄₃、₂₀₃₄,从第一个下部比较清楚的"袁"字到第二个字简省为三点,再到第三字中简省为两点,最后一个字是将下面全部省掉,由"袁"字变成了"去"字,其简省的序列非常清晰。由此也多少可知简省在当时的隶书书写过程中,应该是最常见的现象之一。

3. 用简单的笔法替代构字部件

用简单的笔法替代构字部件也是常见的简省方式之一,如"产"字写作 ₈₈₀,将"产"字下面的"生"省写作"土",更有甚者,在"颜"字中就写作 ₄₂₇,此字左边就是"产"字下部简化的结果,它不只是简化"生"为"土",而且直接就用两横替代了"生",显得简约而不至于产生歧义。再如"争"字,本写作 ₁₃₁₁,这是很常见的隶书写法,可简文中也有写作 ₁₆₈₁ 的,这就是用两点来替代"日"这个偏旁部件。类似的还有"步"字,也将上面的"止"用两点来替代,写作 ₁₆₆₉。再如"冀"字,或用一横来替代上面的"北",写作 ₉₄₀,或用两个折角来替代,写作 ₁₁₄₂₊₁₂₄₁。

可以说,这种用简单的笔画来替代构字部件的方式是最容易造成误读的简省方式之一。如"姬"字,就多写作 ₃₄₈、₉₄₈、₃₃₀,即将右边音符中的部分简化成了两点,故或以为此字当释读为"娃",后经长沙出土汉代漆耳杯上的题铭释读才得知,此字其实就是"姬"字之省写。

二、繁　　化

与简化并行的异写现象是繁化,也就是对文字的笔画和构形部件的增繁,这种"繁化"也就是在文字形体的基本构成中增加笔画、偏旁或构形部件等。

何琳仪先生曾指出:"繁化,可分为有义繁化和无义繁化两大类。严格地说,二者都属叠床架屋。有义繁化,通过分析尚可窥见繁化者的用意:或突出形符,或突出音符,等等。至于无义繁化,则很难捉摸繁化者的动机。"①

我们这里所说的文字异写中的繁化,大都属于何先生所说的无义繁化之类,具体可分为笔画的增繁和构形部件的增加两大类,而笔画的增繁又可细分为增加横画、增加竖画、增加撇画、增加点画等几种情况,下面试分别举例说明之。

1. 增加横画

增加横画者,如"孟"字,其中"子"中本只一横,但简文则写作 ![]494,更有甚者,将增繁的横画写作一撇一点,变成了 ![]579。又如"亥"字,在书写的过程中,有意无意地增加一笔横画,写作 ![]1772,而且这还不是孤例,在以"亥"作声符的"核"字中,更加明确地写作 ![]1705,可见在书写者看来,这多一横少一横应该是无所谓的事。再如"牒"字,一般的写法就写作 ![]339,但简文中也有特别加一短横的字例,如 ![]671,很显然,在书写文字时,加不加一横完全无碍文字的认知,完全属于无义繁化。当然,也偶有增加的横画比较费解者,如 ![]3171+1604+1517,其右边本来是"反"字,但在写其撇画的时候,顺便加了一横,就变成了一个"人"字头的写法,这种笔画的增加,也许是书写者的习惯使然。

2. 增加竖画

增加竖笔者,如"晨"字,按我们现在的文字体系来看,下部的"辰"本应无竖笔,但简文中的"晨"多写作 ![]1713+2158+1739,与此相类似的如"农"字,其下部所从的"辰"也都加一竖笔,如 ![]924、![]1719;这多少告诉我们,东汉时期的隶书书写中,"辰"字中带有竖笔是一种常态,如东汉桓灵之际的《曹全碑》《乙瑛碑》中的"农",中间都有竖笔,一直到元的赵孟頫以后,才渐渐不写这中间的一竖,故我们姑且以现在的文字认知来判断,这竖画应该是在"辰"字中加进了没有意义的一个饰笔。

---

① 何琳仪:《战国文字通论(订补)》,南京:江苏教育出版社,2003年,第213页。

3. 增加撇画

增加撇画者,如"景"字,上部本应是"日",但书写者偏要在其上部加一撇,作 ![字]1717+116,尽管字义没有任何变化,但在形体上就又多了一个异写字。再如"给"字,规范的写法作 ![字]97,可我们在简文中却可看到"给"字的不同写法,如 ![字]126,这是在"纟"的上边加上一撇的写法,而同一支简上还有写作 ![字]126 的,这是在加上一撇的同时,又用一横替代下部三笔的简省写法。

4. 增加点画

增加点画者,情况很多,这类增繁的点画大都没太多的理据,主要是一种装饰性的羡笔而已,如"财"字写作 ![字]522,"民"字写作 ![字]304 或 ![字]1259+1397 之类,有无那一点画,对文字的释读完全没有影响。这类写法久而久之就成为一种偏旁的固定写法,如凡"土"字都在下横之上加一点,诸如"坑"写作 ![字]359,"均"写作 ![字]1383,"墨"写作 ![字]349、![字]305、![字]226+499 之类,这在后来的隶书写法中仍保留了下来。也就是说,这种本来是随意添加的羡画,后来就慢慢变成了固定的写法之一了。

与此相同者如"圣"字的下部,简文中就在"壬"讹写为"土"之后,也很习惯地加上一点,作 ![字]1121。

我们说,这类点画的增加,并没有特别的意义,很可能就是一种书写习惯而已,如"髙"字,本来起笔就是一横,但简文中也偶有写作 ![字]412 者,但这很随意的一点,往往会造成释读的困惑。

这类点画的随意增加,往往也会造成书写时有点没点共存的现象,如"厚"字,在隶书和后来的草书中,上部从"厂"或从"广",就相通并用,故简文中就有多种写法,如 ![字]540、![字]603、![字]1513、![字]458,值得注意的是第二、第三例,不仅是加了点画,而且将"广"讹成了"疒",而第四例中则将上部的点画写成了一长撇,将一点一横的笔画讹成了一撇一横,构成"广"这个偏旁构件的异写形态。

当然,有些点画的增加,虽然没有多少特别的意义,但又实际造成了文字的异写,如"逢"字,在右下的"丰"中,本来就没有点画,写作 ![字]1022,这是很规范的写法,但在点画增加的场合,它就出现了不同的异写字形,如₂₉₁,这是在"丰"的上部加点,直接将"丰"异写成了"羊"。不仅如此,还有在下面加点者,如₉₆₄₊₈₉₇、₂₄₉₇、₂₁₈₇,其中第一例中的点画还可以将其视为羡笔,在文字释读上或可不考虑其存在的意义,但第二例中,其竖笔的下端已向左变成了短撇,与右边的点画构成了左右相对的撇点形态,这就基本改变了"丰"的构形态式,第三例就在上下各自加点的书写中完全改变了"丰"的构形特征,成为一个需要仔细辨识的构形部件。再如"年"字中的点画,本应写在左边,但简文中多在右边加上一点,如₃₄₈、₃₁₅、₃₉₂,其中第一例中的点画就如同"土"字中的羡笔,可以忽略不计,但第二、第三例中的点画则向左行,且与上下两横相连接,这也就多少改变了"年"的正常形态,变成了"年"的异写字。又如"演"字右边本是"寅"字,但常常在"宀"的下面增加点画,写作₄₇₁,这种繁化的情况在简文中还不少,如"宠"字就写作₈₈₀、₁₀₈₀₊₄₄₂₅,它不仅加有点画,还另加了一笔横画,这大概是受"寅"字异写的影响所致。此外,如西北汉简中的"家"也多写成这样,成为汉代简书中很有个性特征的异写形体之一。

除了笔画的增加外,还有文字构件的繁化者,如"敏"字,左边的上面本来是一撇一横,类似于"人"的文字构件,但简文中也有写作两个"人"者,如₉₃₇,这应该是起装饰作用的构件重复,并没有多少特别的含义。

三、异　　化

与简化、繁化相对的是异化,所谓异化,就是指文字的笔画和偏旁或构形部件发生了变异。何琳仪先生在分析战国文字的异化现象时指出:"异化,与通常所说的讹变并非同一概念,固然,有的讹变的确属于异化;但是,有的讹变则属于简化和繁化。因此,异化和讹变是根据不同的方法剖析文字形体结构的不同分类范畴。"①何先生这里所说的异化,虽然是针对战国文字的形体结构分析来讨论的,但文字的异写现象分析,实际上也离不开对文字形体结构的分析,因此,我们也无妨参照何先生的分析方式,分别对长沙五一广场东汉简异写现象中的异化表现作一些举例性的分析。

---

① 何琳仪:《战国文字通论(订补)》,南京:江苏教育出版社,2003 年,第 226 页。

1. 形近互作

形近互作,也就是在书写中因形体相近而异写的现象,这类因形体相近而造成的异写,其字义多不会发生变化,是当时人们习以为常的书写形态,但随着隶书的强势规范,这些异写字就慢慢地被淘汰,我们这里所看到的长沙五一广场简中的异写字,只是反映了隶书尚没以国家力量强力推行八分隶书以前的书写状态而已。

最典型的形近互作者如"日"与"目"不分,"力"与"刀"不分,"寸"与"刀"不分,"召"与"名"不分,"辛"与"幸"不分等,简文中如"旭"字写作 ▢[400],"昏"字写作 ▢[82],就是很随意地将"日"写成了"目"。而"劝"字写作 ▢[412],"敕"字写作 ▢[413],就是"力"与"刀"不分的例字。再如"对"写作 ▢[331],"昭"写作 ▢[1643],"诏"写作 ▢[378],"辞"写作 ▢[671],"辟"写作 ▢[1108],"亲"写作 ▢[304] 等,都是"寸"与"刀"混用,"召"与"名"不分,"辛"与"幸"互作的例子,应该说,这些异写的现象都不是普遍性的,只是在抄手的书写过程中,偶然的异写而已。如"劝"字或写作 ▢[694],"对"字或写作 ▢[1107],就完全是正确的写法,而诸如"辞""辟"等字,其"辛"的异写更有许多不同的形态,分别作 ▢[940]、▢[120]、▢[1102]、▢[926] 和 ▢[1119]、▢[432],其中大致还可看出从"辛"到"幸"的异写轨迹。这类因形近而异写的情况还不少,我们且选其要者排之如下:

▢[2199]、▢[1022],这是"御"字,中间讹成"先"。

▢[1842],这是"卫"字,中间异写成了"束"。

▢[1405]、▢[1448+1387],这是"异"字,下面讹成了"央"。

▢[2192],这是"弃"字,下面讹写成了"央"上再加一横的不认识的偏旁部件。

▢[2573+2555+2565+2870],这是"庐"字,书写者将"卢"的"虍"字头写成了"土"。

▢[301],这是"器"的异写,按隶书的写法,中间的"犬"写得像"工",如 ▢[1864+882]这是比较标准的写法,在此基础上,或讹成"土",作 ▢[1102],后又在"土"上加一撇,便异写成了这个不太好认的字。

[图]504，这是"然"字，右边的"犬"写成了"又"。

[图]522，这是"烧"字，右边"尧"的下部写成了"羌"。

[图]439，这是"阔"字，里面的"活"写成了"法"。

[图]530，"假"字的右边写成了反文。

[图]1057、[图]1102、[图]1102，"冢"字的上部写成了"四"或"口"。

[图]1132、[图]1119、[图]226+499，"绝"字中右边的"色"与"邑"不分。

[图]123，这是"奴"字，右边的"又""刃"不分。

[图]1670+1728，这是"贤"字，是"又"和"攵"不分者。

[图]379、[图]226+499、[图]1378，"数"字右边的反文和"殳"不分。此外，左边的两个"田"也有异写成[图]227者。相类似的，"杀"字也是"殳"与反文混用，如[图]101+102、[图]875、[图]1132、[图]989。前两例写作"殳"，后两例则写作"攵"，可见这在简文中是很常见的异写偏旁。

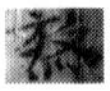

[图]1139、[图]1858、[图]2230+2498，这是"报"字，其右边的偏旁与"欠"不分，同样，"服"字的右边也多与"欠"混用，如[图]1768+1380、[图]1712+2157+1784、[图]2192。

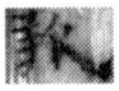

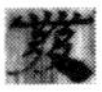

[图]1102、[图]2183，这是"癶"字头与"带"字头不分者。

[图]1449、[图]1542，这是"饷"字，右边的"向"写成了"尚"，成为一个不可识的字。或以为这是偏旁同音的讹写。其实，与其说是音符互作，还不如说是形近互作更好，因为"向"与"尚"实在太接近了。

[图]1295+2567，这是"廋"的异写字，已将"叜"这个偏旁写成了一个不可认的构形部件。

[图]1080+4425，这是"界"字，其下部的"介"被写成了类似于"木"的形状。

[图]1311，这是"禽"字，将"离"的上半部分写成了一点一竖两个"口"。与此类似者，"离"写作[图]432，而且还将上部的"人"字头给省略了。

[图]97、[图]130+131+122，这是"尼"字，是"匕""亡"不分者。

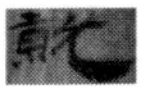

[图]568+638，这是"就"字，其右边的"尤"写成了"允"字。

更有甚者，异写的偏旁需要仔细分析才能看出其形近的痕迹，如"鄙"写作

〔图〕209，其左边先是将上部的"雨"讹成了"専"的上部，初一看，两者相距甚远，但仔细分析，其形近而异的痕迹还是有迹可循的，其异写的脉络是，将"雨"字中间的一竖写出头，然后将"雨"中的两点分别写成横画，下面一横还将左右两竖连在一起，这就写成了这个"専"字的上半部分，而将下面的三个"口"简省为两个，就写成了这个特殊的"酈"字。与此相类似的还有"繻"字，写作〔图〕469，在这种异写的基础上，本来是"需"作偏旁的"孺"，右边竟写作了"万"，作〔图〕1295，这种讹变，显然与"雨"字头的异写有关。再如"解"字，其正体应该是〔图〕502，但简文中也出现了〔图〕85，其右边的偏旁之所以写得像"夆"这个偏旁，大致是这两个形体异写而成，首先是右边上部的"刀"写成撇横撇的形态，作〔图〕397，然后进一步讹成"夂"，作〔图〕614，最后再将那笔捺画拉长，也就成了这个比较典型的异写字〔图〕85。

当然，还有些异写的字，其偏旁的异写完全是书写者随意所为，基本上没有多少理据可循，如"掾"字，就分别写作〔图〕1278、〔图〕1255、〔图〕1511+1389+1388、〔图〕1507、〔图〕1509、〔图〕1684，这些字形，除第一、第二例的右上部写法还有点道理之外，后四个的书写就基本是随意所为。同类型者如"伤"写作〔图〕1509，"暘"写作〔图〕1422，"潀"写作〔图〕1539，"鸷"写作〔图〕2626+2561，"溪"写作〔图〕359、〔图〕91，"逐"写作〔图〕1140之类，都是这种偏旁局部异写的例证。当然，这种偏旁局部的异写，因为并不影响整个字的识读，故异写字大量出现也并不奇怪。

2. 贯穿笔画

贯穿笔画，即在书写文字的相交笔画时，将竖向的笔画特别地穿透横画，形成一类很有特征的异写现象。应该说，这种贯穿的笔画，也没有特别的意义，多半是书写者的书写习惯使然。如"雷"字本作〔图〕348，但又有写作〔图〕126，这种竖画的中穿字例很多，较有代表性的如"处"字，其出现的频率比较高，我们随便摘录了几个，无一例外地都写成了〔图〕895、〔图〕2503、〔图〕1729、〔图〕1270、〔图〕2170、〔图〕1713+2158+1739，由此可见，竖画中穿是很常见的异写现象之一。与此相类似，以"处"为声符的"据"亦如此作〔图〕875。此外如"便"字，尽管不是标准的竖画,其下拉的撇画也中穿上面的横画,写作 ▢2207、▢1772,这种异写,很容易让人们误识为"使"字。再如"送"字,常异写作 ▢1680,更有甚者,这一笔不仅是中穿出头,而且还与上面的两点交叉,写作 ▢1669,这种异写在一定程度上已在改写偏旁部件的组成了。此外如"讯"字,在简文中或写作 ▢304,直接将"讯"的右边写成了"丸",不止于此,还有在"丸"字上添加"人"字头的修饰部件,写作 ▢333+334 者,这就完全异写成了一个很陌生的字。又如"复"字,其右边的偏旁本来是一撇一横的构成,但简文中也有写作 ▢1405 或 ▢1448+1387 者,即将撇画写成了竖画,并直接中穿横画,异写成完全不同的字形。再如"定"字,下面的竖画本是不中穿的,但简文中则多写作 ▢209、▢317,有趣的是,第一例中,其竖画不仅中穿,而且与上面"宀"字头的一点也连在一起,成为一种特殊的异写字体。

3. 分割笔画

分割笔画,就是将本来应该是一笔完成的笔画予以分割,使文字发生轻度讹变的异写。这类笔画的分割,主要表现在横画和撇画的书写中,如"索"字,上面本来是一横,但简文中则多写作 ▢1295+2567、▢676,再如"奉"字写作 ▢2206+5964 也是将一横分割为两点来书写。应该说,这种将一横分割为两点来书写的现象在秦汉简牍文字中并不少见,如马王堆简帛文字中的"东"字、"春"字等,大都是将上面的一横写作两点。又如"妻"字,其字本应作 ▢522,中间一竖是直行而下的,但简文中又多异写为 ▢652 或 ▢545,将中间的竖画分割成点画和竖画,有趣的是,第一个字例在分割之后,增加了两笔横画,而第二个字例则将"聿"下面的两横并到"又"字中去,成为"妻"字的特殊异写字。再如"秩"字,其右边的"失"本应是一撇一捺的笔画,但简文中则多将一撇分割成两笔,然后将捺笔改为点画,作 ▢36、▢294,而这也成为后来隶书中的通用写法之一,如《西峡颂》《孔羡碑》和《汉隶字源》中都是这种写法。

这种分割的笔画,有时还会直接造成笔画的变异,如直接将竖画变成了点画,如"辜"字,上面本来是竖画,但简文中也有写作点画者,如 ▢1719,这就是将竖画直接写成了点画。当然,这种笔画的变法并不一定是笔画分割的结果,但此字的构形则说明,笔画的分割应该就是其异写的原因之一。再如"傅"字,简文中写作 [图]$_{1805}$,一看右边上部已讹成了一个草字头,其实这是先在笔画分割的基础上,再将右上部的点画讹成撇画的异写结果。

4. 连接笔画

连接笔画,这也就是将本应分开书写的笔画连接起来,使字形发生讹变的一种异写现象。如"商"字,在简文中写作 [图]$_{537+789}$、[图]$_{618}$,相对还比较好认,但简文中也有写作 [图]$_{4300+2508+4331}$ 者,将上部的两点和下部的撇点连在一起,就变成了相当少见的异写字了。又如"画"字,简文中多写作 [图]$_{474}$、[图]$_{474}$,这是将"田"的横画与下面的横画连在一起书写的结果。同样如"遣"字,简文中或写作 [图]$_{83}$,其下部的中间本应是隔开的两横,但已用连写的方式写成一横;或以为这是行草书书写的结果,这当然可以是其连写的原因之一,但这毕竟还是隶书,故我们仍将其归在异写的范围之内。

再如"兵"字,简文中常写作 [图]$_{1099}$、[图]$_{1119}$,这就是将"兵"字中间的竖画与下面的撇画连接书写的异写表现。当然,这种笔画相连的异写现象并不影响其字的整体释读,而个别的笔画连写则可以改变其文字的构形面目,如"卒"字,中间本来是两个"人",应该是写作 [图]$_{681}$,但简文中也偶有发现将两个"人"连写而作 [图]$_{525}$ 者,这就很容易造成文字释读上的困难。再如"乘"字,在简文"公乘"中,竟写作了 [图]$_{2173}$,书写者将"乘"的左右两竖笔与上下的撇画和横画都连在一起,使下面的"木"和上面的"舛"都不可分辨,如果不是文例中是"公乘"这个爵位名的话,一般都会误认为是"东"字的异写。

除了上述几种异写现象之外,有些异写的字例实在不好归类,其中或者是当时的俗写,或者是书手的随性所为,我们在释读时多只能根据其上下文义来斟酌确定其文字。例如"肯"字,上面是"止",但简文中却写成了宝盖头,作 [图]$_{1490}$、[图]$_{1339}$,我们知道,"止"和"宀"相混的字例并不多,这只是特例而已。再如"爱"字,在简文中分别写作 [图]$_{671}$、[图]$_{579}$、[图]$_{376}$、[图]$_{923+1474}$ 等形,其共同的特点是将下面的"友"分割开来,特别强调那一撇,而且让"又"单独成体,这就多少改变了文字组合的偏旁构件,至于其上部三点的异写,也反映了书写者自由书写的不同状态。当然，也有一些完全缺乏理据的异写现象，如这批简文中的"止"字，多写成□$_{1513}$、□$_{346}$，即将左边的一竖和下面的一横连写成了一个走之旁，这在文字的构形上应该是没有什么理据的误写，但我们也发现，这种误写，也是有其讹变的线索可循的，如与第一例在同一枚简上的另一个"止"字就写作□$_{1513}$，其左边的一竖还很明确，但下面的一横在收尾时就有了走之旁收尾时上提的笔画，有了走之旁的影子，在此基础上，再将一竖来点波折变化，自然就成了第一例的字样，这种追求变化但又缺乏理据而讹写的异写字，尤其值得注意。再例如"庆"字，简文中一般写作□$_{1053}$、□$_{1053}$，这两个字形还是比较完整地写出了每个文字构件的形态，不会有什么疑义，但也有写作□$_{470}$者，它一是将上面的"鹿"字头与中间与"四"相近的构件连写，省掉了一横，再将下面的"夂"写成了"久"，同时加了前面字形中没有的横折笔画，从而异写成一个没有多少理据的字。当然，这也是形近而异写的结果。再如"钱"字，其右边本是由两个"戈"组成，或许是为了避免重复，就有将上面的"戈"写作"老"字头者，如□$_{1378}$，此外，其左边的"金"还省略了下面的两点。我们说，这类异写除了形近之外，都没有太多的理据，也许正因为没有多少理据，故书写者才可以随意为之而不受约束，而这也是秦汉简牍文字中异写字众多的原因之一吧。

　　文字的异写现象，虽没多少理据，但具体分析起来，每一种异写都会有其原因。从书体演变的角度来看，隶书的草化和楷化都应是其异写的主要原因之一，如"与"字写作□$_{1687}$或□$_{1430}$，"开"字写作□$_{654}$，这很显然是草化的结果。再如"曹"字写作□$_{257}$，"暴"字写作□$_{1420}$，就有很明显的楷化痕迹。当然，对有些异写字的分析，也需要从不同的角度去进行分析和考察，不然，就有误识或误读的可能。例如简1860上的□字，整理者读为"咎"，认为该字是在书写过程中省略了竖画。我们查简文知道，其上下文例是"检验未分明，咎在主者不躬亲"[①]，似乎确实应该读为"咎"，但我们在清理异写字时发现，2201号简上的"落"字就写作□，其右边的"各"与释为"咎"的形体完全一样，因此，我们认为，写"咎"字时省略中间一竖的情况比较罕见，而在"各"字边上加点作为羡笔可

---

　　① 长沙市文物考古研究所、清华大学出土文献研究与保护中心、湖南大学岳麓书院、中国文化遗产研究院编：《长沙五一广场东汉简牍》(伍)，上海：中西书局，2020年，第31页。

能比较合情理,而释为"各"放在简文中似乎也并无大碍,所谓"各在主者不躬亲"也就是各自的主事者没躬亲其事的缘故。同样,我们还发现简文中多释为"毒"的字,都写作 937、1119、1080+4425,其上部的写法比较特别,查上下文,简 937 曰:"澹亡垍挟菫毒即敏光等"[1],其他两枚简上都是"菫毒"一词,"毒"在这显然不是形容词,而应该是一个名词,故有点费解。其实,在同一枚简即937 号简上,就有释为"敏"字的字形,其左边就与这个"毒"完全一样,写作 ,我们在前面曾指出,左边的"每"之所以写成这样,是增加相同构件的繁饰手法。如果这释为"敏"没问题的话,那释为"毒"的字亦可释为"每"。按《说文》的解释,"每"是草盛上出也,段注认为"每"多通"莓",是知简文中的"每"或当读为"莓",所谓"菫莓",当是一种草本植物。

再如简文中的 1119、1099,这两个字被释为"贲",除了下部确是从"贝"之外,上部跟"卉"实在有点差距,查简文,该字是人名,这没有多少文义可循,但从字形看,它很可能是"竟"字的异写,上述我们讨论过,异写中增加横画倒是很常见的现象。

此外,497 简上的 字,整理者释为"度",并打了个问号,表示存疑。后来我们在 1669 简上看到 ,释为"渡",其实这与 497 号简上的字就是一个字,左边并不是三点水,而是病体旁的两点,这病体旁也就是"广"字头的异写,这两个偏旁在简牍文书中常常混用。"度"字下面的"又"在《白石神君碑》中就写作"攵",可知将"度"异写作简上的两个字形,并不奇怪。因此,这两个字就应该都释为"度"。

---

① 长沙市文物考古研究所、清华大学出土文献研究与保护中心、湖南大学岳麓书院、中国文化遗产研究院编:《长沙五一广场东汉简牍》(叁),上海:中西书局,2019 年,第 97 页。

汉简中的今草与章草
——从五一广场简和肩水金关简的草书说起

刘绍刚

清华大学出土文献研究与保护中心

摘要：湖南长沙五一广场一带出土的汉简和西北出土的肩水金关汉简，基本完成了从西汉中期到东汉晚期的时间链接。我们发现五一广场汉简的草书，属于今草或行草；而西北地区的草书中，今草之外的章草一体得到了长足发展。唐代张怀瓘《书断》后的书法史论中，多以为先有章草，后有今草、行草，而新发现的汉代简牍中的草书，证明这个观点是错误的。

关键词：汉兴有草书；五一广场汉简；肩水金关汉简；张怀瓘《书断》的误论；今草、章草出现时间

从赵壹《非草书》、卫恒《四体书势》看，在东汉中晚期，西北地区出现了以杜度、崔瑗、张芝等人为代表的一个草书书法家群体，并且出现了崔瑗《草书势》、赵壹《非草书》这种专门讲述草书书法的文章。张芝则被曹魏时韦诞称为"草圣"。一个仅以草书名世的书家竟然也被冠以"圣"的称号，成为因书法称圣的第一人。这些都揭示了草书在中国书法史上的特殊地位。

唐太宗在《晋书·王羲之传》中感叹："伯英临池之妙，无复余踪；师宜悬帐之奇，罕有遗迹。逮乎钟王以降，略可言焉。"[①]说明张芝的真迹在唐代已经很难见到了。张彦远《法书要录》，曾录《唐韦述叙书录》一文，记载太宗时内府藏有张芝的作品，到唐玄宗开元年间尚存张芝作品一卷[②]。但宋太宗淳化三年（992 年）编刻的《淳化阁帖》里收录的张芝作品，经米芾、黄伯思等人的考据，认为多出自后人伪托，至今已成定论。既然传世的张芝等人的作品都不可靠，那么汉代的草

---

① ［唐］房玄龄等：《晋书·王羲之传》，北京：中华书局，1974 年，第 2107 页。
② ［唐］张彦远：《法书要录》，北京：人民美术出版社，1984 年。

书到底是什么样子呢？二十世纪以来出土的大量简牍帛书，让我们可以对汉代的草书演变足迹略窥一斑。在目前发现的简牍中，从东汉早中期到东汉晚期直至三国时期，资料最丰富的，当属湖南长沙五一广场（走马楼）附近出土的几批简牍。所以我们就先来看看长沙出土简牍中的草书。

一、五一广场出土汉简和吴简中的草书

（一）广义的五一广场简和东汉简中的草书

长沙市五一广场的中心，原是明朝吉王府的旧址，东、西牌楼翼张于左右，走马楼是府内的一处主要建筑。这一带也是楚汉长沙城之所在，长沙在春秋战国时期属楚国，秦汉之际设长沙郡，汉初高祖封吴芮为长沙王，长沙国的城邑就以今天的五一广场一带为中心。后吴氏长沙国废，汉景帝又封子刘发为长沙王，传七世，至新莽时废。东汉光武帝复置长沙郡，临湘县治地就在今天的五一广场一带。

1996 年，在五一广场南侧平和堂大厦的建设工地，出土了八万余枚吴简，这批吴简有三国吴嘉禾元年（232 年）至嘉禾六年（237 年）的年号，大都是临湘县官衙的各类弃置井窖中的文书，包括司法文书、民籍、仓廪出入账及名刺等，因发现地临近走马楼巷，这批简牍被命名为走马楼吴简。1998 年，在五一广场的西北侧的科文大厦建设工地，发现两百余枚东汉中期简牍，称尚德街东汉简；2002年，在五一广场东南侧的湖南供销大厦建设工地，发现两千一百余枚西汉简牍，称走马楼西汉简；2004 年，在五一广场南侧的湘浙汇大厦建设工地，发现四百二十余枚简牍，因南侧临近东牌楼街，命名为"东牌楼东汉简牍"。2010 年，又在五一广场东侧发现了"五一广场东汉简"，总数有六千八百余枚。[①] 见图 1。

长沙五一广场一地出土的数批简牍，有西汉武帝时期、东汉中晚期、三国时期的简牍。之所以把这些不同时代、不同命名的简牍统称为"五一广场简"，是因为这几批简牍的出土地相近，都集中在五一广场区域，都出土于井窖之中；内容以长沙临湘县的文书档案为主，且前后的地名、职官及文书格式都有联系。在同一个不大的范围内出土时代不同的一个官衙的文书简牍，而且有时代相接的关系，在国内百余年出土的简牍中实属罕见。这些汉代至三国时期长沙国和临湘

---

① 参见黄朴华：《长沙五一广场东汉简牍选释·前言》，上海：中西书局，2015 年。

县官衙的文书简牍,涵盖了西汉中期到三国时期。在书法史的研究上,提供了一个地域出土的接近完整的不同时期书法演变的系列标本。下面我们就先来看一看其中的草书简牍以及研究者对其简牍书法的一些基本评价。

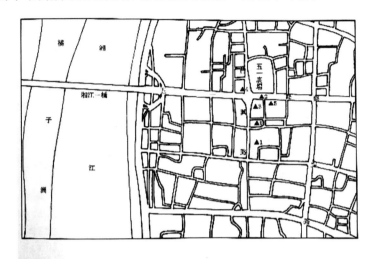

图1 五一广场简牍出土地点①

1. 五一广场东汉简

五一广场东汉简的年代在永元二年(90年)至永初五年(112年)间,是五一广场附近出土东汉简牍中时代较早的一批。五一广场简中的草书从书写形态特点看,可以分为五种类型。

第一类是两面草书的,如三、二三二、三○二、一九一七号木牍等(见图2),都是两面草书书写的公文文书。三号简,是我们在五一广场简牍中见到的通篇使用草书的简牍。将其与走马楼西汉简的"亭长"作一个比较,我们就会发现它的草书已经相当成熟,完全脱离了隶书的形体和用笔,而基本与晋唐的草书相同了(见图3)。但"知"的"口"部用三笔,就与尚德街东汉简同一枚简的"知"字有了四种不同的写法(见图4),五一简和尚德街简年代相近,通过一个"知"字,就

① 长沙市文物考古研究所:《长沙尚德街东汉简牍》,长沙:岳麓书社,2016年,第5页。

可以看出草书演变过程中"口"字的几种繁简不同的变化。与皇象《急就章》和晋代草书对比后可知,草书有些繁简写法可能与年代早晚没有太大关系。

图2　五一广场简三号简、三〇二号简、选释七一号简

五一简"亭长"　　走马楼西汉简"亭长"

武威医简"亭"　　皇象《急就章》"亭"　　智永"亭"　　怀素"亭"

居延简"长"　　皇象《急就章》"帐"　　王羲之"长"　　李怀琳（传）"长"

图 3　五一广场简、走马楼西汉简与晋唐人的"亭长"

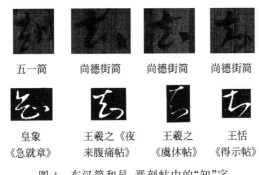

五一简　　尚德街简　　尚德街简　　尚德街简

皇象《急就章》　　王羲之《夜来腹痛帖》　　王羲之《虞休帖》　　王恬《得示帖》

图 4　东汉简和吴、晋刻帖中的"知"字

第二类是由县丞签署的文字,其中有简略的批示,如三二五-五一一简①,右侧为隶书的行文,左侧是县丞的批文:"柒(七)月,基非刘亲母,又非基衣,未实也。"这是草书与行书的"混搭",其中"柒月""刘""亲""也"等字都是草书,而"非""母""又""基"又可以说是行书,类似隶书、草书、行书以及楷书等两种或多种书体"混搭"的写法,在汉代简牍中比比皆是,如一一二二号简、二一八六号简,都有行书夹杂草书的现象。这种几种书体混在一件简牍或尺牍上的现象,一直到魏晋之后都屡见不鲜,有人称之为"杂体"或"合体",也不无道理。

第三类只是在简牍背面草书署名或记月日,如五二六＋五三四,封检,背面草书署名"史敏墅",四四一号简,背面草书署名"门下书佐王君墅",一一二〇号简背面草书署名"金曹佐王史墅"等。草书记月日的简牍,有的单记月日,有的加"发"或"发丞"。值得我们注意的是,在这批简牍中也看到了两字之间有连带的

_____

①　黄朴华:《长沙五一广场东汉简牍选释》第七一简,上海:中西书局,2015 年,第 25 页。

写法,如"二月""四月"的写法,与王羲之《初月帖》的"初月"非常相似。在西汉晚期的《神乌赋》和西北简中,像"正月""一月""三月""季月""十二月"等也是连带而成,一些不是连笔写的月份,也有类似合文的粘连,这种写法应当是一种书写月份的约定成俗的书写习惯。陆锡兴称之为"并体合书"或"并体合文"。①

第四类就是习字削衣中有草书,如二三六、二三七、二五〇、二五一、二六三号的削衣。这些削衣上的草书字迹,说明那时已经把草书当作一种常用书体来学习了。

如果要把"君教诺"算作一种,可以说属于第五类了。"君教诺"在时代早一些的居延汉简中就出现过,从五一广场简到走马楼吴简都十分常见,邢义田先生在《汉晋公文书上的"君教诺"——读〈长沙五一广场东汉简牍选释〉札记之一》中曾有详论。"诺"或"若"字隶书、行书、草书都有,往往是"君教"二字一种书体,"诺"(或写作"若")另一种书体,而且字迹大于前两字。从墨色看也应该是后书,"'诺'或'若'字确实是在诸吏署名完毕,文件备妥呈上后,才由有权批示的人加上的",表示长官同意僚属的意见。为了能"展露个性化的书法并防止他人伪冒"②,所以"诺"或"若"写得花样繁多,姿态万千,所以又称为"画诺"。"所画的诺字,在字形上差别甚大,有些以粗笔大字写在'君教'之上,但笔画极简,已很不像若或诺字,反而像个符号或花押;但也有些似乎是自'若'字简化部件和笔画而成"③。

2. 长沙东牌楼东汉简

长沙东牌楼东汉简是汉灵帝(168—189 年在位)时的简牍。简文有建宁(168—172 年)、熹平(172—178 年)、光和(178—184 年)、中平(184 年十二月—189 年三月)的纪年。其中的草书所占简牍的比例,在五一广场一带出土的简牍中是比较多的。全书包括残简有 205 号,草书简就有 30 余枚,其中书信简牍占了近半。书写书信不像书写公文一样对使用的书体有要求,所以使用草书书写的居多。

参与东牌楼东汉简牍整理工作的刘涛先生,在《长沙东牌楼东汉简牍的书体、书法与书写者》一文中,对这批简牍中的草书作了如下描述:

---

① 刘绍刚:《隶书"八分"的解体和行楷书的发展——从五一广场简看东汉时期的书体演变》,载《长沙五一广场东汉简牍选释》第 313 页,上海:中西书局,2015 年。

②③ 邢义田:《汉晋公文书上的"君教诺"——读〈长沙五一广场东汉简牍选释〉札记之一》,武汉大学简帛研究中心简帛网 wangzhan@bsm.org.cn,2016-09-26。

东汉后期临湘地区书吏日常书写的草书,有的规矩,接近"楷则"一类的草书。有的随意,草书结构(草法)已经相当简化,而且许多字中末笔有下引的映带之势,是一种有别于正规草书的俗写形态。

东牌楼汉简的草书类文书,基本上是公文、私信之类的文书。七八号简背面所书"欲见金曹米史敕令来"九字是大字草书,一行直下,笔画瘦劲;"欲见"两字结构宽展,而"令来"两字收束,各显姿态。"史""来"两字的末笔,都写作长点,而无章草那样的隶波。四三号简正面所书"属白书不悉送口案解人名",是大字草书,笔画较粗,笔势依然流利;此简背面是小字草书,草法结构比较规范,有些字画近似王羲之的草书。就文字内容看,这两简皆属下行文书。而一些上行简牍文书的草书则拘泥草法,尚能见到一些章草书的笔意,如结字宽展,有些字最末一笔的收笔取平势,以四八号简最具代表性。①

刘涛先生对魏晋南北朝书法史研究有素,但对他提出的东牌楼东汉简牍中的草书有"章草书的笔意",笔者并不同意。汉简中各种书体的因素在一枚简中存在,是一个普遍现象,但要确定一枚简牍的书体,要看其中的主要成分,如果过于拘于极少数字形、笔画,反而难以反映整体的书体定名。刘涛先生认为章草笔意"最具代表性"的第四八号简,我们在下面"今草与章草"一节将其与后代的草书作品作详细比较,可以说明其并没有什么章草笔意,倒是与晋唐的草书非常相似,归为今草是没有问题的(见图5)。

3. 长沙尚德街东汉简

长沙尚德街东汉简有"熹平二年"(172年)、"光和四年"(181年)年号简,是东汉灵帝的年号,与东牌楼汉简的年代有重合相接的关系。还有一枚"十一年"简,东汉和帝"永元"(89—105年)、献帝"建安"(196—220年)都有十一年,整理者认为:"该井出土简牍大多为草书体,如标本049—052号,这与2004年长沙东牌楼东汉简牍的风格接近。另从出土器物分析……判定J531的时代为东汉晚期至东吴早中期。"②说明整理者的意见倾向于东汉末年的献帝。

① 刘涛:《长沙东牌楼东汉简牍的书体、书法与书写者》,载长沙市文物考古研究所、中国文物研究所:《长沙东牌楼东汉简牍》,北京:文物出版社,2006年,第83页。

② 长沙市文物考古研究所:《长沙尚德街东汉简牍》,长沙:岳麓书社,2016年,第80-82页。

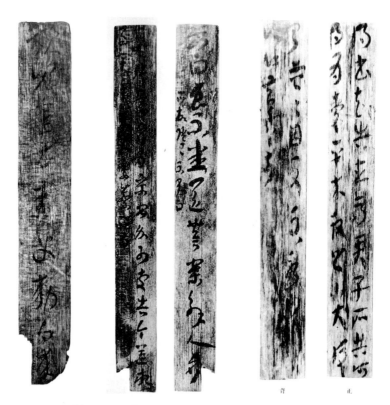

图 5　长沙东牌楼东汉简七八号、四三号、五二号简

　　尚德街东汉简中，整理者认为"草书体最多，以分体草书为主，少量连体草书"①（见图 6）。这里所说的"分体草书"，或指两字独立，"连体草书"或是指两字之间连带的写法。尚德街东汉简中的草书有十几枚，其中私信占了一大半，还有十几枚习字简及部分残简也都是草书。张怀瓘《书议》说到草书的用途主要是："或君长告令，公务殷繁，可以应机，可以赴速。或四海尺牍，千里相闻，迹乃含情，言惟叙事。"②从五一广场出土的东汉简看，草书或用于君长告令批示，或用于尺牍书信，与唐人对草书的认识基本一致。但由于汉代草书与魏晋之后草书有一定的差异，私信又不像文书简一样有文例可循，加之简牍残断、污染，所以这批简牍草书的释文，和其他几批五一广场简的草书私信的释读一样，还难以令人满意。

　　①　长沙市文物考古研究所：《长沙尚德街东汉简牍》，长沙：岳麓书社，2016 年，第 85 页。
　　②　［唐］张怀瓘：《书议》，载《历代书法论文选》，上海：上海书画出版社，1979 年，第 149 页。

050 背面

□□足比數以別□
□每事得蒙恩它□

050 正面

八月，故留事成□多以
見佐未嘗知行也爰無□□□□
□爰穷小所印不能食
□□□□□

图6　长沙尚德街东汉简(050)(139)

（二）走马楼吴简中的草书

看过五一广场东汉简的草书之后，我们再来看一看东汉之后吴简中的草书。

走马楼吴简，发现于1996年，是目前为止发现的数量最大的一批简，发现之始预估有十万枚，整理后确定有字简近八万。走马楼吴简出土及陆续刊布已有二十五年，从书法角度探讨吴简的论文和著作也不少，刘涛先生在《中国书法史·魏晋南北朝卷》中，较早对走马楼吴简的书法进行了研究。长沙简牍博物馆于2019年编著了《长沙走马楼吴简书法研究》一书，收入了王素、宋少华先生的《长沙走马楼吴简书法综述》等多篇研究走马楼书法艺术的文章，并将其中的部分代表作品高清放大精印，大大便利了对其书法的研究。《长沙走马楼吴简书法综述》对这批吴简作了比较全面的描述：

> 走马楼吴简的长沙吴简中使用最多的是楷书。吴简楷书尚处于隶楷过渡阶段，很多孙吴简牍保留了较多隶书笔意，结体宽博，用笔凝重，其横画、竖画的弯曲弧度，与传世王羲之《姨母帖》接近。①

---

① 王素、宋少华：《长沙走马楼吴简书法综述》，载《长沙走马楼吴简书法研究》，杭州：西泠印社出版社，2019年。

走马楼吴简中也有草书,但数量极少。刘涛先生认为:

> 长沙吴简草书墨迹多是当时的俗笔草书,写得流便,隶意淡薄。如《调米君木牍》,不著波磔,横张之势减弱了,《奏许迪卖官盐木牍》上有一行草书批答,"然考人当如闲①法,不得妄加毒痛。"……结构是章草字法,笔姿却与今草相近。②

同样是对于这件《奏许迪卖官盐木牍》,后定名为《录事掾潘琬白为考实许迪割食盐买米事木牍》的作品(见图7),骆黄海先生在《长沙走马楼吴简草书形态初探》中提出了新的意见,他认为该木牍的草书,"虽然不及成熟时期的今草丰富","已经蕴含浓厚的今草笔势","实际可以看作当时民间今草的一个重要形态"③。

图7 走马楼三国吴简《录事掾潘琬白为考实许迪割食盐买米事木牍》

---

①③ "闲"应释为"官"。见骆黄海:《长沙走马楼吴简草书形态初探》,载《长沙走马楼吴简书法研究》,杭州:西泠印社出版社,2019年,第281页。

② 刘涛:《中国书法史·魏晋南北朝卷》,南京:江苏教育出版社,2002年。

这件文书为官文书，且是上司批答之笔，是否称为"民间"草书，尚值得商榷，但他与刘涛先生所论的最大区别，在于把这件作品直接定义为"今草"，排除了所谓章草的因素。这比"结构是章草字法，笔姿却与今草相近"这种有点骑墙的说法更明确，与笔者对这件简牍书体判定的看法也基本一致。

因为走马楼吴简的时代目前在五一广场附近的简牍中年代最晚，而发现的时间最早，所以我们不能对一些研究者当时的论点予以苛求。而西汉武帝时期走马楼西汉简年代最早，而发现较晚，其中的草书也是目前所见草书中年代最早的一批。见到走马楼西汉简的草书之后，大家对今草出现的年代等问题还会有新的认识。

（三）五一广场出土的西汉简草书

从东汉早中期说到东汉晚期至东吴，我们已经了解了五一广场出土简牍中草书的基本脉络。那么五一广场简的草书就是出现于东汉吗？如果是这样，我们以五一广场简牍来研究草书的发生和演变就失去了不少意义。正因为在广义的五一广场简牍中，还出土了一批西汉武帝时期的简牍，其中为数不多的草书简牍，才是我们想要揭示的重点。

2003 年 9 月下旬，长沙市文物考古研究所在距发现走马楼吴简不到百米的 8 号井中，又发现了一批西汉简，有字简有两千一百余枚。根据简上的纪年，在长沙康王元年至九年，相当于汉武帝元朔元年至元狩三年（前 128—前 120 年）。

这批简牍多数为隶书，武帝时期是古隶向汉隶演变的一个转折点，从二玄社所出版《简牍名迹选 2》和李洪才先生在《走马楼西汉简的断代——兼谈草书形成时间》文中已经公布的几件简牍看，一些简牍与睡虎地秦墓出土的《黑夫惊家书》、银雀山汉简中的《尉缭子》《守法守令十三篇》的草率隶书有一定的继承关系，可以归于草隶。在日本二玄社《简牍名迹选 2》中公布的六枚简牍中，只有第 5 枚（0084 号简）出现了与草隶明显不同的草书。[①] 曾经对西北汉简草书作过系统研究、又参加了走马楼西汉简整理的李洪才先生认为，"走马楼西汉简中很多文字并不只是简单的草率写法，而是已具备草书的基本特征"，"说明走马楼西汉简中的草书已经可作为一种书体形式，而不是草书的萌芽状态。许慎在《说文》

① 《简牍名迹选 2》，日本株式会社二玄社，2009 年，第 32—37 页。

②③ 李洪才：《走马楼西汉简的断代——兼谈草书形成时间》，《简帛研究》二〇一八（秋冬卷）。

序中说'汉兴有草书',其所指的应该就是走马楼这种草书"。②

走马楼西汉简中的草书(见图8),是目前发现的草书简牍中年代最早的一批,虽然草书简牍数量不多,但对草书出现时代的研究意义十分重大,其足以证明"最迟在西汉武帝元朔年间(前128—前123年)草书已通行,并已经成为一种新兴字体,因此,原有书法史关于草书形成时间的看法应予更新"。③之所以说可以更新原有书法史的看法,主要是因为自唐代以后的许多书法史著述中,把草书中"今草"出现的时间放在东汉晚期或东晋,走马楼西汉简草书的发现,让我们看到了汉武帝时期的草书,比过去见到的草书作品都要早得多,也比章草出现的时间早,说明今草的因素早在章草出现之前就已经存在。这对重新认识章草和今草的关系有相当重要的意义。

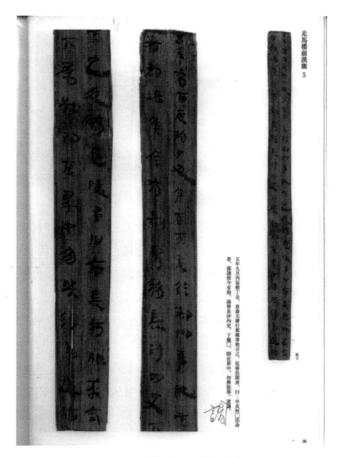

图8　走马楼西汉简中的草书

二、肩水金关汉简中的草书

长沙五一广场出土的简牍，从西汉武帝时期的走马楼西汉简到东汉的五一广场东汉简、东牌楼东汉简、尚德街东汉简、三国走马楼吴简，中间有一个时代的缺环，就是武帝后到东汉初期的一段。西北简中的肩水金关汉简，时间恰恰在昭帝至东汉早期，与长沙五一广场出土的西汉简与东汉简在时间上可以衔接。而西北的甘肃敦煌一带，也正是东汉草书名家辈出的地方。就让我们把目光从湖南长沙，转到西北的肩水金关，看看那里出土的西汉昭帝、宣帝到东汉早期简牍上的草书是什么样子吧。

（一）掺杂草书的隶书

过去我们研究"隶变"问题，选取的多是两湖和中原地区出土的简牍帛书，以隶书中残留篆书遗迹的多寡，与东汉汉碑、石经文字的对比，来判断古隶向汉隶演变的轨迹和汉隶成熟的标准。宣帝时期的河北定县简，一般被认作汉隶（八分）成熟的标志，北大藏西汉简的年代，也是与武帝时期的银雀山汉简和宣帝时的定县汉简来作对比，才判断其年代为"武宣之间"的，我们将北大汉简与东汉汉碑、熹平石经比较一下，发现确实还留有一些古隶的痕迹①，距离成熟的汉隶还是有一点差距（见图9）。然而"在西北简中，却发现在昭帝、宣帝时期的隶书中，几乎已找不到篆书的遗迹，却掺杂着一些草书"②。这在两湖和山东、江苏等地出土的简中是很少见到的。像昭帝元凤二年（前85年）为出入符文书③（见图10），应该是成熟的隶书了。但其中的"与""关""符""从"等字的部件，采用了后期西北地区简牍中常见的简率写法，而"癸""为""移"字都与草书无异（见图11）。另一件宣帝本始二年（前72年）馛得守狱丞却胡牒书④（见图10），其中"遝"的"辶"使用了简便的草体（见图12），这在西北以外的简牍中也常见，而"狱""馛"的简率写法已经属于草书了。宣帝之前的隶书中夹杂草书，是西北以外的简牍中很少见到的。这是否预示在武帝后的西北简中，将孕育出章草的书体呢？

① 此种对比，承中央美术学院戴裕洲先生启发并制图。

② 刘绍刚：《隶书成熟到"解散隶体粗书之"——〈肩水金关汉简书法选〉所见书体演变》，《书法》2021年第10期。

③ 张德芳、王立翔编：《肩水金关汉简书法》（二），上海：上海书画出版社，2019年，第38页。

④ 张德芳、王立翔编：《肩水金关汉简书法》（一），上海：上海书画出版社，2019年，第60页。

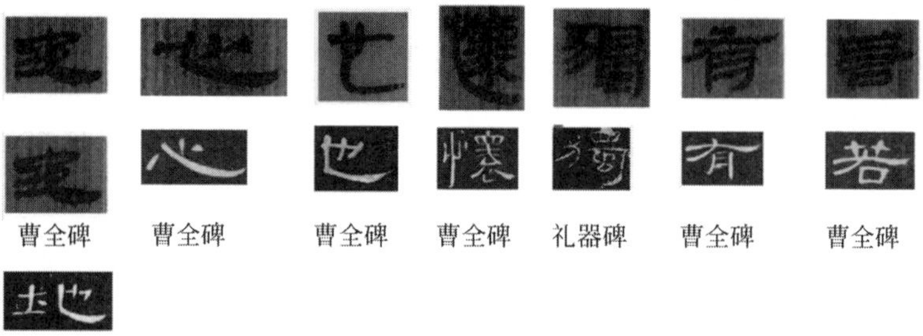

北大汉简：
汉碑：
曹全碑
曹全碑
曹全碑
曹全碑
礼器碑
曹全碑
曹全碑
曹全碑

图 9　武宣时期的北大汉简与汉碑

元鳳二年二月癸卯居延與金關爲出入六寸符券齒百從第一至千左居官右移金關符合以從事第九百五十九
73EJT26：16

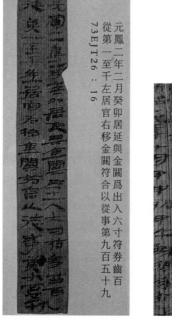

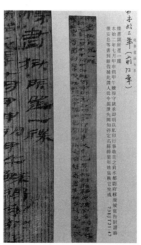

图 10　昭帝元凤二年为出入符文书、本始二年觻得守狱丞却胡牒书①

昭帝元凤二年为出入符文书：
汉碑：
曹全碑
鲁峻碑
史晨碑
赵宽碑
杨震碑
礼器碑
鲜于璜碑
张景碑

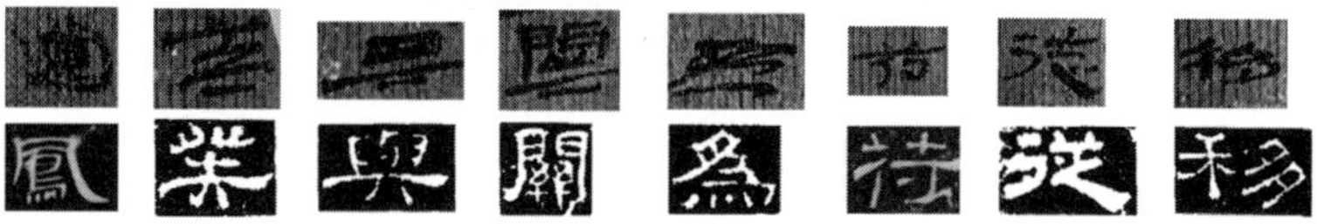

图 11　昭帝元凤二年为出入符文书与汉碑

---

① 张德芳、王立翔编：《肩水金关汉简书法》(二)，上海：上海书画出版社，2019 年，第 38 页；《肩水金关汉简书法》(一)，上海：上海书画出版社，2019 年，第 60 页。

宣帝本始二年觻得守狱
丞却胡牒书草书：

汉碑隶书：

邌（隶辨）　　狱（华山碑）　　觻（居延简）　　移（张景碑）

图 12　宣帝本始二年觻得守狱丞却胡牒书草书与汉碑隶书比较

在肩水金关简中，有一些书体演变中的文书，其中虽然也掺杂着草书，但整体看来还是"解散隶书"后，隶书向行书过渡中的字体。比起东汉中期以后出现的行书，它们还属于滥觞阶段。我把这些隶书、草书、行书因素兼有的简牍称为"杂体"。如："元康二年（前 64 年）广地士吏乐世文书①，文书书写草率，几无隶意，'乐''钱''敢''吏'等字简化如草书，其他字有行书笔意（见图 13）。建始二年（前 31 年）秦侠君买布文书②，虽然书写草率，其中也有几个草书的字，如'寅''觻得'，但大部分字并不合草法，而是隶书向行书演变中的样子。"③

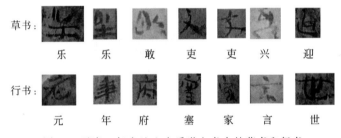

图 13　元康二年广地士吏乐世文书中的草书和行书

（二）今草和章草

金关简中最为亮眼的草书，当属《褒致子元书》④（见图 14），1973 年发掘于肩水金关之北的莫当隧，属于私信，正反两面均作草书。金关简的时代，多在武

①　张德芳、王立翔编：《肩水金关汉简书法》（二），上海：上海书画出版社，2019 年，第 85 页。
②　张德芳、王立翔编：《肩水金关汉简书法》（二），上海：上海书画出版社，2019 年，第 15 页。
③　刘绍刚：《隶书成熟到"解散隶体粗书之"——〈肩水金关汉简书法选〉所见书体演变》，《书法》2021 年第 10 期。
④　张德芳、王立翔编：《肩水金关汉简书法》（四），上海：上海书画出版社，2019 年，第 47-50 页。

帝之后到东汉光武帝之间,据黄艳萍先生考证,编号 73EJD 在汉宣帝元康二年至鸿嘉元年(前 64—前 20 年),属于西汉中晚期①。这件作品用笔流畅,无拘无束,草法娴熟,一气呵成。没有受隶书(八分)的影响,颇有后世晋唐"大草"之意味。后人区分大草和章草、小草的区别,常常以字与字之间是否有"连带"作为标准,而这件牍中"再拜""且勿",就是明确无误的连带。且整篇行气流畅,如行云流水。宣帝时就有这么成熟的草书,令人眼前一亮,无疑称得上草书书法中十分耀眼的一笔。另外,汉哀帝建平元年(前 6 年)橐他塞尉文书②、建平四年(前 3 年)张掖广地侯文书③(见图 14)、新莽时期的房致赵卿书(73EJF3:159)④和高博致陈山都书(73EJD:39)⑤等简牍,可以纳入草书之列。

图 14 《褒致子元书》、建平四年张掖广地侯文书

在《隶书成熟到"解散隶体粗书之"——〈肩水金关汉简书法选〉所见书体演变》一文中,笔者认为西汉和新莽时期,"草书和章草之间,并没有一条可以截然

① 黄艳萍:《〈肩水金关汉简(一)〉纪年简校考》,《敦煌研究》2014 年第二期。载:"1973 年发掘的额济纳肩水金关之北的莫当隧记作 73EJ D,共 391 枚,其中纪年简 26 枚:最早的两枚为元康二年(公元前 64 年,73EJ D:74 号,73EJ D:76 号),最晚的一枚为鸿嘉元年(公元前 20 年,73EJ D:352 号)。可知莫当隧简大体在公元前 64 年—公元前 20 年的时限内。"
② 张德芳、王立翔编:《肩水金关汉简书法》(三),上海:上海书画出版社,2019 年,第 73 页。
③ 张德芳、王立翔编:《肩水金关汉简书法》(三),上海:上海书画出版社,2019 年,第 64 页。
④ 张德芳、王立翔编:《肩水金关汉简书法》(四),上海:上海书画出版社,2019 年,第 30-31 页。
⑤ 张德芳、王立翔编:《肩水金关汉简书法》(四),上海:上海书画出版社,2019 年,第 53-56 页。

划分的界限。丛文俊先生说过'章草不能代表严格意义上的草书演进的阶段性成熟状态，不是一个必然环节，而是写入字书后的特殊样式'①"。或者说是进入书法家创作视野后分立出来的一种书体，说它是"特殊样式"，估计是为了与草书相区别。"如果非要把此时汉简中的草书和章草作一个区分，我们可以注意以下两点。第一，章草的字形像隶书的体态扁方，而草书字形或长或扁，随其自然。这也恰恰说明章草是在隶书（八分）成熟之后产生的，时代不晚于宣帝时期。而汉兴就有的草书，则是古隶阶段的产物，因此字形不像隶书、章草那样有扁方的体态。第二，章草有隶书的'波磔'及粗重的横笔、捺笔，在一字中充当'主笔'，在秦代的古隶中，线条的粗细变化并不明显。出现在西汉早期的草书，也不会有波磔的用笔，所以草书没有这种带有装饰性的用笔。"②

这里所说的"体态扁方"，也就是以往书论中经常说的"横势"。章草以横势为主，而今草比较自由，按字形的自然状态或横或纵，基本以纵势为主。按照这样的划分方法，笔者以为以下数简可归为章草之列：汉元帝永光二年（前 42 年）都乡啬夫禹文书③（见图 15）、成帝河平元年（前 28 年）出钱文书④（见图 15）、元延元年（前 12 年）肩水千人宗文书⑤（见图 16）等西汉晚期简牍，以及始建国元年广地隧长凤文书⑥、始建国三年（10 年）列人守丞文书⑦、（始）建国六年（13 年）肩水城尉文书⑧、始建国元年（8 年）居延居令守丞左尉普文书⑨、始建国元年（8 年）橐他守侯孝文书⑩、（天凤）元年（14 年）诏书戍属延亭文书⑪（见图 16）以及73EJF3：160、161、164、183 号简牍等，都可归入新莽时期的章草作品。

对于草书形成的时间，以往论者所依据的主要是西北简，有西汉中期和西汉晚期两种意见。裘锡圭先生认为草书（章草）的形成时间大约是在西汉元帝时

---

① 丛文俊：《章草及相关问题考略》，《中国书法》2008 年第 10 期。

② 刘绍刚：《隶书成熟到"解散隶体粗书之"——〈肩水金关汉简书法选〉所见书体演变》，《书法》2021 年第 10 期。

③ 张德芳、王立翔编：《肩水金关汉简书法》（三），上海：上海书画出版社，2019 年，第 27 页。

④ 张德芳、王立翔编：《肩水金关汉简书法》（三），上海：上海书画出版社，2019 年，第 17 页。

⑤ 张德芳、王立翔编：《肩水金关汉简书法》（三），上海：上海书画出版社，2019 年，第 57 页。

⑥ 张德芳、王立翔编：《肩水金关汉简书法》（四），上海：上海书画出版社，2019 年，第 24 页。

⑦ 张德芳、王立翔编：《肩水金关汉简书法》（四），上海：上海书画出版社，2019 年，第 14 页。

⑧ 张德芳、王立翔编：《肩水金关汉简书法》（四），上海：上海书画出版社，2019 年，第 16 页。

⑨ 张德芳、王立翔编：《肩水金关汉简书法》（四），上海：上海书画出版社，2019 年，第 21 页。

⑩ 张德芳、王立翔编：《肩水金关汉简书法》（四），上海：上海书画出版社，2019 年，第 18 页。

⑪ 张德芳、王立翔编：《肩水金关汉简书法》（四），上海：上海书画出版社，2019 年，第 29 页。

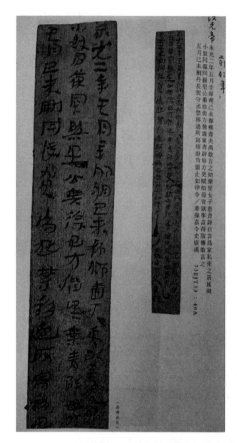

图15　永光二年都乡啬夫禹文书、成帝河平元年出钱文书

期："张怀瓘《书断》上'章草'条引王愔云：'汉元帝时史游作《急就章》，解散隶体粗书之，汉俗简堕，渐以行之。'把章草跟史游作《急就章》联系在一起是没有道理的，但是史游的时代倒是很可能跟草书形成的时期相去不远。"①

陆锡兴先生也认为章草形成于西汉晚期，他在《论汉代草书》一文中认为，"从居延、敦煌的汉简看，草书以王莽时较多"，"可以推测章草书形成时间大致在稍早于此时的元帝、成帝之间"②。

马建华、徐乐尧先生认为章草在西汉中期已经成熟："西汉武帝至元帝年间的居延汉简，有部分简书是解散隶体，急速简易的草隶，有些则是已带波磔、草意

① 裘锡圭：《从马王堆一号汉墓"遣策"谈关于古隶的一些问题》，《考古》1974年第1期。

② 陆锡兴：《论汉代草书（代序）》，载《汉代简牍草字编》，上海：上海书画出版社，1989年，第4页。

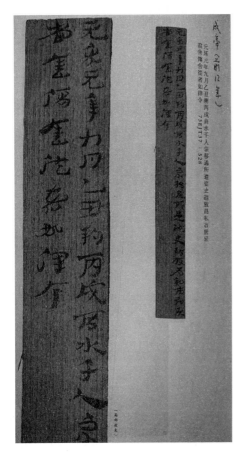

图 16　元延元年肩水千人宗文书、天凤元年诏书戍属延亭文书

浓郁的章草,到西汉成帝时期的简书中已出现了成熟的章草,表明章草已形成一种定型的字体了。敦煌马圈湾汉简中西汉宣帝时期的簿、册、书牍和王莽时期的奏书底稿早已是成熟的章草,而宣帝五凤年间的简册,其书体也是成熟的章草。由此证明,章草的成熟应在西汉中期无疑。"[①]

　　从肩水金关简和西北地区出土的其他汉简看,笔者赞成裘锡圭、陆锡兴把章草形成时间放在西汉晚期的观点。章草出现的年代可以追溯到西汉中期,但大量出现和成熟还是在西汉晚期和新莽时期。但无论是把章草形成的时间放在西汉中期还是晚期,都把以往所说的东汉晚期提前了百年以上。

---

　　① 马建华、徐乐尧:《河西简牍墨迹》,《书法》2005 年第 10 期。

肩水金关简和其他西北地区的西汉简有许多共同点,就是两汉的简牍草书中今草与章草同时存在。从时代看,新莽前后章草书体出现最多。但必须注意一点,就是那时还没有章草、今草名称的划分,只是其中的章草因素,逐渐为书法家所总结归纳,后来和今草的距离越拉越大,才在东晋划分出今草和章草这两个书体的概念。所谓张芝创今草,又以元帝时《急就章》的作者史游为章草的创作者,都是后人的"追认",属于书法家在创作中把之前存在的书体予以总结归纳的结果。一种书体从出现到被命名,经历了一个较长的成长过程,后代人往往还要任命一个"创造者",这是古代字体和书体命名中的一个套路。

三、章草、今草出现的先后

西北简是二十世纪最早发现的简牍,对居延汉简等西北简的研究在各方面也比较到位,无论是在文字学界还是书法界,包括肩水金关简的居延汉简等西北简的草书中存在"章草"的字体,已经成为大多数研究者的共识。现在的问题是,五一广场东汉简中的草书应该如何命名,其中有没有章草。

(一)章草、今草的文献考察

先说说章草得名的时间问题。

启功先生《古代字体论稿》说:"'章草'这一名称,在文献中最早出现的,要属于王献之的话。张怀瓘《书断》卷上说:'献之尝白父云:古之章草,未能宏逸。'"①在这里,启功先生引用了张怀瓘《书断》的记载,其实在张怀瓘之前,一些书法论述中也有提到章草的地方,而且人物也比王献之早一些。

羊欣《采古来能书人名》里说道:"高平郗愔(313—384年),晋司空会稽内史,善章草,亦能隶。"②王僧虔《论书》亦称"郗愔章草,亚于右军"。

虞龢《论书表》中说,王羲之"尝以章草答庾亮(289—340年),亮以示翼,翼叹服,因与羲之书云:'吾昔有伯英章草书十纸,过江亡失,常痛妙迹永绝,忽见足下答家兄书,焕若神明,顿还旧观。'"③庾翼(305—345年)比王献之(344—386年)年长近四十岁,郗愔也比王献之年长三十多岁,何况作者羊欣(370—442年)、王

---

① 启功:《古代字体论稿》,北京:文物出版社,1964年。

② [南朝]羊欣:《采古来能书人名》,上海:上海书画出版社,1979年,第58页。

③ [南朝]虞龢:《论书表》,载《历代书法论文选》,上海:上海书画出版社,1979年,第53页。

僧虔(426—485 年)的时代也早于张怀瓘，所以章草一词出现的时间应该比张怀瓘所记载王献之的年代要早。①

虞龢《论书表》还有两处提到王献之的"章草"："孝武撰子敬学书，戏习十卷为帙。傅云'戏学'而不题。或真行章草，杂在一纸"；"献之始学父书，正体乃不相似，至于绝笔章草，殊相拟类，笔迹流怿，宛转妍媚，乃欲过之"②。过去多理解为王献之曾经学习过章草。然而《论书表》又云："夫古质而今妍，数之常也；爱妍而薄质，人之情也。钟、张方之二王，可谓古矣，岂得无妍、质之殊？且二王暮年皆胜于少，父子之间又为今古，子敬穷其妍妙，固其宜也。"③前面说王献之能章草，后面又说二王父子又为古今，小王"穷其妍妙"，是说王献之的书法比其父更新，这就有些前后矛盾了。我们看张怀瓘《书议》中说，"子敬才识高远，行草之外，更开一门。夫行书非草非真，离方遁圆，在乎季孟之间，兼真者谓之真行，带草者谓之行草。子敬之法，非草非行，流便于草，开张于行，草又处其中间"④，是说王献之比王羲之的书法更"妍媚"，更新，而不是像章草一样更古的书体。王献之流传下来的墨迹、刻帖和章草并无关系，宋《淳化阁帖·晋王献之书》中收王献之书七十三帖，真伪掺杂，章草仅有《孙权帖》一种，也早已被指认为托名的伪作。这与我们所见到的二王书迹是一致的。⑤

孙过庭《书谱》中说道："虽篆、隶、草、章，工用多变，济成厥美，各有攸宜。篆尚婉而通，隶欲精而密，草贵流而畅，章务检而便。"⑥是把"草"和"章"分别为两种书体的。虞龢《论书表》中说王献之的"真行章草"，似亦应断为"真、行、章、草"，其他一些称"章草"者，也可以重新予以审视。所谓"章"，就是章程书。羊欣在《采古来能书人名》一书中记述："钟(繇)有三体：一曰铭石之书，最妙者也；二曰章程书，传秘书，教小学者也；三曰行押书，相闻者也。"钟繇三体的"章程书"，是指宜作公文奏折，也适于教授学生的正体，而不是章草一类的草书。

---

① 李永忠在《章草的"章"》中就指出："庾翼卒于 345 年，王献之生于 344 年，二人的先后关系很清楚。所以，如果以后人引用前人的话为根据，那么'章草'这一名称最早出现于庾翼的信中，而不是王献之的话中。"《文史知识》，2008 年第 2 期。

② ［南朝］虞龢：《论书表》，载《历代书法论文选》，上海：上海书画出版社，1979 年，第 53 页。

③ ［南朝］虞龢：《论书表》，载《历代书法论文选》，上海：上海书画出版社，1979 年，第 50 页。

④ ［唐］张怀瓘：《书议》，载《历代书法论文选》，上海：上海书画出版社，1979 年，第 148 页。

⑤ 宋《淳化阁帖·晋王献之书》收王献之书 73 帖，章草有《孙权帖》一种。容庚《丛帖目》据米芾、黄伯思说，直定为伪帖，乾隆时《钦定重刻淳化阁帖》亦不收。

⑥ ［唐］孙过庭：《书谱》，载《历代书法论文选》，上海：上海书画出版社，1979 年，第 126 页。

　　至于章草因何而得名,历代有很多说法。有汉章帝创始说、用于章奏说、"章程书"的"章"得名说、得名于《急就章》说等;前人多有论说,兹不赘述。裘锡圭先生以为"这些说法都很难令人相信。'章'字有条理、法则等意义,近人多以为章草由于书法比今草规矩而得名,这大概是正确的。"①这与启功先生在《古代字体论稿》中对章草得名的意见基本一致。

　　从晋代一直唐代,对草书中章草和今草并没有一个界定的标准。宋代黄伯思《东观余论》中提出"凡草书分波磔者名章草;非此者但谓之草"②,这段话说得简要,却也是章草与草书划分的一个重要指标。而清代的刘熙载在《艺概·书概》中指出了这里的一个漏洞:

　　　　黄长睿(伯思)言分波磔者为章草,非此者但谓之草。昔人亦有谓各字不连绵曰章草、相连绵曰今草者。按草与章草,体宜纯一,世俗书或二者相间,乃所谓"以为龙又无角,谓之蛇又有足"者也。

　　刘熙载说书法家虽然知道今草和章草的区别,但在临池书写时也难以把章草、今草分得那么清楚,也就是"世俗书或二者相间";是后世书法家创作中出现的问题,即所谓"以为龙又无角,谓之蛇又有足"。在汉代,简牍的书写者心目中根本没有所谓章草、今草的划分概念,所以章草与今草的混杂,在汉简中也不鲜见。而且后人都认为是章草的作品,因为时代不同也有明显区别。去年在《隶书成熟到"解散隶体粗书之"——〈肩水金关汉简书法选〉所见书体演变》③中,我就拿皇象《急就章》与索靖《月仪帖》作过一个比较,可以看出三国时期的章草和西晋的章草在字势、写法上有明显不同。《急就章》带有隶书意味的"横势"显著,"波磔"十分明显,不仅是在一些主笔的"雁尾",而且像"明"字末笔,也有一个小挑的波磔。但也必须注意到,《急就章》横画的起笔,已经摆脱了汉隶的"蚕头",像行楷书的顺入,只是收笔保留了"雁尾"。而在《月仪帖》中,已经看不到"蚕头雁尾"的痕迹(见图17)。这与我们见到的东汉到晋代的简牍及文书残纸中反映出的书体演变情况是基本相同的,也说明章草一体也在随着字体演变而变化,并没有形成一个规范的模式。

---

　　① 裘锡圭:《文字学概要》,北京:商务印书馆,1988 年,第 89 页。
　　② 赵彦国注评:《黄伯思·东观余论》,南京:江苏美术出版社,2009 年,第 43 页。
　　③ 刘绍刚:《隶书成熟到"解散隶体粗书之"——〈肩水金关汉简书法选〉所见书体演变》,《书法》2021 年第 10 期。

图 17 《急就章》与《月仪帖》的比较

刘熙载《书概》说道："书家无篆圣、隶圣而有草圣,盖草之道千变万化,执持寻逐,失之愈远。非神明自得者,孰能至于至善耶?"正因为草书"千变万化",草书的分类也名称颇多。除了章草、今草之外,还有隶草(草隶)、小草、大草(狂草)、行草等名称,王愔《文字志》就说王羲之"善草隶"[1],而且具体到某一位书家,其书写时则会诸体兼容,"藁书者,若草非草,草行之际"[2]。孙过庭曾言:"真不通草,殊非翰札。"也就是说一篇字中,兼有楷书、行书、草书是常见的现象。唐以前人,径称草书为"隶草""草隶""草","章草"属于有别于以上草书的一种草书中的特殊字体,其名称也是后世所追加的。

(二)张怀瓘《书断》评议

"汉兴有草书",西汉的草书没有今草、章草的区别,也没有章草、今草名称的出现,多统称为"草书"。从武帝、宣帝时期的草书简看,后世今草、章草的因素都有。章草这一书体的出现,和其他书体一样,首先出现在日用书写领域,这个时间在西汉中晚期。大约到东汉中晚期,书法家的创作中开始区别章草和今草,因为那时书法家开始把草书当作一门艺术形式,尤其是西北地区的书法家群体,大都以草书作为书法创作的主要书体,在他们的书法创作中,章草才得以独立成为与今草不同的一种书体。但过去谈及章草、今草时,有很多观点受张怀瓘《书断》旧说的影响,没有把今草、章草出现的时代搞清楚,所以许多问题都需要根据出土简牍中草书的演变情况,重新加以研究甄别。

过去书法史论以为今草由章草派生而出,这一观点首先出自张怀瓘的《书断》:

> 欧阳询与杨驸马书章草《千文》,批后云:"张芝草圣,皇象八绝。

---

① 见刘孝标《世说新语注·言语第二》"谢太傅"条下注。

② [唐]张怀瓘:《书断》,载《历代书法论文选》,上海:上海书画出版社,1979年,第166页。

并是章草,西晋悉然。迨乎东晋,王逸少与从弟洽变章草为今草,韵媚宛转,大行于世,章草几将绝矣。"

依欧阳询的说法,是东晋王羲之变章草为今草,张怀瓘否定其说,他认为在王羲之之前的张芝才是"变章草为今草"的第一人:

案草书者,后汉征士张伯英之所造也。梁武帝《草书状》曰:"蔡邕云:昔秦之时,诸侯争长,简檄相传,望烽走驿,以篆隶之难,不能救速,遂作赴急之书,盖今草书是也。余疑不然,创制之始,其闲者鲜。"[1]

右军之前能草书者不可胜数……章草之书,字字区别,张芝变为今草,加其流速,拔茅连茹,上下牵连。[2]

伯英学崔、杜之法,温故知新,因而变之以成今草。[3]

如果从今草出现的年代看,张怀瓘所说的张芝变章草为今草之说,比王羲之时代出现今草的说法更接近草书发展的事实了。但无论是欧阳询还是张怀瓘的说法,都没有前人文献作为可靠依据,也没有见到足够支撑其论点的书法真迹,只能看作主观推测。所以他们对章草、今草产生时代及来源的一些观点,都必须予以重新审视。

张怀瓘《书断》,是中国书法史上的一部重要著作,历代研究书法史论的人都很难绕开这部书。但其中存在一些问题,尤其是关于草书的一些错误和臆说,早有学者提出过质疑和否定。启功先生在《古代字体论稿》中就指出:

《书断》引崔瑗《草书势》亦有"章草"一名,但《晋书》所载《草书势》"章草"二字实作"草书",《书断》所引且有节文,知二字殆张怀瓘所改,故不据。并可见前第二节谈《书断》把《吕氏春秋》"仓颉造书"引为"仓颉造大篆",也是张氏所改的。又所谓卫夫人《笔阵图》及王羲之《题笔阵图后》俱有"章草"一名,但二篇俱出伪托,亦不据。王献之这段话,还没见其他反证,所以暂信张怀瓘之说。[4]

---

[1] [唐]张怀瓘:《书断》,载《历代书法论文选》,上海:上海书画出版社,1979年,第165页。

[2] 《法书要录》卷七引[唐]张怀瓘《书断上·章草》,今上海书画出版社《历代书法论文选》第163页。张怀瓘《书断》作"草之书,字字区别,张芝变为今草,如流水速,拔茅连茹,上下牵连",当有脱误。

[3] [唐]张怀瓘:《书断》,载《历代书法论文选》,上海:上海书画出版社,1979年,第166页。

[4] 启功:《古代字体论稿》,北京:文物出版社,1964年,第35页。

在这里,启功先生指出了张怀瓘《书断》在引用古代文献时随意改动,并依据后人伪托的文献的问题。

张怀瓘《书断》引王愔《文字志》作:

> 王愔云:汉元帝时,史游作《急就章》,解散隶体,麤(粗)书之。汉俗简堕,渐以行之是也。此乃存字之梗概,损隶之规矩,纵任奔逸,赴速急就,因草创之义,谓之草书。惟君长告令臣下则可。①

末句"惟君长告令臣下则可",宋代陈思《书小史》作"唯君长告令用之,臣下则不许"②。可见张怀瓘《书断》在引用古代文献时时有依己意删节,起码是不够严谨。

张怀瓘《书断》在古文、大篆、籀文、小篆、八分、隶书后列章草,其后才列行书、飞白、草书,从前后顺序看,其意即章草出现在草书之前,《书断》还有一句话影响至今:

> 章草即隶书之捷,草亦章草之捷也。③

他所说的"章草即隶书之捷"是没有问题的,而下半句"草亦章草之捷"则是错误的。在张怀瓘看来,"呼史游草为章,因张伯英草而谓也"④。章草是汉元帝时史游所作,那汉兴即有草书,如何是从章草中分化出来的呢? 这种观点就远不如卫恒《四体书势》中"汉兴而有草书,不知作者姓名。至章帝时,齐相杜度号善作篇。后有崔瑗、崔寔,亦皆称工……弘农张伯英者因而转精其巧"的论述接近历史事实。

侯开嘉先生在《隶草派生章草今草说》中,对张怀瓘《书断》"草亦章草之捷",即章草早于今草的观点予以否定,认为张怀瓘《书断》章草变今草之说为"千古错论":

> 我们说今草的书写形式的源头出自民间纵势隶草而不是章草。张怀瓘生于盛唐,简牍早废,他没有我们今天这样的眼福。因而误认为今草由章草衍变而来,便得出了这个千古错论。⑥

---

① [唐]张怀瓘:《书断》,上海:上海书画出版社,载《历代书法论文选》,1979 年,第 162 页。"解散隶体麤(粗)书之"作"解散隶体兼书之","赴速急就"作"赴连急就"。

② [宋]陈思:《书小史》,《钦定四库全书》本,第 5 页。

③④ [唐]张怀瓘:《书断》,载《历代书法论文选》,上海:上海书画出版社,1979 年,第 163 页。

⑤ [西晋]卫恒:《四体书势》,载《历代书法论文选》,上海:上海书画出版社,1979 年,第 163 页。

⑥ 侯开嘉:《隶草派生章草今草说》,《四川大学学报(哲学社会科学版)》2002 年第 5 期。

从启功、侯开嘉先生的研究看,张怀瓘《书断》里对前代文献的引用并不严肃,他关于章草和今草关系的论点,在我们见到大量汉代简牍的今天看来,无疑是错误的。鉴于目前的书法研究界对此尚未有普遍的认识,许多教科书、论文甚至通史著作中,依然在沿袭唐人的旧说,所以我们有必要对《书断》关于草书论述的错误予以纠正。

从汉代简牍中出现的草书看,在西汉中期,有别于古隶中的草率写法——"草隶"的草书已经出现,在西北汉简中,已经出现了今草和章草的区别。而五一广场出土的东汉简牍中的草书,并没有章草,而应该属于后世所称的"今草"。今草和章草的名称,都是后世所追加的。百年以来在各地出土的大量简牍,让我们看到了汉代比杜度、崔瑗、张芝早的草书,对今草、章草的发展演变轨迹有了比较完整的认识。所以不能再沿袭张怀瓘《书断》关于张芝变章草为今草的错误说法了。

(三)草书来源说

草书的来源,有源自篆书说、源自隶书说以及篆隶和源说等各种观点,历来众说纷纭。

峻斋(蒋维崧)师1959年在《汉字浅说》一书中,就提出了草书来源与古文有关的观点,他认为草书的"为",就是从战国文字(楚系)中演变而来的,并将"为"字的演变作了图示①。随着大量战国简(楚简)的发现,我们在其中看到了越来越多六国古文和草书的关系,证明峻斋师的意见是正确的。峻斋师是文字学家,同时也擅长金文等古文字的书法,在探讨草书来源于古文问题上的意见,是值得我们重视的。

陆锡兴先生在《论汉代草书》中,也注意到六国古文对草书的影响,他认为"无论六国古文还是秦国篆文的草法对汉代草书的影响都很大"②,并在战国简和湖南等地汉简出土资料不多的时候,就敏锐地发现"汉代草书是古今草书的桥梁,一方面继承古文草法,另一方面又为今草的源头"③。

笔者多年来也一直关注这个问题,几年前提出了草书的来源有古文和古隶两种:"草书的源,可以上溯到六国古文,从草书的起笔、收笔、行笔、笔势、笔顺,草书和古文都有密切关系。在其形成过程中,也受到了秦系文字(古隶)中草率

---

① 蒋维崧:《汉字浅说》,济南:山东人民出版社,1959年。

② 陆锡兴:《论汉代草书(代序)》,载《汉代简牍草字编》,上海:上海书画出版社,1989年,第12页。

③ 陆锡兴:《论汉代草书(代序)》,载《汉代简牍草字编》,上海:上海书画出版社,1989年,第14页。

写法的影响。"①之后又在《简帛中的书体》中,对来源于古文的草书,进行了比较详细的考证。② 这些意见将在另文中详论,在这里就不多说了。

近百年来的古文字研究,特别是战国简、秦汉简牍的发现与研究,更新了我们对草书来源的认识。现在发现的战国简大都出自先秦属于楚国的两湖地区,过去都称为楚简。随着对这些战国简研究的不断深入,我们发现其中也有不少无论是文本还是文字,都有齐系、晋系的因素。而在湖南一地,六国古文的字形在汉代依然有遗存,李学勤、裘锡圭和范长喜、周波等文字学家都有论述。比起字形来,属于书写习惯的用笔更不会一下子消失,而是在汉代的草书和行书中,恢复了六国古文那种比隶书更为快捷的用笔。这在湖南出土的大量汉晋简牍帛书中都得到了印证。

早在一百多年前,刘师培便在《书分方圆二派考》中,从用笔方圆的角度对草书与篆书(古文字)的关系进行了阐述:"古人之论草书者,均以草书乃隶书之变形,较隶书尤为简易,不知隶书全用方而草书则全用圆……盖由篆体而趋于简易则为草书,由草书趋于工整则为行书。则草书者,字体中之用圆派者也。"这对于认识草书的用笔与古文、篆书的关系有一定的揭示意义。对南北书风的异同,他提出了"盖南派以圆为贵也""北派以方为贵也"③。过去探讨草书起源,凡以为草书从篆书出者,都是看到了草书圆转的用笔是出自方笔隶书之前的文字,隶书改变篆书,主要的手段是把圆笔改为方笔。我们在见到战国简(楚简)之后,可以认为草书的起源与战国古文有密切关系,因为比起篆书来,在我们所见的战国简中圆笔连带更多一些。草书圆转用笔的源头,不是从隶书演变而来,而是直接来源于楚简为代表的六国古文。

草书也有受秦系文字影响的部分,这也就是以前学者认为的来源于篆书说或"篆文的草法"说。《说文叙》云"官狱职务日繁,初有隶书,以趣约易",卫恒《四体书势》亦称"隶书者,篆之捷也",隶书的出现,就是"以趣约易"的"篆之捷",也就是篆书的草率便捷写法。我们见到的青川木牍、睡虎地秦简等战国晚期秦国至西汉中期的简牍,文字学界都称之为"古隶",古隶中有一种体势向右下倾斜的

---

① 刘绍刚:《隶书成熟到"解散隶体粗书之"——〈肩水金关汉简书法选〉所见书体演变》,《书法》2021 年第 10 期。

② 《简帛中的书体》的内容曾于 2021 年 5 月在江苏省"无锡市首届中青年书法创作高研班"、10 月在长沙中国简牍博物馆"第四届中国简帛书法研创高级培训班"上授课讲解,尚未发表。

③ 刘师培:《书分方圆二派考》,原载《国粹学报》1907 年第 32 期,又见《左盦外集》第十三卷。

草率写法"草隶",像睡虎地秦简的《黑夫惊家书》、银雀山汉简的《尉缭子》《守法守令十三篇》以及里耶秦简、沅陵虎溪山汉简等许多秦汉简牍中,都有这种古隶的草率写法,这应该就是赵壹《非草书》中所说的"隶草"。"汉兴有草书",草书的发展和古隶到今隶的演变经历了相同的历史时期,必然也受到古隶中隶草的影响,所以许多后世草书的写法也来自于古隶,而不是篆书。裘锡圭先生在 1974 年看到马王堆一号汉墓遣策后就指出,"看来'草从篆生'的说法应该改为'草从古隶生'"①,就是指出了从秦系文字而来的草书,不应从篆书,而应从古隶中去溯源。

侯开嘉先生《隶草派生章草今草说》认为:"具有横势的隶草,特别强调横笔的波磔,逐渐形成了章草的造型;具有纵势的隶草,多注意上下字的连系,时而把竖笔有意拉长成悬针垂露之态,就逐渐形成了今草的造型。"②侯开嘉先生是较早提出今草不是出自章草,而是出于隶草的学者,他反对"隶草变章草,章草变今草"这种直线性发展的看法,提出了"隶草与派生章草今草说",至今看来依然很有道理。只是他写作此文时,西汉和东汉简牍发表得还比较少,所以对今草、章草出现的时间认定晚了些,这也是属于时代或叫年代的局限。随着简牍的发现及公布数量大大增加,我们可以对今草、章草出现的时间有一个更清楚的认识。

(四) 五一简今草、章草之别

从走马楼西汉简武帝时期的草书简看,那时的简牍中还存在草书和隶书相混杂的现象,一些草书中有突出的主笔,带有隶书影响,大部分都可以归于隶草(见图 18)。这和肩水金关简中"元凤二年为出入符文书"有相似之处,因为草书与隶书长期共存、共同发展,不可避免地会相互影响,这是草书形成过程的一个比较普遍的现象。我们拿后世对章草、今草划分的标准来看待西汉的草书,是难以厘清的。但和西北简不同的一点是,走马楼西汉简中除了有主笔突出等带有隶书遗迹的草书以外,还有在结体、用笔和草法上与后世草书基本相同、不像章草取"横势"的草书,也就是后世称为今草的草书,这是我们目前所见的简牍中最早的有今草样式的草书,也是走马楼西汉简值得我们重视的闪光点。

从广义的五一广场简中的草书看,无疑是走马楼西汉简中无主笔一类草书(见图 18)的继承,并在逐渐的演变过程中,逐渐摆脱了隶书的影响。说到五一

---

① 裘锡圭:《从马王堆一号汉墓"遣策"谈关于古隶的一些问题》,《考古》1974 年第 1 期。
② 侯开嘉:《隶草派生章草今草说》,《四川大学学报 (哲学社会科学版)》2002 年第 5 期。

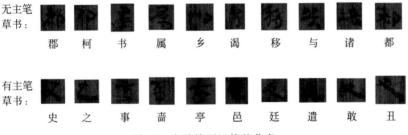

无主笔草书：

郡　柯　书　属　乡　谒　移　与　诸　都

有主笔草书：

史　之　事　啬　亭　邑　廷　遣　敢　丑

图 18　走马楼西汉简的草书

广场东汉简，因其年代为东汉永元二年（90 年）至永初五年（112 年）间，我们就想起了时代与之相近的《永元器物簿》（永元五年至七年，即 93—95 年）。这件作品1930—1931 年出土于内蒙古额济纳旗居延遗址，它由 77 枚简编联而成，是首批发现的居延汉简一万余枚中仅存的两件完整册书之一。由于这件文书出土时间早，且有明确纪年，过去一直把它当作汉代草书的代表作，见于各种图录及著述中。启功先生在《古代字体论稿》中说："汉代简牍草书中的字样，多半是汉隶的架势。无论一字的中间如何草省，而收笔常常带出雁尾的波脚。"①启功先生著此书时，还没有西汉武宣时期草书的发现，所以他所说的汉代简牍草书，大概就是《永元器物簿》的样子（见图 19）。

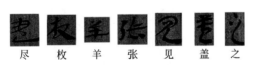

尽　枚　羊　张　见　盖　之

图 19　《永元器物簿》的草书

丛文俊先生在讨论草书和章草时，有一段话很值得重视："隶书在形成方正扁平的体势之后，长画往往会横向拖出而突破简札的边缘；草书则循着隶变的潦草化倾向发展，保持了早期隶书的自由体势，把字形约束在简札的边缘之内，多作纵向的延伸，《永元兵器簿》即可代表东汉早中期之际日常通俗所用草书的一般状态。"②

我们看《永元器物簿》，其中大部分都可称为草书，但也有些字保留了隶书的波磔和捺笔。将《永元器物簿》与时代相近的五一广场东汉简比较，前者尚有"波磔"、

---

① 启功：《古代字体论稿》，北京：文物出版社，1964 年。

② 丛文俊：《章草及相关问题考略》，《中国书法》2008 年第 10 期。

主笔突出等章草的成分,后者则看不到这些隶书遗迹,是更接近今草的草书。

东牌楼和尚德街东汉简中的草书(见图20),究竟属于今草还是章草,其中有没有章草书体,书法界的研究者还是有一些不同看法的。王晓光先生认为,"东牌楼简中的草书简有25件,其中早期今草17件,纯粹章草仅3件,其余为章、今相间者。可见当时社会书写中章草淡出、早期今草居优","尚德街草书简

图20　长沙东牌楼东汉简四十八号

情况与东牌楼简类似,章草仅两三件,其他为早期今草"①。刘涛先生也提到东牌楼东汉简"一些上行文书的草书则拘泥草法,尚能见到一些章草书的笔意,如结字宽展,有些字最末一笔的收笔取平势"②。他认为"最具代表性"的章草是东牌楼四十八号简。为了辨别何为今草,何为章草,我们选取了东牌楼四十八号简第一行的几个字,与章草和晋唐的草书作品作一个对比(见图21)。

	死	罪	贤(旧释炎)	虚	窃	荣	禄	归	命
长沙东牌楼东汉简四十八号:									
	皇象《急就章》	皇象《急就章》	皇象《急就章》	皇象《急就章》	索靖《月仪帖》	索靖《月仪帖》	皇象《急就章》	皇象《急就章》	索靖《皋陶帖》
后世章草、今草:									
	卫瓘《顿首帖》(传)	怀素小草千字文	王羲之《想宾帖》	王羲之《七十帖》	王羲之	怀素	王羲之《谢光禄帖》	王羲之《豹奴帖》	王羲之《百姓帖》

图 21 长沙东牌楼东汉简四十八号与后世章草、今草的对比

从东牌楼四十八号简草书与魏晋和唐人章草、今草的对比,可以看出东牌楼草书大部分没有章草的波磔,与晋唐以后的草书——今草已经非常相近了。所以东牌楼东汉简的草书,即使个别字中有波磔、主笔之类的所谓章草因素,但整体看还是属于今草。

尚德街东汉简比东牌楼简要晚一些,但其草书也是与五一广场简、东牌楼简一脉相承的,属于今草的范畴,其中也不乏草书与行书混杂的简牍。如尚德街东汉简 251 号简(见图22),就是以行书为主,少数常用字用草书,行草书混用。此简原释文作:

昔日少晚,念以久也,今宜相还,故□/表意言不□却叩头再拜。

图 22 尚德街东汉简 251 号

251 正面
昔日少晚念以久也, 今宜相还, 故□
表意言不□却叩頭再拜。

---

① 王晓光:《新出土:尚德街东汉简》,"汉魏晋"网站,2019-09-06。
② 刘涛:《长沙东牌楼东汉简牍的书体、书法与书写者》,载长沙市文物考古研究所、中国文物研究所:《长沙东牌楼东汉简牍》,北京:文物出版社,2006 年,第 83 页。

其中"少晓"不明何意,细审字迹,"言"字一笔左下墨迹残缺,右下的"戈"横画中间的墨迹缺失,容易被误认为两笔,以此字与索靖及唐人的"识"做一个比较(见图23),可以确认此字为"识"。

"念"字与行书、草书字形均不符,与晋唐草书比较后,可知此字当即"忘"字(见图23)。

| 尚德街简"具" | 晋王廙《何如帖》 | 王羲之《寒切帖》 | 王珉《十八日帖》 | 崔瑗《贤女帖》 | 王羲之《远宦帖》 | 卫瓘《顿首帖》 |

| 尚德街简 | 居延简"郵" | 东牌楼简 | 索靖"垂" | 王羲之 | 索靖"表" | 王羲之 |

| 尚德街简 | 索靖 | 索靖 | 王羲之 | 孙过庭 | 王羲之"晓" | 赵孟頫"晓" |

| 尚德街简 | 皇象 | 索靖 | 王羲之 | 孙过庭 | 王羲之"念" | 王羲之"念" |

图23 尚德街东汉简251号改释字

右行末一字旧不识,今细审为"札"。

左行第一字旧释"表",然字形与晋唐草书不符,疑即"垂"字。后来看到史杰鹏改释《西狭颂》"篆额""惠安西表"为"惠安西垂",并对"垂"字篆隶字形在汉代的讹变作了十分详细的考释①,这说明"表"和"垂"字在汉代的字形中容易混淆。居延简75·10B和东牌楼东汉简35A中,检汉简"郵"字所从的"垂"也与此字形十分相近(见图23)。虽汉代草书与晋唐也有一些不同,仍然可以看出此简原释"表"的字在字形上更接近"垂"。从文意看,"垂意"一词不乏相关文例。汉袁康《越绝书·外传纪策考》:"寡人垂意听子之言。"《后汉书·和帝纪》:"孝章皇帝

---

① 史杰鹏微博:《〈西狭颂〉所谓"惠安西表"的"表"字及相关问题考释》,2021-12-22。

崇弘鸿业,德化普洽,垂意黎民,留念稼穑。"①所以无论从字形还是文意看,此字释"垂"都胜于原释"表"。

左行"不□"当为"不具",是汉魏晋信札常见语。将其与传世晋人帖上的"具"字作一比较(见图23),就发现其字形虽与晋人所书有所不同②,但其演变轨迹还可以找到一些踪迹,尤其是与王羲之《寒切帖》的"具"字笔势非常相近。

经重新审视,这枚简牍的释文可改释为:

> 昔日少识,忘以久也,今宜相还,故札垂意,言不具。却叩头再拜。

这是"却"给一个并不熟悉的人退还某件物品的信札,所以寥寥数语,亦不失礼节。文意基本可通。

刘涛先生在分析走马楼吴简的草书时,认为"吴简草书表明了三国时期已经出现了章草向今草过渡的趋势"③。这种说法还是囿于唐人"东晋,王逸少与从弟洽变章草为今草"的旧说。后来他见到东汉简后,对旧说也作了一些修改:

> 东汉后期还没有"今草",但是东牌楼汉简草书证明,"今草"的雏形在东汉后期已经出现。联系西晋卫瓘尺牍《州民帖》所显示的"草藁"书来看,有别于旧体章草的"今草"其来有自,并非东晋书家王羲之一人所创,他的功劳在于完成了今草的改制,树立了"今草"的典范。④

这把今草出现的时间比东晋才出现今草的说法提前了一点,承认在东汉后期出现了"今草的雏形",但比张怀瓘所说今草出自张芝的说法还要晚一些。王晓光先生在分析东牌楼和尚德街东汉简的草书时,提出了一个"早期今草"的概念。之所以不用今草这个现有的名称,而要去造一个新词,或是以为今草出现的时代比较晚,所以才把张芝之前的草书称为"早期今草",以别于张芝之后"变章

---

① 《后汉书·和帝纪》,北京:中华书局,1965年,第167页。

② 此外,我还发现《淳化阁帖》中的崔子玉(瑗)《贤女帖》中旧释"已"的一个字,从字形来看也当释为"具",另外,旧释"惟"的字应为"憔",原释文为:"贤女委顿积日,治此,为忧悬惟心,今已极佳,足下勿复忧念。有来信,数附书知闻,以解其忧。"改释后的释文为:"为忧悬憔心,今具(俱)极佳,足下勿复忧念。"无论是从字形还是文意看,都稍胜原释。

③ 刘涛:《中国书法史·魏晋南北朝卷》,南京:江苏教育出版社,2002年,第67-68页。

④ 刘涛:《长沙东牌楼东汉简牍的书体、书法与书写者》,载长沙文物考古研究所、中国文物研究所:《长沙东牌楼东汉简牍》,北京:文物出版社,2006年,第83页。

草为今草"的今草。这些观点,都因囿于《书断》章草派生今草旧说,因此才努力在东汉、三国简中去寻找章草的痕迹。所以不破除张怀瓘《书断》的错误旧说,对今草产生的时代就难以做出客观准确的判断。

李洪才先生在《走马楼西汉简的断代——兼谈草书形成时间》中,没有使用书法史上常用的"今草"一词,而是使用了"行草"这个词:"过去有人认为行草是由章草演变而来,我们现在明白行草的用笔比章草还要早"①。因为在过去的书法史论中,"今草"被认为是比章草晚的一种书体。所以李洪才先生不愿使用"今草",而用后世常用来界定东晋二王书法的"行草"来表述走马楼西汉简,以求与简牍所反映的草书发展演变的实际情况相符合。另外一个原因,是因为在长沙走马楼西汉简和五一广场东汉简中,发现了行书、草书杂糅的简牍,如上举的尚德街东汉简 251 号简,就是行草书杂糅的。另外,五一广场一一二二号简 B 面的"李得卖单衣与责事",其中"得""与"为草书,而其他字还是行书;二一八六号简的人名,也是行书与草书混杂着(见图 24)。此种简牍不胜枚举。所以说用"行草"这个名称来描述五一广场简的草书并没有不妥。然而,在彻底否定了张怀瓘《书断》"变章草为今草"的错论之后,可以直接称其为今草。

从西北地区的杜度、崔瑗到张芝、索靖,都以草书著称,目前所见章草一体,也主要出自西北的汉简之中。我们在考察了五一广场东汉简、东牌楼和尚德街东汉简之后,没有看到类似西北简那样章草的字迹,都应当属于今草。从广义的长沙五一广场出土汉简和西北出土的肩水金关汉简看,今草产生在章草之前,不是从章草演变出来的新体。章草主要流行于西北地区,而在湖南等楚地,从西汉的武帝时期一直到东汉末年至三国,流行的草书属于今草。这是对以往书法史论中关于草书问题的一个重要纠正。

西北是汉简最早发现之地,居延(金关)、敦煌、悬泉、武威等地先后发现的汉代简牍已经有五万多枚,仅肩水金关汉简就有 11 500 余枚。长沙五一广场出土的汉简也有近万枚之多。这些简牍的发现,让我们见到了晋唐时人没有见过的书迹,对草书的出现及演变过程有了比较清楚的认识,也能对唐代书论中的一些错误予以指正。像如何认识"汉兴有草书"、今草和章草出现的时间等问题,都可以依据出土简牍做出一个较晋唐人更加接近书法史实际的判断。但我们也必须清醒地认识到,虽然已经出土的汉简数量不可谓不多,但仍然难以反映整个汉代

---

① 李洪才:《汉简草字整理与研究》,吉林大学博士学位论文,2014 年,第 211 页。

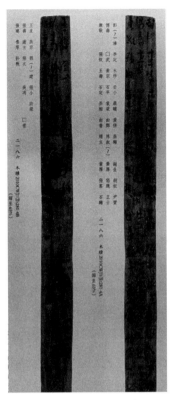

图 24　行草杂糅的简牍：五一广场一一二二号简、二一八六号简

的书法全貌，我们只能从目前见到的资料，去窥测书体演变的轨迹。期待有更多出土文献的发现，让我们对汉代书体演变有更加清晰全面的认识。

后记：本文初稿在 2021 年 10 月清华大学出土文献研究与保护中心举办的"五一简与东汉历史文化"学术讨论会上曾以《南北书风蠡测——从五一广场简和肩水金关简的草书说起》为题，做过简短的演讲。后得到李均明、刘涛、杨小亮、朱永灵等先生的指教。特别是刘涛先生，反复审阅，指出了文章的诸多问题和不足，提出了许多宝贵的意见，在此向以上各位先生表示感谢。

原文多达四万余字，为在杂志发表，仅取与今草、章草有关的章节。且关于南北书风的蠡测，还需要有更多资料的支持，有待今后补充修改。

2022 年 3 月 14 日

五一广场东汉简牍所见县域内的分部管理*

沈 刚

吉林大学古籍研究所

"古文字与中华文明传承发展工程"协同攻关创新平台

对于秦汉时期县域以下行政机构的官吏设置,《汉书·百官公卿表》曾有明确记载:"大率十里一亭,亭有长。十亭一乡,乡有三老、有秩、啬夫、游徼。三老掌教化。啬夫职听讼,收赋税。游徼徼循禁贼盗。"①《后汉书·百官志》描述得更为翔实,但基本架构不变。② 现代学者在爬梳史料的基础上,更触及基层管理体系的运转机制。③ 近年来,秦汉到三国时期县级行政档案文书的大量公布,提供了更多关于基层吏员、机构以及管理方式的第一手资料,为重新认识秦汉魏晋时期基层管理方式提供了坚实的史料基础。这些材料分布于不同的历史时段,将其联系起来,也隐约显现出基层行政管理动态演变的线索。因此,以新史料为基础,学界也注意到了国家对地方社会统治方式的变化。④ 新材料所反映出的这种变化是直线式的前后更替,还是交错融合、互为补充,值得我们关注。晚近刊布的长沙五一广场东汉简牍,在时间上恰好是讨论该论题的中间一环,材料亦相对丰富,可以为进一步探讨这一问题提供新的思路。本文从东汉临湘地区部的设置、运行机制,它与乡里行政的关系等角度对县域以下基层行政手段提出一孔之见。

---

* 本文为国家社科基金冷门绝学研究专项学术团队项目"秦至晋简牍所见地方行政史料汇编与研究(批准号:20VJXT020)"阶段性成果。

① 《汉书》卷一九上《百官公卿表上》,北京:中华书局,1962年,第742页。

② 《后汉书》志二八《百官志五》,北京:中华书局,1965年,第3624页。

③ 严耕望:《中国地方行政制度史:秦汉地方行政制度》,上海:上海古籍出版社,2007年,第57—66页;安作璋、熊铁基:《秦汉官制史稿(下)》,济南:齐鲁书社,1984年,第187—214页。

④ 如于振波:《秦汉校长考辨》,《中国史研究》2018年第1期;孙闻博:《从乡啬夫到劝农掾:秦汉乡制的历史变迁》,《历史研究》2021年第2期;徐畅:《出土简牍与汉代乡吏性质再思——兼谈汉代乡级治理的两种模式》,《中国史研究动态》2021年第2期。他们分别对县级以下行政系统的吏员设置、控制手段等问题进行了探讨。

一、亭部与县下之部

亭部作为一个专有名词,其内涵已为多位学者指出。[①] 在五一广场东汉简牍中,描述地域单元的"丘"频繁出现,作为百姓实际居住地,强调民众的自然属性。它还与亭有直接的隶属关系,也称为某亭(部)某丘,县之下有乡里和亭丘两套管理系统。丘是东汉以来长沙地区官府为便于管理民众,在地方上实施的特殊管理方式。五一广场东汉简牍中有以下简例:

官各十余下无疢痛宫宗从　英官请弩不脱田租受周　长高等钱金自言以便去
不诣考所又长高等家皆　在阳马亭部离散辟远　未得讯问盛春宫□□
(2010CWJ1③:202-7)[②]
参态猛班咸条恽番宠　釰练调章内库均强顺蔀　偖从尚湛鱼县应斗食
功节讯念等辞皆曰县民　各有庐舍宝亭部皆比　近相识知以田作念绩　纺
(2010CWJ1③:261-19)[③]

上述两简或称"家",或称"庐舍",亭部体现的是居民生活地点,与乡里表现户籍所在地不同。官吏在追捕犯人时,也是以亭部划定区域。如下列简:

君追杀人贼黄□长赖亭部(2010CWJ1③:168)[④]

　　　左贼史颜迁白府檄曰乡佐张　鲔小史石竟少郑平殴杀费枺
　　　亡入醴陵界竟还归临湘不处　鲔从迹所断绝案文书前部
君教若　贼捕掾蔡错游徼石封亭长　唐旷等逐捕鲔平竟迹绝
　　　醴陵枼亭部劣淳丘干溲山　中前以处言如府书丞优掾隗

---

① 严耕望:《中国地方行政制度史:秦汉地方行政制度》,上海:上海古籍出版社,2007年,第65页;周振鹤:《从汉代"部"的概念释县乡亭里制度》,《历史研究》1995年第5期;王彦辉:《聚落与交通视阈下的秦汉亭制变迁》,《历史研究》2017年第1期。

② 长沙市文物考古研究所、清华大学出土文献研究与保护中心、中国文化遗产研究院、湖南大学岳麓书院编:《长沙五一广场东汉简牍(贰)》,上海:中西书局,2018年,第176页。

③ 长沙市文物考古研究所、清华大学出土文献研究与保护中心、中国文化遗产研究院、湖南大学岳麓书院编:《长沙五一广场东汉简牍(贰)》,上海:中西书局,2018年,第196页。

④ 长沙市文物考古研究所、清华大学出土文献研究与保护中心、中国文化遗产研究院、湖南大学岳麓书院编:《长沙五一广场东汉简牍(壹)》,上海:中西书局,2018年,第240页。

议请□却贼捕掾错等白草(2010CWJ1③:202-2)①

□令丹追杀人贼靡亭部(2010CWJ1③:243)②

☑追杀人贼长赖亭 部 ☑(2010CWJ1③:263-159)③

• 守左尉稜追贼小武陵亭部(2010CWJ1③:264-288)④

君 追 贼逢门亭部☑(2010CWJ1③:266-108)⑤

以亭部为单位追捕罪犯,和秦时以来亭作为治安管理单位的传统一脉相承。《岳麓书院藏秦简(三)》案例○一《癸、琐相移谋购案》:"·癸 曰:【□□】治 盗盗杀人校长果部。州陵守绾令癸与令佐士五(伍)行将柳等追。【□】迹行道沙羡界中"。⑥ 校长为秦时亭吏,"校长果部"指代亭部。这体现出亭这一机构是以地理单元划分的。从隶属关系看,亭是县的下属机构,一县下属的亭较多。《汉书·百官公卿表》:"凡县、道、国、邑千五百八十七,乡六千六百二十二,亭二万九千六百三十五。"⑦则平均每县辖乡 18.7 个,东汉时期虽然没有明确的县亭比例,但《后汉书·郡国志五》引《东观汉记》卷五《地理志》:"永兴元年,乡三千六百八十二,亭万二千四百四十二。"⑧考虑到东汉时代的县约一千一百个,则每县辖亭 11 个。为了有效地对散布于辖境内的十余个亭部进行管辖,东汉县廷差遣掾到县廷外,以其为中介与亭部建立起联系,我们姑且称之为外部吏。《后汉书·百官志》:"五官为廷掾,监乡五部,春夏为劝农掾,秋冬为制度掾。"⑨孙闻博将这条记载同简牍材料联系起来,方向无误。⑩ 这段话中说的是"乡部",五一广场汉简

---

① 长沙市文物考古研究所、清华大学出土文献研究与保护中心、中国文化遗产研究院、湖南大学岳麓书院编:《长沙五一广场东汉简牍(贰)》,上海:中西书局,2018 年,第 175 页。

② 长沙市文物考古研究所、清华大学出土文献研究与保护中心、中国文化遗产研究院、湖南大学岳麓书院编:《长沙五一广场东汉简牍(贰)》,上海:中西书局,2018 年,第 187 页。

③ 长沙市文物考古研究所、清华大学出土文献研究与保护中心、中国文化遗产研究院、湖南大学岳麓书院编:《长沙五一广场东汉简牍(叁)》,上海:中西书局,2019 年,第 147 页。

④ 长沙市文物考古研究所、清华大学出土文献研究与保护中心、中国文化遗产研究院、湖南大学岳麓书院编:《长沙五一广场东汉简牍(叁)》,上海:中西书局,2019 年,第 197 页。

⑤ 长沙市文物考古研究所、清华大学出土文献研究与保护中心、中国文化遗产研究院、湖南大学岳麓书院编:《长沙五一广场东汉简牍(伍)》,上海:中西书局,2020 年,第 133 页。

⑥ 陶安:《岳麓秦简〈为狱等状四种〉释文注释》(修订本),上海:上海古籍出版社,2021 年,第 63 页。

⑦ 《汉书》卷一九上《百官公卿表上》,北京:中华书局,1962 年,第 742-743 页。

⑧ 刘珍等撰,吴树平校注:《东观汉记校注》卷五,北京:中华书局,2008 年,第 179 页。

⑨ 《后汉书》志二八《百官志五》,北京:中华书局,1965 年,第 3623 页。

⑩ 孙闻博:《从乡啬夫到劝农掾:秦汉乡制的历史变迁》,《历史研究》2021 年第 2 期。

中说的是"亭部",从前后行文看,《续汉志》强调的是县乡里的序列,并且在五一广场简也偶有称为某乡某掾的情况,比如"桑乡贼捕掾":

桑乡贼捕掾珍言考实

女子陈谒诣府自言竟解　诣左贼　五月廿二日丞开(2010CWJ1③：250)①

其本质上还是部掾,比如在另一枚简中称为"北部桑乡贼捕掾":

延平元年七月丙子朔十五日庚寅　北部桑乡贼捕掾绥并游　徼戎厚广亭长封肥例亭

☐ 头 死罪敢言之男子　谢光与弟奉奉射肥例　亭长谢晹马光刺晹奉

(2010CWJ1③：266-84A＋266-87A)②

至少从东汉中期临湘县情况看,这些差遣的外部吏还是直接和亭部联系。延掾为临时差遣的外部吏,因时节导致任务不同,或为劝农掾,或为制度掾。五一广场简牍中也的确有"某部劝农贼捕掾"这样两种职能连称的掾。③ 不过,我们认为所谓劝农掾、制度掾只是刘昭在本注中的举例称呼。这批简牍中,外部吏除了劝农掾和贼捕掾外,还有督邮书掾、别治掾、邮亭掾④、外部掾⑤等。其后的长沙走马楼吴简中还有典田掾等。这可能是随着时代变迁,根据需要随时增减变更,如汉代的郡县列曹一样,曹名并非完全整齐划一。

　　同样,县下各色外部掾也未必都划分为整齐的五部。五一广场汉简中出现

---

① 长沙市文物考古研究所、清华大学出土文献研究与保护中心、中国文化遗产研究院、湖南大学岳麓书院编:《长沙五一广场东汉简牍(贰)》,上海:中西书局,2018年,第189页。

② 长沙市文物考古研究所、清华大学出土文献研究与保护中心、中国文化遗产研究院、湖南大学岳麓书院编:《长沙五一广场东汉简牍(伍)》,上海:中西书局,2020年,第129页。

③ 孙闻博甚至认为贼捕掾就是制度掾。参见孙闻博:《从乡啬夫到劝农掾:秦汉乡制的历史变迁》,《历史研究》2021年第2期。

④ 罪奉得书辄考问 详 知　状者东部邮亭掾赵竟行丞　事守史谢修兼狱史唐

泛邮佐郑顺节讯详妻　荣子男顺等辞皆曰各以故　吏给事县署视事详例(2010CWJ1③：266-39)。参见长沙市文物考古研究所、清华大学出土文献研究与保护中心、中国文化遗产研究院、湖南大学岳麓书院编:《长沙五一广场东汉简牍(伍)》,上海:中西书局,2020年,第123页。

⑤ 外部 掾 刘意 贼 捕 掾 殴 宫　游徼黄饶俱掩顺家　不得其廿二日铺时广复

与柱俱之顺舍欲诡出顺　时顺门开广柱入门　到堂前一男子倨内中东(2010CWJ1③：282-10)。参见长沙市文物考古研究所、清华大学出土文献研究与保护中心、中国文化遗产研究院、湖南大学岳麓书院编:《长沙五一广场东汉简牍(陆)》,北京:中西书局,2020年,第138页。外部掾职责不详,在这条简公布之前,孙闻博认为是贼捕掾等职掌廷外分部事务掾的泛称,似无窒碍。参见孙闻博:《从乡啬夫到劝农掾:秦汉乡制的历史变迁》,《历史研究》2021年第2期。但从这枚简看,外部掾或为专称。

数量较多的贼捕掾,其分部包括左、右、前、东、西、北、桑乡 7 部,倘若还有与前、北对应的后、南部,则可能达到 9 部。督邮书掾作为外部吏,目前仅见东部和中部。一种可能性是失载,另一种可能性是这种分部是根据执行任务多寡,不同的掾有不同的划部方式:贼捕掾负责治安,事务繁剧,县廷派出更多的外部贼捕掾;督邮书则是程序化的事务,处理简单,所需人数较少。目前所见五一广场中的差遣之吏似也仅有此几种。

这种所设的部管辖范围大于亭部,一方面,这些部的数量少于亭部,另一方面,五一广场汉简中,也有部掾和不同的亭联合行政。比如北部贼捕掾就和麇亭长、长赖亭长一起活动。并且,从后文看,贼捕掾和亭长处理案件时起主导作用,这种部或是统辖着亭部。这些分部派出的外部吏归口县中列曹,使县廷在乡里系统之外又有一条实现对基层控制的路径:

> 君教若　　兼左贼史顺助史详白　　前却北部贼捕掾绥等
> 　　　　　考实男子由苍伤由　　追状今绥等书言
> 　　　　　解如牒守丞护掾浩议　　如绥等解平请言府却
> 逐捕白草(2010CWJ1③:265-255)[①]

左贼史即左贼曹史,具体处理北部贼捕掾的事务,然后提交县丞等人讨论,县令签批。从目前已公布的五一广场汉简看,北部、左部、前部对应左贼史,右部对应右贼史。以上说明,东汉时期在县乡体系之外,为有效控制地方社会,还发展出以强化亭部地域单元为基础,差遣一些"掾"分部处理一些重要事务,作为县乡体系外的动态补充。

二、部内的分工与协作:以贼捕掾、游徼、亭长为例

东汉临湘县内对特定行政事务分部负责,弥补乡里系统行政技术的不足。派出在外的掾代表县廷与其辖部吏员协同行政,其具体的分工与流程如何?在五一广场简牍的记述中,负责治安的贼捕掾、游徼、亭长三种吏员,或组合,或单独出现。我们从简牍中对其职能的描述来观察他们在治安活动中承担的不同职责,冀以观察县域内分部行政的状况。

五一广场汉简中有贼捕掾、游徼、亭长一起呈报的文书,联合处理案件,如下简:

---

① 长沙市文物考古研究所、清华大学出土文献研究与保护中心、中国文化遗产研究院、湖南大学岳麓书院编:《长沙五一广场东汉简牍(肆)》,上海:中西书局,2019 年,第 199 页。

永元十[五]年十一月壬戌朔十八日　己卯左部贼捕掾宫游徼　饶庚亭长扶叩头死罪

敢言之谨移男子袁常失火　所燔烧民家及官屋名　直钱数如牒前以处常（2010CWJ1③：264-150＋265-32A）①

这是三位吏员共同汇报火灾损失的文书，是这一事件的经办人。这种由三人共同处理的事情通常是县廷或太守府交办：

永初元年正月癸酉朔廿日壬辰东　部劝农贼捕掾迁游徼尚驷　望亭长范叩头死罪敢言之

廷书曰言男子吴辅斗伤　弟妻麋亡逐捕有书　辅以微辨贼伤麋所犯无（2010CWJ1②：124A）

东部劝农贼捕掾黄迁名印

正月　日　　邮人以来　史　白开（2010CWJ1②：124B）②

A 面首先转述"廷书"，即县廷的文书要求。接下来应是书写处理的过程和结果。从 B 面的收发记录看，三人合作的场景下，贼捕掾是主要牵头人。③

除了处理县域内的事情，三人组合也有执行县廷转发郡府交办案件的情况，也可视为县廷与其发生联系：

永元十五年十月壬辰朔廿二日癸丑北　部贼捕掾休游徼相长赖亭长　勤叩头死罪敢言之

廷移府罗书曰蛮夷男子周　　　贤当为杀益阳亭长许宫者　文贵贵子男洞仓等要证（2010CWJ1③：266-3A）④

---

① 长沙市文物考古研究所、清华大学出土文献研究与保护中心、中国文化遗产研究院、湖南大学岳麓书院编：《长沙五一广场东汉简牍（叁）》，上海：中西书局，2019 年，第 175 页。

② 长沙市文物考古研究所、清华大学出土文献研究与保护中心、中国文化遗产研究院、湖南大学岳麓书院编：《长沙五一广场东汉简牍（壹）》，上海：中西书局，2018 年，第 220 页。

③ 同样的例子还有：

永初三年八月戊午朔八日甲子　东部贼捕掾阳游徼范杆亭　长郁叩头死罪敢言之

廷书效功亭长龚均捕　得伤李豚者吴统书　到亟考实辨状正处（2010CWJ1③：265-129A）

东部贼捕掾[连]阳名印

八月　日　邮人以来　史　白开（2010CWJ1③：265-129B）。参见长沙市文物考古研究所、清华大学出土文献研究与保护中心、中国文化遗产研究院、湖南大学岳麓书院编：《长沙五一广场东汉简牍（肆）》，上海：中西书局，2019 年，第 181 页。

④ 长沙市文物考古研究所、清华大学出土文献研究与保护中心、中国文化遗产研究院、湖南大学岳麓书院编：《长沙五一广场东汉简牍（肆）》，上海：中西书局，2019 年，第 222 页。

罗书当是发生于罗县案件的文书。县域之外的案件,也需要转移给贼捕掾等官吏处理。不过,太守府除了通过县廷中转,让贼捕掾、游徼、亭长处理案件,有时甚至会越过县廷,直接下令给这些吏员:

府 告 北部贼捕掾耆游 徼旷廜 亭 长 固(2010CWJ1③:263-75)①

汉代地方行政文书中的"府",多指太守府或都尉府。考虑到这批材料记载的多是民政事务,当为太守府。虽然这条材料看不到后续处理情况,但明示了太守府与县属吏的直接联系。

上述贼捕掾、游徼和亭长联合呈报的文书,都是被动地处理县廷与郡府交办案件,显示了这些事情并非其惯常的工作,而是特殊事务。贼捕掾是收发记录中的呈报人,反映出他是县廷派出的代表,分块负责,与亭长、游徼这些分部管理的官员协同合作,处理重要而特别的工作。除了处理上级交办的案件外,他们共同出现的另一个场合是逐捕罪犯:

从父兄弟福之罗椮溏亭　部梅溪丘居笭以十四年　九月廿六日之所有田宿获游

在家不出罗贼捕掾游　徼亭长皆不处姓名之　笭舍掩捕笭不得捕得游

(2010CWJ1③:201-12+201-25)②

这份临湘县的文书记述了罗县三位吏员一起"掩捕笭"。这种记述跨县工作内容的文书,大约和郡府统一调度有关。如前揭木牍2010CWJ1③:202-2:

左贼史颜迁白府檄曰乡佐张　鲔小史石竟少郑平殴杀费栎

亡入醴陵界竟还归临湘不处　鲔从迹所断绝案文书前部

君教若　贼捕掾蔡错游徼石封亭长　唐旷等逐捕鲔平竟迹绝

醴陵栜亭部劣淳丘干溲山　中前以处言如府书丞优掾隗

议请□却贼捕掾错等白草

因为殴杀费栎的罪犯从醴陵逃入临湘境内,所以长沙郡府以檄书的形式要求临湘县逐捕。临湘县派出了前部贼捕掾、游徼及亭长等执行此任务。

郡府交办的案件通常比较重要,除了贼捕掾等吏员,负责治安的县尉有时也要接受课问:

---

① 长沙市文物考古研究所、清华大学出土文献研究与保护中心、中国文化遗产研究院、湖南大学岳麓书院编:《长沙五一广场东汉简牍(贰)》,上海:中西书局,2018 年,第 225 页。

② 长沙市文物考古研究所、清华大学出土文献研究与保护中心、中国文化遗产研究院、湖南大学岳麓书院编:《长沙五一广场东汉简牍(贰)》,上海:中西书局,2018 年,第 170 页。

府前言诡课左尉训案　　贼捕掾竟范游徼毛□　　亭长龙贪逐捕杀人
（2010CWJ1③：263-45）①

诡课，在长沙走马楼吴简中习见，如简壹·4341，壹·4355，贰·180，贰·186
等。在简文中意谓诡责课负，为责成征收亏欠之意。② 上简中的"诡课"，应该与
此相类，是责成、督促之意。郡府督促左尉等逐捕杀人者，将县内负责治安系统
的吏员动员起来，应是比较重要的案件。从官府视角看，三人在逐捕郡府指定罪
犯时，责任一致，所受处罚亦基本相同：

　　　　左贼史式旻白府记曰王政伤枕　　雍待事掾郭憙贼捕掾黄朗游徼
　　　　殷泓亭长张汉不穷追适效功亭　　长丞优掾区训唐就史这修彭
　　　　迁陈宝刘信贼捕掾王成亭长王　　伦考纵不结政解□□赎死金各
君教诺　二斤八两如府记丞优掾均议　　请属金曹收责训信就宝等
　　　　金钱薄以九月时功曹谓朗泓　　汉议诡课除亡□□□□□
　　　　（2010CWJ1③：264-138）③

因为贼捕掾等不穷追伤人者，导致郡府对临湘县丞以下诸多掾史判以赎死。但是
文末特别提到"功曹谓朗、泓、汉，议诡课除亡□□□□□"，三人身份分别为贼捕
掾、游徼和亭长，大约是对这一组合还有特别的处置方式。反映了在官府看来，他们
是一个肩负主要责任的群体。总体说来，贼捕掾、游徼、亭长联合行政，多是接受县廷
或郡府分配的临时、特殊而重要的工作，可以提高行政效率，加强对地方的控制。

　　我们再看上述吏员的角色分工，以及在单独出现场合中体现出的行政职能，
以此观察外部吏运作的机制。首先看贼捕掾。贼捕掾单独承担的工作多是呈报
文书，特别是解书：

兼左部贼捕掾冯言逐捕杀
人贼黄康未能得假期解书　　十二月廿八日开（2010CWJ1③：261-8）④

---

① 长沙市文物考古研究所、清华大学出土文献研究与保护中心、中国文化遗产研究院、湖南大学岳
麓书院编：《长沙五一广场东汉简牍（贰）》，上海：中西书局，2018 年，第 221 页。

② 凌文超：《走马楼吴简举私学簿整理与研究》，《文史》2014 年第 2 辑。

③ 长沙市文物考古研究所、清华大学出土文献研究与保护中心、中国文化遗产研究院、湖南大学岳
麓书院编：《长沙五一广场东汉简牍（叁）》，上海：中西书局，2019 年，第 172 页。

④ 长沙市文物考古研究所、清华大学出土文献研究与保护中心、中国文化遗产研究院、湖南大学岳
麓书院编：《长沙五一广场东汉简牍（贰）》，上海：中西书局，2018 年，第 194 页。

北部贼捕掾绥言考实伤

由追者由仓竟解书　十二月十日开　诣左贼(2010CWJ1③：263-1)①

兼左部劝农贼捕掾冯言逐捕不知何

人所盗罗捽矛者未能得解书　三月廿四日　开　诣狱(2010CWJ1③：264-78)②

兼左部贼捕掾郭□逐捕杀王脎亡

者李钱未能得诡唐璜金钱假期书　六月廿九日发　诣左贼(木两行2010CWJ1③：264-291＋264-304)③

解书为"解释、辩解的文书"④。说明贼捕掾负责对案件汇总整理，在三者中总其成，成为县廷与部吏之间的中介：一方面是代表县廷，在三者关系中起主导作用；另一方面又是部吏的牵头人，负责对县廷汇报。并且，承担文书工作也是掾的职能之一。

贼捕掾还负责案件考实。这有两种情况，其一与其他职官共同完成：

左贼史式兼史顺详白前　　部左部贼捕掾笃等考实

南乡丈田史黄宫趣租史　　李宗殴男子邓官状今

君教若　笃等书言解如牒又官复诣　　曹诊右足上有殴创一所

广袤五寸不与解相应守　　丞护掾普议解散略请

却实核白草(2010CWJ1③：202-4＋202-5)⑤

这里的"前部左部贼捕掾笃等"大约是和游徼、亭长共同进行的，而省略后者。

其二是与其分部无关的考实：

兼左贼史顺、助史条白：待事掾王纯言，前格杀杀人贼黄倗、郭幽。今倗同产兄宗、宗弟禹于纯门外欲逐杀纯。

教属曹今白。守丞护、兼掾英议请移书贼捕掾等考实奸君追杀人贼小武陵亭部。诈。白草。

---

①　长沙市文物考古研究所、清华大学出土文献研究与保护中心、中国文化遗产研究院、湖南大学岳麓书院编：《长沙五一广场东汉简牍(贰)》，上海：中西书局，2018年，第214页。

②　长沙市文物考古研究所、清华大学出土文献研究与保护中心、中国文化遗产研究院、湖南大学岳麓书院编：《长沙五一广场东汉简牍(叁)》，上海：中西书局，2019年，第164页。

③　长沙市文物考古研究所、清华大学出土文献研究与保护中心、中国文化遗产研究院、湖南大学岳麓书院编：《长沙五一广场东汉简牍(叁)》，上海：中西书局，2019年，第197页。

④　长沙市文物考古研究所、清华大学出土文献研究与保护中心、中国文化遗产研究院、湖南大学岳麓书院编：《长沙五一广场东汉简牍选释》，上海：中西书局，2015年，第176页。

⑤　长沙市文物考古研究所、清华大学出土文献研究与保护中心、中国文化遗产研究院、湖南大学岳麓书院编：《长沙五一广场东汉简牍(贰)》，上海：中西书局，2018年，第175页。

延平元年四月廿四日辛未白。（CWJ1③：305）①

□左□ □贼□ 史迁、兼史修、助史庞白。男子烝备条言：界上贼捕掾副在部受所臧（赃）罪狼藉。

教今白。案文书，番称前盗备禾。今副将备□称，左曹谨

□君□ □教□ 诺。实问。备辞不自言，不以钱布与副，恐猾……

条言副未有据告者。丞优、掾赐……，副□□亡。

任五人。写移书桑乡贼捕掾并等考实。□ □考□ ……

宏□□□

所起及主名 □副□ 、任具解到。复白。白草。

永初元年四月十八日 □庚□ 白。（CWJ1③：325-32）②

简 CWJ1③：305 将事涉待事掾的案件交付给贼捕掾处理，简 CWJ1③：325-32 则是男子烝备所举案件出现反复，交由桑乡贼捕掾考实。这些都是疑难案件的二次处理，未必和其所在部相关。特别是桑乡贼捕掾处理的是另一位贼捕掾的案件，二人自然不同部，因而不太可能是以"部"分类来处理，而是因为贼捕掾自身审理案件的职责使然。

下面来看游徼的职能。《后汉书·百官志》提到游徼的职能是"掌徼循，禁司奸盗"。五一广场汉简中的游徼，其职能也与此相类。具体说来，一是逐捕盗贼。他和亭长联合行动：

永元十六年十月丁亥朔廿日 戊午南部游徼栩柚州例游徼京 縲溪例亭长福叩头死罪敢言之：

廷前以府唐掾书阴微　　　起居逐捕杀独栎例亭长　　　　盗发冢者男子区义（2010CWJ1③：202-1A）

南部游徼张栩名印

十月 日邮人以来　　　史白开（2010CWJ1③：202-1B）③

① 长沙市文物考古研究所、清华大学出土文献研究与保护中心、中国文化遗产研究院、湖南大学岳麓书院编：《长沙五一广场东汉简牍选释》，上海：中西书局，2015 年，第 142 页。

② 长沙市文物考古研究所、清华大学出土文献研究与保护中心、中国文化遗产研究院、湖南大学岳麓书院编：《长沙五一广场东汉简牍选释》，上海：中西书局，2015年，第 158 页。

③ 长沙市文物考古研究所、清华大学出土文献研究与保护中心、中国文化遗产研究院、湖南大学岳麓书院编：《长沙五一广场东汉简牍（贰）》，上海：中西书局，2018 年，第 174 页。

在这一过程中,强调了逐捕细节。并且从 B 面看,在游徼和亭长两者中,前者又起主导作用,游徼在逐捕男子区义时和亭长一道亲力亲为。

也有游徼和贼曹掾一起行动的例子:

> 輒部贼曹掾黄纳、游徼李临逐召贤。贤辞:本临湘民,来客界中,丞为洞所杀。后贤举家还归
>
> 本县长赖亭部杆上丘,去县百五十余里。书到,丞部吏与纳并力逐召贤等,必得,以付纳(CWJ1③:264-30)①

和简 2010CWJ1③:202-1"逐捕"不同,"逐召"强调的是行政流程而不是具体细节。简文说"必得,以付纳",在两种关系中,贼曹掾起主导作用。

简文中也有游徼单独审理案件的记载:

> 一匹直钱四百凡直钱三千四百配不称　贼捕掾黑不称贼曹史庐不以鲜支
> 布与配达案文书游徼毛种以四月
> 廿七日被书考汜受取状五月不处　　　日种于长赖乡收捕得汜械毄
> 殴击百余下考问汜汜具服受庐(2010CWJ1③:264-45)②

简文详细描写审理过程中的细节,反映了案件审理是游徼基本职责之一。游徼在三者关系中连接亭长和贼捕掾,既和亭长一起逐捕罪犯,也要对捕获的罪犯进行审理,是治安管理的关键环节。

最后我们再看五一广场汉简中亭长的职能。一是举劾。

> 赋六千受所监考问具　服即难伯柱等证郁　以盗赋受所监臧皆二百
> 五十以上绝匿不言逐捕周不 得 盗贼不承用诏书不敬数罪 亭长朱谨已劾修
> (2010CWJ1③:207-2＋217-2＋261-24)③
> 入人庐舍贼杀人发觉持犯 法兵亡数罪亭长乐均前已劾尽 力推本逐捕昌军
> 必得考实有

① 长沙市文物考古研究所、清华大学出土文献研究与保护中心、中国文化遗产研究院、湖南大学岳麓书院编:《长沙五一广场东汉简牍选释》,上海:中西书局,2015 年,第 231 页。
② 长沙市文物考古研究所、清华大学出土文献研究与保护中心、中国文化遗产研究院、湖南大学岳麓书院编:《长沙五一广场东汉简牍(叁)》,上海:中西书局,2019 年,第 159 页。
③ 长沙市文物考古研究所、清华大学出土文献研究与保护中心、中国文化遗产研究院、湖南大学岳麓书院编:《长沙五一广场东汉简牍(贰)》,上海:中西书局,2018 年,第 180 页。

后情正处复言晖樊职事　无状惶恐叩头死罪死罪敢言之(2010CWJ1③：264-76)①

所谓劾是指"由官进行的告发"，"有一定证据后由官采取的行为"。② 两枚简称"亭长已劾"，说明是在事实清楚的基础上向上级机构举劾，这是其负责治安职责之一，也是一道必要的司法程序。另有下简：

永元十六年六月戊子朔廿八日乙　卯广亭长晖叩头死罪敢

言之前十五年男子由併

杀桑乡男子黄徽匿不觉　併同产兄肉复盗充丘男　子唐为舍今年三月不处

(2010CWJ1③：263-14＋261-22A)

广亭长毛晖名印

六月　日邮人以来　史　白开(2010CWJ1③：263-14＋261-22B)③

这虽然没有明言"劾"，但也是亭长举劾的内容。需要注意的是，B 面是由亭长单独上呈县廷，"劾"或是其独立职责。

二是抓捕罪犯。

辟侧福谓元亭长由　得艾若耳后盂从伯市　篷钱不毕伯责盂不得

诣亭长戴辅自言辅　收盂不得＝盂弟海付领　讼掾凌五月十一日不诣

(2010CWJ1③：259-2)④

亭长收捕罪犯后，交付领讼掾等相关吏员，并不负责后续审理等工作。这大约也是他和承担逐捕责任的游徼的区别所在。

从亭长、游徼、贼捕掾等负责治安吏员共同行政时所扮演的角色看，其内部各有分工：亭长和游徼行使的还是传世文献中所记负责辖区治安的职能；亭长侧重于逐捕和劾等案件的初期处理；游徼更进一步负责案件的初步审理，核实案情。简文记载了他们行政过程中的一些具体形式。贼捕掾作为县中派出的外

---

① 长沙市文物考古研究所、清华大学出土文献研究与保护中心、中国文化遗产研究院、湖南大学岳麓书院编：《长沙五一广场东汉简牍(叁)》，上海：中西书局，2019 年，第 163-164 页。

② (日)宫宅洁：《中国古代刑制史研究》，杨振红、单印飞、王安宇、魏永康译，桂林：广西师范大学出版社，2016 年，第 249、251 页。

③ 长沙市文物考古研究所、清华大学出土文献研究与保护中心、中国文化遗产研究院、湖南大学岳麓书院编：《长沙五一广场东汉简牍(贰)》，上海：中西书局，2018，第 196 页。

④ 长沙市文物考古研究所、清华大学出土文献研究与保护中心、中国文化遗产研究院、湖南大学岳麓书院编：《长沙五一广场东汉简牍(贰)》，上海：中西书局，2018 年，第 191 页。

部吏,对这些工作加以整合和领导,正常情况下直接面对县廷,对县廷来说,事情就变得简单了,提高了处理效率。

三、分部管理与乡里体系

上述所言分部管理是县廷对基层社会的一种管理形式,那么这与同时存在的乡里体系又是如何分工协作的?

分部管理是基于地域单元而来,并且针对的是特定事务。此时乡里体系依然承担着基本的日常行政职能,比如户籍的登录与管理,这是承袭了秦代以来的传统:

永初七年八月乙丑朔十二日丙子　南乡有秩选佐均助佐襃敢言　之逢门里女子路英诣

☑□□……别 为户谨爰书听受如椟选　均　襃 叩头死罪敢言之(2010CWJ1①:
25-3)①

简文虽有残缺,但"别为户"字样还是指处理户籍事宜。《张家山汉墓竹简·二年律令》所载《户律》有:"恒……相杂案户籍,副臧(藏)其廷。"②此事发生在八月,当与"案户籍"工作有关。又有简 2010CWJ1③:264-94:

讯行知状者女子赵汝冀理　李姜等辞皆曰行本广　汉雒汝巴郡江州理南阳平氏晓湘乡姜县民行　汝理皆往不处年中各举　家来客临湘占数都乡晓③

"各举家来客临湘,占数都乡",著录户籍亦在乡中,并且这种民户人口统计还是建立在里的工作基础上。如下简:

左一人本钱。时任人男子王伯兴、张叔陵。明辞:家单无人,愿遣从弟殷平赍致书责叔阳、孟威本钱。实问里正杨成,辞:明前市婢愿、谛,当应得。遣平责(CWJ1③:325-1-16)④

① 长沙市文物考古研究所、清华大学出土文献研究与保护中心、中国文化遗产研究院、湖南大学岳麓书院编:《长沙五一广场东汉简牍(壹)》,上海:中西书局,2018 年,第 190-191 页。

② 张家山二四七号汉墓竹简整理小组编著:《张家山汉墓竹简〔二四七号墓〕(释文修订本)》,北京:文物出版社,2006 年,第 54 页。

③ 长沙市文物考古研究所、清华大学出土文献研究与保护中心、中国文化遗产研究院、湖南大学岳麓书院编:《长沙五一广场东汉简牍(叁)》,上海:中西书局,2019 年,第 166 页。

④ 长沙市文物考古研究所、清华大学出土文献研究与保护中心、中国文化遗产研究院、湖南大学岳麓书院编:《长沙五一广场东汉简牍选释》,上海:中西书局,2015 年,第 187 页。

官府向里正求证人口情况,说明他对本里中人口十分熟悉,接受咨询也是其职责所在。此时对人口的专门管理还是在乡里系统中。

《后汉书·百官志》云,"县置啬夫一人,皆主知民善恶,为役先后,知民贫富,为赋多少,平其差品"。简言之,乡啬夫在掌握人口基础上衍生出派役和征税职能。这在五一广场简中也有记载:

南乡有秩选叩头死罪白· 教署故都亭长区 昭剧乡佐案南乡佐邓信
叔离乡□□辈邑下人民 方今曹亟正卒未 具须得有谋略吏职各有
(2010CWJ1③:132A)①

简文是说南乡有秩啬夫参与安排各种基层吏员人选。亭长、乡佐等在五一广场简的时代,也是给吏②:

近知习,各以田作为事。贪、祉、熊以故吏给事县。熊元兴元年十二月不处
日,署长赖
亭长。祉延平元年十月七日、贪其年十二月十日各署视事。阳、陶前各给桑
乡小史。成以永元八年五(CWJ1①:94)③
宅舍。祖给事县,署西市亭长。(CWJ1③:325-2-11)④

简 2010CWJ1③:132A 言,"方今曹亟正卒未具,须得有谋略吏","正卒"反映了此时他们被视一种差役。这就意味着乡啬夫向县中推荐的吏员其实是一种派役,即"为役先后"。五一广场简中同样也有"为赋多少"的例子:

长沙大守审上书 言临湘乡故有秩张晧坐 正李世责民更口算钱
逋晧为赍入毕世 辟则晧遣乡佐李范小史 栂咸将世父勒之乡械诡
(2010CWJ1③:265-252A)⑤

---

① 长沙市文物考古研究所、清华大学出土文献研究与保护中心、中国文化遗产研究院、湖南大学岳麓书院编:《长沙五一广场东汉简牍(壹)》,上海:中西书局,2018 年,第 232 页。
② 如侯旭东说,这种"给事官府"就包括从百姓中选用有能力者承担"吏"的工作,此即文献中常见的"少给事县廷为亭长/门士"之类。参见侯旭东:《长沙走马楼三国吴简所见给吏与吏子弟——从汉代的"给事"说起》,《中国史研究》2011 年第 3 期。
③ 长沙市文物考古研究所、清华大学出土文献研究与保护中心、中国文化遗产研究院、湖南大学岳麓书院编:《长沙五一广场东汉简牍选释》,上海:中西书局,2015 年,第 128 页。
④ 长沙市文物考古研究所、清华大学出土文献研究与保护中心、中国文化遗产研究院、湖南大学岳麓书院编:《长沙五一广场东汉简牍选释》,上海:中西书局,2015 年,第 164 页。
⑤ 长沙市文物考古研究所、清华大学出土文献研究与保护中心、中国文化遗产研究院、湖南大学岳麓书院编:《长沙五一广场东汉简牍(肆)》,上海:中西书局,2019 年,第 198 页。

简文中的"更口筭钱"在吴简中出现过,连先用复原了相关簿书,在此基础上认为它包括更赋和大、小口钱。除了生计困难的"不任调(役)"户及部分"应役户"和特殊民户外皆需缴纳。① 乡有秩因李世"更口筭钱事"而被牵连,李世的身份是"正",若为里正,则乡里系统负责赋税的征收。特别是"遣乡佐李范、小史枏咸将世父軌之乡",与《百官志》所言"又有乡佐,属乡,主民收赋税"吻合。

除了《百官志》等所言的基本职责之外,作为一级行政组织,乡还负责政令的传达与执行。五一广场汉简中有乡传达诏书的例子:

> 永初二年七月乙丑朔十九日癸　未桑乡守有秩牧佐躬助　佐鲔种敢言之廷下
> 诏书曰甲戌诏书罪非殊　死且勿案验立秋如故　去年雨水过多谷伤民
> (2010CWJ1③:201-23A)②

> 永初四年七月癸未 朔　 四 日丙戌,临沩乡嗇夫范,助佐朗、崇敢言之。廷下
> 诏书曰:大司农□言,东园搽翔、护漕搽洛(?)、守大仓令给事谒者郎中兴、
> 领巣官令(CWJ1③:315A)③

这两条诏书都并非针对桑乡或临沩乡等某一具体的乡。大庭脩曾利用居延汉简复原出诏书从中央到地方生成和发送的整个流程。④ 乡作为政权末梢,收发诏书自然也是其基本工作。

不过,尽管乡和部职能不同,似并非泾渭分明。比如乡也有审理案件的职能:

> 永元十四年六月庚午朔廿四日癸巳　长赖乡嗇夫竞助佐封　昌叩头死罪敢言之
> 廷移府书曰男子由商自　　　言蛮夷越薑长由意　意弟舒杀商季父□亡会
> (2010CWJ1③:261-17+263-136A)⑤

---

①　连先用:《走马楼吴简所见吏民簿的复原、整理与研究——以发掘简为中心》,吉林大学博士学位论文,2018年,第311页。

②　长沙市文物考古研究所、清华大学出土文献研究与保护中心、中国文化遗产研究院、湖南大学岳麓书院编:《长沙五一广场东汉简牍(贰)》,上海:中西书局,2018年,第172页。

③　长沙市文物考古研究所、清华大学出土文献研究与保护中心、中国文化遗产研究院、湖南大学岳麓书院编:《长沙五一广场东汉简牍选释》,上海:中西书局,2015年,第144页。

④　(日)大庭脩:《秦汉法制史研究》,徐世虹等译,上海:中西书局,2017年,第170页。

⑤　长沙市文物考古研究所、清华大学出土文献研究与保护中心、中国文化遗产研究院、湖南大学岳麓书院编:《长沙五一广场东汉简牍(贰)》,上海:中西书局,2018年,第195页。

这看起来和前引贼捕掾、游徼和啬夫共同审理案件的流程非常相似,都是依照上级文书要求进行。不过从下面例子看,乡里系统和部系统处理案件还是有所区别的:

> □□姡名数户下。谭比自言,□还欢、姡等。又谭所讼辞讼事在乡,当为治决。请以谭、汜属 南 乡有秩明等治决,处言。□□勤职事留迟无状,惶恐叩头死罪死罪敢言之。(CWJ1③:325-2-1)①

因为"所讼辞讼事在乡",所以指定属乡负责处理。简文称"所讼辞讼事在乡,当为治决",所以由"南乡有秩明等治决"。治决,做出判决,居延新简《候粟君责寇恩事》简册最后出现过乡"治决"的判例,孙闻博认为东汉初年有时县中的案件交由下辖乡来审理,委托的乡可能有一定的案件审判权。② 乡可以"治决"与部中吏审理案件的区别在于,前者是诉讼程序的结束部分,而后者主要是"劾""考实",侧重诉讼程序的初始阶段。并且和亭长主动提出"劾"形成鲜明对比的是,乡审理案件处于一种被动的状态。另外,五一广场简中乡处理的一些案件多和经济纠纷相关。

> □□乡吏毄(系)共田者张助等七人。伯、温二人听卖田空草泽地,助等毄(系)□□
>
> 二人,诉私市不当行。前失缘、游等当以为市当行。谨令柱、宋等与记、伯共(CWJ1③:325-4-38)③
>
> 永初元年八月庚子朔廿一日庚申,广成乡有秩香、佐种、助佐赐叩头死罪敢言之。
>
> 延移府记曰:男子王石自言,女子溏贞以永元十四年中从石母列贷钱二万,未(CWJ1③:325-1-45)④

前一条简文虽然不清楚事情的来龙去脉,大约是乡吏处理土地买卖中的纠葛;

---

① 长沙市文物考古研究所、清华大学出土文献研究与保护中心、中国文化遗产研究院、湖南大学岳麓书院编:《长沙五一广场东汉简牍选释》,上海:中西书局,2015 年,第 162 页。

② 孙闻博:《简牍所见秦汉法律诉讼中的乡》,《中华文化论坛》2011 年第 1 期。

③ 长沙市文物考古研究所、清华大学出土文献研究与保护中心、中国文化遗产研究院、湖南大学岳麓书院编:《长沙五一广场东汉简牍选释》,上海:中西书局,2015 年,第 169 页。

④ 长沙市文物考古研究所、清华大学出土文献研究与保护中心、中国文化遗产研究院、湖南大学岳麓书院编:《长沙五一广场东汉简牍选释》,上海:中西书局,2015 年,第 195 页。

后一条简文虽然是县廷转达府记的要求,但其内容也与经济相关。① 与此不同,亭处理县廷转达府记的案件,多是杀人逃亡等刑事案件。之所以有这种区分,是因为贼捕掾、游徼和亭长是武职吏员,而且下面有亭卒等;并且若情况严重,令和尉也会参与其中。而乡中吏员仅有乡佐、乡史等,无法胜任跨地域逐捕工作,所以乡处理的案件只是在其力所能及范围内。

部与乡之间除了在处理刑狱方面有此区分外,度田时也表现出差异。从简牍资料看,度田活动在东汉时代一直存在。② 但度田毕竟涉及被度者的切身利益,所以会碰到阻力。不仅有传世文献所载东汉初年度田受阻的例子,在简牍描绘的基层社会也同样存在这一问题:

元兴元年六月癸未朔六日戊子沮乡别治掾伦叩头死罪敢言之伦以令
举度民田今月四日伦将力田陈祖长爵番仲小史陈冯黄虑及蔡力
度男子郑尤越籫张昆等流樊田力别度周本伍谈昭田其日昏时力与男
子伍纯争言斗力为纯所伤凡创四所辄将祖仲等诣发所逐捕纯不得尽
力与亭长李值并力逐捕纯必得为故伦职事无状惶恐叩头死罪死罪敢言之

· 檄即日起贼廷

(2010CWJ1③:264-294A)③

这是别治掾带领人度田时与被度田者的家人发生冲突。虽然称为"沮乡别治掾",但当时乡吏主要是乡啬夫、乡佐、乡史等,故"沮乡别治掾"和"桑乡贼捕掾"性质一样,是县廷派出的外部吏。度田阻力大,需要协调、带领力田、小史等多位小吏进行,特别是发生纠纷时,还需要亭长参与。这样的工作已经超出了乡的能力范围。

虽然部和乡之间在行政职能方面存在着分野,但必要时候两者可以互相配

---

① 还有一条材料也疑似为处理经济问题:

解逐捕柱等即日未能得案 文书補御鰊等八家前卖 田溏与柱宋等直钱三万宋

母焉辞所出钱付補御等八 家钱讫今不还鰊父温辞 还钱以付沮乡啬夫李游(2010CWJ1③:241)。

长沙市文物考古研究所、清华大学出土文献研究与保护中心、中国文化遗产研究院、湖南大学岳麓书院编:《长沙五一广场东汉简牍(贰)》,上海:中西书局,2018年,第187页。

② 袁延胜:《东汉光武帝"度田"再论——兼论东汉户口统计的真实性问题》,《史学月刊》2010年第8期;徐畅:《从南阳到长沙:汉光武帝的度田政令失败了吗》,《文史知识》2020年第8期。

③ 长沙市文物考古研究所、清华大学出土文献研究与保护中心、中国文化遗产研究院、湖南大学岳麓书院编:《长沙五一广场东汉简牍(叁)》,上海:中西书局,2019年,第198页。

合,补齐各自的短板。比如亭部处理案件时,会需要涉案人籍贯等属性,如:

> 世定昌匡无他奸诈请理出付部主 者亭长令具完厚任五人征 召可得又讯
> 女子张待辞前
> 状忠本苍梧与高相识知高一 姓王字武高妻泉陵人武 高往时曾居苍梧
> 北津上(2010CWJ1③:261-20)①

这需要求助于乡里,因为乡里是这些信息的来源,比如直符户曹史盛劾奏一起渎职案时,"案:辟都、南、中乡,未言。雄、俊、循、竟、赵辞皆有名数,爵公士以上"(CWJ1③:201-1)②。涉案人员的名数、爵位等是乡里户籍登录的必要信息。因此在这个过程中,需要乡里系统的帮助和配合。反之亦然:

> 贷钱有贷名无偿心元年 十一月不处日澪阳乡 佐王副得召辟则疑在直
> 舍贼捕掾向悝游徼黄 勤亭长区昭等俱 之直舍掩捕副不得悝
> (2010CWJ1③:242+266:-41)③

这枚简大约是澪阳乡佐处理经济纠纷(贷钱),但需要借助贼捕掾、游徼和亭长这套系统来掩捕当事人。这亦与前言乡吏与外部吏职能与权力分野合合。

从本文讨论看,县中自秦以来乡亭的各自职能,在东汉早中期没有发生根本改变,乡里的民政系统属性和亭的警察机构属性依然如故。但这时出现了外部吏分部管理特定事务的现象。出现这种现象的原因与当时社会人口移动、分布、变化密切相关。这一时期丘大量出现,表现为当下居住的地点和乡里户籍登记情况不完全吻合。丘由亭部管理。为了适应这种新的变化,县中分部来分片集中管理亭部,派出外部吏处理一些乡里体系无法单独解决的问题。在这种县域以下的管理体系中,并非意味着新的"部"取代了乡里系统的职能,只是县中为提高行政效率和效力采取的一种措施,两者互为补充、配合。

---

① 长沙市文物考古研究所、清华大学出土文献研究与保护中心、中国文化遗产研究院、湖南大学岳麓书院编:《长沙五一广场东汉简牍(贰)》,上海:中西书局,2018年,第196页。

② 长沙市文物考古研究所、清华大学出土文献研究与保护中心、中国文化遗产研究院、湖南大学岳麓书院编:《长沙五一广场东汉简牍选释》,上海:中西书局,2015年,第221页。

③ 长沙市文物考古研究所、清华大学出土文献研究与保护中心、中国文化遗产研究院、湖南大学岳麓书院编:《长沙五一广场东汉简牍(伍)》,上海:中西书局,2020年,第123页。

出土文献中所见东汉"例"职

戴卫红

中国社会科学院古代史研究所

"古文字与中华文明传承发展工程"协同攻关创新平台

摘要：从《说文解字》"例，比也"的本意和《史记》《汉书》等传世文献中"比，例也"的用法以及颜师古的注文来看，在解释"例掾""例督盗贼""例亭长"等材料时，采用"例，比也"之意比较妥当。"比拟、比照"亭的规制设置"例亭"，例亭不是固定设置，而是根据治安事务的剧繁轻松因时、因地制宜设置，"例亭"的负责人为"例亭长"；"例游徼"即比照游徼设置，可能也是临时不固定的。汉碑中的"例掾"、长沙东牌楼东汉简牍中的"例督盗贼"与此相类，可以归为"例"职一类。例亭长的设置和迁除由与其有相关业务对应关系的贼捕掾、邮亭掾提议，并要得到县廷的批准才能实行。

关键词：例亭长；例掾；例督盗贼；五一广场东汉简

洪适《隶释　隶续》中有蜀郡《繁长张禅等题名碑》，其中出现了"掾曹五人，文学师一人，五大夫一人（屈畅），校官掾一人（谢就）、县舩例掾"，"夷浅口例掾赵陵字进德"[1]。清代叶奕苞《金石录补》认为："所谓例掾，想以汉人任夷人事，如今日之流官也。"[2] "流官"，是明、清在四川、云南、广西等少数民族集居地区所置地方官，有一定任期，相对于世袭的土官而言。[3] 陈直先生考证了"舩"为"船"字，但对"例掾"并没有考证。[4]

---

① ［宋］洪适：《隶释　隶续》，北京：中华书局，1986年，第430页。

② ［清］叶奕苞：《金石录补（一）》，载王云五主编：《丛书集成初编》第1519册，商务印书馆，1935年，第49页。

③ 关于土官和流官的研究，参见田玉隆：《土司制与羁縻制、土官与流官的关系和区别》，《贵州大学学报》1988年第3期。

④ 陈直：《汉书新证》，天津：天津人民出版社，1979年，第311页。

长沙东牌楼东汉简牍《光和六年诤田自相和从书》中有"例督盗贼"的用例。原整理者注释云,"可能就是临湘县尉"①;邬文玲指出,"'例'通'列',意为条列呈报或者列言"②;庄小霞认为"例"作"列"解,为罗列、曹列的意思③。侯旭东认为:"东汉晚期的长沙郡存在着一个上下贯通的监察系统:郡下分部设督邮,督邮下则按县设部掾,实际称为'监××(县)',部掾下至少设有督盗贼。"④伊强在2018年《长沙五一广场东汉简牍中的"例"及相关职官问题初论》中认为:"'例督盗贼'之'例'或当与之同义,也即上文所讨论的集市义的'列'。'例督盗贼'与'中部督邮掾'在辞例上是一致的,'例''中部'皆指所负责的区域或范围。"⑤

在《长沙五一广场东汉简牍》(壹)(贰)和《选释》中,也出现了"例"职,伊强在前引文中关注了"亭例船刺"和"楮溪例亭长黄详",他认为:

> 长沙五一广场东汉简牍中有两例"例"字,结合秦汉简牍及碑刻资料,可知其当为"集市"之义,此词义在传世古书中则写作"列"。汉代碑刻中的"例掾",义同古书中的"市掾"。长沙东牌楼东汉简牍中"例督盗贼"之"例",也当照此解释。⑥

但是这种将"例"解释为"集市"的观点在解释汉代碑刻"例掾"、长沙东牌楼东汉简牍《光和六年诤田自相和从书》中的"例督盗贼"和五一广场东汉简"楮溪例亭长黄详"时,并不能让人信服。笔者在2019年《东汉简牍所见亭长及基层社会治安》一文中探讨如何署为亭长职任时,注意到《选释》披露的木两行2010CWJ1③:193中有"楮溪例亭长"和"起例"一词,对涉及的亭长一职选任的"次""敕"作了探讨,认为亭长迁除标准"次"为"以吏次",其依据之一可能便是任

---

① 长沙市文物考古研究所、中国文物研究所:《长沙东牌楼东汉简牍》,北京:文物出版社,2006年,第73页。

② 邬文玲:《长沙东牌楼东汉简牍〈光和六年自相和从书〉研究》,《南都学坛(人文社会科学学报)》2010年第3期。文章中提到,韩国梨花女子大学李明和先生指出有将"例"字冠于官职名之前的例子,如见于洪适《隶续》卷十六《繁长张禅等题名》的"县朒例掾杜长子子阳""夷浅口例掾"。

③ 庄小霞:《东牌楼东汉简牍所见"督盗贼"补考》,《南都学坛(人文社会科学学报)》2010年第3期,第20页。

④ 侯旭东:《长沙东牌楼东汉简〈光和六年诤田自相和从书〉考释》,载黎明钊编:《汉帝国的制度与社会秩序》,香港:牛津大学出版社,2012年,第260页。

⑤ 伊强:《长沙五一广场东汉简牍中的"例"及相关职官问题初论》,载武汉大学简帛研究中心:《简帛》第十六辑,上海:上海古籍出版社,2018年,第178页。

⑥ 伊强:《长沙五一广场东汉简牍中的"例"及相关职官问题初论》,载武汉大学简帛研究中心:《简帛》第十六辑,上海:上海古籍出版社,2018年,第173页。

吏职的时间。此处"敕"前的主语虽为某部邮亭掾赵竟,但"敕"要经过县廷批准才下达,那么"楮溪例亭长黄详"次领李嵩亭长之职也要由县廷批准下达"敕"来生效。① 但当时限于材料,没有对涉及的"例亭长"作详细的探讨。

2020 年李均明在《五一广场东汉简牍所见"例亭"等解析》一文中,公布了《长沙五一广场东汉简牍(伍)》中关于请求横溪按故事置例亭长的 1792 简和《长沙五一广场东汉简牍(陆)》中有关"例亭"的 4300＋2508＋4331 简,在全面深入细致的考证后,他认为:

> 五一广场东汉简牍中屡见与"例"相关的词语,用法较特殊。"例"字当读"迾",本意指遮拦阻挡,简文中引申为检查的意思。本文依据简文所见设置例亭的因由及过程、例亭的具体功能等,阐述"例亭"乃检查岗的泛称,并非特指某个具体的治安亭。②

随着《长沙五一广场东汉简牍(伍)(陆)》今年下半年的问世,我们看到了关于例亭长的释文和图版③,这给我们全面了解东汉的"例"职提供了很好的史料。以上我们列举了东汉时期的碑刻、简牍材料,从出土的地域范围来看,出现在蜀郡和长沙郡,"例"职不是长沙地区所独有的,而极可能是全国范围都使用的;然而,在传世文献中鲜见,又可见其职轻卑。笔者在前辈学者研究的基础上,从《说文解字》"例,比也"的本意出发,来探讨东汉基层吏员的"例"职设置、迁除及相关问题。

一、"例,比也"

李均明先生前引文对"例"的解释,出于清代段玉裁对《说文解字》"例"的注。《说文解字》人部:"例,比也。从人列声。力制切。"段玉裁注:"此篆盖晚出,汉人少言例者。杜氏说《左传》乃云'发凡言例'。例之言迾也,迾者,遮迾以为禁。经皆作列,作厉,不作迾。《周礼·司隶》注:'厉,遮例也。'"④而清代徐灏在笺中

---

① 戴卫红:《东汉简牍所见亭长及基层社会治安》,《中国社会科学报》2019 年 3 月 1 日第 5 版。

② 李均明:《五一广场东汉简牍所见"例亭"等解析》,《出土文献》2020 年第 4 期。此篇文章最早承郭伟涛老师告知。

③ 2021 年 9 月 2 日,在"上观"公众号中发布的"好书·新书|《长沙五一广场东汉简牍(伍)(陆)》(shobserver.com)"中,首次发布了简五·1792 的图片。长沙市文物考古研究所、清华大学出土文献研究与保护中心、中国文化遗产研究院、湖南大学岳麓书院编:《长沙五一广场东汉简牍(伍)(陆)》,上海:中西书局,2020 年。

④ [汉]许慎撰,[清]段玉裁注:《说文解字注》,上海:上海古籍出版社,1981 年,第 381 页。

曰:"例之言列也,列其事而比拟之也。"①显然,徐灏更忠于许慎"例,比也"的原意。

仅就笔者目前所见,在《史记》《汉书》中少有"例,比也"的史料,但是有不少"比"的材料。如《史记·司马相如传》载:"是时邛筰之君长闻南夷与汉通,得赏赐多,多欲愿为内臣妾,请吏,比南夷。"②司马贞在《史记索隐》中认为"比南夷","谓请置汉吏,与南夷为比例也"。汉武帝时,令张汤、赵禹等人条定法令,其中就有"死罪决事比万三千四百七十二事",颜师古注曰:"比,以例相比况也。"③《汉书·食货志》载:"非吏比者、三老、北边骑士,轺车一算。"④颜师古曰:"比,例也。身非为吏之例,非为三老,非为北边骑士,而有轺车,皆令出一算。"

从《说文解字》"例,比也"的本意和《史记》《汉书》等传世文献中"比,例也"的用法以及颜师古的注文来看,笔者认为在解释"例掾""例督盗贼""例亭长"三种材料时,采用"例,比也"比较妥当。

二、例亭长

目前,已经出版的《长沙五一广场东汉简牍》(壹)到(陆)中涉及例亭长的有一处,其中伍·1792(木牍2010CWJ1③:266-124)是一份详细记载兼左部贼捕掾勤请置横溪例亭长的上行文书:

> 兼左部贼捕掾勤叩头死罪白:案故事:横溪深内匮,常恐有小发,置例亭长禁奸。从闲以来,省罢。方今民输租时,闲澝阳乡民多解止横溪。入县输
>
> 十一月六日开(A面)
>
> 租,或夜出县归主人,恐奸猾,昏夜为非法,奸情难知。愿置例亭长一人,禁绝奸人,益为便。唯
>
> 廷。勤愚憨,职事无状。惶恐叩头死罪死罪。   ·十一月五日甲申白(B面)

---

① [汉]许慎撰,[清]段玉裁注,[清]徐灏笺:《说文解字注笺》卷八上。

② [汉]司马迁撰,[南朝宋]裴骃集解,[唐]司马贞索隐,[唐]张守节正义,中华书局编辑部点校:《史记》卷一一七《司马相如传》,北京:中华书局,1982年,第3046页。

③ [汉]班固撰,[唐]颜师古注,中华书局编辑部点校:《汉书》卷二三《刑法志》,北京:中华书局,1962年,第1101页。

④ [汉]班固撰,[唐]颜师古注,中华书局编辑部点校:《汉书》卷二四下《食货志下》,北京:中华书局,1962年,第1166页。

和这块木牍内容有关的还有 4 支竹简,分别为:

☑贼捕掾勤所言部横　溪道,前有例亭长,闲(伍·1800,
2010CWJ1③:266-132)

☑猾(?)为(?)非。愿置例亭长一人禁绝。案往(伍·1796,
2010CWJ1③:266-128)

时横溪奸匿有小发,前置例亭,并循行冢闲,防遏未(伍·1798,
2010CWJ1③:266-130)

然如勤言可复请　□□□选(?)亭长一人以传(?)例(伍·1801,
2010CWJ1③:266-133)

李均明先生在前引文中对以上 1 枚木牍和 4 支竹简中的横溪、文件的收发
时间、设置例亭的原因有详细的探讨,认为伍·1792 这块木牍"是一份关于重新
设置例亭亭长的报告","在横溪设置的例亭时有时无,随着季节及任务而变化,
通常是在交通繁忙、人员来往较多、可能现案件的时节才安排",笔者赞同这一观
点。现就其中涉及的三个小问题再稍作补充。

(一)例亭长的设置和迁除

《续汉书·百官志》载亭长主要职责为"禁盗贼",其本注云"主求捕盗贼",
伍·1792 中置例亭长也是为"禁奸""禁绝奸人",因此,"例亭长"为"比"亭长的
意思明显。正因为例亭临时设置而规模比较小,所以置例亭长一人。正如李均
明先生所说,伍·1792 这块木牍"是一份关于重新设置例亭亭长的报告",而这
份报告由"兼左部贼捕掾勤"根据以往曾在横溪设置例亭长禁奸的惯例提出。后
面所引的伍·1800、伍·1796、伍·1798 这 3 支竹简,应该是相关机构接收到这
个文书,复抄了这份文书;伍·1801 是复抄之后呈报县廷请求同意"复置例亭长"。

关于例亭长的迁除,《选释》披露的木两行 2010CWJ1③:193 中有"楮溪例
亭长"黄详"次领李嵩职":

廷书曰:故亭长李嵩病,邮亭掾赵竟勒楮溪例亭长黄详次领嵩职。其
夜鸡鸣时,详乘马将子男顺起例,之广成,到赤坑冢　间。详从马
上见不知何一

正因为"例"为"比"之意,并不是常置而是临时或暂时之职,亭长、例亭长有

比较严格的区分。由于亭长不仅主缉捕盗贼,还管理官舍、受词讼、传递文书等,因此由与此业务有关的邮亭掾来"敕",也是业务范围之内。五一广场简中有中部、东部"邮亭掾",壹·三三〇(木牍 2010CWJ1③:164)有"中部邮亭掾捐";壹·三八一(木两行 2010CWJ1③:199-4)有"永初二年闰月乙未朔四日戊戌,东部邮亭掾茂叩头死罪敢言之"。《长沙东牌楼东汉简牍》简二有"临湘东部劝农邮亭掾周安言事。廷以邮行。诣如署。光和六年正月廿四日乙亥申时□驲□亭"①,可知东汉灵帝光和时临湘县仍有"东部劝农邮亭掾"。而且,虽然由"邮亭掾赵竟勒楮溪例亭长黄详次领嵩职",从伍·1792 及相关的 4 支竹简来看,这样的迁除程序是邮亭掾赵竟提出、县廷批准下达"敕"才能生效的。而且,伍·1707(木两行 2010CWJ1③:266-39)也与这一案件有关:

> 罪,奉得书,辄考问详知　状者东部邮亭掾赵竟、行丞事守史谢修、兼狱史唐
> 汜、邮佐郑顺,节讯详妻　荣、子男顺等。辞皆曰:各以故　吏给事县,署视事。详例

伍·1707 中的东部邮亭掾赵竟即木两行 2010CWJ1③:193 中的邮亭掾赵竟,详的案件要拷问赵竟的原因,可能与赵竟所谓"敕"详为例亭长有关。

目前已出版的《长沙五一广场东汉简牍》中还可见其他的例亭长,如陆·2402A 面"男子棋冉自言长夏例亭长董和本事";叁·一二九九(竹简 2010CWJ1③:265-45)"例已得亭长如□言　□属功曹噩遣(?)例亭　长□□伉□□□";以及不知名的例亭长宋皋:

> 矛。例亭长宋皋捕得,推求捽矛不得,为不知何人所盗,捽刃贼杀之,捕得。何人盗臧到百,亡。元已劾。逐捕有书,书到,趣推起逐捕何人,必发主名,捕得,处言。冯、苍、元叩头死罪死罪　贰·520(木两行 2010CWJ1③:260-2)

在叁·1752+1755 这枚木两行中,记载了"北部桑乡贼捕掾绥并、游徼戎厚、广亭长封、肥例亭"四人具名的汇报男子谢奉射、马光刺肥例亭长的上行文书,其中第一行在"肥例亭"处止,第二行最上面部分因简牍断损缺三字,第二字

---

① 长沙市文物考古研究所、中国文物研究所:《长沙东牌楼东汉简牍》,北京:文物出版社,2006 年,第 71 页。

应是例亭长名；不过,下文中明确记载肥例亭长为谢旸。

延平元年七月丙子朔十五日庚寅　北部桑乡贼捕掾绥并游　徼戎
厚广亭长封肥例亭

□□□头　死罪敢言之男子　谢光与弟奉奉射肥例　亭长谢旸马光刺
旸奉(A)

掾李绥名印　七月　日邮人以来　史　白开(B)(叁·1752＋1755)

观壹·三一六(楬 2010CWJ1③：151)：

府移治所书伤

亭长谢旸贼率

言本事(A 面)

府移治所书伤

亭长谢旸贼

率事本事(B 面)

在这个楬上书写了"伤亭长谢旸贼率言本事",这其中的谢旸为亭长,是否与
肥例亭长为一人,目前还不能确定。

(二) 贼捕掾

伍·1792 中,是由"兼左部贼捕掾勤"提出根据以往惯例在横溪设置例亭长
禁奸的报告。左部,汉代郡县分曹别部,各部曹各司其职。劝农掾,负责农事的
主官。《续汉书·百官志》："本注曰：诸曹略如郡员,五官为廷掾,监乡五部,春
夏为劝农掾,秋冬为制度掾。"①可知东汉县廷有"监乡五部"的掾。汉时诸县往
往将所辖地区分为数部,各以其方位为称。例如《李孟初神祠碑》："永兴二年六
月己亥月十日　宛令(下阙)部劝农贼捕掾李龙,南部游徼(下阙)。"②可知东汉桓
帝永兴时宛县有"(某)部劝农贼捕掾""南部游徼"。贼捕掾,负责捕捉盗贼的吏,
《汉书·张汤传》"敢使贼捕掾絮舜有所案验",颜师古注曰："贼捕掾主捕贼者。"

五一广场东汉简中左部贼捕掾除"勤"外,还可见"崇",如一三八(木两行
2010CWJ1②：35)"左部贼捕掾崇等言考实男子周勋不谲卖鲶致出书得平"；还

---

① 《后汉书》志第二八《百官志》,北京：中华书局,1965 年,第 3623 页。
② (日)永田英正编：《汉代石刻集成》(图版·释文篇),京都：同朋舍,1994 年,第 116 页,图 71。

有"右部贼捕掾",如壹·一二七(木两行 2010CWJ1①：114)中的"右部贼捕掾备言考实男子尹士不在界中书"。按方位名称的有"东部贼捕掾",如壹·二三〇(木两行 2010CWJ1②：124)A 面"永初元年正月癸酉朔廿日壬辰东部劝农贼捕掾迁游徼尚驷望亭长范叩头死罪敢言之";有"西部贼捕掾",如六六五(木两行2010CWJ1③：263-15)"西部贼捕掾奉言实核☐界中不调直使送吏解书☐";有"北部贼捕掾",如壹·一二八(木两行 2010CWJ1①：115)"永初二年七月乙丑朔廿七日辛卯,北部贼捕掾悉向游徼汎叩头死罪敢言之"。另外,还有"桑乡贼捕掾",如六一八(竹简 2010CWJ1③：261-104)"☐☐☐☐☐桑乡贼捕掾胡商游徼☐"。

而诸部贼曹掾与临湘县廷的"左贼曹""右贼曹"有比较清晰的业务对应关系。如左部贼捕掾的文书"诣左贼曹",壹·三二四(木牍 2010CWJ1③：159)：

> 兼左部贼捕掾则言逐捕不知
> 何人烧石襄等宅假期书　　　　诣左贼　　八月廿七日①

四二九＋四三〇(木牍 2010CWJ1③：202-4＋2010CWJ1③：202-5)：

> 左贼史式兼史顺详白前部左部贼捕掾薦等考实
> 　　南乡丈田史黄宫趣租史李宗叚男子邓官状今
> 君教若　薦等书言解如牒又官复诣曹诊右足上有叚创一所
> 　　广袤五寸不与解相应守丞护掾普议解散略请
> 　☐实核白草②

四四〇(木两行 2010CWJ1③：203)：

> 左部贼捕掾蒙言考实　●诣左贼
> 故亭长王广不纵亡徒周顺书　　　　　　　十二月十八日开

北部贼捕掾也由"左贼曹"管理,如三二五(封检 2010CWJ1③：160)：

> 黄牒七百枚诣左贼曹
> ☐
> 兼北部贼捕掾辰修叩头死罪白

桑乡贼捕掾也由"左贼曹"管理,如五〇〇(木两行 2010CWJ1③：250)：

---

① 按："八月廿七日"为后书字。
② 按："护""普"为签名。"若"为后书批示。

> 桑乡贼捕掾珍言考实
>
> 诣左贼 　五月廿二日丞开
>
> 女子陈谒诣府自言竟解①

右部贼曹掾由"右贼曹"管理,见壹·三〇七(木牍2010CWJ1③：143)：

> 右贼史牧兼史蒙胜白右部贼捕掾敬等棷言男子张
>
> 　君教若 　度与黄叔争言斗度拔刀欲斫叔不中无状适度作下津横
>
> 　　屋二月以付将吏嵩守丞护掾英议如敬等言请属左
>
> 　　□曹掾……②

（三）例亭、例所

与《选释》披露的木两行2010CWJ1③：193"楮溪例亭长"黄详有关的文书,还有壹·529(木两行2010CWJ1③：261-7)：

> 　盾随详行详乘马在前, 　　顺后欲之竟所西行去详例 　十四里,所欲明未到广成
>
> 　大里可十里所至赤坑冢 　闲。详从马上见不知何一男 　子伏在草中,去大道可

这两枚木两行所述为同一案件,不过是同一案件的不同卷宗。所谓"详例",即黄详为例亭长的"楮溪例亭"。木两行2010CWJ1③：193中"详乘马将子男顺起例"也即详乘马带着儿子顺从黄详为例亭长的"楮溪例亭"出发之意。

与此相类,陆·4300＋2508＋4331：

> 亭长五诉闻陵言：今年正月十三日,诉语祝、商＝(商,商)与延、冯、山、昭及亭长李商等俱乘船上。其夜到诉例亭下,去崇舍十余里。
>
> 延等遣昭、李商召敞＝(敞敞)辞：番康与崇。

其中的"诉例亭"也就是五诉担任"例亭长"的某例亭。正如伊强在前引文所指出的,"将例亭之例解释为亭名似难说准确无误"。我们从五一广场东汉简中

---

① 按："五月廿二日丞开"为后书字。

② 按："护""英"为签名。"若"为后书批示。

还可以看到"沂口例亭"①"楮溪例亭""繯溪例亭""重山下栎丘例亭"②"独栎例亭"等例亭,以及伍·2140中还有"毃所止例亭"。李均明先生进一步认为:"与溪水相关的例亭,情形当与横溪例亭相类,由于地处交通要道而设。例亭前尚冠以地名,又一县之内能见如此多之'例亭'称谓,知其当泛指某类亭,据'例'之遮拦检查义,'例亭'当为检查岗亭的泛称,犹今检查站。"笔者认为这些例亭,可能因为管辖的范围并没有达到一个正式亭的规制,但是因为处于地理要冲,是商贩和行人经常"解止"停息之处,且是民事和刑事案件高发之地,所以比照亭的规制而临时设置。

例亭长所居止、工作的地方为"例亭",在文书中也简写为"例",如上引壹·529中的"详例""起例"。在贰·746+569(木两行2010CWJ1③:261-50)中,还出现了"例所":

> 斤鲑鱼七合廿一日王珍持鲑鱼过备例所寅自占名属都乡安成里
> 珍广成乡
> 阳里备称寅鱼重卌斤鲑鱼七合官平鱼斤直钱三卌斤并直钱百卅四

其中,备为人名,所谓"例所",可能是备担任例亭长的所在地。

而关于《选释》例117凹面中的"推辟谒舍,亭例船刺无次公等名",笔者赞同李均明先生对"刺"的解释和分析,但主张把亭例与船刺连读,因为亭和例亭的区别,此处的例为"例亭","亭例船刺"也即亭、例亭开具的对船及船上物资进行登录的文书"刺"。

三、例游徼、例吏

除了例亭长这样的设置,在五一广场简中还可见"例游徼"一职。壹·四二六(木两行2010CWJ1③:202-1):

---

① 壹·叁(木牍 2010CWJ1①:3A 面):
　　☑史欲将皋诣廷,皋得病不☐行,尊☐蒙佰再☐☑
　　☑却,却子建,☐近不得相见☐☑
　　☑☐曹······阳掾楼可为☑
　　B 面:
　　☑☐中公瞿知之,谨白:沂口例亭长杨皋☑
　　☑召攸(?)亭长朱戎证=李候李吴女子张☑
　　☑张☐病,异自在逢门亭,即不在皋介中。今☐☑
② 肆·1296(竹简 2010CWJ1③:265-42):"重山下栎丘例亭长　转部罗界☐☑"。

永元十六年十月丁亥朔廿日　　戊午，南部游徼栩、柚州例游徼京、

經溪例亭长福叩头死罪敢言之：

廷前以府唐掾书阴微　起居，逐捕杀独栎例亭长、　盗发冢者男子

区义（正面）

南部游徼张栩名印　　　　　　　　　　史白开（背面）

十月　日邮人以来

很难认为上引简文中"例游徼"的"例"为"遮拦检查"义。相对而言，"例游徼"和简伍·1792"例亭长"中的"例"取"比"的意义可能更合适。另外，在伍·1712＋2157＋1784（木两行 2010CWJ1③：266-44＋266-489＋266-116）中还出现了"例吏"：

墣考问辞俱服。即亲苩证·　案。墣贼伤澹，亡命命后捕得，数罪澹扳异郡县，不得考问。

不知创广衺几所怗文皆知墣伤澹精怗臧匿给饷墣且以墣服辞见罪正墣法。赐，例吏。唯

因为前后简文中没有出现关于"赐"的信息，所以我们目前对"赐"的具体职任并不清楚，然而"例吏"一词，类似对同一类吏的总称。相类的还有肆·1308（木牍 2010CWJ1③：265-54）"君教诺　旧故有例者前何故不署"①中的"例者"，李均明先生在上引文中认为"'例者'指检查处所或人员"。而联系伍·1792 来看，肆·1308 的"例者"更像"例亭长""例游徼"之类的"例"职或"例吏"。

综上所述，从《说文解字》"例，比也"的本意和《史记》《汉书》等传世文献中"比，例也"的用法以及颜师古的注文来看，笔者认为，在解释"例掾""例督盗贼""例亭长"三种材料时，采用"例，比也"比较妥当。"比拟、比照"亭的规制设置"例亭"，例亭不是固定设置，而是根据治安事务的剧繁轻松而因时、因地制宜设置的，担任"例亭"的负责人为"例亭长"；"例游徼"也即比照游徼设置，不过可能是临时的、不固定的。汉碑中的"例掾"、长沙东牌楼东汉简牍中的"例督盗贼"与此相类，可以归纳在"例"职、"例吏"一类。例亭长的设置和迁除由与其有相关业务对应关系的贼捕掾、邮亭掾提议，并要得到县廷的批准。

---

① 按："君教"以后为后书批复内容。

五一广场简牍中的几种丝织品[*]

罗小华

长沙市文物考古研究所

对于五一广场东汉简牍(以下简称为"五一简")中的丝织品,我们曾经作过一些初步探讨。^① 现在,我们想将相关简文综合起来进行考察,希望能够获得一些新的认识。

一、鲜 支

八九一中有"鲜支"。我们曾指出:"鲜支,一般认为是白色的绢,不确。《汉书·地理志》'厥篚玄纤缟',师古注:'缟,鲜支也,今之所谓素者也。'简文将'白绢''鲜支'对举,则两者当有所区别。马王堆三号汉墓遣策有'鲜支襌衣一',经上海纺织科学研究院对该墓出土的一些黄色丝绸和绣品化验,证实其是用栀子的黄色素染制而成,见上海纺织科学研究院等:《长沙马王堆一号汉墓出土纺织品的研究》,文物出版社,1980 年。这也表明存在黄色的鲜支。所以,颜师古所谓'素'者,应是指未经练染的本色织物。因一般未经练染的织物色白,故而有此误解。"^②尹湾六号汉墓木牍一二正有"青鲜支中单一领……白鲜支单绔一"。^③马怡先生指出:"栀子……汉代用作黄色染料……但是,作为丝织品的鲜支却未必是黄色的……此处木牍文字则见'白鲜支单绔',可知有白色的鲜支。而木牍

---

* 本文为古文字与中华文明传承发展工程规划项目"五一广场简牍整理与研究"(项目编号 G2433)阶段性成果。

① 罗小华:《五一广场简牍所见名物考释(一)》,载清华大学出土文献研究与保护中心等编:《出土文献》第十四辑,上海:中西书局,2019 年,第 344-346 页;《五一广场简牍所见名物考释(三)》,载中国文化遗产研究院编:《出土文献研究》第十八辑,上海:中西书局,2019 年,第 314-316 页;《五一广场简牍所见名物考释(五)》,载中国文化遗产研究院编:《出土文献研究》第十九辑,上海:中西书局,2020 年,第 391-392 页。

② 长沙市文物考古研究所等编:《长沙五一广场东汉简牍选释》,上海:中西书局,2015 年,第 162 页。

③ 连云港市博物馆等编:《尹湾汉墓简牍》,北京:中华书局,1997 年,第 129 页。

所记'青鲜支中单',说明又有青色的鲜支。"①从出土文献的记载来看,马说较为可从。尹湾二号汉墓出土木牍中有"缥鲜支单诸于一领"。② 五一简中有"荵鲜支"(四三八)、"白绢鲜支"(一二八二)、"白鲜支裙"(一七六八＋一三八〇)和"黄鲜支裙"(一三八〇)。可见,鲜支有白、黄、青、荵和缥等多种颜色。而"荵"和"缥"可能都应该归入青色系。《玉篇》艸部:"荵,同葱。俗。"③《尔雅·释器》:"青谓之葱。"郭璞注:"浅青。"④"缥"为"青白色"。《急就篇》卷二:"缥綟绿纨皂紫硟。"颜师古注:"缥,青白色也。"⑤"白绢鲜支",可能就是一七六八＋一三八〇和尹湾六号汉墓木牍一二正的"白鲜支"。"绢"和"鲜支"连称,可能属于"以大名冠小名"。⑥《广雅·释器》:"鲜支,绢也。"王念孙疏证:"《众经音义》卷二十一引《篆文》云:'白鲜支,绢也,亦名缟。'"⑦也就是说,"鲜支"属于"绢"类。据简文记载,"荵鲜支一匹,直钱六百"比"白绢鲜支一匹,直钱五百五十"多五十钱,可能是包含了染色的费用。

二、绢

六〇三中记有"绢青""缥""绢练""绢绛""早"和"青夋"。一一二五中记有"绢绛""绢青""绢李练""绢白练""绢缥"和"绢青夋"。对比可知,六〇三、一一二五对于"绢青"和"绢绛"的记载是一致的;六〇三中的"绢练",可能包括了一一二五中的"绢李练"和"绢白练";六〇三中的"缥"和"青夋",分别对应一一二五中的"绢缥"和"绢青夋"。据此,可以做出以下分析:

"绢青"和"绢绛"。四六九中"青缣皆以作绲"之"青",也应该指颜色。一一二五中的"黄缣",与"青缣"情况完全相同。四六九中"青二丈九尺"之"青",指的是丝织品名。也就是说,"绢青"之"青",既可能指颜色,也可能是丝织品名称。"绛",指质料。《晋书·礼志下》"绛二匹,绢二百匹"。⑧ 二三一八中有"☒☒绛一

---

① 马怡:《尹湾汉墓遣策札记》,载中国社会科学院简帛研究中心编:《简帛研究 2002—2003》,桂林:广西师范大学出版社,2005 年,第 265 页。

② 连云港市博物馆等编:《尹湾汉墓简牍》,北京:中华书局,1997 年,第 151 页。

③ [梁]顾野王:《大广益会玉篇》,北京:中华书局,1987 年,第 64 页。

④ [清]阮元校刻:《十三经注疏》,北京:中华书局,1980 年,第 2601 页。

⑤ 张传官:《急就篇校理》,北京:中华书局,2017 年,第 135 页。

⑥ [清]俞樾等著:《古书疑义举例五种》,北京:中华书局,1956 年,第 52 页。

⑦ [清]王念孙撰,张靖伟等校点:《广雅疏证》,上海:上海古籍出版社,2016 年,第 1154-1155 页。

⑧ [唐]房玄龄等撰:《晋书》,北京:中华书局,1974 年,第 668 页。

匹，直钱六百□☒"，"绛"前一字为"▨"，与"绢"异。我们怀疑，可于此字后断开，"绛"可能还是丝织品名。如果"绢青"与"绢绛"的构词方式完全一致，那么"绢青"之"青"理解为丝织品名称似乎更加妥当。二九四九中有"曲尘青"。"曲尘"指"像桑叶始生"之黄色。[①] "曲尘"之后的"青"，与"绢青""缣青"之"青"相比，更应该是一种织物名。"青"作为丝织品名，还见于其他文献。地湾汉简86EDHT：11 记有"青一丈九尺"。[②]《文选·东京赋》"朱旌青屋"，薛综注："青屋，青作盖里也。"[③]

在这里，我们顺带提一下"绮"字。我们曾怀疑："'缣青'与'绢青'中的'青'，可能不是颜色，而是织物名，不知能否读为'绮'？"[④]实际上，"绮"字的情况有点复杂。"绮"在文献中既可作织物名，又可作颜色。(1)织物之"绮"。《说文》糸部："绮，赤缯也。从茜染，故谓之绮。从糸，青声。"[⑤]《说文解字注》："定四年《左传》：分康叔以绮茷。茷即旆也。杜曰：绮，大赤，取染草名也。《杂记》注作蒨旆。蒨即茜也……茜与绮合韵而同音。故茜染谓之绮也。"[⑥]据此，则"绮"为"蒨"之借字，"蒨"为"茜"之借字。《说文》将"赤缯"之"绮"分析为"从糸，青声"显然是有问题的，应改为"从糸，蒨省声"。(2)颜色之"绮"。又可分为两种情况：一是见于《广韵·霰韵》："绮，青赤色。"[⑦]一是见于《集韵·青韵》："绮，浅碧色。"[⑧]《说文》玉部："碧，石之青美者。"[⑨]《广雅·释器》："碧，青也。"[⑩]"绮"之所以可训为"青赤色"，应该还是受"蒨"的影响。而"浅碧色"的"绮"，更有可能对应《说文》中的"从糸，青声"。我们甚至怀疑，"从糸，青声"的"绮"，原本指的是"浅碧色"的丝织品。或许，五一简中的丝织品"青"，对应的就是"从糸，青声""浅碧色"的"绮"。

---

① 罗小华：《五一广场简牍所见名物考释(五)》，载中国文化遗产研究院编：《出土文献研究》第十九辑，上海：中西书局，2019 年，第 392 页。

② 甘肃简牍博物馆等编：《地湾汉简》，上海：中西书局，2017 年，第 150 页。

③ [梁]萧统编，[唐]李善等注：《六臣注文选》，北京：中华书局，2012 年，第 72 页。

④ 罗小华：《五一广场简牍所见名物考释(五)》，载中国文化遗产研究院编：《出土文献研究》第十九辑，上海：中西书局，2019 年，第 391 页。

⑤ [汉]许慎撰，[宋]徐铉校定：《说文解字》，北京：中华书局，1963 年，第 273 页。

⑥ [汉]许慎撰，[清]段玉裁注：《说文解字注》，上海：上海古籍出版社，1988 年，第 650 页。

⑦ [宋]陈彭年等编：《宋本广韵》，南京：江苏教育出版社，2008 年，第 117 页。

⑧ [宋]丁度等编：《宋刻集韵》，北京：中华书局，1989 年，第 71 页。

⑨ [汉]许慎撰，[宋]徐铉校定：《说文解字》，北京：中华书局，1963 年，第 13 页。

⑩ [清]王念孙撰，张靖伟等校点：《广雅疏证》，上海：上海古籍出版社，2016 年，第 1371 页。

"绢练"和"绢李练""绢白练"。"绢练"应该是"绢李练"和"绢白练"的统称。据此,则"绢"当包括"练"。《急就篇》卷二"绨络縑练素帛蝉",颜师古注:"练者,煮縑而熟之也。"①《释名·释采帛》:"縑,兼也,其丝细致,数兼于绢,染兼五色,细致,不漏水也。"②《汉书·外戚传上》"媪为翁须作縑单衣",颜师古注"縑即今之绢也"。③《资治通鉴·汉纪三十七》"楚王英奉黄縑、白纨诣国相曰",胡三省注引颜师古曰"縑,并丝绢也"。④从传世文献的记载来看,"縑"是"并丝绢","练"又是熟"縑"。也就是说,"练"属于"縑"类,"縑"又属于"绢"类。五一简中,"绢"包括"练"。五一简中的"縑青"(一七三九)和"绢青"(六〇三、一一二五),在构词方式上与"青縑"(四六九)、"黄縑"(一一二五)正好相反。"縑廿匹"(九六六),未指明颜色,疑为泛指。"縑"包括了"青縑"和"黄縑"。据此,则"縑青"与"绢青"中的"青",可能不是颜色,而是织物名。如果"縑青"之"青"就是"绢青"之"青",则"青"属于"縑"类,"縑"可能属于"绢"类。"黄李练"(二九四九),可与"绢李练"相比较。"李",指颜色,疑读为"黧"。"李"的楚文字形体从"来"得声。⑤文献中,从"来"得声之字可与从"利"得声之字相通。《庄子·应帝王》:"执斄之狗。""斄",《山海经·南山经》郭璞注引作"犁"。《左传》隐公十一年:"公会郑伯于时来。""时来",《公羊传》作"祁黎"⑥。故"李"可读为"黧"。《广韵·齐韵》:"黧,黑而黄也。"⑦《集韵·齐韵》:"黧,黑黄也。"⑧

"缥""青莐"与"绢缥""绢青莐"。两种丝织品,名称仅差一"绢"字。从以上两种情况看,"缥"和"青莐"也都应该属于"绢"类。《说文》系部:"绢,缯如麦稍。"⑨《说文解字注》:"绢,缯如麦稍色。"⑩《说文》系部:"缥,帛青白色也。"《说

---

① 张传官:《急就篇校理》,北京:中华书局,2017 年,第 139-140 页。

② [东汉]刘熙撰,[清]毕沅疏证,[清]王先谦补:《释名疏证补》,北京:中华书局,2008 年,第 149 页。

③ [汉]班固撰,[唐]颜师古注:《汉书》,北京:中华书局,1962 年,第 3962-3963 页。

④ [宋]司马光编著,[元]胡三省音注:《资治通鉴》,北京:中华书局,1956 年,第 1447 页。

⑤ 参见郑刚:《战国文字中的"陵"和"李"》,中国古文字学会第七次年会论文,1988 年。此文后收入郑刚:《楚简道家文献辨证》,汕头:汕头大学出版社,2004 年,第 61-75 页;李零:《老李子和老莱子》,《中国哲学史》1997 年第 2 期。

⑥ 张儒、刘毓庆:《汉字通用声素研究》,太原:山西古籍出版社,2002 年,第 21 页。

⑦ [宋]陈彭年等编:《宋本广韵》,南京:江苏教育出版社,2008 年,第 23 页。

⑧ [宋]丁度等编:《宋刻集韵》,北京:中华书局,1989 年,第 28 页。

⑨ [汉]许慎撰,[宋]徐铉校定:《说文解字》,北京:中华书局,1963 年,第 273 页。

⑩ [汉]许慎撰,[清]段玉裁注:《说文解字注》,上海:上海古籍出版社,1988 年,第 649 页。

文》帛部："帛，缯也。"《说文》系部："缯，帛也。"①"缥"可能就是"青白色"的"绢"。"青夌"即"青绫"。《全后周文·庾信〈谢赵王赉白罗袍袴启〉》："永无黄葛之嗟，方见青绫之重。"②《说文》系部："绫，东齐谓布帛之细曰绫。"③"绫"可能就是细绢。

六〇三中有"早"，读为"皂"，可能是"绢皂"之省，指黑绢。《广韵·晧韵》："皂，黑缯。"④

由以上分析可知，"绢"是丝织品中的一个大类，不仅包括了"绢鲜支"，也包括了"绢青""绢绛""绢练""绢缥""绢青夌"等，甚至还存在"绢皂"。"绢练"又包括了"绢李练"和"绢白练"。从构词方式上看，"绢鲜支""绢青""绢绛""绢练""绢缥"和"缣青"等，均属于"以大名冠小名"。⑤"绢青夌"与"绢李练"和"绢白练"的构词方式一致，都是在"大名冠小名"之间加入了颜色词。据此，则还可能存在"绢夌"。

---

① ［汉］许慎撰，［宋］徐铉校定：《说文解字》，北京：中华书局，1963 年，第 160、273 页。
② ［清］严可均校辑：《全上古三代秦汉三国六朝文》，北京：中华书局，1958 年，第 3932 页。
③ ［汉］许慎撰，［宋］徐铉校定：《说文解字》，北京：中华书局，1963 年，第 273 页。
④ ［宋］陈彭年等编：《宋本广韵》，南京：江苏教育出版社，2008 年，第 87 页。
⑤ ［清］俞樾等著：《古书疑义举例五种》，北京：中华书局，1956 年，第 52 页。

再谈汉、吴简牍中的"长沙太守中部督邮书掾"*

徐 畅

北京师范大学历史学院

一、问题缘起

自元封五年(公元前106年)汉武帝初置刺史部十三州,将郡国分为多个监察区,诏刺史诣所部以六条问事以来①,汉代国家通过分部的方式,自中央至地方,逐渐建立起一套层次分明的监察体系:中央通过刺史部监察属郡,郡/国通过督邮部监察属县,县/道通过廷掾部监察属乡。② 在这套体系中,刺史部、督邮部的执行及运作,传世文献保留记载较多,严耕望先生将司监察的督邮部视为郡府的四大组织之一,与纲纪、门下、列曹并列;指出秦及汉初,郡级行政中太守常居府,有事但遣大吏巡行属县,称都吏;以五部督邮察县之制形成于西汉中叶以后。③ 在严氏之后,督邮制度成为汉代地方行政制度研究的热门话题,讨论涉及督邮的性质、职掌、存在时间、分部情况、属吏系统、与都吏的关系等核心问题。④

---

* 本文属于国家社科基金一般项目"长沙走马楼三国吴简未刊竹木牍文书分类整理与综合研究"(项目号21BZS003)的阶段性成果。本文原载《文物》2021年第12期,因期刊篇幅限制,刊出时有所删减;收入本论文集者为完整本,特此说明。

① 《汉书》卷六《武帝纪》,北京:中华书局,1962年,第197页。

② 详参杨宽:《战国秦汉的监察和视察地方制度》,《社会科学战线》1982年第2期;周振鹤:《从汉代"部"的概念释县乡亭里制度》,《历史研究》1995年第5期。

③ 严耕望:《中国地方行政制度史:秦汉地方行政制度》,《"中央研究院"历史语言研究所专刊》之45A,1961年。此据"严耕望史学著作集"系列,上海:上海古籍出版社,2007年,第138-144页。

④ 参读贡绍海:《略论汉代督邮》,《山东师范大学学报》1988年第4期;高荣:《论汉代的督邮》,《中山大学学报》1999年第3期;史云贵:《汉代督邮管窥》,《信阳师范学院学报》2004年第1期;刘军:《两汉督邮新论》,《长春师范学院学报》2006年第5期;姜维公:《汉代郡域监察体制研究》,《社会科学辑刊》2007年第6期;侯旭东:《长沙东牌楼东汉简〈光和六年诤田自相和从书〉考释》,载黎明钊主编:《汉帝国的制度与社会秩序》,香港:牛津大学出版社,2012年;曹骥:《两汉"都吏""督邮"考》,《鲁东大学学报》2012年第2期;黄今言:《西汉"都吏"考略》,《中华文史论丛》2015年第1辑;等等。

督邮一职,一般以为始置于西汉中期,延续使用至南朝[①];但汉以后此职的设置情况,已不明朗。严耕望先生曾据正始、嘉平中(240—254 年)弘农郡督邮的记载指出,三国曹魏承汉置督邮,而刘蜀、孙吴督邮史料无考,"盖亦置"[②];李小树先生也认为孙吴不太可能取消作为地方重要监察官员的督邮[③]。1996 年在长沙市中心发掘所得的十万余枚走马楼三国吴简,是迄今数量最多的一批孙吴出土文献,其中恰有关于督邮的记载[④],证实了吴承汉制,郡下有督邮之设。

2003 年率先发表的吴简《竹简》[壹]中即有可确定释读为"中部督邮书掾""长沙太守(兼)中部督邮书掾"的简文[⑤],该卷整理者王素先生据以指出,汉末吴初长沙郡有中部督邮之设,参照同郡置西部、东部都尉的情况,推测长沙应至少分为东、中、西三部。[⑥] 罗新先生另注意到简文中"东部"的记载,经考察提出东汉长沙郡置中、东、西部督邮;他还关注吴简中督邮的职称书写,常作"长沙太守(兼)中部(劝农)督邮书掾",对其中"长沙太守"与"中部督邮"连称的情况,理解为督邮代表太守监视诸县;而对表述官吏兼任关系的语汇"兼",解释为郡掾为中部劝农掾,兼中部督邮书掾。[⑦] 这一看法得到大多数吴简研究者的认同,但也有学者认为"兼"表示的是长沙太守与中部督邮的兼任关系。[⑧]

吴简发现之后,长沙市中心五一广场一带又有多批东汉简牍出土,整理者以东牌楼(2004 年)、五一广场(2010 年)、尚德街(2011 年)命名的三批简牍,性质皆为长沙地方官府档案[⑨],其中皆有关于督邮的记载。如东牌楼汉简"光和六年

---

① 汉代督邮制度为学界所聚焦,实际上督邮一职存续时间较长,东晋南朝亦置,如《梁书》卷一一《吕僧珍传》载南兖州刺史吕僧珍,"旧宅在市北,前有督邮廨,乡人咸劝徙廨以益其宅。僧珍怒曰:'督邮官廨也,置立以来,便在此地,岂可徙之益吾私宅!'"北京:中华书局,1973 年,第 213 页。

② 严耕望:《中国地方行政制度史:魏晋南北朝地方行政制度》,《"中央研究院"历史语言研究所专刊》之 45B,1963 年。此据"严耕望史学著作集"系列,上海:上海古籍出版社,2007 年,第 285-288 页。

③ 李小树:《秦汉魏晋南北朝监察史纲》,北京:社会科学文献出版社,2002 年,第 73 页。

④ 长沙市文物工作队、长沙市文物考古研究所:《长沙走马楼 J22 发掘简报》,《文物》1999 年第 5 期。

⑤ 走马楼简牍整理组编著:《长沙走马楼三国吴简·竹简[壹]》,北京:文物出版社,2003 年。

⑥ 王素:《长沙走马楼三国孙吴简牍三文书新探》,《文物》1999 年第 9 期。

⑦ 罗新:《吴简所见之督邮制度》,载北京吴简研究班:《吴简研究》第 1 辑,武汉:崇文书局,2004 年,第 310-316 页。

⑧ 参读叶玉英:《东汉简牍〈和从书〉所见东汉若干制度探索》,《厦门大学学报》2009 年第 6 期。该文指出,从汉简及吴简来看,中部督邮往往由太守兼任。

⑨ 上述各批次简牍的发现情况,详见《长沙尚德街出土简牍古井发掘报告》的介绍,长沙市文物考古研究所编:《长沙尚德街东汉简牍》,长沙:岳麓书社,2016 年,第 5-8 页。

(183年)诤田自相和从书"中的"中部督邮书掾治所""监临湘""例督盗贼"①,五一广场简长沙中部督邮督办案件所产生的"留事"②等;在反映东汉和、安之际长沙地方治理情况的五一广场简牍公文中,再次出现了"长沙太守(兼)中部劝农督邮书掾"的职衔,参与整理的周海锋也解释为,中部督邮掾常由太守兼任。③

就如何理解东汉至三国长沙出土简牍中的这一关键性职称,学界存在着意见分歧;近年来汉、吴简牍的整理进程加快,有关长沙地方督邮的更多资料得以披露④,有必要在掌握新资料的基础上,对"长沙太守(兼)中部督邮书掾"进行重新解读,以期深入理解督邮一职的性质、与长吏的关系等制度史课题;在此基础上,统合汉、吴简牍,分别考察东汉、三国不同时段内,长沙郡下监察区(部)的划分、督邮的设置等情况,观察督邮部建制的延续与变化,并尝试对变化的原因予以解释。

相信本文的努力,不仅有助于对未刊汉、吴简牍相关语汇的释读,亦将为我们理解汉以后督邮制度的发展演变,提供新的视角。

二、"长沙太守(兼)中部(劝农)督邮书掾"的内涵

"长沙太守(兼)中部督邮书掾"的职衔,实际上是郡级行政长官(太守)与其属吏(督邮)的连称。依据两汉地方行政研究的一般结论,郡太守秩二千石,由朝廷任命;而包括功曹、五官掾、督邮在内的属吏,由太守自辟,秩级一般在二百石上下。⑤ 太守、督邮两职地位悬殊,且属郡级僚佐的不同类型⑥,故最直观的判断是,简文中的长沙太守与(兼)中部督邮书掾是并列关系,应可断读。这一判断能否成立呢? 我们收集了已刊吴简中较为完整清晰的简例:

---

① 长沙文物考古研究所、中国文物研究所编:《长沙东牌楼东汉简牍》,整理号五,北京:文物出版社,2006年,第73-74页。

② 李均明:《五一广场东汉简牍"留事"考》,李学勤主编:《出土文献》第11辑,上海:中西书局,2017年,第370-378页。

③ 周海锋:《〈长沙五一广场东汉简牍[壹]〉选读》,简帛网 http://www.bsm.org.cn/,2018年12月26日首发。

④ 五一广场简已出版《长沙五一广场东汉简牍》[选释][壹][贰][叁][肆]五卷(上海:中西书局,2015年、2018年、2019年);吴简已出版《长沙走马楼三国吴简·嘉禾吏民田家莂》及《竹简》[壹]至[玖]十卷(北京:文物出版社,1999—2019年),尚未出版的是《竹木牍》特辑(拟收录近400枚牍文书、6000余枚有字简及88枚大木简)。

⑤ 参读严耕望:《中国地方行政制度史:秦汉地方行政制度》"郡府组织",上海:上海古籍出版社,2007年,第73-146页;陈梦家:《汉简所见太守、都尉二府属吏》,氏著《汉简缀述》,北京:中华书局,1980年,第97-120页。

⑥ 郡县僚佐由长官、佐官、属吏三类组成。

1. 嘉禾四年 二 月庚戌朔廿一日庚午长沙 大 守兼中部劝农督邮书掾晃督①……(壹·6971)

2. 八月四日庚戌长沙太守兼中部督邮书掾晃督察移(伍·3325)

注:据简文"八月四日庚戌",是为八月丁未朔。据《二十史朔闰表·魏蜀吴朔闰异同表》,吴嘉禾四年八月丁未朔。本简应系于是年。

3. 十一月八日 癸未长 沙 大守兼中部督邮书掾晃督察移 月□日发(?)(捌·4048)

注:据陈垣《魏蜀吴朔闰异同表》,嘉禾四年十一月朔为丙子,八日为癸未。

4. 正月十七日戊寅 长沙大守 兼中部劝农督邮书掾 晃督察移 (捌·4308)

注:据陈垣《二十史朔闰表》,嘉禾二年正月壬戌朔,十七日为戊寅。

观察图版(见图2),简文中长沙太守后并没有署名,亦未留白以供签署或抄录署名,而兼中部(劝农)督邮书掾后署名者皆为晃督察。简3、4可明确归入嘉禾年间临湘侯国考实郡吏许迪盗割官盐米案册,嘉禾六年初许迪服辞结罪,录事掾潘琬向上级报告重考实情况,提及"过四年十一月七日,被督邮敕,考实吏许迪",所述时间与职务与简3完全吻合,说明指导许迪案初审,并将相关审讯文书移送的,只是督邮晃督察本人。② 五一广场简中有更明晰的例证:

5. ☑长沙太守中部督邮书掾陈苗印。

☑永初二年四月卅日乙丑起御门亭。(正面)

☑张戌、

☑周承、

☑邓昭已到,五月五日付。(背面)(CWJ1①:111、选释·四三)③

---

① 中部督邮书掾名原释为昆当,今据图版改。下文征引走马楼吴简简文,依通例标明所属卷数及出版号,如无特殊情况,不再一一注明对应该卷的页码。

② 潘琬上报及中部督邮考实许迪案,详参拙文《新刊走马楼简牍与许迪割米案司法程序的复原》,《文物》2015年第12期。

③ 为行文简洁起见,征引五一广场简文,随文标明其出土编号、所属卷数及出版号,如无特殊情况,不再注明对应该卷的页码,下同。

本件为封检,发件人为长沙太守中部督邮书掾陈苗,长沙太守职名后未有留白(见图 1),所谓"陈苗印",肯定不是长沙太守与中部督邮书掾分别用印,而系一人用印。也就是说,汉吴简牍中的"长沙太守(兼)中部(劝农)督邮书掾"并非太守和督邮两位,只能是一种偏义关系,指向由一人担任的多职。

那么这一人之职,是否如部分学者理解的,是以长沙太守为本职,由太守兼任中部劝农督邮书掾呢?我们认为恐怕不是,理由有三。第一,如上文提示,依汉制,郡太守与督邮之间有主从关系,汉人比之于孔子与颜回[1];督邮由长吏辟属,常由年少者充当[2],在日常政务中须听命太守,因执行太守政令的情况,或受奖掖,或受鞭挞[3];虽然郡太守办公地常处中部督邮辖区,但由太守亲自兼任督送邮书、奉宣教令的低秩卑职,可能性微乎其微。

第二,揆诸汉、吴简牍中的更多例证,同一时期的长沙太守与(兼)中部(劝农)督邮书掾各有其人,吴简中所见孙吴嘉禾年间的长沙太守为于望[4],常带立节校尉军号;而任中部劝农督邮书掾者,除出现在嘉禾四至六年(235—237 年)许迪案考实中的晃督察(据简例 11、14,全名李晃)[5],还有:傅汜,至少嘉禾元年(232 年)在任(壹·4363);王伟,参与朱表割米案的考实,至少嘉禾六年(237 年)在任(肆·4119)[6];或者还有茑佩(壹·8611,详下)。而在许迪案册的一枚散简

---

① 如《后汉书》卷四三《朱穆传》注引谢承《后汉书》:"(朱)穆少有英才,学明五经。性矜严疾恶,不交非类。年二十为郡督邮,迎新太守,见穆曰:'君年少为督邮,因族执?为有令德?'穆答曰:'郡中瞻望明府谓如仲尼,非颜回不敢以迎孔子。'更问风俗人物。太守甚奇之,曰:'仆非仲尼,督邮可谓颜回也。'"北京:中华书局,1965 年,第 1462 页。《后汉书》卷六四《吴祐传》济北戴宏一节,注引《济北先贤传》,述督邮戴宏与府君的对话,亦比太守为仲尼,戴宏为颜渊,北京:中华书局,1965 年,第 1462、2101 页。

② 从谢承《后汉书》所载太守与朱穆对话可见一斑,汉魏史籍中年少为督邮例甚众,不赘举。

③ 如《后汉书》卷二九《郅恽传》记汝南太守欧阳歙因十月飨会之际赏赐督邮,出教曰:"西部督邮繇延,天资忠贞,禀性公方,摧破奸凶,不严而理。今与众儒共论延功,显之于朝。"北京:中华书局,1965 年,第 1028-1030 页。督邮常因职事不周受太守体罚,例如《后汉书》卷五六《陈球传》记其为繁阳令,"时魏郡太守讽求纳货贿,球不与之,太守怒而挝督邮,欲令逐球。"北京:中华书局,1965 年,第 1831 页。卷六四《吴祐传》注引《济北先贤传》:"(戴)宏年二十二,为郡督邮,曾以职事见诘,府君欲挝之。"北京:中华书局,1965 年,第 2102 页。

④ 王素将于望任长沙太守时间系于嘉禾二年(233 年),参所撰《汉末吴初长沙郡纪年》,载北京吴简研究班:《吴简研究》第 1 辑,武汉:崇文书局,2004 年,第 76 页。

⑤ 学者多据"嘉禾元年十一月癸亥朔日长沙大守兼中部督邮书掾尤当察□"(壹·9641)认定中部督邮书掾尚有尤督察;审视原版,此简右半边有缺,督察名原释之"尤",应为"晃"字之下半边,则此处仍为晃督察。

⑥ "府……告兼中部督邮书掾王伟临湘今写□"(肆·4119)属朱表割米案册,时在嘉禾六年(237 年),参见孙东波、杨芬《走马楼三国吴简吴昌长朱表盗米案初探》,载杨振红、邬文玲主编:《简帛研究 2016 秋冬卷》,桂林:广西师范大学出版社,2017 年,第 248-263 页。

中,长沙太守于望与中部督邮书掾同时出现:

　　6. 十一月十一日领长沙大 守行 立节校尉望丞义 省兼中部督邮书掾李

（捌·4195）

　　由于许迪翻供,不承认私用余米的事实,长沙太守（于）望、丞义亲自指示中部督邮、临湘侯相等展开复审[①],本简中的兼中部督邮书掾李,应即李晃。

　　以中部督邮书掾非长沙太守,尚有一条资料未安,即"嘉禾五年十一月 己巳中部督邮 行 立节校尉望丞义 □ 兼中部督 "（捌·4236）,似提示立节校尉（于）望本职为中部督邮。按立节校尉为孙吴所置杂号军职[②],常由掌武职的郡太守、都尉所领,秩级不低;除长沙太守带此号外,《晋平西将军周处碑》记其父周鲂为"吴宁国长、奋威长史、怀安钱塘县侯、丹阳西部属国都尉、立节校尉",以属国都尉带之。[③]督邮秩二百石上下[④],以督邮行立节校尉,颇疑此简释文未协。特请长沙简牍博物馆工作人员代为红外扫描,据红外图版（见图3）,简文可改释为"嘉禾五年十一月□□乙丑部督军行立义都尉规督察告";规督察嘉禾五、六年任长沙督军都尉,参与许迪案复审,笔者已有详考[⑤],此处不赘。

　　从已刊五一广场简资料中可排查出东汉早中期的两名太守,一名审（详简例7）,一名渡（CWJ1③：261-57、贰·五七六）,而任中部督邮书掾者有陈苗（详简例5）、常（详简例9）、育（详简例7）、邴（CWJ1③：263-16＋263-24、贰·六六六＋六七四）(以上皆为名）、费掾（CWJ1③：263-32、贰·六八二,应为姓）,不相重复;更有太守对兼中部劝农督邮书掾部署工作的下行文书:

　　7. 二年正月八日丙戌长沙大守审丞当告兼贼曹掾汤史安兼中部

劝农督邮书掾育

---

　　①⑤　详参拙文《新刊走马楼简牍与许迪割米案司法程序的复原》,《文物》2015年第12期。

　　②　[清]杨晨撰：《三国会要》卷一〇《职官》武秩部分载孙吴校尉名,北京：中华书局,1955年,第173页。

　　③　[清]严可均辑：《全上古三代秦汉三国六朝文》,北京：中华书局,1958年,第4611页。

　　④　由于缺乏记载,学界尚未对督邮的秩级达成一致意见,高荣以为秩百石（《论汉代的督邮》,《中山大学学报》1999年第3期）。督邮,功曹为郡之极位,陈梦家指出汉代郡府属吏中位至高者当为二百石或二百石以上,可为参考,见《汉简所见太守、都尉二府属吏》,收入氏著《汉简缀述》,北京：中华书局,1980年,第104页。

谓临湘写移案县前言□等亡钱三千今言三千四百自多四百汤安及

故督邮信竟（CWJ1③：263-44、贰·六九四）

显示长沙太守审与兼中部劝农督邮书掾育同时在任。

第三，"长沙太守兼中部（劝农）督邮书掾"职衔中的兼，并非表示太守与中部督邮的兼任关系，而正如罗新先生的判断，其标识中部督邮书掾兼任本部劝农掾事。[①] 从汉、吴简牍提供的信息看，在东汉三国长沙地方，郡一级部督邮兼行劝课农桑似为常态，只是在职称表述中，"劝农"一职常省，但"兼"字或仍保留[②]，易使人迷惑。如五一广场简中的中部督邮常，官文书中或表述为"中部督邮书掾常"（CWJ1①：105-2、壹·一○五），或为"中部劝农督邮书掾常"（详简例9）；而吴嘉禾中为长沙中部督邮的晃督察，多被称为长沙太守兼中部督邮书掾（如简例2、3），但完整职称为长沙太守兼中部劝农督邮书掾（如简例1、4）。督邮掾与劝农掾并置的情况，不止在长沙中部，新刊吴简中有关于长沙五部督邮的信息（详简例11），五部督邮书掾职称前有"兼"，参考中部的情况，极有可能长沙郡派出的五部督邮皆兼行劝农，容下文详论。

通过以上辨析，基本可知汉、吴简牍中的"长沙太守（兼）中部督邮书掾"实指中部督邮书掾一职，"兼"表示督送邮书与劝课农桑职任的并履。尚待解释的是督邮职称之前先署太守职称，而形成重叠职称的问题。罗新先生指出，吴简的表述近于居延汉简中的"太守府都吏"，强调都吏/督邮代表郡太守出监诸县。[③] 两汉三国时期，地方行政中属吏与长官之间存在一种二重君臣关系，不仅体现在实际人事关系中，也体现在职称表述中，属吏职称前常先署主官职名。[④] 传世、出土文献所见，如在郡级机构的相关职名中，有"河南太守丞"[⑤]、"长沙太守丞"（CWJ1③：208、壹·二○八）、"长沙太守从掾"、"桂阳太守行丞事（南平丞）"[⑥]的

---

① 罗新：《吴简所见之督邮制度》，载北京吴简研究班：《吴简研究》第1辑，武汉：崇文书局，2004年，第312页。

② 秦汉时表示官吏兼任关系的语汇，参安作璋、熊铁基：《秦汉官制史稿》下册"任守制度"，济南：齐鲁书社，1984年，第362-374页。

③ 罗新：《吴简所见之督邮制度》，载北京吴简研究班：《吴简研究》第1辑，武汉：崇文书局，2004年，第312页。

④ 对这一现象的辨析可参拙文《长沙出土简牍中的"丞掾"》，《文物》2017年第12期。

⑤ 如《汉书》卷八九《循吏传》载黄霸为河南太守丞，北京：中华书局，1962年，第3628页。

⑥ "长沙大守从掾文显门下曹史邵弘名刺"（整理号九四）、"桂阳大守行丞事南平丞印缄"（整理号一），长沙文物考古研究所、中国文物研究所编：《长沙东牌楼东汉简牍》，北京：文物出版社，2006年，第111、71页。

表述实例,强调该职与本郡太守的从属关系,只能理解为统属于太守的丞、从掾;亦有学者注意到秦封泥中"怀令丞印"的例子①,则重叠职称亦存在于县级机构。

三、劝农掾与督邮书掾的兼任

汉、吴简牍中展示的某部督邮书掾与劝农掾兼任问题,涉及东汉三国郡县政务的处理方式,以及政务重心的季节变化,值得深入探究。

如前文回顾,汉代国家通过在各级行政区划内划分小区,派遣属吏别治的方式,建立起一套与郡县平行的监察机构。其中督邮部的设置,《续汉书·百官志》"郡太守"条本注曰"其监属县,有五部督邮"②,即将郡辖域按方位(东、西、南、北、中)划分为五个地域单元,称部;每部对应若干县,由郡太守派出信任之吏,分驻各部,负责部内属县人事、行政的督察工作。《续汉志》所言五部,是一种五方俱全的理想模式,实际上依各郡具体地理环境,一郡之内分二部至多部不等。

监察体系整齐划一,最受关注;其实这种分部别治的工作方式,不仅仅存在于监察领域,于郡一级而言,军事、司法、督察、劝农、邮亭,甚至道桥、水利等各项具体政务的办理,皆采用分部的方式。与此相应,汉代石刻、简牍中多见以部相称的各种名目的专职掾史,如兵马掾、案狱掾③、劝农掾、邮亭掾、道桥掾等;黄留珠先生即认为汉碑中的某部道桥掾,反映的是官府在一些山高沟深、交通不便地区,分部主管筑路架桥的情况,与都尉及督邮分部行县,出同一道理。④

我们重点看劝农掾的情况,劝农掾多见于汉晋间文献记载,主要工作是劝课农桑、指导农耕,各级行政机构皆置。《汉书·平帝纪》记元始元年(1年)曾置"大司农部丞十三人,人部一州,劝农桑"⑤,应为州一级劝农设置之始;郡、县也逐级设置了相应的分部之吏,以掌劝农。有关郡一级劝农掾的记载,如敦煌悬泉汉简:

---

① (日)宫崎市定:《中国古代史概论·秦汉古代帝国》,中国科学院历史研究所翻译组编译:《宫崎市定论文选集》,北京:商务印书馆,1963年,第29页;邹水杰:《两汉县行政研究》,长沙:湖南人民出版社,2008年,第69-71页。

② 《后汉书》志二八《百官五》,北京:中华书局,1965年,第3621页。

③ 五一广场简所见长沙郡分部掾,除中部劝农、督邮掾外,还有案狱掾,如元兴元年(105年)"长沙大守中部案狱掾丰"案问文书(CWJ1③:265-253、肆·一五〇七)。

④ 黄留珠:《汉碑所见"道桥掾"考》,《文博》1988年第6期。

⑤ 《汉书》卷一二,北京:中华书局,1962年,第351页。

8. 出东书四封,敦煌太守章:一诣劝农掾、一诣劝农史、一诣广至、一诣冥安、一诣渊泉。合檄一,鲍彭印,诣东道平水史杜卿……元始五年四月丁未日失中时,县(悬)泉置佐忠受广至厩佐车成辅·即时遣车成辅持东。(Ⅱ0114②2:294)[①]

敦煌太守发出东书四封,其中一封致劝农掾、史,说明劝农掾不在太守府办公,是外部之吏。稍晚资料如《晋彭祈碑》碑阴题名中有中部、西部劝农[②],《南乡太守郛休碑》碑阴有太守属吏"部劝农"题名[③],皆说明汉晋间郡府依方位、分部派出劝农掾。

如果说长吏厘务常用分部之法,我们关心的是分部吏的派出之法,若每办理一项专职工作,即从郡府重新抽调专员,难以想象仅千余名僚佐的郡府[④]有足够的机动外派员额。分部吏兼任部内两项以上专职事务,恐怕是一种常态。《续汉书·百官志》"县令长"条本注述县下分部吏的派出情况,可为参照:"诸曹略如郡员,五官为廷掾,监乡五部,春夏为劝农掾,秋冬为制度掾。"[⑤]笔者曾从基层工作重心因时令转移的角度,对制度掾予以解释,推测其应为秋、冬两季由长吏派出录囚、复审、捕贼的掾吏[⑥];而五一广场简中常见临湘县内某部劝农贼捕掾的活动,恰证县级机构的外部吏在一年中兼行劝课农桑、缉捕盗贼;长沙汉、吴简牍中的郡级中部劝农督邮书掾,亦当如此理解。

《续汉志》"郡太守"条本注:"凡郡国皆掌治民,进贤劝功,决讼检奸。常以春行所主县,劝民农桑,振救乏绝。秋、冬遣无害吏案讯诸囚,平其罪法,论课殿最。岁尽遣吏上计。"[⑦]提示了郡太守不同时节的工作内容,劝民农桑常在春日;而秋冬日至所部录囚、复审冤狱等事务,常派遣无害(都)吏,即督邮的前身。[⑧]

---

① 胡平生、张德芳:《敦煌悬泉汉简释粹》,上海:上海古籍出版社,2001 年,第 92-93 页。
② [宋]赵明诚编,刘晓东、崔燕南点校:《金石录》卷二〇,济南:齐鲁书社,2009 年,第 167 页。
③ [宋]欧阳修:《汲古录跋尾》卷四,李逸安点校:《欧阳修全集》卷一三七,北京:中华书局,2001 年,第 2160 页。
④ 尹湾汉简《集簿》载西汉后期东海郡"吏员二千二百三人",应为员吏数量。参见连云港市博物馆等编:《尹湾汉墓简牍》,北京:中华书局,1997 年,第 77 页。
⑤ 《后汉书》志二八,北京:中华书局,1965 年,第 3623 页。
⑥ 参拙文《〈续汉书·百官志〉所记"制度掾"小考》,《史学史研究》2015 年第 4 期。
⑦ 《后汉书》志二八,北京:中华书局,1965 年,第 3621 页。
⑧ 《汉书·文帝纪》元年三月诏提及:"二千石遣都吏循行,不称者督之。"颜注引如淳曰:"律说,都吏今督邮是也。闲惠晓事,即为文无害都吏。"北京:中华书局,1962 年,第 113 页。

督邮掌督察属县长吏、豪右不法,督送邮书、奉宣教令,以及奉诏捕系、追案盗贼、录送囚徒、催租点兵等细务,类近刑杀,诵其德者,谓为鹰撮霆击,摧破奸凶。① 文献记载可见,汉郡太守顺应阴阳时气,常于立秋日署督邮,令其履职,而立春日召其还府。② 这样一来,劝农掾与督邮掾行县的时间,就形成了完美的搭配。

郡长吏派一名大吏兼行劝农与督邮之务,既符合简约化行政理念,亦是东汉三国基层的行政实况。五一广场东汉简、走马楼吴简中多见长沙郡的兼中部劝农督邮书掾,而汉碑《昭觉石表》记载东汉光和四年(181 年)邛都县欲转换苏示、安斯二乡有秩,请示所属越嶲太守的意见,郡中部督邮李仁负责郡县文书传达,文书称其为"劝农督邮书掾李仁"③,可知汉郡以劝农、督邮书掾兼任的情况,甚为普遍。

四、东汉至三国长沙督邮部的增置及原因探析

最后谈谈东汉、三国长沙地方督邮部的设置情况。

虽然五一广场简尚未刊布完毕,但东汉长沙郡分置督邮部的情况比较明朗,已刊五一广场简中可见多位中部督邮书掾,详见上文举例。而一枚长沙太守、丞向下部署任务的文书简,提供了东汉早期长沙诸部督邮的信息:

9. 三月七日辛未长沙大守审丞虞告兼贼曹掾崇史信中东西部劝

农④督邮

书掾常良党上湘贼捕掾康督盗贼绥谓临湘醴陵攸鄩湘南写移

(CWJ1③:190-1＋191、壹·三五五＋三五七)

显示长沙郡有中、东、西三部督邮书掾常、良、党。由于可编连简缺失,长沙太守部署何事未知,但从其告、谓的对象来看,涉及多位与捕贼相关的属吏,以及至少五个属县,似为要务。基本可认定,此时郡内为三部督邮制。

---

① 参严耕望:《中国地方行政制度史:秦汉地方行政制度》,《"中央研究院"历史语言研究所专刊》之 45B。此据"严耕望史学著作集"系列,上海:上海古籍出版社,2007 年,第 139-143 页。

② 如《汉书》卷七七《孙宝传》载其为京兆尹,以立秋日署侯文为东部督邮,敕曰:"今日鹰隼始击,当顺天气取奸恶,以成严霜之诛。"北京:中华书局,1962 年,第 3259-3260 页。《后汉书》卷四三《何敞传》记其为汝南太守,立春日,常召督邮还府,李贤注:"督邮主司察愆过,立春阳气发生,故召归。"北京:中华书局,1965 年,第 1487 页。

③ 《昭觉石表》,(日)永田英正编:《汉代石刻集成[图版·释文篇]》之一一九,京都:同朋舍,1994 年,第 230-232 页。

④ 原释文"劝农"后衍一"掾"字,据周海锋《长沙五一广场东汉简牍[壹]选读》一文。

孙吴时期长沙郡督邮部的设置,在吴简采集简刚刊布的时候,就是热门话题,但当时简文中只有中部、东部督邮书掾的记载,王素先生据之审慎推测,汉末吴初长沙郡至少有三部督邮。① 随后,凌文超注意到新披露的一枚告五部督邮书掾文书简(简例11),据此推测肆·4486简中的某书掾张记等四个人名(简例10),加上肆·4498中的中部督邮尤督察(应为晃督察),应为长沙郡的五部督邮书掾。②

截至2019年年底,吴简除竹木牍外的资料大部分刊布完毕,笔者尝试收集可能为多部督邮书掾人名罗列的简文,共找到五枚,并根据红外线图版(其中之一见图4)修订了释文,现排列如下:

10. ☑□ 书 掾 张 记 吴烈谷能龙砀□□□令长侯相言□☑(肆·4486)

11. 府　告兼五部督邮书掾李晃茑佩陈泰谷 能 (伍·3207)

12. 府告五□□□掾李晃谷能陈泰孟(伍·7382)

13. 府 告 五部督邮书掾傅汜石勋□□吴烈黄 朝 县国(陆·4704)

14. 府告五部督邮书掾李晃谷能陈泰孟鲍茑佩县国□(柒·3142)

简11、13内容相对完整,可知孙吴前期,长沙郡实行了五部督邮制,但两简所示五部督邮书掾姓名几无重复。如果依前文的判断,傅汜嘉禾元年(232年)在中部督邮任,而李晃,即晃督察,嘉禾四至六年(235—237年)在任,则或许两简分别代表了嘉禾前期与后期本郡的分部督邮阵容。

简12、14与简11、13格式相同,简顶部皆有浓墨勾勒,从字形看,当为"府"字之变体,简中部为五部督邮书掾之姓名,对照四简中可明确释读出的部督邮人名,除傅汜、李晃外,还有谷能、茑佩、吴烈、石勋等人。其中谷能出现次数最多,而谷能、吴烈又出现在简10中,证实了上述凌文超的判断。茑佩出现两次,在诸部督邮排位中靠后,显然非中部督邮(中部督邮为李晃),但采集简"□□中部督

---

① 参王素:《长沙走马楼三国孙吴简牍三文书新探》,《文物》1999年第9期。

② 凌文超:《走马楼吴简隐核新占民簿整理与研究——兼论孙吴户籍的基本体例》,载北京大学中国古代史研究中心编:《田余庆先生九十华诞颂寿论文集》,北京:中华书局,2014年,第186页。

邮书掾茑佩①言临湘 侯☐"(壹·8611)似提示,茑佩在嘉禾年间亦曾任中部督邮书掾。上述五枚竹简墨迹漫漶,导致我们无法完整确认同一时间的五部督邮书掾姓名,但孙吴嘉禾年间长沙郡并置五部督邮,却是不争的事实。

简牍资料提示,从东汉到三国孙吴,长沙郡由三部督邮扩展为五部督邮制。学界业已指出,督邮的早期职掌为督摄郡内各县邮置网络及文书往来,后则以督察属县人事行政为要务②;孙吴增置五部督邮,当是由于属县督察工作量的增加;也即意味着,与东汉早中期相比,汉末吴初长沙郡所辖县级政区数量,或当有所滋殖。

《续汉书·郡国志》载长沙郡十三城,"临湘、攸、茶陵、安城、酃、湘南侯国、连道、昭陵、益阳、下隽、罗、醴陵、容陵"③,论者以为代表东汉顺帝永和五年(140年)的政区④;五一广场简有纪年者早至和帝永元二年(90年),晚至安帝永初五年(112年)⑤,与此相去不远;已刊五一简中屡见昭陵、安成、益阳、醴陵、连道、罗等《续汉志》所载县名⑥,统合观之,基本可认定,东汉前期长沙郡因十三县分置中、东、西三部督邮。

比较复杂的是孙吴初期长沙郡辖县的情况。众所周知,长沙郡所属荆州自东汉后期以来即割据势力必争之地,汉末吴初,长沙郡先后由孙坚(中平四年至初平元年,187—190年)、刘表(初平元年至建安十三年,190—208年)、刘备(建安十三年至二十年,208—215年)和孙权(建安二十年至嘉禾六年,215—237年)统治。⑦ 多变的政治、军事形势对本区行政建置影响较大,尤其是建安十三年(208年)赤壁之战后,刘备、孙权为在荆州争疆夺土,多于本区新置或改置郡、县;如建安十五年(210年),孙权因共拒曹之约,以江陵(即南郡)借刘备;同时

---

① 原释"焉偑",据图版改。《说文·艸部》"茑,寄生艸也",茑为一种寄生于桑上的植物,叶似当卢,子如覆盆子;在此用作姓。

② 严耕望:《中国地方行政制度史·秦汉地方行政制度》,《"中央研究院"历史语言研究所专刊》之45B。此据"严耕望史学著作集"系列,上海:上海古籍出版社,第141-142页。

③ 《后汉书》志二二,北京:中华书局,1965年,第3485页。

④ 谭其骧主编:《中国历史地图集》第二册《秦·西汉·东汉时期》之《东汉时期图组编例》,北京:中国地图出版社,1982年。

⑤ 长沙市文物考古研究所:《湖南长沙五一广场东汉简牍发掘简报》,《文物》2013年第6期。

⑥ 参《长沙五一广场东汉简牍选释》附《地名索引》,上海:中西书局,2015年,第262页。

⑦ 参照王素:《汉末吴初长沙郡纪年》,载北京吴简研究班:《吴简研究》第1辑,武汉:崇文书局,2004年,第40页。

分南郡之州陵,长沙之汉昌、刘阳、下隽三县,置汉昌郡,以鲁肃为太守,屯陆口[①],加强区域控制。建安二十四年(219年)踞有整个荆州后,孙吴更着力经营;据陈健梅统计,自黄武元年(222年)至天纪四年(280年)不到60年时间,孙吴政权新置27郡、140县,包括在荆州新置30县[②];长沙郡就有不少新置县,如蒲圻[③]、湘西[④]、刘阳[⑤]、吴昌(吴于建安末废汉昌郡,改汉昌县名吴昌,属长沙郡)[⑥]、建宁(详见下文辨析)等。

走马楼吴简有纪年者早至东汉灵帝中平二年(185年),大部分为孙权嘉禾年间资料,可视为孙吴初期[⑦];当此之时,建安中所置汉昌郡废,原由长沙郡析出的刘阳、下隽、汉昌三县归还;而如上述,汉末以来长沙郡不断增置新县,尚未有新的分郡之举。[⑧]结合孙吴统治时期的荆州政区调整来看,吴初的长沙郡疆域较为广阔,辖县数量也达到了一个高点。此时长沙辖县详情究竟如何呢?由于《三国志》不载《表》《志》,清季、民国以来,学者致力于三国疆域、郡县的考证,对吴初长沙郡辖县的数量与名称,众说纷纭,难有定论,本文仅列举代表性观点,详见表1。[⑨]作为长沙郡临湘侯国官方档案的走马楼吴简,实际上提供了考察吴初

---

① 《三国志》卷四七《吴书·吴主传》建安十五年条:"分长沙为汉昌郡,以鲁肃为太守,屯陆口。"北京:中华书局,1982年,第1118页。

② 参读陈健梅:《孙吴政区地理研究》,长沙:岳麓书社,2008年,第2-11页。

③ 《太平寰宇记》卷一一二《江南西道·鄂州》"蒲圻县":"吴黄武二年于沙羡县置蒲圻县,在竞江口,属长沙郡,因湖以称,故曰蒲圻。"王文楚等点校,北京:中华书局,2007年,第2284页。

④ 吴时分长沙湘南县置湘西县,见《宋书》卷三七《州郡三》"衡阳内史":"湘西令,吴立。"北京:中华书局,1974年,第1130页。

⑤ [宋]欧阳忞:《舆地广记》卷二六荆湖南路潭州浏阳县条:"本汉临湘县地,吴置浏阳县,属长沙郡,晋、宋因之。"李勇先、王小红校注,成都:四川大学出版社,2003年,第748页;据《三国志》卷五四《吴书·周瑜传》,"权拜瑜偏将军,领南郡太守。以下隽、汉昌、刘阳、州陵为奉邑,屯据江陵",建安中刘阳县或已置,北京:中华书局,1982年,第1264页。

⑥ 参庄小霞:《走马楼吴简所见"汉昌""吴昌"考》,载中国文化遗产研究院编:《出土文献研究》第十五辑,上海:中西书局,2016年,第437-442页。

⑦ 王素:《长沙走马楼三国吴简研究的回顾与展望》,载北京吴简研究班:《吴简研究》第1辑,武汉:崇文书局,2004年,第14-15页;罗新:《走马楼吴简中的建安纪年简问题》,《文物》2002年第10期。

⑧ 《三国志·吴书·三嗣主传》载孙亮太平二年(257年),分长沙郡东部都尉地为湘东郡,以西部都尉地为衡阳郡;而孙皓宝鼎二年(267年),分豫章、庐江、长沙为安成郡,其中长沙之安成、萍乡等县析出。北京:中华书局,1982年,第1153、1167页。

⑨ 参[清]吴增仅、[清]杨守敬:《三国郡县表附考证》,载二十五史刊行委员会编:《二十五史补编》,上海:开明书店排印本,1936年,第131页;王素:《汉末吴初长沙郡纪年》,载北京吴简研究班:《吴简研究》第1辑,武汉:崇文书局,2004年,第78-79页;胡阿祥、孔祥军、徐成:《中国行政区划通史·三国两晋南北朝卷》,上海:复旦大学出版社,2014年,第530-535页。

长沙辖县的第一手资料；整理者在已出版各卷后附《地名索引》，摘录除临湘外的其他县名，兹对吴简《竹简》九卷和已刊竹木牍①中的县名予以统计，排除可确知不属长沙郡的县名②，依出现频次，将有关县名列为表2。

表 1　对孙吴初年长沙郡辖县的考证

研究者	立足时间	辖 县 名 称	说　　明
吴增仅	孙吴前期	临湘、攸、下隽、醴陵、刘阳、吴昌、罗、建宁、蒲圻、巴陵、湘南、连道、益阳、临烝、湘西、衡阳、新阳、鄘、茶陵19县	—
王素	嘉禾六年（237年）	临湘、攸、下隽、醴陵、刘阳、吴昌、罗、建宁、蒲圻、巴陵、湘南、连道、益阳、临烝、湘西、衡阳、新阳、鄘、茶陵、安成20县	—
胡阿祥、孔祥军、徐成	黄武二年（223年）之后	临湘、攸、下隽、醴陵、罗、吴昌、刘阳、建宁、安成、鄘、茶陵、湘南、益阳、新阳、湘西、连道、蒲圻17县	蒲圻县黄武二年置，废时不详，应计入
徐畅（本文）	嘉禾中	临湘、醴陵、吴昌、攸、刘阳、下隽、永新、建宁、罗、湘西、连道、安成、广兴、益阳、茶陵、湘南、新阳、鄘、蒲圻（？）、临烝（？）18～20县	蒲圻、临烝不见吴简，待考

表 2　吴简所见与长沙地方有关的县级单位名称一览

县　　名	出现频次	县　　名	出现频次
醴陵	102	连道	22
吴昌（汉昌）	86	安成	22
攸	59	广兴	10
刘阳	56	益阳	7
下隽	50	茶陵	7
永新	41	湘南	2
建宁	39	新阳	2
罗	36	鄘	1
湘西	24		

说明：本表不含对临湘侯国的统计。

---

① 资料参拙文《走马楼吴简竹木牍的刊布及相关研究述评》，载武汉大学中国三至九世纪研究所编：《魏晋南北朝隋唐史资料》第31辑，上海：上海古籍出版社，2015年，第25-74页。

② 如监利，属南郡；曲江，属桂阳郡；西陵，属宜都郡；始安，属始安郡等。

列表中这些县是否尽属长沙郡呢？由于郡县连称的简例（如"长沙刘阳"[①]）有限，需稍事推测。

首先，出现在《续汉志》记载的长沙郡东汉属县名单中，同时又出现在吴简中的县，无疑当为吴初长沙属县，包括临湘、醴陵、攸、下隽、罗、连道、安成、益阳、茶陵、湘南、鄙 11 县；其次，传世文献明确记载的汉末、吴所置县，属长沙郡，而又出现在吴简中的，吴初亦当属长沙，包括吴昌、刘阳、湘西 3 县。除此外，本表中尚有建宁、永新、广兴、新阳 4 县需特别说明。

建宁、新阳二县亦为孙吴置，《宋书·州郡志》记"建宁子相，吴立"，"新康男相，吴曰新阳，晋武帝太康元年更名"[②]，《记纂渊海》卷一三荆湖南路长沙县沿革条"宁乡，本汉益阳县地，吴分置新阳县，属衡阳郡，晋改为新康"[③]，只是建宁属郡未知，而新阳记属衡阳郡；吴简中多见二县师佐，而师佐系由长沙郡府兵曹据名籍于辖县（尤其是中部属县）调发[④]，足证建宁、新阳二县吴初应属长沙郡，论者以新阳县或于孙亮太平二年（257 年）移属衡阳。[⑤] 永新县，唐宋地志皆以为本汉庐陵县地，孙吴宝鼎二年（267 年）以地立永新县，属安成郡[⑥]；而论者据建安二十年（215 年）吕岱督孙茂等十将从取长沙三郡，"安成、攸、永新、茶陵四县吏共入阴山城，合众拒岱"的记载[⑦]，指出此县东汉已置[⑧]，仅未明确其属郡；吴简中多见永新县师佐，则此县吴初应属长沙郡。广兴县，晋、宋正史记属安成郡，晋太康

---

① 与长沙连称的县必为其所属。如嘉禾二年右郎中窦通举私学长沙刘阳谢达木牍（拍照号 372），释文参《走马楼吴简竹木牍的刊布及相关研究述评》，《魏晋南北朝隋唐史资料》第 31 辑，上海：上海古籍出版社，2015 年，第 30 页。

② 《宋书》卷三七《州郡三》，北京：中华书局，1974 年，第 1129、1130 页。

③ ［宋］潘自牧撰：《记纂渊海》，影印文渊阁四库全书本（一百卷本），台北：商务印书馆，1986 年，第 236 册，第 58 页。

④ 参读凌文超：《走马楼吴简两套作部工师簿比对复原整理与研究》，收入氏著《走马楼吴简采集簿书整理与研究》，桂林：广西师范大学出版社，2015 年，第 196-282 页。

⑤ 胡阿祥、孔祥军、徐成：《中国行政区划通史·三国两晋南北朝卷》，上海：复旦大学出版社，2014 年，第 533 页。

⑥ 参《元和郡县图志》卷二八江南道吉州永新县条，贺次君点校，北京：中华书局，1983 年，第 674 页；《太平寰宇记》卷一〇九江南西道吉州永新县条，第 2216 页。

⑦ 《三国志》卷六〇《吴书·吕岱传》，北京：中华书局，1982 年，第 1384 页。

⑧ 王素以为系刘备置，参所撰《汉末吴初长沙郡纪年》，载北京吴简研究班：《吴简研究》第 1 辑，武汉：崇文书局，2004 年，第 69 页；凌文超以为孙坚越境征讨庐江时所置，氏著《走马楼吴简采集簿书整理与研究》，桂林：广西师范大学出版社，2015 年，第 270 页。

初(280 年)始置①;凌文超注意到南宋《舆地纪胜》称广兴县故城为吴立②,当有所本;吴简中有广兴县师佐,可证此县吴初已置,且属长沙郡。

综上所述,表 2 中 17 县,再加上临湘,吴初应皆属长沙郡。但上述 18 县或许还不是吴初长沙郡辖县之全部,吴简中未出现的县,未必不属于长沙。上文提及吴黄武二年(223 年)所置蒲圻,以及《零陵先贤传》所载赤壁之战中诸葛亮临时驻地临烝③,在嘉禾中也都有可能属长沙④。学界对吴初长沙郡辖县的考证成果可见表 1。

上述考证之目的,并非完整复原孙吴早期长沙郡辖县的数量与名称,但由列表已可知,吴初长沙郡的辖县数量,较东汉中期(13 县)确有增长。则孙吴政权在本区的经略,需付出更多的行政成本,比如任命大量的县级僚佐,处理更多的文书、狱讼等。在这种情况下,扩展监察部,增派五部督邮至属县以司监察,当是大势所趋。

至此,本文辨析了汉、吴简牍中"长沙太守(兼)中部督邮书掾"称谓的制度史内涵,回顾了东汉、三国吴初不同时段内长沙郡的督邮制度,以及分部督邮的设置情况。至于吴初长沙郡所属诸县的分部情况,除临湘外,哪些县应归入郡中部,笔者另文讨论。

图 1　五一广场东汉简 CWJ1①：111 正、背

---

① 《宋书》卷三六《州郡二》"江州"安成太守:"广兴侯相,晋太康地志有此县,何云江左立,非也。"北京:中华书局,1974 年,第 1090 页。《晋书》卷一五《地理下》荆州安成郡统县有广兴,北京:中华书局,1974 年,第 458 页。

② [宋]王象之:《舆地纪胜》卷三一"吉州",北京:中华书局,1992 年,第 1385 页。

③ 《三国志》卷三五《蜀书·诸葛亮传》裴注引,北京:中华书局,1982 年,第 916 页。

④ 王素、凌文超即持此说,参王素:《汉末吴初长沙郡纪年》,载北京吴简研究班:《吴简研究》第 1辑,武汉:崇文书局,2004 年,第 58 页;凌文超:《走马楼吴简采集簿书整理与研究》,桂林:广西师范大学出版社,2015 年,第 270 页。

图 2 吴简伍·3325　　　图 3 吴简捌·4236（红外）　　　图 4 吴简陆·4704（红外）

长沙五一广场东汉简牍文书的归属与性质问题*

周海锋

湘潭大学文学与新闻学院

"古文字与中华文明传承发展工程"协同攻关创新平台外聘副教授

摘要：关于"五一简"的归属和性质问题，学界有不同看法。我们仔细考辨其形制、内容，并结合当时典章制度，认为此批简牍均由临湘县廷保存，具体包括临湘狱、长吏官署和诸曹的文书。长沙目前出土的几批东汉简牍，均来自临湘县廷；郡府档案文书之发现尚有待来日。

关键词：长沙五一广场东汉简牍；文书归属；性质

关于五一简的归属及性质问题，发掘简报据简文内容已做出初步判断如下："就行文关系而言，它主要是长沙郡及门下诸曹、临湘县及门下诸曹的下行文书，临湘县、临湘县下属诸乡、亭的上行文书，亦有与外郡县的往来文书。"[1]若我们假定这批简牍出自同一衙署，则其为临湘县廷废弃文书的可能性最大。临湘作为郡府所在地，与长沙郡府诸衙署文书往来频繁，与辖下诸曹、诸乡之间联系也十分紧密，当然与外郡县甚至汉廷也会存在文书交流。然按照东汉官制，县吏分曹办公，诸曹各司其职又紧密合作，各曹应有专门存放文书档案的处所。故将五一简界定为东汉临湘县废弃文书，又过于宽泛。

据我们初步统计，五一简文书简牍至少来自以下衙署：临湘县左贼曹、右贼曹、户曹、辞曹、金曹、法曹、临湘狱和临湘长吏官署，其中又以左贼曹与长吏官署的文书居多。

---

* 本文系湖南省哲学社会科学基金项目"长沙五一广场东汉简牍所见地方行政研究"（项目号21YBA069）阶段性成果。

[1] 长沙市文物考古研究所：《湖南长沙五一广场东汉简牍发掘简报》，《文物》2013年第6期。

一、贼曹保存的文书

"贼曹主盗贼事",临湘贼曹有左右之分,二者如何分工合作,值得仔细探究。从五一简可知东汉中期临湘县共置八部贼捕掾,分别为左、右、东、西、南、北、中和桑乡贼捕掾。诸部贼捕掾可视为临湘贼曹的派出机构,贼捕掾与贼曹之间的文书往来极为频繁。

1. 有"诣贼曹"字样的文书

"诣"指送至,"诣左贼曹""诣左贼""诣右贼曹"见于五一简,表明文书传递终点为左右贼曹。

> 兼左部贼捕掾则言逐捕不知
> 何人烧石褒等宅假期书诣左贼八月廿七日(0324)①
>
> 黄牒七百枚诣左贼曹
> □(0325)
> 兼北部贼捕掾辰修叩头死罪白
>
> 桑乡贼捕掾珍言考实
> 诣左贼五月廿二日丞开(0500)
> 女子陈谒诣府自言竟解
>
> ……考实
> ……解□月□日开(016)
>   诣右贼曹

0324 简"八月廿七日"为二次书写②,字迹淡且潦草,为文书收发记录,此亦可证其为左部贼捕掾发往左贼曹的原件。收件方往往会记录文书拆封时间,如0500 简一样记载拆件人身份信息的并不多见。"五月廿二日丞开","丞"并非负

---

① 括号内阿拉伯数字为简牍整理号,文中所引用五一简均出自《长沙五一广场东汉简牍(壹—陆)》和《长沙五一广场东汉简牍选释》,不再一一标注页码。
② 长沙五一广场东汉简牍形制以竹简、木两行、大木牍为主,也有少量封检、函封、合檄、竹牍和木楬等,本文为行文简略,竹简、木两行和大木牍,一律称为简。

责拆封文书的佐史之名,而是县丞之省。发往左贼曹的文书由县丞亲自拆封,表明文书本身有一定特殊性,又如:

> 兼左部贼捕掾□言考实男子
> 周代盗刑锢物报醴陵解书五月廿五日丞开(0506)

0506简所载解书之所以由县丞亲自拆封,或由于解书要发往醴陵县,左贼曹无权抉择,故干脆将解书呈给县丞,与五一简常见的君教类文书类似。我们还可以大胆推测,县丞见过解书内容后,还会给出具体意见。

2. "君教类"文书

关于东汉三国时期长沙简牍所见君教类文书,学者多有讨论,成绩斐然,此不赘述。五一简保存下来的同类文书绝大多数是贼曹史、兼史和助史领衔起草的,文书顶端常有县令所画之诺,结尾处有县丞和门下掾的签名。

> 　　　　右贼史牧、兼史蒙、胜白:右部贼捕掾敬等梜(牍)言男子张
> 君教若　度与黄叔争言斗。度拔刀欲斫叔,不中,无状。适(谪)度作下津横
> 　　　　屋二月,以付将吏蒿。守丞护、掾英议如敬等言。请属属左
> 　　　　□曹……(0307)

> 　　　　左贼史迁、兼史修、助史详白:府赵卒史留事,召男子
> 　　　　张阳、刘次＝舍客任惠将诣在所。
> 君教若　教今白。丞优诣府对。掾隗议请敇庚亭长伦巫召次等,
> 　　　　将诣廷。到复白。
> 　　　　延平元年十二月一日甲辰白(0331)
> 　　　　十二月二日付证(0331背)

> 　　　　左贼史颜迁白:府檄曰:乡佐张鲔、小史石竟、少郑平殹杀费栎,
> 　　　　亡入醴陵界。竟还归临湘,不处鲔从迹所,断绝。案文书前部
> 君教若　贼捕掾蔡错、游徼石封、亭长唐旷等逐捕鲔、平、竟,迹绝
> 　　　　醴陵梜亭部劣淳丘干溲山中。前以处言如府书。丞优、掾隗
> 　　　　议请□却贼捕掾错等。白草。(0427)
> 　　　　　左贼史迁白:左尉檄言:小武陵亭比月下发贼捕掾游徼
> 　　　　遹留塞文书不追。贼捕掾周并、游徼李虎知盗贼民之大害。

君教诺　至逋不追,当收正,恐辞有解。丞优、掾隐议请召并等

　　　　问状,写移东部邮亭掾参考实。白草。

十一月十二日乙酉白(1106)

左右贼史式、胜,助史宗、阳白:以府记部市有秩丰、佐封、市奏事

君教诺　计什物如牒。丞优、案算离乡兼掾志议请遣史诗、贵

　　　　诣府平贾(价)直言府复白。白草。

延平元年八月廿五日庚子(2953)

　　五一简君教类文书大多为贼曹史官起草,提出有待解决的问题,县丞与掾给出具体处置意见,最后由县令定夺画诺。2953简可视为左右贼曹联合办公的证据。君教类文书正本被县长吏签署后,当返回文件起草衙署,故可确定其最终存放之处当与文书起草机构一致。我们推测在诸曹有签署前的副本,在县廷有签署之后的副本。五一简中有数份没有签署的君教类文书:

左贼史式、兼史顺、助史修白:逢门亭长德言:追杀

君教　人贼区抚不得,贵、盾诣曹失会,适(谪)出卒一人,愿乞适(谪)。

守丞掾议如德言。有解请壹切赏敕改后。

延平元年三月九日丙戌白(2497)

兼左贼史副奉白:督邮掾檄曰:证陈达等须以验事

巫逐召,会月廿日。案文书前遣守史赵朗、黄征逐召御、

达等。今月四日复遣守史范襄、番良重趣。今襄、良将

君教　岑寿证男子邓东、微尊诣书达、御等未到。如掾□(2210)

　　　　　……

　　2497简完整,2210简残缺左半,两份文书最大的特点是没有画诺,2497简丞掾签名处留白未填。我们推测2497简为文书副本,保存在左贼曹,故无签署记录。当然,也存在以下可能性:2497简内容书写有误或事态有变导致文书没有呈送到县长吏面前。其他可能性得以排除,有赖于以下简文:

兼逢门亭长德叩头死罪白:别行盾当会月廿九日,旦贵诣曹,德

所部师溏丘男子区抚、□丘娄德诣发所,以故不贵诣曹。不(正面)

知德有解,适(谪)出卒一人作官寺。愿蒙列理乞适(谪)。恩唯

明廷。德愚戆惶恐叩头死罪死罪。

三月九日丙戌白(背面2496)

2496简乃兼逢门亭长德上呈的文书,"明廷"二字似乎表明文书宜直接传送给县廷。然我们认为亭长或无权限将文书直接呈送到县长吏之前,而需通过诸曹转呈。亭长德的文书是三月九日草就,当天送达,左贼曹接到之后立即向县长吏请求具体的处理方案。逢门亭长德上呈的文书与左贼史拟定的文书在上呈前均录有副本进行存档,并被编连在一起,故2496、2497出土号相连,内容相关,并非偶然。两份文书原本被系连在一块,被扔进古井后由于编绳腐朽而散开,然空间仍相当靠近。

二、金曹保存的文书

《续汉书·百官志》有"金曹主货币、盐铁事",与钱财盐铁相关的事宜由金曹办理。五一简中偶有提及金曹的简文均与罚金缴纳相关。

留再宿,干乱吏治,罚金四两,两直钱六百廿五,石并五千,得二千五百,属金曹收责,簿入十二月时。(365)

赎死金各二斤八两,如府记,丞优、掾均议请属金曹收责讯、信、就、宝等金钱,簿以九月时。(983)

男子逢尉靡谷作酒,以律罚金二两,并直钱千二百五十,簿入一月时。如迁等解平。丞优、行驿掾隗议请属金曹收责尉金钱。(1276)

从以上简文可知,罚金、赎罪金由金曹收取,并及时制作簿籍。五一简中还见到一批簿籍文书,与债务有关,均书写在单枚竹简上,很可能也出自金曹,相关简文如下:

零陵湘乡南阳乡新亭里男子伍次年卅一长七尺黑色持橘船一樓绢三束矛一只☑(709)

☑贷主汝南吴房都乡□里男子王奉年卅三长七尺赤色持裸一□☑(712)

☑同里男子张得年卅六长七尺黑……☑(713)

同里男子陈孟年卅长□☑(714)

⊘□里男子师文年卅五长七尺黑色持絮三百斤矛⊘(715)

同里男子师陵年廿长七尺白色持絮一百斤刀矛⊘(716)

同里男子彭宗年廿五长七尺□⊘(717)

贷主颍川昆阳都乡仓里男子陈次年廿五长七尺白色⊘(740)

男子召熊年卅长七尺黑色持缯一簏刀矛各一字仲平(750)

贷主颍川舞阳都乡□⊘(761)

⊘□簏刀各一字长仲(762)

⊘同里男子范第年廿四长七尺白色⊘(787)

⊘矛各一字叔明(791)

⊘□四长七尺黑色持缯一束矛一只字伯度(798)

贷主零陵湘乡宜贵里男子陈迫年廿四长七尺黑色持□□⊘(838)

武陵临沅都乡□西里男子何尝年卅长七尺黑色持□⊘(839)

⊘矛一只字伯陵(842)

⊘簏刀各一字次仲(843)

712、740、761、838均在简首标明"贷主"二字,可借此判定此类簿籍性质。簿籍记载借贷者姓名、籍贯、肤色、年龄、身高以及随身携带物什,携带之物各有不同,但均包括刀矛一类的兵器,贷主年龄在二十岁至三十五岁之间,故其身份很可能为戍卒。戍卒向服役地所在官府借贷,里耶秦简和西北简亦常见之。

《长沙五一广场东汉简牍选释》刊布的一枚木牍,记录借贷者和放贷者的姓名以及贷款数额,应该也是临湘金曹保存的文书。

⊘张建受佐陈间五千,啬夫□千

□□谢副受佐陈间万。

代者区式受佐陈间万。(正面)

代者王纲受先万一千佐陈间所。

代者李堪受佐陈间五千,周啬夫五千。

□□张成受佐陈间五千,周啬夫五千。

⊘□二千,受周啬夫万。(背面《选释》八七)

代者,《选释》认为是"代替的人,或指代役"。代可通贷,《太玄·玄文》"新故更代",许翰注"章作贷",《尔雅·释诂下》"鸿,代也",郝懿行《尔雅义疏》指出代与贷、貣同。五一简也有代用作贷的例子,"石,县民,债代廷门卒□钱二千"(333＋334),"都解止通舍数日,债代南山乡正,随佐区旰在乡"(《选释》63)。

三、户曹保存的文书

《续汉书·百官志》:"户曹主民户、祠祀、农桑。"户籍档案、岁时祭祀和劝课农桑由户曹负责,户籍登记还涉及貌阅、算赋、残疾人和免役者鉴定等具体事宜,户曹官吏与民众的关联也十分密切。五一简中存有两份书于木牍上的户籍类文书:

> 永元七年广成乡(正面)
> 　　凡口四百五十,事算百七十九
> 户百□□□三百六十三
> 　　□□□百五十二(背面2181)

> 凡口一事
> 胡刚长成里户人公乘刚年十六算一中訾二百五十(2173)
> 　　　　　　　　　　　算一事

2181所载为临湘县广成乡永元七年(95年)户口总数以及事算等情况,当为户曹贮藏的档案。2173简形制颇为特别,长53厘米,宽2.5厘米,可谓细而长,或是因为需要登记的信息项较多,又要求集中于一简之上,故只能选择长简。里耶秦代古城址出土户籍类简尺寸亦远过一般行政文书。"中"为二次以朱笔写成,可能是核对信息无误后留下的记录。据此可知东汉编户齐民服徭缴纳赋税的情况。胡刚年方十六,已为户主,且爵位为民爵顶点公乘,其爵当承袭而来。爵位在不更以上者不需服徭役,但需要缴纳口赋、算赋和资产税。"凡口一事",指需要缴纳口赋者一人;"算一事",指需要缴纳算赋者一人。《汉书·贾山传》载贾山《至言》称赞汉文帝:"礼高年,九十者一子不事,八十者二算不事。"颜师古注曰:"一子不事,蠲其赋役。二算不事,免二口之算赋也。""訾二百五十","訾"指资产,每年缴纳资产税二百五十钱。

东汉之赋税制度大抵沿袭西汉。《后汉书·安帝纪》:"其被灾甚者,勿收口赋。"《汉书·昭帝纪》:"毋收四年、五年口赋。"如淳注引《汉仪》注:"民年七岁至十四出口赋钱,人二十三。二十钱以食天子,其三钱者,武帝加口钱以补车骑马也。"《汉书·高帝纪》:"八月,初为算赋。"如淳注曰:"《汉仪》注民年十五以上至五十六出赋钱,人百二十为一算,为治库兵车马。"《后汉书·后纪》有"汉法常因八月算人",《汉仪》注曰:"八月初为算赋,故曰算人。"

此外,五一简所见户曹史和书佐的执勤记录,这种档案也应留存在本曹之内。

> 永初五年三月庚辰朔四日癸未直符左户曹史谢宏、书佐烝普敢言
> 之:直月三日,循行 寺, 尽其日夜,无犯法当应举劾者。以符书属户曹
> 史陈就、书佐文武。敢言之。(正面)
> 直符左户曹史谢宏、书佐烝普符书。☒(背面《选释》72)
> 永初五年七月丁未朔十八日甲子,直符史奉、书佐谭敢言之:直月
> 十七日,循行寺内、狱司空、仓、库,后尽其日夜,无诣告当举劾者。以符
> 书属户曹史陈躬、书佐李宪,敢言之。(正面)
> 直符户曹史宋奉、书佐烝谭符书。直月十七日(背面《选释》97)

直符史,执勤的史官。《后汉书·王尊传》:"一郡之钱尽入辅家,然适足以葬矣。今将辅送狱,直符史诣合下,从太守受其事。"颜师古曰:"直符史,若今之当直佐史也。"《后汉书·张禹传》:"禹闻知,令直符责问,闿具以实对。"

就目前刊布材料来看,同批材料尚有来自辞曹者,如《选释》四五、四六为君教类文书,均由辞曹史起草报告。2182简"上泾驿佐霸言七月旦出粟给食驿马二匹簿书",当属法曹文书。

四、临湘狱保存的文书

据尹湾汉简《东海郡吏员簿》可知,西汉后期东海郡各县都设有监狱,而郡府未置监狱。郯县为东海郡郡治所在,有学者发现该县狱史数量较其他县为多,且设有二百石狱丞一名,并推测郡府不设监狱,狱丞为郯县官吏,非郡吏。[①] 临湘亦为长沙郡郡治所在,东汉中期的监狱制度与西汉晚期相比,是否有所变化呢?我们先来看一封送往临湘狱的文书:

---

① 廖伯源:《简牍与制度》,桂林:广西师范大学出版社,2005年,第64-65页。

兼左部劝农贼捕掾秦冯名印

正月日邮人以来史白开（1719背）

永元十五年正月丁酉朔十九日乙卯，兼左部劝农贼捕掾冯、游徼苍、御门亭长元叩头死罪敢言之：廷书曰：言考男子罗捽以矛刺陈绥，凡创九所，绥以捽辜物故。捽持矛亡，之南乡前竹中弃（1719）矛，例亭长宋皋捕得，推求捽矛不得，为不知何人所盗，捽刃贼杀人，捕得，何人盗臧（赃）到百，亡，元已劾，逐捕有书，书到，趣推起逐捕何人，必发主名，捕得处言。冯、苍、元叩头死罪死罪（0520）奉得书辄寻择推求何人，未能得，期日迫尽，不能趋会，愿复假期，尽力辟切，阴微起居逐捕何人，必发立主名，捕得考实正处复言，冯、苍、元职事惶恐叩头死罪死（0881＋1927）罪敢言之。（0925）

兼左部劝农贼捕掾冯言逐捕不知何

人所盗罗捽矛者未能得解书

三月廿四日开诣狱（0924）

0924"三月廿四日开诣狱"数字为二次书写，记录文书拆封日期和收件方。"三月廿四日开"之"三月"当改释为"正月"。文书在正月十九日就写定，不可能迟至三月廿四日才被收件方拆封。"三""正"形近，且书字处有磨损，笔画有残缺，故容易被误认。"诣狱"之"狱"当指临湘狱。宋杰先生指出："汉代的'狱'除了是监禁人犯的牢房，还兼有法庭，附设有审讯判决职能。"[1]男子罗捽以矛刺陈绥致其身亡，罗捽已被逮捕，凶杀案发生在临湘县南乡御门亭部，罗捽应该就关押在案发地所在的临湘狱；然犯法所用的凶器矛却没有找到，似已经被人盗走，重要物证缺失或会影响案件之判决，故务必寻得。但是有关吏卒未能在规定的时间内找到矛，故要向临湘狱报告，请求宽延些时日。

五一简中另有数份文书写明了要移送到临湘狱：

●案：都乡滏阳里大男马胡、南乡不处里区冯，皆坐。冯，生不占书。胡，西市亭长。今年六月……胡、冯及泛所从□☑

汝曹护我胡、冯、亥、建，可即俱之老舍门。泛令亥、建、冯入老舍，得一男子，将□□以将老出门。泛以……持矛刺老，□□□☑

---

① 宋杰：《汉代监狱制度研究》，北京：中华书局，2013 年，第 188 页。

建，辠二旬内，其时立物故。泛、胡、建、冯、亥谋共贼杀人，已杀。泛本造计谋，皆行。胡……名数……冯□建格，物故。亥、□及泛等别劾

永元十六年七月戊午朔十九日丙子，曲平亭长昭劾，敢言之。临湘狱以律令从事。敢言之。（《选释》一）

案：都乡利里大男张雄、南乡匠里舒俊、逢门里朱循、东门里乐竟、中乡泉阳里熊赵皆坐。雄，贼曹掾；俊、循，史；竟，骖驾；赵，驿曹史；驿卒李崇当为屈甫

证。二年十二月廿一日，被府都部书逐召崇不得。雄、俊、循、竟、赵典主者掾史知崇当为甫要证，被书召崇，皆不以征沓为意。不承用诏书。

发觉得。

永初三年正月壬辰朔十二日壬寅，直符户曹史盛劾敢言之。谨移狱。谒以律令从事。敢言之。（2187）

案指察验。《后汉书·钟离意传》有"府下记案考之"，李贤注："案，察之。"案文书，是核实事件经过形成的笔录，乃判决狱案的重要参照。

五、临湘长吏官署所存文书

一些文书很容易判定是写给临湘长吏的还是由他们签发的，例如外县外郡或辖区诸乡亭诸曹传送到临湘的文书，由临湘令丞上呈郡府的文书。此类文书理应保存在临湘长吏官署，有正本，也有副本，数量不菲，在此仅列举部分有代表性者。

1. 郡府及门下诸曹发往临湘的文书

郡府下发临湘县的文书标志性极强，会出现"长沙大守""府"以及下行文书常见的"告""谓"等专用称谓。例如：

十一月九日乙未，长沙大守渡、行丞事益阳守长信谓临湘：写移书到，实核正处如前会日南郡府书律令。掾珍、守属髡（竞）、书佐条十一月十日发（576）

府告兼贼曹史汤、临湘：临湘言攸右尉谢棚与贼捕掾黄忠等别问

傲赵明宅

　者完城旦徒孙诗,住立,诗畏痛自诬……明正处言,皆会月十五日。

毋佝(拘)毄(系)无罪、毆击人。

　有府君教。

　五月九日开。(凹面)

　永元十五年五月七日昼漏尽起府。(凸面)(《选释》117)

长沙大守丞印

临湘以邮行□

元兴元年九月七日昼漏尽起(455 封检)

576 简所在文书是郡府发往临湘的,能代表临湘县接收此文书的只能是临湘令。察木两行之形制,有两道极为明显的编痕,576 简应与记录长沙郡府具体处理建议的简编连在一起,我们暂时未能寻获。这道文书由门下掾、守属和书佐一起起草,文书在第二天就被临湘县廷拆封,据此可见郡府与县廷距离甚近。只是发掘出来的几批东汉简牍文书,均出自临湘县廷,郡府具体位置不得而知。

府掾与临湘县廷之间的文书往来也极为频繁:

　闰月十五日庚辰,长沙大守中部劝农督邮书掾邵、待事史佑督察有案问,写移

　临湘,书到实核正处言府,关副在所,会麦秋后五日,如律令。闰月十六日开(666＋674)

据朔闰表可知以上文书写于永元十五年(103 年),"长沙大守中部劝农督邮书掾邵"不宜理解为长沙太守兼中部劝农督邮书掾之职,长沙大守是限定中部劝农督邮书掾的,表示中部劝农督邮书掾邵是长沙大守管辖之下的邮书掾,而非其他郡。此种表达方式在东牌楼汉简中也出现过。又五一简"六月十七日辛亥临湘令守丞宫叩头死罪敢言之"(682),临湘令同样是限定守丞的,以免产生歧义。

2. 长吏执勤记录

五一简中有一批木牍,其中半截留白,一半记录县长吏追贼之情形。

君追杀人贼黄□长赖亭部(335)

君追贼磨亭部(351)

君追贼逢门亭部☑(1776)

君追劫人贼广乐亭部(1846)

□令丹追杀人贼麇亭部(492)

君指临湘令,为表尊敬,县吏在需要记录县令之名时常用君来代替,又如五一简常见的君教类文书。需要补充的是,此类文书只记载县令出署衙追贼的情况,也可能是贼曹存的记录。这种档案文书,长吏官署和贼曹当各存一份。

3. 外县官吏发往临湘的文书

五一简存有长沙郡其他县以及外郡县寄送到临湘的文书:

昭陵待事掾逢延叩头死罪白:即日得府决曹侯掾、

西部案狱涂掾、田卒史书,当考问缣会、刘季兴、周豪、

许伯山等。谨白。见府掾、卒史书,期日已尽,愿得吏与并(正面)

力考问伯山等。唯

明廷财延。愚戆惶恐叩头死罪死罪。

七月八日壬申白(背面291)

七月一日庚子,连道长均、守丞叩头移

临湘写移书,御唯令史白长吏,部其乡吏明削除(0384)

正月十四日戊辰,攸长豹、丞种叩头移

临湘写移书,御令史白长吏,详自推处逐捕除等如诏书。(407)

☑封安陆长印诣如署

临湘属长沙郡以邮行□

永初五年七月廿三日己巳起（67 封检）

九月四日己丑，邵长丞融叩头移

临湘 调 移令遣佳兄叔、山及少贲致书迎取柱丧钱物书。（《选释》100）

昭陵、连道、攸县均属长沙郡，安陆县属江夏郡，据《续汉书·郡国志》，邵为侯国，在南郡，汉代诸侯国设有长丞。外县移书临湘时，或在文书中称明廷，或将临湘二字另起一行，均是表达尊敬之意。

4. 临湘长吏发往郡府的文书

临湘长吏发往郡府的上行文书，可以判定均为存档定本之副本或草稿，试看一下两件文书：

六月十七日辛亥，临湘令守丞宫叩头死罪敢言之：中部督邮
掾贲掾治所谨写言。宫惶恐叩头叩头死罪死罪敢言之。兼掾陈
晖、兼令史陈昭、王贤（正面）
临湘丞印
待吏白开（背面 682）
六月日邮人以来

永初三年正月壬辰朔日临湘令丹、守丞皓敢言之：谨移耐罪
大男张雄、舒俊、朱循、乐竟、熊赵辞状一编。敢言之。（正面）
掾祝商、狱助史黄护（背面 437）

437 简所载文书的草稿性质极为明显，连文书写定日期都没有填写。682 则为文书副本，正本应已发往郡府。

此外，临湘长吏官署还保留了很多辖下乡亭和诸曹的文书以及私人书信，限于篇幅，此不赘述。

总之，长沙五一广场东汉简所见文书均来自临湘县廷，具体包括临湘狱、长吏官署和诸曹的文书。这些机构设置在一个有限的区域之内且互相毗邻，文书到期后被集中统一烧毁，未及燃尽者被扔到废井之中。长沙郡府档案文书之发现尚有待来日。

东汉中期地方行政召会形式试论
——以长沙五一广场东汉简牍为中心

马 力

浙江师范大学

一、问题所在

汉简文书的"期会"即行政召会,是汉代地方行政机关处理政务的一种手段。它一般由郡府或县廷等地方行政机关发起,所下达的文书写有"会×月×日"的约会时间。以往有研究认为郡县吏员依照期会文书的要求,亲自赴会听取或汇报行政事务。[①] 这也就默认了汉代地方行政召会采取现场会议的形式。近些年来,一些学者基于走马楼吴简和长沙五一广场东汉简牍的"君教"文书,指出它们是东汉至三国临湘县廷集体会议的产物[②],展现了县廷借助集体会议处理政务的过程[③],也有学者基于"君教"文书各部分分别由不同的吏书写完成,提出"基本不存在'集体会议'"的见解[④]。这些观点表明有关东汉地方行政召会的形式问题仍有继续探讨的空间。为此,笔者不揣冒昧,抛砖引玉,以求教方家学者批评指正。

---

① 有关居延汉简所见行政召会的文书形式及其过程,参见李均明:《居延汉简所见行政召会》,载《简牍法制论稿》,桂林:广西师范大学出版社,2011年,第130-139页。

② 参见李均明:《东汉简牍所见合议批件》,载杨振红、邬文玲主编:《简帛研究二〇一六(春夏卷)》,桂林:广西师范大学出版社,2017年,第256-264页;唐俊锋:《东汉早中期临湘县的行政决策过程——以五一广场东汉简牍为中心》,载黎明钊等编:《东汉的法律、行政与社会:长沙五一广场东汉简牍探索》,香港:三联书店,2019年,第131-188页。

③ 参见凌文超:《走马楼吴简举私学簿整理与研究——兼论孙吴的占募》,《文史》2014年第2辑,第37-71页;徐畅:《释长沙吴简"君教"文书牍中的"掾某如曹"》,载杨振红、邬文玲主编:《简帛研究二〇一五(秋冬卷)》,桂林:广西师范大学出版社,2015年,第224-237页;徐畅:《长沙走马楼三国孙吴简牍官文书整理与研究》,北京:中国社会科学出版社,2021年,第227-243页。

④ 侯旭东:《湖南长沙走马楼三国吴简性质新探——从〈竹简肆〉涉米簿书的复原说起》,载长沙简牍博物馆编:《长沙简帛研究国际学术研讨会论文集》,上海:中西书局,2017年,第59-97页。

二、史籍所见行政召会形式

有关两汉地方行政召会的具体形式和过程,史籍文献着墨不多。幸运的是,《汉书》为我们提供了一些郡府处理政务的记载,使我们得以一窥西汉后期郡一级行政召会的大致过程。这里先举薛宣的事例。《汉书·薛宣传》:

> 始高陵令杨湛、栎阳令谢游皆贪猾不逊,持郡短长,前二千石数案不能竟。及宣视事,诣府谒,宣设酒饭与相对,接待甚备。已而阴求其罪臧,具得所受取。宣察湛有改节敬宣之效,乃手自牒书,条其奸臧,封与湛曰:"吏民条言君如牒,或议以为疑于主守盗。冯翊敬重令,又念十金法重,不忍相暴章。故密以手书相晓,欲君自图进退,可复伸眉于后。即无其事,复封还记,得为君分明之。"①

薛宣是赏罚分明、多仁恕爱利的官吏。在他担任左冯翊时,高陵令杨湛犯有"贪猾不逊,持郡短长"的罪行,薛宣暗地求得杨湛的罪赃后,发现对方有悔改之意,便亲自下牒书劝谕其辞职以免除追究。牒书的"吏民条言君如牒"是指本文书逐条收录了吏民告发杨湛的罪状;"或议以为疑于主守盗",依照张家山汉简《奏谳书》的文例,"或议"的主体应是左冯翊的属吏。② 也就是说,左冯翊府在接到告发以后,本府属吏以"议"的方式提出了治罪意见,但此过程是否采取召会集议的形式,却因史料阙如而处于不明状态。

另一个例子与朱博有关,他曾在汉成帝时任琅邪太守。《汉书·朱博传》:

> 姑幕县有群辈八人报仇廷中,皆不得。长吏自系书言府,贼曹掾史自白请至姑幕。事留不出。功曹诸掾即皆自白,复不出。于是府丞诣阁,博乃见丞掾曰:"以为县自有长吏,府未尝与也,丞掾谓府当与之邪?"阁下书佐入,博口占檄文曰:"府告姑幕令丞:言贼发不得,有书。檄到,令丞就职,游檄王卿力有余,如律令!"③

琅邪郡姑幕县的县廷发生了一起报仇行凶的恶性案件。案发后,本县吏员

---

① 《汉书》卷八三《薛宣朱博传》,北京:中华书局,1962年,第3387页。

② 张家山汉简《奏谳书》案例三出现了"吏议""或议"等术语,"吏议"被认为是指郡府官员提出的意见,据此,"或议"也应作如是解释,提出意见的主体是郡府官员。参见彭浩、陈伟、(日)工藤元男主编:《二年律令与奏谳书——张家山二四七号汉墓出土文献释读》,上海:上海古籍出版社,2011年,第338-341页。

③ 《汉书》卷八三《薛宣朱博传》,北京:中华书局,1962年,第3401页。

未能及时捉拿逃亡的凶手，畏罪的县长吏于是自系请罪，并向琅邪郡上报了案件。此案的文书到达琅邪郡府后，贼曹掾史、功曹诸掾先后向太守朱博上书请求下县办案，但这些请命文书皆滞留在太守处未得回复。接着，发生了郡丞和列曹掾史诣阁请见，朱博面陈不出教命介入此案的原因，以及召阁下书佐记录口授的处理意见、形成教命文书等情节。在此之前，不回复列曹掾史的请命显示了朱博不干预此案的态度，朱博后来所言"县自有长吏，府未尝与也"的理由也证明了这一点。既然在郡吏请见以前，太守对复仇案一直持回避缄默的态度，则琅邪郡府起初不必组织集会审议案件，贼曹和功曹掾史应是通过文书作业获知案情的。当然，贼曹掾史先于功曹上书朱博，是否与郡府处理文书的过程相对应，目前尚不清楚。另外，朱博会见诸吏后立即拟定处理意见，阁下书佐即时抄录口头命令的过程恰与郡县集体会议的场面相对应，这大概说明行政机关的集体会议主要针对重大、特殊事件的处理。① 总而言之，上述分析显示自西汉后期开始，郡府处理政务已然不是事事集会审议，其中的一部分事务已能够专以文书作业的形式，交由列曹掾史、郡丞等郡吏来处理，作为次一级行政机关的县也应是如此。这种地方机关处理政务的方式延续到了东汉时期，下面将利用长沙五一广场东汉简对此进行分析。

三、五一广场东汉简所见行政召会形式

长沙五一广场东汉简牍表明，东汉中期地方郡县也是专门通过文书作业处理一部分政务。有关当时长沙郡、临湘县的相关事例，可列举如下几简：

言，会月十五日……律令。兼掾……助史寿（?）②。

（《五一（贰）》563/2010CWJ1③：261-44）③

十一月九月乙未，长沙太守渡、行丞事益阳守长信谓临湘：写移。

书到，实核正

---

① 侯旭东认为"君教"简涉及的政务基本是县级政府面临的定期事务或经常性事务，大多有先例或既有制度可遵循，不必召集官吏集会讨论处理，只需要通过相关文书进行检查、监督即可。本文认为对郡府也可作如是理解。参见侯旭东：《湖南长沙走马楼三国吴简性质新探——从〈竹简肆〉涉米簿书的复原说起》，载长沙简牍博物馆：《长沙简帛研究国际学术研讨会论文集》，上海：中西书局，2017年，第86-87页。

② 整理者在"寿（?）"后释有"白"。检核图版，"寿"似为该简最后一字，其后的简面似不足以容纳"白"字，并且该简图版上也难以找到属于"白"的笔迹，疑整理者释读有误。本文暂将"白"作为衍字删去。

③ 长沙市文物考古研究所等编：《长沙五一广场东汉简牍（贰）》，上海：中西书局，2018年，第128页。以下均简称《五一（贰）》。

处,如前会日、南郡府书、律令。掾珍、守属于☐、书佐条。

十一月十日发

(《五一(贰)》576/2010CWJ1③:261-57)①

……失前会日,无妄拘无罪、殴系人☐

(《五一(贰)》588/2010CWJ1③:261-69)②

言,会月廿九日,如府书、律令。

十一月廿四日发

(《五一(贰)》591/2010CWJ1③:261-73)③

二月八日丙辰,长沙太守兼中部劝农督邮书掾育有案问,写移

临湘。书到,亟考实奸诈,明,正处言府,关副在所,会月十五日,毋
妄拘系

(《五一(贰)》600/2010CWJ1③:261-85)④

推辟而断绝,言无何,贤章已发鄣下,执还,有所塈首。书到,亟部
周密吏

职大吏步骀辟切界中,趋必发起为故,考实,正处言府,关副在所,会

(《五一(贰)》612/2010CWJ1③:261-97)⑤

闰月十五日庚辰,长沙太守中部劝农督邮书掾邔、待事史佑督察有
案问,写移

临湘。书到,实核,正处言府,关副在所,会麦秋后五日,如律令。
闰月十六日开。

(《五一(贰)》666+674/2010CWJ1③:263-16+263-24)⑥

……吏召☐诣在所,会九月十三日……辈遣前后

(《五一(贰)》733/2010CWJ1③:263-83)⑦

☐☐处言,会月廿日,毋拘系无☐

(《五一(贰)》785/2010CWJ1③:263-135)⑧

---

① 长沙市文物考古研究所等编:《长沙五一广场东汉简牍(贰)》,上海:中西书局,2018年,第130页。
② 长沙市文物考古研究所等编:《长沙五一广场东汉简牍(贰)》,上海:中西书局,2018年,第132页。
③ 长沙市文物考古研究所等编:《长沙五一广场东汉简牍(贰)》,上海:中西书局,2018年,第133页。
④ 长沙市文物考古研究所等编:《长沙五一广场东汉简牍(贰)》,上海:中西书局,2018年,第134页。
⑤ 长沙市文物考古研究所等编:《长沙五一广场东汉简牍(贰)》,上海:中西书局,2018年,第137页。
⑥ 长沙市文物考古研究所等编:《长沙五一广场东汉简牍(贰)》,上海:中西书局,2018年,第146页。
⑦ 长沙市文物考古研究所等编:《长沙五一广场东汉简牍(贰)》,上海:中西书局,2018年,第158页。
⑧ 长沙市文物考古研究所等编:《长沙五一广场东汉简牍(贰)》,上海:中西书局,2018年,第167页。

奉得书,辄寻择推求何人,未能得。期日迫尽,不能趋会,愿假期,尽力辟切,阴微起居,逐捕

何人,必发立主名,捕得考实,正处复言。冯、苍、元职事惶恐,叩头,死罪死

《五一(叁)》881＋927/2010CWJ1③：264-35＋264-81)①

欲杀间□□物,所犯无状。书到,考实奸诈,明②分别,正处言,会二月卅

《五一(叁)》956/2010CWJ1③：264-110)③

亟考实,明证检验,正处言,会月八日,如府记、律令。　掾就□▨

《五一(叁)》1052/2010CWJ1③：264-206)④

府告临湘：前却诡课守尉左儁梵趣逐捕杀乡佐周原、男子吴主、主子男

□贼王傅、丞于、丞尊不得,遣梵诣府对。案：傅、于、尊共犯桀黠,尤无状。梵典负被书,受诡逐捕,

讫不悉捕得,咎在不以盗贼责负为忧。当对如会,以傅已得,恐力未尽,冀能自效,且复假期。记

到,趣诡课梵逐捕于、尊,复不得,遣梵诣府对,会七月廿日,勉思方谋,有以自效。有

府君教。

　　　　　长沙太守丞印。　　　　　　延平元年五月十九日起府。

《五一(叁)》1142＋1241/2010CWJ1③：264-296＋264-395)⑤

上述 13 例简牍都包含"会日""会月×日"和"会×月×日"等规定行政召会期限之辞,其中简 576、简 600、简 666＋674 和简 1142＋1241 的发文方长沙太守府亦是召会发起机关。另外,简 576 的正文以"如前会日、南郡府书、律令"结束,"如(南郡)府书"的格式又见于"君教"木牍的简 427,左贼史颜迁白事文书摘抄

---

①　长沙市文物考古研究所等编:《长沙五一广场东汉简牍(叁)》,上海:中西书局,2019 年,第 85 页。以下均简称《五一(叁)》。

②　整理者释为"丹",有误,当改释为"明"。

③　长沙市文物考古研究所等编:《长沙五一广场东汉简牍(叁)》,上海:中西书局,2019 年,第 99 页。

④　长沙市文物考古研究所等编:《长沙五一广场东汉简牍(叁)》,上海:中西书局,2019 年,第 117 页。

⑤　长沙市文物考古研究所等编:《长沙五一广场东汉简牍(叁)》,上海:中西书局,2019 年,第 137 页。

的"府檄"以"如府书"结束①，而"如律令"见于前揭简 666＋674，由此，可以确定行文格式几乎相同的简 563、简 591 发文方是长沙太守府。同时，简 1052 的正文以"如府记、律令"结尾，对照简 984 的"君教"木牍，左贼史式旻的白事文书，所摘录"府记"内容以"如府记"结束②，可知简 1052 也是由长沙太守府发文。另外，对照简 600 的"毋妄拘系"可知，简 588、简 785 的原文出自郡府文书，简 588 的"失前会日"的完整形式可能是"勿失前会日"，而简 600、简 666＋674 属于下行文书，其中的"正处言府，关副在所"又见于简 612，显示此简也属于长沙郡下达的文书。以上几枚简都包含期会时间的内容，则召会的发起机关皆为长沙太守府。最后，简 881＋927 的"职事惶恐，叩头，死罪死（罪）"常见于本县的上行文书，同一简的"期日迫尽，不能趋会"说明此前发起行政召会的指令已经下达，但召会发起机关暂时不明。同样，简 733 和简 956"会×月×日"的期会指令也出自上行文书，但发起机关无从知晓。

此外，简 881＋927 和简 1142＋1241 的"假期"也是五一广场简的常见内容。假期即延期，是在原定召会日期的基础上推迟汇报日期③，与行政召会关系密切。下面仅例举几个相关事例，释文为：

> • 兼左部贼捕掾则言，逐捕不知
>
> 何人烧石襄等宅假期书。　诣左贼。　八月廿七日。
>
> （《五一（壹）》324/2010CWJ1③：159）④
>
> 兼左部贼捕掾冯言，逐捕杀
>
> 人贼黄康未能得假期解书。十二月廿八日开。
>
> （《五一（贰）》530/2010CWJ1③：261-8）⑤
>
> 兼左部贼捕掾郭 言⑥，逐捕杀王脉亡　　　　　　　诣左贼。

---

① 关于简 427 的图版和释文，参见长沙市文物考古研究所等编：《长沙五一广场东汉简牍（贰）》，上海：中西书局，2018 年，第 92 页。

② 关于简 984 的图版和释文，参见长沙市文物考古研究所等编：《长沙五一广场东汉简牍（叁）》，上海：中西书局，2019 年，第 104 页。

③ 参见李均明：《长沙五一广场东汉简牍"假期书"考》，载李学勤主编：《出土文献》第 13 辑，上海：中西书局，2018 年，第 367-373 页。

④ 长沙市文物考古研究所等编：《长沙五一广场东汉简牍（壹）》，上海：中西书局，2018 年，第 160 页。以下均简称《五一（壹）》。

⑤ 长沙市文物考古研究所等编：《长沙五一广场东汉简牍（贰）》，上海：中西书局，2018 年，第 120 页。

⑥ 整理者释为缺字，本文据格式和文义补释。

者李钱未能得,诡唐璜金钱假期书。　　　　　六月廿九日发。

（《五一（叁）》1137＋1150/2010CWJ1③：264-291＋264-304)①

以上 3 简是假期文书的标题简,左下栏的"八月廿七日""十二月廿八日开"和"六月廿九日发"的笔迹和墨色显著区别于同简的其他简文,当是收文的临湘县廷所作的启封记录。简 324 和简 1137＋1150 的"诣左贼"笔迹与标题一致,指文书发往临湘左贼曹,当是发文方所书。可见,3 枚简所属的假期书皆以临湘县廷为收件方,其中两件直接送到县廷左贼曹启封处理。看起来,上述假期事务皆以临湘县廷作为上行终点。其实,有一些延期情况还会继续向长沙郡呈报。下面 1 枚简为此提供了线索,内容为:

临湘言,逐捕伤人者吴周未能得假期解书☒

（《五一（肆）》1482/2010CWJ1③：265-228)②

如前揭标题简所示,上行至临湘县廷的文书标题可归纳为"……言……书"的格式。同时,长沙太守府下达的文书在转引临湘县的上行文书时,会以"临湘言"作为引文的提示语。③ 据此,简 1482 属于临湘县发给长沙太守府的上行文书,内容与未能捉拿伤人案犯吴周,请求延迟结案期限有关。联系前述 3 枚标题简,太守府交给属县办理并设定期限的事务,最终由县内的基层治安吏执行,一旦需要延期,则先由他们提出假期文书,县廷收文批准以后,再以本县名义向郡府提交假期文书。值得注意的是,简 1482 并非孤例,相似的简牍还有如下几例:

临湘言,男子蔡阳、光文燔烧男☒

（《五一（贰）》559/2010CWJ1③：261-40)④

临湘言,考实男子□□□盗□□☒

（《五一（贰）》766/2010CWJ1③：263-116)⑤

　① 长沙市文物考古研究所等编：《长沙五一广场东汉简牍(叁)》,上海：中西书局,2019 年,第 135 页。

　② 长沙市文物考古研究所等编：《长沙五一广场东汉简牍(肆)》,上海：中西书局,2019 年,第 121页。以下均简称《五一（肆）》。

　③ 参见庄小霞：《长沙五一广场东汉简 CWJ1③：285 号木牍文书结构新探》,载中国社会科学院历史研究所学刊编委会编：《中国社会科学院历史研究所学刊》第 11 辑,北京：中国社会科学出版社,2019年,第 1-18 页。

　④ 长沙市文物考古研究所等编：《长沙五一广场东汉简牍(贰)》,上海：中西书局,2018 年,第 127 页。

　⑤ 长沙市文物考古研究所等编：《长沙五一广场东汉简牍(贰)》,上海：中西书局,2018 年,第 164 页。

临湘言,亭长□香、递人髡钳罪正法□☑

> 《五一(叁)》1043/2010CWJ1③：264-197)①

临湘言,考实男子□□☑

> 《五一(肆)》1205/2010CWJ1③：264-359)②

临湘言,实核效功亭长王纯、弟真与蒋隆☑

> 《五一(肆)》1430/2010CWJ1③：265-176)③

临湘言,必得杀一家人二人贼张□□□□□书。

> 《五一(肆)》1452/2010CWJ1③：265-198)④

临湘言,逐捕盗发胡叔、贼□□者吴请、党□、番常、番□及

□□□□□☑

> 《五一(肆)》1531/2010CWJ1③：265-227)⑤

临湘言,畀□苍伤□□☑

> 《五一(肆)》1615/2010CWJ1③：265-361)⑥

以上几枚以"临湘言"起首的简应是发往长沙郡文书的抄件,所涉案件皆由临湘县侦办。这些简的"临湘言"都写在简的起首位置,1452应是所属文书的标题简。不过,有些简的文句较长,完整的句子似无法被一枚简容纳(简1531),因而,上列几简除了标题以外,可能也包含文书的正文。简559涉及蔡阳、光文燔烧他人财物的案件。类似的燔烧案又见于简1286＋996：

正面：

> 永元十五年十一月壬戌朔十八日己卯,左部贼捕掾宫、游徼饶、庚亭长扶叩头死罪,

> 敢言之：谨移男子袁常失火所燔烧民家及官屋名、直钱数如牒。

前以处常

---

① 长沙市文物考古研究所等编：《长沙五一广场东汉简牍(叁)》,上海：中西书局,2019年,第115页。
② 长沙市文物考古研究所等编：《长沙五一广场东汉简牍(肆)》,上海：中西书局,2019年,第78页。
③ 长沙市文物考古研究所等编：《长沙五一广场东汉简牍(肆)》,上海：中西书局,2019年,第115页。
④ 长沙市文物考古研究所等编：《长沙五一广场东汉简牍(肆)》,上海：中西书局,2019年,第118页。
⑤ 长沙市文物考古研究所等编：《长沙五一广场东汉简牍(肆)》,上海：中华书局,2019年,第131页。
⑥ 长沙市文物考古研究所等编：《长沙五一广场东汉简牍(肆)》,上海：中华书局,2019年,第140页。

背面：

左部贼捕掾殷宫名印，

十一月　日，邮人以来。　　史　白开。

（《五一（叁）》1286＋996/2010CWJ1③：265-32＋264-150）①

这枚两行简是上行至临湘县廷的报告文书的一简，负责调查燔烧案的是左部贼捕掾宫、游徼饶和庾亭长扶。据此，简559的燔烧案也应由部贼捕掾、游徼和亭长等基层执法吏负责。另外，简1205的"考实"、简1430的"实核"和简1531的"逐捕"也屡见于临湘县的司法文书，相关工作亦是由基层吏员承担。这些临湘县起草、上报到长沙郡的假期书，当即以本县基层执法吏的假期书作为源头和先导。

无论如何，"假期"与"期会"对应，意味着行政召会的存在，发起机关兼有长沙郡府和临湘县廷。那么，这种召会必然等于现场集议吗？就简881＋927和简1142＋1241而言似是如此，前者"期日迫尽，不能趋会"指会期即将到期，但执法吏尚未完成调查，无法如期赴会；后者"当对如会"或是"当如会对"的倒装，"如会"之"如"的含义和吴简"掾某如曹"的"如"一样，训为前往②，"对"指对事、答复。两简证明办案吏员要前往参与集体会议报告政务，间接证实召会集议的存在。同样的事例还有简331：

正面：

左贼史迁、兼史修、助史详白：府赵卒史留事，召男子

张阳、刘次，次舍客任惠，将诣在所。

君教诺教今白。丞优诣府对。掾隗议：请敕庾亭长轮巫召次等，

将诣廷，到复白。

延平元年十二月一日甲辰白

---

① 长沙市文物考古研究所等编：《长沙五一广场东汉简牍（叁）》，上海：中华书局，2019年，第106页。

② 关于"掾某如曹"之"如"训为前往、前去，参见凌文超：《走马楼吴简举私学簿整理与研究——兼论孙吴的占募》，《文史》2014年第2辑，第50-61页；徐畅：《释长沙吴简"君教"文书牍中的"掾某如曹"》，载杨振红、邬文玲主编：《简帛研究二〇一五（秋冬卷）》，桂林：广西师范大学出版社，2015年，第224-237页。不过，王振华认为"如"应释为会同，参见王振华：《孙吴临湘侯国主记史研究》，北京吴简研讨班讨论稿，未刊。

背面：

十二月二日付证

（《五一（壹）》331/2010CWJ1③：165）①

这件"君教"木牍的"丞优诣府对"指临湘丞优前往长沙郡府对事，未能参加本县县廷审议政务的活动。丞优应是按照长沙郡的期会要求诣府参会对事，从其他"君教"木牍守丞与掾一道拟议的记载推测②，丞优赴府对事发生得颇为突然，以至于临湘县来不及设守丞代为行事。

另一方面，上举简 600、简 612 和简 666＋674 展现了地方行政召会的另一面。这 3 枚简在设定期会日期的同时，还包含"正处言府"和"关副在所"的指示，前者指要求收文方公正处置案件并向郡府报告，后者指向"在所"发送报告文书的副本。考虑到简 600 和简 666＋674 皆有长沙中部督邮作为文书责任人，因此，这些简的"在所"应指中部督邮巡县期间的驻地。简 124：

正面：

长沙太守中部督邮书掾陈苗印。

永初二年四月卅日乙丑起御门亭。

背面：

张戌

周承

邓昭已到，五月五日付

（《五一（壹）》124/2010CWJ1①：111）③

这枚简原先应是"合檄"的一部分，现有形制应是收文方有意将原简截断所致。④ 根据正面简文，发文方是中部督邮书掾陈苗，发文地点在临湘县御门亭。

---

① 长沙市文物考古研究所等编：《长沙五一广场东汉简牍（壹）》，上海：中西书局，2018 年，第 162-163 页。

② 如简 307 的"君教"木牍，"议"的领衔者为守丞护、掾英。图版和释文参见长沙市文物考古研究所等编：《长沙五一广场东汉简牍（壹）》，上海：中西书局，2018 年，第 155 页。

③ 长沙市文物考古研究所等编：《长沙五一广场东汉简牍（壹）》，上海：中西书局，2018 年，第 120 页。

④ 关于五一广场东汉简"合檄"的形制，参见何佳、黄朴华：《试探东汉"合檄"简》，载长沙市文物考古研究所等编：《长沙五一广场东汉简牍选释》，上海：中西书局，2015 年，第 314-324 页。有关这类简牍上下两端有被截取的现象，参见侯旭东：《湖南长沙五一广场东汉简 J1③：264-294》，载北京大学中国古代史研究中心主编：《田余庆先生九十华诞颂寿论文集》，北京：中华书局，2014 年，第 113-119 页。

简 304 记载涉案人"各有庐舍御门都亭部",可知御门亭或即御门都亭,御门可能是临湘县城的城门,御门亭应在附近,中部督邮苗曾以此作为临时驻地并收发公文,简文的"在所"即指此类督邮驻地。

"关副在所"指向督邮驻地发送文书副本,也就证明临湘县"正处言府"以后,督邮无法参与郡府的审议活动。假如督邮要就相关事务发表意见,只能借助文书作业的形式。再者,下级的"言府"活动也兼有本人亲自诣府和专以文书报告的区别。前者主要见于百姓"诣府自言"的场合。如:

> 桑乡贼捕掾珍言,考实
> 女子陈谒诣府自言竟解。　诣左贼。　　五月廿二日丞开。
>
> 　　　　　　　　　(《五一(贰)》500/2010CWJ③:250)①

简 500 是临湘桑乡所撰上行文书的标题简,"女子陈谒诣府自言"说明陈谒曾亲自前往长沙郡府自言提出控告。另外,简 497 记载"贼捕掾番阳、游徼高兴皆赍本末文书,诣叔敬系所"②,这些吏员携带本末文书到案犯拘押地,显然是为了现场核验调查结果的真实性,这样也就不能排除吏员持文书"言府"的存在。后者的相关事例如下:

正面:

> 言府移书南
> 郡、南阳,劫人贼王

背面:

> 叔异、陈孝偕,亡徒孟
> 建③当咸课本事。
>
> (《五一(贰)》423＋444/2010CWJ③:201-32＋2010CWJ③:205-3)④
> 　　　兼左贼史修、助史寿白:前部东部贼捕掾迁等,考杀妻
> 　　贼李育。迁等书言,育刃贼杀人,亡,已劾。男子逢
> 君教诺　尉靡谷作酒,以律罚金二两,并直钱千二百五十,簿入二(?)

---

①② 长沙市文物考古研究所等编:《长沙五一广场东汉简牍(贰)》,上海:中西书局,2018 年,第112 页。

③ 整理者释为缺字,不确,当从周海锋补释为"建"。

④ 长沙市文物考古研究所等编:《长沙五一广场东汉简牍(贰)》,上海:中西书局,2018 年,第 91、96 页。

　　月时。如迁等解平。丞优、行驿掾隗议：请属金曹收
责尉金钱，具事言府，白草。

永初元年三月十八日己丑白

(《五一(肆)》1276/2010CWJ③：265-22)①

　　☐舍建、向、得，请具事言府，关☐

(《五一(肆)》1356/2010CWJ③：265-102)②

　　上列 3 简从形制和内容看，分别属于"本事"签牌、"君教"木牍和文书册的一简。简 423＋444 系研究者缀合而成③，所属签牌在文书存档以后附于简册或竹笥之上，起到标签的作用。这枚简的"言府移书南郡、南阳"指临湘县向长沙郡府报告并请其向南郡和南阳郡移送文书，"劫人贼""亡徒"分指案犯的身份，"当咸课"疑指 3 人所犯案件皆受到临湘县考课，"本事"指反映案件基本事实的文书汇编。④ 简 1276 的"君教"木牍处理的是东部贼捕掾迁等吏考问杀妻贼李育一案，其中的"具事言府"也见于简 1356。关于这一文句的含义，《汉书·于定国传》"乃抱其具狱，哭于府上"，师古曰："具狱者，狱案已成，其文备具也。"⑤具事的构词形式与具狱接近，"事"在此如"封事""一事一封"之"事"，指文书，故"具事"指相关文书齐备。据此，丞优、行驿掾隗的"议"可以解释成委托临湘金曹向逢尉追索罚金，并在相关文书齐备时上报郡府。由此可见，上述简牍的"言府"活动具有脱离现场会议的特征，证明东汉中期郡府组织的行政召会完全能够通过文书作业来进行。

四、"君教"木牍的笔迹与东汉县廷的召会形式

　　上文的分析主要围绕东汉的长沙太守府展开，那么，当时长沙郡下辖的临湘县，行政召会在现场会议之外，是否也可以专以文书作业来进行？有关这一问题，可以从"君教"木牍丞、掾的署名笔迹得到证明。根据五一广场简的"君

---

① 长沙市文物考古研究所等编：《长沙五一广场东汉简牍(肆)》，上海：中西书局，2019 年，第 89 页。

② 长沙市文物考古研究所等编：《长沙五一广场东汉简牍(肆)》，上海：中西书局，2019 年，第 103 页。

③ 关于简 423＋444 的缀合，参见周海锋：《〈长沙五一广场东汉简牍[贰]〉选读》，http://www.bsm. org. cn/show_article.php? id=3281，2018 年 12 月 26 日。

④ 关于"本事"的含义和性质，参见杨小亮：《"本事"签牌考索》，《齐鲁学刊》2013 年第 4 期，北京：中华书局，1962 年，第 48-50 页。

⑤ 《汉书》卷七一《隽疏于薛平彭传》，北京：中华书局，1962 年，第 3042 页。

教"木牍,行政事务的处理意见（即"君教"木牍"议"的部分）需要临湘丞、掾分别署名方能拟定成文,木牍上的丞、掾署名笔迹（见表1）可以归纳成3种类型:

（1）丞署名和掾署名是不同书手的笔迹。典型的例子是简427,这枚简丞、掾的签署笔迹明显不同于文书正文。丞签署的"优"字形拉长,笔画纤细,墨色较深,右半的"忧"往左倾斜,而掾签署的"隗"字形四方,笔画较粗,墨色较淡,右边的"鬼"向右倾斜。可见,"优""隗"是不同书手的手迹。简889、简1106和简1110署名笔迹的特征也属于这一类。

（2）丞、掾署名是同一书手的笔迹,但这一笔迹不同于文书正文。例如,简503+96丞署名"优"字形瘦长,掾署名"重"虽然残损严重,但残余墨迹显示此字也呈现瘦长的特征,并且最底下一横的墨色与"优"一样都比较深。简984丞、掾署名的"优"和"均"也写得较为瘦长,在运笔、墨色方面也很接近,这种现象也出现在简307丞"护"和掾"英"的署名上。上述事例表明,木牍丞、掾的署名分别出自同一名书手,即每枚木牍的书手在各自写完文书正文以后,分别换成另一名书手签署丞、掾之名。

（3）丞署名、文书正文是同一书手的笔迹,掾署名是不同书手的笔迹。一个显著的参照是简331,这枚木牍"丞优诣府对"是文书撰写者对临湘丞已离开县署赴府对事的描述。在此情况下,丞优没有在木牍上署名,整句话由撰写文书正文的书手写成,丞署名"优"当然也是正文撰写者的笔迹。这一笔迹的丞"优"又见于简1276,并且字迹方面与文书正文的"行"十分接近,两字构型上都具备左右间隔较大的特点,当是一人所书,而同简的掾署名"隗"右半残泐,但残笔显示此字整体紧凑、笔画较粗,应出自另一名书手。简1509的丞署名"护"的"户"比"言"旁写得更长一些,正文"议"的写法也是如此,两字可能出自同一人[①],而掾署名"浩"墨色较深,"氵"旁略向下沉,"告"之"口"的运笔也不同于"护""议"两字"言"旁之"口",则"浩"应为另一书手所书。由此可见,这些木牍的丞署名是文书撰写者代笔,而掾署名为另一书手签署。

---

① 这里要补充的是,"护"的笔画总体比"议"粗,表明两字在运笔上有一些区别,这可能是同一书手的书写习惯所致,待考。

表1 "君教"木牍的丞、掾署名

简 号	丞 署 名	掾 署 名	文书正文
307			—
331			
427			—
503＋96			—
889			—
984			—
1106			—
1110			—
1276			
1509			

　　如果把上列笔迹现象作为衡量丞、掾亲自署名的标准,那么,第一种类型可能意味着"君教"木牍由丞、掾亲自签署,其或如学者所论,是临湘丞、掾在县廷期会集议时现场签署。① 第二种类型丞、掾之名皆由同一人签署,则丞、掾之一的人名属于代签,并且两个人名的签署者不是文书的撰写者。就简331的事例而言,县丞不在署时"议"的流程仍能在掾一人主持下完成,暗示县掾在某些条件下可以承担起县丞拥有的审议职能,因此,这一类型丞、掾人名很可能就由县掾一人来签署。第三种类型则暗示丞署名由文书撰写者代签,掾署名或许由本人签署。丞、掾的意见经列曹掾史的白事文书上报,则丞署名的代签者也许就是列曹掾史或书佐。在后两种署名笔迹类型中,丞的署名通过代签完成,表明这种签署本身徒具形式,相关处理意见实际由县掾来拟定。在此背景下,县丞即便参与了意见的拟定,代签现象仍说明其不是通过现场会议即时表达意见。假如上述代签现象确是县丞行政具文化的表现,则列曹掾史、县掾很可能也是通过文书作业"照章办事",所涉行政流程与现场会议无关。

---

　　① 参见唐俊峰:《东汉早中期临湘县的行政决策过程——以五一广场东汉简牍为中心》,载黎明钊等编:《东汉的法律、行政与社会:长沙五一广场东汉简牍探索》,香港:三联书店,2019年,第131-188页。

最后,过程烦琐是先行研究否定相关流程单以文书运作的一项理由。① 然而,两汉列曹掾史、门下吏和县令长、县丞皆在县寺办公居住,相互间的距离并不遥远。② 县廷官吏因处理政务而产生的次数频繁的文书运作仅限于县寺内部,它们可通过口头和签署转单的形式完成,不必严格贯彻文书封缄和收发制度,故而处理效率相对较高。③ 总之,东汉地方郡县机关的行政召会兼有现场会议和单纯文书作业两种形式,"期会"并不必然是吏员聚于郡县官署现场讨论,它也可以是通过下级按约定向上级提交文书来进行。

五、小　结

本文基于先行研究成果,利用传世文献与长沙五一广场东汉简牍等材料,对东汉地方机关的行政召会形式作了分析讨论,认为东汉郡县的行政召会兼用集体会议和单纯文书作业两种形式。具体结论为:

（1）薛宣和朱博的事例证明,至少在西汉后期,郡府处理政务已然不是事事集会审议,对一部分事务已能够专以文书作业来处理,作为次一级行政机关的县应当也是如此,这种地方机关处理政务的方式延续到了东汉时期。

（2）五一广场东汉简的"言府"和"关副在所"等记载间接证明,东汉中期郡府的行政召会在现场会议之外,也有专以文书展开的形式。

（3）五一广场东汉简的"君教"木牍,丞、掾的署名笔迹可以分成三种类型,证明东汉县廷的行政召会也包含现场会议和单纯文书作业两种形式,特别是第二、第三种类型临湘丞署名代签的做法暗示了所涉召会单以文书展开的迹象。

综上所述,东汉中期地方郡县的行政召会既可以是现场集议的形式,也可以是下级在"期会"日期向上级提交文书的形式,两种形式兼用显示了东汉地方行政灵活变通的一面。

---

① 参见唐俊峰：《东汉早期中期临湘县的行政决策过程——以五一广场东汉简牍为中心》,载黎明钊等编：《东汉的法律、行政与社会：长沙五一广场东汉简牍探索》,香港：三联书店,2019年,第131-188页。

② 参见邹水杰：《两汉县行政研究》,长沙：湖南人民出版社,2008年,第39-56页。

③ 《选释》简139显示待事掾王纯于四月廿二日上呈白事文书,文书末尾有"今为言,今白"的处理记录,简25的"君教"木牍是临湘令对此事的批复,王纯文书的受理者为兼左贼史顺、助佐条,左贼曹的呈报时间为延平元年四月廿二日。两件木牍说明王纯的文书在上书当日就得到了县廷的处理和批示。关于简139和简25的图版和释文,参见长沙市文物考古研究所等编：《长沙五一广场东汉简牍选释》,上海：中西书局,2015年,第69、107页。

秦汉赦令与债务免除

邬文玲

中国社会科学院古代史研究所

"古文字与中华文明传承发展工程"协同攻关创新平台

秦汉时期的赦令除了具有减免刑事责任的效力之外,也具有免除民事责任的效力。从云梦睡虎地秦简中的相关资料来看,秦代的盗窃犯罪遇到赦令之后,所盗窃的赃物可免予追讨。比如,《法律答问》云:

> 或以赦前盗千钱,赦后尽用之而得,论何也? 毋论。

意思是:"有人在赦令颁布前盗窃一千钱,赦令颁布后将钱全部花费而被拿获,应如何论处? 不予论处。"[①]可见,即使是盗窃金额高达一千钱的重罪,只要遇到赦令,就会获得赦免而免予处罚,哪怕是在赦令颁布之后才花费完所盗账款而被抓获,也不会受到追究。只是此处问答仅涉及赃款已被花费完的情况下不予追讨,不能确定没有花费完的赃款遇到赦令是否要进行追讨,而且也无法确定这里针对的是盗窃官有财物还是私人财物。不过这种不追讨赃款的做法,似乎也为汉代所继承。王符《潜夫论·述赦》批判频繁的大赦造成了恶劣的影响,使得"老盗服赃而过门","亡主见物而不得取"。[②] 如果王符的说法可靠,则在汉代遇到大赦时,物主也没有追赃权。

汉代的赦令通常附随减免租赋、免除逋贷的内容,其免除的皆为国家与百姓之间的债务。减免租赋之举多与皇帝出巡对所经之地进行曲赦的措施相伴而行。两汉诸帝在相对承平时期,多有大规模出巡、祠祭等活动。这些出巡、祠祭活动所需的费用和人手多由所过之地供给,因此,频繁的出巡给所过地区的吏民带来极大的负担。为了缓解巡幸所经之地的压力,皇帝往往会对这些地区颁布

---

① 睡虎地秦墓竹简整理小组:《睡虎地秦墓竹简》,北京:文物出版社,1978 年,第 167 页。

② [汉]王符著,汪继培笺,彭铎校正:《潜夫论笺校正》卷 4《述赦》,北京:中华书局,1985 年,第 178-179 页。

赦令,开释罪人,蠲免租税,赏赐牛酒。这一现象在汉武帝时期最为突出。武帝在位时频繁出巡,祠后土、封禅等活动不一而绝,每次出巡都耗资甚巨,随员众多,车驾所经之处,都需要当地供奉饮食、器具,无疑给当地增加了额外的负担和压力,武帝常常采取曲赦的方式,或者赦免当地罪犯,或者免除租税,或者赏赐牛酒等,以为补偿。如元封元年(前110年)东巡狩,封禅泰山,赦除行幸所经之地"民田租逋赋贷"①;元封五年(前106年)行南巡狩,大赦天下,令"所幸县毋出今年租赋"②;天汉三年(前98年)行幸泰山、北地,赦天下,令"行所过毋出田租"③。

武帝的这一做法,时为其后诸帝所仿效。元帝初元四年(前45年)行幸甘泉、河东,郊泰畤、祠后土,赦汾阴徒,令"行所过无出租赋"④;永光元年(前40年)幸甘泉,郊泰畤,赦云阳徒,令"行所过毋出租赋"。⑤ 成帝建始二年(前31年)始郊祀长安南郊,诏曰:"乃者徙泰畤、后土于南郊、北郊,朕亲饬躬,郊祀上帝。皇天报应,神光并见。三辅长无共张徭役之劳,赦奉郊县长安、长陵及中都官耐罪徒。减天下赋钱,算四十。"(注引应劭曰:天郊在长安城南,地郊在长安城北长陵界中。二县有奉郊之勤,故一切并赦之。)⑥永始四年(前13年)行幸甘泉、河东,郊泰畤、祠后土,令"行所过无出田租"。⑦ 光武帝中元元年(56年)出巡,大赦天下,"复嬴、博、梁父、奉高,勿出今年田租刍槁"。⑧ 安帝延光四年(125年)六月乙巳,大赦天下,"诏先帝巡狩所幸,皆半入今年田租"。⑨

除了减免租赋之外,汉代还有大赦免除逋贷之例:武帝元朔元年(前128年)春三月立皇后卫氏,大赦天下,诏"诸逋贷及辞讼在孝景后三年以前,皆勿听治"。⑩ 宣帝元康元年(前65年)三月赦天下徒,诏"所振贷勿收"。⑪ 元帝永光四

---

① 《汉书》卷六《武帝纪》,北京:中华书局,1962年,第191页。
② 《汉书》卷六《武帝纪》,北京:中华书局,1962年,第196页。
③ 《汉书》卷六《武帝纪》,北京:中华书局,1962年,第204页。
④ 《汉书》卷九《元帝纪》,北京:中华书局,1962年,第285页。
⑤ 《汉书》卷九《元帝纪》,北京:中华书局,1962年,第287页。
⑥ 《汉书》卷一○《成帝纪》,北京:中华书局,1962年,第305页。
⑦ 《汉书》卷一○《成帝纪》,北京:中华书局,1962年,第324页。
⑧ 《后汉书》卷一《光武帝纪》,北京:中华书局,1965年,第82页。
⑨ 《后汉书》卷五《安帝纪》,北京:中华书局,1965年,第242页。
⑩ 《汉书》卷六《武帝纪》,北京:中华书局,1962年,第169页。
⑪ 《汉书》卷八《宣帝纪》,北京:中华书局,1962年,第254页。

年(前 40 年),大赦天下,诏"所贷贫民勿收责"。① 成帝建始三年(前 30 年),赦天下徒,诏"诸逋租赋所振贷勿收"②;河平四年(前 25 年),赦天下徒,诏"诸逋租赋所振贷勿收"。③

出土简牍资料表明,对官有财物造成损失的官吏,在遇到赦令时可以免除赔付责任。比如,敦煌悬泉汉简中有如下资料:

1. □失亡,当负,在二月甲辰赦令前□(削衣,悬泉汉简 VT1812②:88)

2. ☑□□二,佐董延年失亡一匹,马宣失亡,当负,在二月甲辰赦令前,今以实出。☑□十二,其五新、一完、四可缮补、二敝不可用。(悬泉汉简 VT1812②:168)

3. 效谷移三月谷簿,出粟百卅七石九斗四升。县泉置啬夫欣书言,故啬夫赵欣食毋传者、治酒、给过客,不宜出,出当负,在二月(悬泉汉简 VT1812②:251)

4. ☑月茭簿,出茭二千五百石。县泉置啬夫欣书言,校不备,故啬夫赵欣、唐霸主,当负,在二月甲辰(悬泉汉简 VT1812②:342)

5. 赦令前,今以实出。校不以时收责,猥以赦令出除,解何?(悬泉汉简 VT1812②:277)④

上述诸简皆与"二月甲辰赦令"有关。根据张俊民先生的研究,简文中涉及的新旧两个皆名欣的悬泉置啬夫在任的时间是成帝建始元年(前 32 年),悬泉汉简ⅡT0214②:104"入校小石千七百九十石,又驿骑置马三匹,卒二人,谷卅三石。建始元年三月甲子,县泉啬夫欣受故啬夫欣",表明新旧两个啬夫欣交接的时间是建始元年。据《汉书·成帝纪》,建始元年二月有大赦天下之举,与简文"二月甲辰赦令"相合。第 1 简中的"失亡"即物品遗失,"当负"即应当赔付,因相关行为发生在二月甲辰赦令之前,不予追究。第 2 简属于物资出入登记簿,担任佐的董延年和马宣皆遗失了某种物品,按照法律规定应当赔偿,但因相关行为都发生在二月甲辰赦令之前,不予追究。第 3 简的出入簿中有一项涉及一百三十

---

① 《汉书》卷九《元帝纪》,北京:中华书局,1962 年,第 291 页。

② 《汉书》卷一〇《成帝纪》,北京:中华书局,1962 年,第 306 页。

③ 《汉书》卷一〇《成帝纪》,北京:中华书局,1962 年,第 310 页。

④ 张俊民:《悬泉汉简所见赦令文书初探》,载卜宪群、杨振红主编:《简帛研究二〇一一》,桂林:广西师范大学出版社,2013 年,第 117 页。

七石九斗四升粟的支出不符合规定,被前任啬夫赵欣提供给没有传信凭证的人,用于治酒和招待过客了,按规定应当赔偿,但因相关行为发生在二月甲辰赦令之前,免予追究。第 4 简和第 5 简可以编联,内容涉及一项二千五百石荄的支出账目核校有误,按规定应当赔偿,但因相关行为发生在二月甲辰赦令之前,亦免予追究。

悬泉汉简中还有不少类似的资料,比如:

> 出纞一匹。初元年十一月中,厩佐孟广意亡,当负,以三月戊子赦令除。(悬泉汉简 VT1311③:63)①

根据简文,元帝初元元年(前 48 年)十一月中,厩佐孟广意丢失纞一匹,按律应当赔偿,因逢三月戊子赦令,免予赔偿。所谓"三月戊子赦令",应即初元二年(前 147 年)三月所颁布的赦令。据《汉书·元帝纪》,初元二年三月有赦天下之举,与简文的时间相合。又如:

> 出牛车亶轴六枚:其三故啬夫奉光主,三啬夫遂成主。皆当负,未入,在四月丙寅赦令前,今以实出。(悬泉汉简Ⅱ T0216②:329)②

根据简文,在前任啬夫奉光和现任啬夫遂成手中各遗失或者损毁了三枚牛车的车轴,按规定两人皆应赔偿,但都没有赔偿,是由于相关行为均发生在四月丙寅赦令之前,所以不予追究。

居延汉简中也可以见到类似的残简,比如 C30 简:"校甲渠正月尽三月四时出折伤牛车二两,吏失亡,以赦令除。"③根据简文,甲渠候官某年第一季度的物资统计簿显示,有二辆牛车残损,被属吏丢失,因为适逢赦令,故免予赔偿。

从走马楼西汉简的资料来看,统计物资账目出现失误的罪责,也可因赦令予以免除。比如其中有一桩关于临湘少内禁钱计有误脱的司法案件,即"长沙临湘少内禁钱计误脱案"。有关机构在核校时发现临湘少内提供的输送太仓的物品统计账目与太仓实际收到的物品登记账目不一致,于是进行追查,最终确认是临

---

① 张俊民:《悬泉汉简所见赦令文书初探》,载卜宪群、杨振红主编:《简帛研究二〇一一》,桂林:广西师范大学出版社,2013 年,第 119 页。

② 张俊民:《悬泉汉简所见赦令文书初探》,载卜宪群、杨振红主编:《简帛研究二〇一一》,桂林:广西师范大学出版社,2013 年,第 120 页。

③ 简牍整理小组:《居延汉简(肆)》,台北:"中研院"历史语言研究所专刊之一〇九,2017 年,第 268 页。

湘少内佐在制作物品输送统计账目时出现了失误,本应按照要求将五年和六年输送的物品都计入六年的账目中一并核校,但却漏计了五年输送的部分物品。由于相关行为发生在"四月丙辰赦前",免予追究责任:

> 别言夬(决)。谨问是服。临湘少内禁钱计实付大仓右仓禾稼计,
> 五年所输茹卵一石、韦橐二,六年茹(0326)卵一石、韦橐二合、青筍二
> 合,报计六年,并[为校。少内]监主治六年计误脱五年所输茹卵[一石、
> 韦](0141)橐二弗计。在四月丙辰赦前,谨以缪书上谒,元年诣言相府。
> 敢言之。(0124)

根据上述司法文书内容可知,虽然临湘少内佐在统计账中漏计了五年输送太仓的物品,但因"在四月丙辰赦前",只需将"缪书"上呈相府予以说明即可,相关责任人并未受到处罚。

走马楼西汉简中还有一些残简,也涉及统计账目有误却因遇到赦令而免予处罚的案件,比如:

> 治其计误脱,弗为校牒,在四月丙辰赦前,责有它重罪,坐留临湘牛
> 造里张乘之上书传满五日亡命耐(0212)
> 报为案不具及误脱不署斗☐丙辰赦前,以令不论,其☐☐(1769)[1]

从内容来看,这两则简文均属司法文书档案,不过因为前后文缺失,无法了解案件详情,只能大致做一些推测。简 0212 大意是一位名叫责的官吏,在制作统计账目时有误脱,未按规定制作校牒,依律应当受到处罚,因相关行为发生在"四月丙辰赦"前,免予追究。但责还犯有擅自滞留张乘之的上书超过五日等其他严重罪行,大约是在赦令之后的行为,因而会受到相应的处罚。简 1769 大意是某人在制作统计账目时不完备,且有误脱,没有署斗数,因相关行为发生在"丙辰赦前,以令不论",免予处罚。所谓"四月丙辰赦",根据相关纪年来看,与汉武帝元狩元年(前 122 年)"夏四月赦天下"相对应。[2]

另外,私自占有田地进行耕种的行为,如遇大赦,似亦可免予追究。长沙五一广场简牍中有如下资料:

---

① 本文所引走马楼西汉简,均出自邬文玲:《走马楼西汉简所见赦令初探》,《社会科学战线》2022年第4期。

② 参见邬文玲:《走马楼西汉简所见赦令初探》,《社会科学战线》2022年第4期。

钱以偿冯等。及邯堲（葬）费直尽予，不卖连，素田自给。康狠（垦）田积八岁，应赦令不治，敕连还应何钱，以田畀连。有书。今连复自（长沙五一广场东汉木牍 CWJ1③：325-1-20）[①]

这是一件涉及田产纠纷案件的司法文书中的部分内容，由于未见前后简文，详情不得而知。其中提到"康垦田积八岁，应赦令不治"，当是指一位名叫康的人，私自占有田地自行耕种了八年，符合赦令的有关规定，因而不予追究责任。五一广场东汉简牍文书 CWJ1③：325-1-103，也涉及自行耕种的土地经过大赦之后的归属问题：

> 君追贼小武陵亭部
>
> 辞曹史伉，助史修、弘白：民诣都部督邮掾自言，辞如牒。案文书，武前诣府自言，部待事掾杨武、王伦，守史毛佑等考，当畀，各巨异。今武辞，与子男溃狠（垦）食，更三赦，当应居得。愿请大吏一人案行覆考如武辞。丞优、掾遗议请属功曹选得吏当，被书复白。永初元年正月廿六日戊申〈戌〉白。（长沙五一广场东汉木牍 CWJ1③：325-1-103）[②]

这是一件辞曹呈送给长官的文书，内容大意是：一位名叫武的人与儿子自行耕种了一些土地，前往所属官府机构申述，希望将这些土地明确归属到自己名下；官府第一次派出的吏员进行调查之后，认为这些土地应该归还，与武的说法相去甚远；于是武再次到官府申述，认为自己与儿子耕种的土地，经过了三次大赦，应该归自己所有，希望官府派遣一位大官重新进行调查；鉴于此，县丞等官吏经过讨论，建议由功曹挑选合适的吏员来处理该案。虽然这两件文书均不完整，没有显示官府的最终判决结果，但其中都提到，遇到大赦时，不仅不追究百姓自行耕种土地的责任，且长期耕种的土地还可以归自己所有，这可能是当时的惯例，所以当事人才有相应的田地诉求。

文书中提到"更三赦"，意即经过了三次大赦，但究竟是哪三次大赦，则未予交代。根据文书末尾所署的日期"永初元年正月廿六日"，可知"三赦"皆应颁布

① 长沙市文物考古研究所、清华大学出土文献研究与保护中心、中国文化遗产研究院、湖南大学岳麓书院编：《长沙五一广场东汉简牍选释》，上海：中西书局，2015 年，第 188 页。
② 长沙市文物考古研究所、清华大学出土文献研究与保护中心、中国文化遗产研究院、湖南大学岳麓书院编：《长沙五一广场东汉简牍选释》，上海：中西书局，2015 年，第 155 页。整理者已经指出，文书末尾所署的日干支"戊申"应是"戊戌"之误。

于此日期之前,即永初元年正月廿六日之前最近的三次赦令。通过翻检《后汉书》各帝纪,可知在永初元年(107 年)正月二十六日之前颁布的最近的三次赦令,分别是:和帝元兴元年(105 年)夏四月庚午〈子〉(十七日)大赦天下,殇帝延平元年(106 年)五月辛卯(二十五日)大赦天下,安帝永初元年正月癸酉朔(一日)大赦天下。①

到东汉时期,大赦免除百姓拖欠公家债务当已成为习惯做法,以至于有些地区的百姓故意拖欠租税,希望等到大赦的时候一并得到减免。甚至由于百姓连年拖欠租赋,官府财政日渐枯竭,出现"仓空无米,库无钱布"的窘况,迫使地方长官上书请求皇帝今后颁布赦令时,不要免除老百姓拖欠的租赋。比如,湖南长沙东牌楼所出东汉简牍 12 号云:

> 临湘守令臣肃(?)上言:荆南频遇军寇,租蒭法赋,民不输入,冀蒙
> 赦令,云当亏除。连年长逋,仓空无米,库无钱布。督课乡吏如旧。故
> 自今虽有赦令,不宜复除。昭陵、连道尚有营守,小頞惊急,见职吏各便
> 归家,召唤不可复致,慊弩委矢。(简 12)②

此乃长沙郡临湘县长官向上汇报荆南局势的公文。时间大约在灵帝中平五年(188 年)之后。"荆南"指长沙、零陵、桂阳、武陵等属于荆州南部的四郡。"频遇军寇",指波及荆南四郡的讨伐贼寇的行动。"租蒭"系"田租蒭槀"的省称。"赦令",指当时频繁的"大赦天下"诏令。据《后汉书·灵帝纪》,从建宁元年(168 年)二月辛未"大赦天下"至中平五年正月丁酉"大赦天下"为止,灵帝在位二十二年间,共"大赦天下"二十一次,平均一年一次。"亏除",即减除之意。"昭陵""连道",据《续汉书·郡国四》长沙郡条,均为长沙郡属县。全文大意是说:荆南四郡经常发生讨伐贼寇的行动,老百姓的生活受到干扰,都乘机不交租赋,希望等待大赦,可以全部减除;由于连年拖欠租赋,政府仓库空虚,米和钱布均无;然而,对乡吏(征收租赋)的督促考课却依然如故;希望今后即使下达赦令,也不宜免除老百姓应缴纳的租赋;此外,昭陵、连道二县还有驻军,稍遇突发情况,现役

---

① 分别见于《后汉书》卷四《孝和帝纪》第 193 页、《后汉书》卷四附《孝殇帝纪》第 197 页、《后汉书》卷五《孝安帝纪》第 206 页。汉和帝元兴元年夏四月庚午大赦天下的日干支"庚午"疑为"庚子"之误,据张培瑜《三千五百年历日天象表》(郑州:大象出版社,1997 年)和陈垣《二十史朔闰表》(北京:古籍出版社,1956 年),元兴元年四月朔日为甲申,此月无庚午日,很可能因"子"与"午"字形相近而误。

② 长沙市文物考古研究所、中国文物研究所:《长沙东牌楼东汉简牍》,北京:文物出版社,2006 年,第 77 页。

吏员就各自回家,不管怎样召唤也不愿再来;不仅如此,还将弩收藏,将矢抛弃。这种情况令人担忧。①

根据文书中所报告的情况来看,之所以导致地方政府出现"仓空无米,库无钱布"的财政窘境,是因为皇帝所颁行的赦令中通常附随免除老百姓租赋的内容,使得老百姓有了侥幸心理,故意拖欠,不交租赋,希望等到皇帝大赦天下的时候,可以全部予以免除。因此临湘守令在呈文中强烈建议,希望皇帝在今后颁布的赦令中,不要附随免除老百姓租赋的内容。

以上所见赦令中免除的皆是国家与百姓之间的债务。那么,汉代大赦是否也可以免除私人之间的债务呢?目前见到的相关资料较少,但也可窥见一斑。姚磊先生缀合了肩水金关汉简中的两枚残简,其文如下:

> 自言幸得以赦令除,用券约责普,普服负不得除(肩水金关汉简73EJF3:60+283)②

该简表明,一个名叫普的人,以为遇到大赦,他的债务也被免除了。但根据券约,他的债务没有被免除,很可能是他的债务不在大赦的有效时间范围之内,或者立券时有专门的约定,因而他表示按照券约承担债务。

五一广场东汉简牍中包含一桩"女子王绥不当复还王刘衣案",以往整理者在《长沙五一广场东汉简牍选释》一书中公布过部分简文③,后来杨小亮先生对此案的司法文书档案做了较为全面的编联复原。大致的案情是,女子王刘意图向女子王绥赎回质押的衣物,遭到王绥的拒绝,于是王刘向官府提起诉讼。经过调查审理得知事情的真相是,女子王刘丈夫的继母基按照其父亲的授意,未经允许私自将她的衣物抵押给女子王绥借了一万钱,约定如到期不赎回,王绥有权自行出售衣物以弥补自己的损失。到期后,王绥多次通知基赎回,但基说王刘无钱赎回,让王绥自行出售衣物,于是王绥卖掉了衣物。该案的简牍文书档案中说,在王刘提起对王绥的诉讼尚未判决时,"会赦令,绥不当复还刘衣",意思是因为

---

① 王素:《长沙东牌楼东汉简牍选释》,《文物》2005年第12期。

② 两简分别见于甘肃简牍博物馆等编:《肩水金关汉简(伍)》下册,上海:中西书局,2016年,第7、24页。缀合参见姚磊:《〈肩水金关汉简(伍)〉缀合(四)》,简帛网,http://www.bsm.org.cn/?hanjian/7382.html,发布日期2016年9月18日。

③ 长沙市文物考古研究所、清华大学出土文献研究与保护中心、中国文化遗产研究院、湖南大学岳麓书院编:《长沙五一广场东汉简牍选释》,北京:中西书局,2015年,第173、174页。

颁布了赦令,所以王绥不应当再归还王刘的衣物。① 这似乎暗示,私人之间的债务或者借贷遇到赦令也可以免除。

从相关记载来看,后世可能也有大赦免除私人债务的情况,比如《魏书·孝庄帝纪》载永安二年(529年)八月庚戌朔诏曰:"诸有公私债负,一钱以上、巨万以还,悉皆禁断,不得征责。"②在唐五代宋初的敦煌契约里规定的违约担保责任中,有一类被称为"恩赦担保责任"或者"恩赦排除责任"。其典型的表述有以下几种:

一是"中间如有恩赦,不在免限",比如《吐蕃寅年(834年)敦煌阴海清便麦粟契》:

> 寅年二月十七日,丝棉百姓阴海[清为无]粮用,今于处便麦肆硕,粟陆硕,并[汉]斗。其麦粟自限至秋八月卅日已前[还]足。如违限不还,即任掣夺家资杂物,用充麦粟直。身有东西不在,一仰保人妻弟代还。中间如有恩赦,不在免限。恐人无信,故立此契。两共平章,书纸为记。(押)麦主便麦粟人阴海清年廿四,弟阴通通年十五,保人阴家进年廿九,保人见人僧义超,见人③

二是"或遇恩敕大赦流行,亦不在论理之限",比如《丙子年(856年)敦煌沈都和卖舍契》:

> 慈惠乡百姓沈都和,断作舍物,每尺两硕贰斗五升,准地皮尺数,算著舍棟物贰拾玖硕伍斗陆升九合五圭干湿谷米。其舍及□,当日交相分付讫,并无升合玄(悬)欠。自卖已后,一任丑挞男女收余居,世代为主。若右(有)亲因(姻)论治此舍来者,一仰丑挞并畔(判)觅上好舍充替一院。或遇恩敕大赦流行,亦不在论理之限。两共对面平章为定,准格不许休悔。如若先悔,罚楼机绫一疋,充入不悔人。恐人无信,故立私契,用为后凭。④

三是"或有恩敕赦书行下,亦不在论理之限",比如《唐乾宁四年(897年)敦

---

① 杨小亮:《五一广场东汉简牍册书编联复原研究》,清华大学博士学位论文,2021年,第141、145页。

② 《魏书》卷一〇《敬宗孝庄帝纪》,北京:中华书局,1974年,第263页。

③ 张传玺:《中国历代契约汇编考释》上册,北京:北京大学出版社,1995年,第368页。

④ 张传玺:《中国历代契约汇编考释》上册,北京:北京大学出版社,1995年,第223页。

煌张义全卖宅舍契(甲)》:

> 永宁坊巷东壁上舍内东房子一口并屋木,东西一丈叁尺五寸基;
> 南北贰丈贰尺五寸并基。东至张加闰,西至张义全,南至泛文君,北至
> 吴支□。又房门外院落地并檐□柱,东西肆尺,南北一丈一尺叁寸;又
> 门地道,南北二尺,东西三丈六尺伍寸。其大门道三家共合出入。从乾
> 宁四年丁巳岁正月二十九日,平康乡百姓张义全为阙少粮用,遂将上件
> 祖父舍兼屋木出卖与洪润乡百姓令狐信通兄弟都断作价直伍拾硕,内
> 斛斗干货各半。其上件舍价立契当日交相分付讫,一无悬欠。其舍一
> 买已后,中间若有亲姻兄弟兼及别人称为主已(记)者,一仰旧舍主张义
> 全及男粉子、支子祇(支)当还替,不忏(干)买舍人之事。<u>或有恩敕赦书
> 行下,亦不在论理之限。</u>一定已后,两不休悔;如有先悔者,罚麦叁拾
> 驮,充入不悔人。恐人无信,两共对面平章,故勒此契,各愿自押署,用
> 后凭验。□信。①

其他如《唐乾封元年(666年)高昌郑海石举银钱契》"公私债负停征,此物不
在停限"、《唐天复九年(909年)敦煌安力子卖地契》"或有恩敕流行,亦不在论理
之限"等②,皆是同类表述。霍存福先生研究指出,敦煌吐鲁番借贷契约中的"公
私债负停征,此物不在停限""后有恩赦,不在免限"等抵赦条款,是民间社会对抗
国家赦免私债的契约表现。始于北魏时期的国家对私债的赦免,针对的是"偿利
过本,翻改券契"等民间高利贷行为。唐、五代及南宋、元初赦令,延续了这个传
统。这一赦免初衷,也波及无息借贷,致使抵赦条款也出现在无息借贷契约中,
反映了民间防御意识的加强。契约中的抵赦条款的反复出现与国家免除民间债
负赦令的频繁发布,反映了民间高利贷与国家控制的长时间博弈。至明清时期,
国家不再以赦令的形式免除私债,契约中的抵赦条款也随即消失。③

---

① 张传玺:《中国历代契约汇编考释》上册,北京:北京大学出版社,1995年,第225-226页。
② 张传玺:《中国历代契约汇编考释》上册,北京:北京大学出版社,1995年,第341、233页。有关
唐宋敦煌契约中"恩赦"条款的研究,参见罗海山:《唐宋敦煌契约"恩赦"条款考论》,《当代法学》2013年
第2期。
③ 霍存福:《敦煌吐鲁番借贷契约的抵赦条款与国家对民间债负的赦免——唐宋时期民间高利贷
与国家控制的博弈》,《甘肃政法学院学报》2007年第2期。

岳麓简"癸、琐相移谋购案"再探：
州陵县与南郡守判罚歧异引发的思考

郭瑞卿

中国政法大学法律古籍整理研究所

《岳麓书院藏秦简（叁）》收录的"癸、琐相移谋购案"记载了州陵县校长癸等因奉命捕拿群盗而在沙羡县境内与捕捉了群盗的戍卒琐等"相移谋购"的法律适用过程，其中南郡、州陵县对癸、琐等人定罪与处罚的差异给我们呈现了两级审判机构的不同犯罪认定逻辑，这可能也是该案摘录之所以能够出现在我们面前的重要缘由，州陵县因审理中的疑难问题在向上级南郡进行法律求助的同时，亦为我们提出了问题，为何同样的案情会产生不同的定罪和惩罚？他们各自判罚的逻辑是什么？本文拟从癸、琐等的犯罪以及州陵县和南郡的定罪与处罚的逻辑等方面对上述问题进行探讨和分析。①

一、癸、琐等人的犯罪事实

犯罪事实是承审人员定罪与量刑的根据，因此在定罪量刑之前，司法官员必须要确认犯罪人的犯罪事实，有哪些犯罪事实可以定罪与处罚。具体到本案，我们首先需要了解癸、琐等人究竟有哪些犯罪行为？他们的哪些犯罪行为成为州陵县和南郡对他们进行定罪与惩罚的依据？在回答这两个问题之前，我们需要先厘清癸、琐等人的犯罪情形，下面我们试根据癸、琐等人的供述，分析州陵县对

---

① 学界关于此案的研究成果颇丰，如陈伟：《"盗未有取吏赀法戍律令"试解》，来源：http://www. bsm. org. cn /show_article.php? id ＝ 1892，2022 年 7 月 16 日；陈松长：《岳麓简（叁）"癸、琐相移谋购案"相关问题琐议》，载于《华东政法大学学报》2014 年第 2 期；邬勖：《岳麓简（叁）"癸、琐相移谋购案"中的法律适用》，载于《华东政法大学学报》2014 年第 2 期；（日）水间大辅：《岳麓简（叁）所见的共犯处罚》，载于《华东政法大学学报》2014 年第 2 期；支强：《"盗未有取吏赀法戍律令"问题再识》，载于《出土文献与法律史研究》第 2 辑，上海：上海人民出版社，2013 年；张伯元：《读"癸、琐等相移谋购"札记（三则）》，载于《出土文献与法律史研究》第 2 辑，上海：上海人民出版社，2013 年；等等，本文不再赘述。

癸、琐等定罪与判罚的逻辑。癸、琐等人的供述节录如下：

> 癸曰……治等群盗盗杀人校长果部。州陵守绾令癸与令佐士五
> (伍)行将柳等追。[□]迹行到沙羡界中,琐等巳(已)捕。琐等言治等
> 四人邦亡,不智(知)它人何辠(罪)。癸等智(知),利得群盗盗杀人购。
> 癸、行请告琐等曰:琐等弗能诣告,移鼠(予)癸等。癸等诣州陵,尽鼠
> (予)琐等[死辠(罪)]购四万三百廿(二十)钱。癸等[券付死辠(罪)]购。
> 琐等利得死辠(罪)购,听请相移。先以私钱二千]鼠(予)琐等,以为购
> 钱数。得公购,备鼠(予)琐等。行弗诣告,皆谋分购。未致购,得。
>
> 行、柳、轿、沃言如癸。士五(伍)琐、渠、乐曰:与士五(伍)得、潘、
> 沛戌。之山材,见治等,共捕。治等四人言秦人,邦亡,其它人不言所
> 坐。得、潘、沛令琐等将诣沙羡。沛等居亭,约得购分购钱。未到沙羡,
> 实不智(知)治等何辠(罪),弗能告。有(又)不智(知)群盗购多。利癸
> 等约死辠(罪)购,听请,券付死辠(罪)购,先受钱二千。未受公购钱,
> 得。沛等不智(知)琐等弗诣、相移受钱。它如癸等。沛、潘、得言如
> 琐等。①

由双方供述可知,群盗治等人于州陵县境内盗杀人,校长癸等五人奉县守绾
之命前往捉拿,追踪至沙羡县境内,与捕获了群盗治等十人并正诣送至沙羡县廷
的琐、渠、乐三人相遇。他们在获知琐等三人对所捕获之人的犯罪情形并不完全
清楚时,便起意谋取"群盗盗杀人"的购赏,按死罪的购赏支付给琐等人。② 由是
癸、行"请告"琐、渠、乐三人将群盗移交给他们,理由是"琐等弗能诣告",若交给
他们诣送州陵县廷,他们愿以"死罪"购赏数额(四万三百廿十钱)给付他们,"券
付",即与他们立券约给付。癸等五人在获得琐三人同意将群盗"相移"后,诣送
至州陵县请购。这一过程需要登记、核算等程序,也可以自书,在张家山汉简《二
年律令·捕律》中就有与此相关的内容记载,"[数]人共捕罪人而独自书者,勿购
赏"③。也可能采"会论"方式,张家山《二年律令·捕律》即曾载有"能产捕群盗

---

① 陶安:《岳麓秦简〈为狱等状四种〉释文注释》修订本,上海:上海古籍出版社,2021 年,第 63 页。
② 捕获群盗盗杀人与死罪罪犯十人的购赏数额不同,前者高于后者一倍,故此案中癸等向琐等人隐
瞒治等具体犯罪实情,意欲获取"死罪购"外的购赏数额。参见朱汉民、陈松长主编:《岳麓书院藏秦简》
(叁),上海:上海辞书出版社,2013 年,第 110 页;陶安:《岳麓秦简〈为狱等状四种〉释文注释》修订本,上
海:上海古籍出版社,2021 年,第 74 页。
③ 张家山二四七号墓竹简整理小组:《张家山汉墓竹简〔二四七号墓〕》,文物出版社,2006 年,第 29 页。

一人……所捕、斩虽后会论,行其购赏"①的规定,即捕盗后,根据"会论"进行购赏。群盗盗杀人是"黔首大害殹(也)"②,因其社会危害性强,国家激励捉拿,购赏数额极高,为防止自书不实或不自书,因此需要经过一定的行政程序。癸等五人诣送群盗至州陵县廷后请报群盗盗杀人的购赏,应先完成"自书"上报等程序。如自书不实,按照秦代法律,必有相应的惩罚。如《岳麓书院藏秦简(肆)》中关于《功令》内容的相关规定,简347-348:"□其不能者,皆免之。上攻(功)当守六百石以上及五百石以下,有当令者,亦免除。攻劳皆令自占,自占不(347)实,完为城旦。以尺牒牒书,当免者人一牒,署当免状,各上上攻所执法,执法上其日,史以上牒丞(348)"③,这是对官吏考核需要他们自占"攻劳",本案中校长癸和令佐行皆在吏之列,其自书不实的惩罚应有别于求盗柳、轿、沃三人。

沙羡县戍卒琐、渠、乐三人因与得、番、沛六人共同捕获了群盗治等十人,由其三人诣送县求购,得、番、沛三人则留于亭内继续劳作,共约得购分,这应是琐等的第一次"相移谋购",秦朝法律允许多人共捕罪犯应购赏者相移,相移与否取决于参与抓捕犯罪的人之间的意愿选择。推之,琐等六人的"相移谋购"是一种分工性行为,理当合法。琐三人诣送途中遇到寻群盗踪迹而来的癸等五人,面对癸、行的"请告",琐、渠、乐三人应作了仔细考量,决定将群盗移交给他们获取高额购赏。其原因如下:

其一,按照癸、行"请告"之言,他们"弗能告",即虽然捕获了群盗,但根据秦律,若他们不能说明其具体犯罪,则以"告不审"处置,"不能定罪人,而告它人,为告不审"④,不能获得购赏。事实上,琐三人仅知其中四人犯有"邦亡"罪,一旦到了县廷,则面临六人"告不审"的情形。即使那四名犯有"邦亡"者,其犯罪是否属实也需要进一步确定。据张家山汉简《具律》,"告,告之不审,鞠之不直,故纵弗刑"⑤,"狱未鞠而更言请(情)者,除。吏谨先以辨告证"⑥,官府需要对"告"的内容进行核实。如果经过"辩告","邦亡"不实,按照睡虎地秦简《法律答问》的告人

---

① 张家山二四七号墓竹简整理小组:《张家山汉墓竹简〔二四七号墓〕》,北京:文物出版社,2006年,第29页。

② 陶安:《岳麓秦简〈为狱等状四种〉释文注释》修订本,上海:上海古籍出版社,2021年,第123页。

③ 转引自徐世虹:《肩水关汉简〈功令〉令文疏证》,载于《出土文献研究》第18辑,上海:中西书局,2019年。

④ 睡虎地秦墓竹简整理小组:《睡虎地秦墓竹简》,北京:文物出版社,1990年,第116页。

⑤ 张家山二四七号墓竹简整理小组:《张家山汉墓竹简〔二四七号墓〕》,文物出版社,2006年,第23页。

⑥ 张家山二四七号墓竹简整理小组:《张家山汉墓竹简〔二四七号墓〕》,文物出版社,2006年,第24页。

事例,如"甲告乙盗牛,今乙贼伤人,非盗牛(也),问甲当论不当? 不当论,亦不当购;或曰为告不审"①,亦作告不审处理,也不能获得购赏。② 这可能导致他们获取购赏的打算落空,说明他们诣送群盗至县廷以获取购赏存有一定风险。

其二,假若所告四人的邦亡犯罪为县廷证实,他们能够取得的购赏仅是邦亡罪的数额,远低于死罪购赏。故此,他们在不知群盗"购多"的情形下,相信了癸、行所言,同意将群盗移交给癸等人,由他们诣送至州陵县上请购赏,并券约死罪购与收受了预付的二千购赏钱。

由此可知,癸、琐等人作为"相移谋购"的双方当事人,他们的犯罪始于癸等意图利用双方对群盗治等犯罪信息掌握的不对等性谋取"群盗盗杀人"的一系列行为,尤其是癸等人,因身负捕盗公职,在犯罪中起着主导性的作用,他们的相移、券约、二千钱的授受、谋购、请购自书等行为都构成了官府进行定罪的犯罪事实依据。

二、州陵县关于癸、琐等人的定罪与处罚

(一)初审的判罚

癸、琐等人在沙羡县境内将群盗治等十人相移的事情被沙羡县县守骓举报给了州陵县,揭开了他们整个犯罪的内幕。县守绾、丞越、史获三人裁定"癸、琐等各赎黥。癸、行戍衡山郡各三岁,以当灋(法),先备赎。不论沛等"③,这是基于"癸等弗身捕,琐等捕,弗能告。请相移,给以求购。购未致,得"的事实,他们"以盗未有取,吏赀灋(法)戍律令论癸、琐等"④。从这些文字中,我们可以了解到绾等三人认定癸、琐犯有群盗相移及欺诈求购未遂罪,并从两个层面进行了判罚。

其一,基于癸、琐等人意思一致的犯罪,以"盗未有取"判处他们赎黥,显然是对他们意图诈欺获购犯罪的处罚。本案中癸、琐等人是二罪俱发,捕盗"相移",秦律有相关的禁止性规定,"捕人相移以受爵者,耐"⑤;张家山汉简《捕律》也有

---

① 睡虎地秦墓竹简整理小组:《睡虎地秦墓竹简》,北京:文物出版社,1990年,第103页。
② 秦人慎告,要求告者须指明被告者的具体犯罪。睡虎地秦简《法律答问》中载有许多关于"告"的事例,这些无不有具体罪名。
③ 整理小组"以当灋(法);先备赎",陶安先生标为"以当灋(法),先备赎",本文赞同陶安先生的标注。
④ 陶安:《岳麓秦简〈为狱等状四种〉释文注释》修订本,上海:上海古籍出版社,2021年,第64页。
⑤ 睡虎地秦墓竹简整理小组:《睡虎地秦墓竹简》,北京:文物出版社,1990年,第89页。

这样的规定，"捕罪人弗当以得购赏而移予它人，及诈伪，皆以取购赏者坐臧为盗"。谋购在本案中是未遂犯，绾等三人以盗未有取定罪量刑，但盗未有取究竟如何量刑，因目前尚未发现秦代的刑罚规范，无法明确。然而，亦有学者认为秦代盗罪未遂犯的法定刑是赎黥，如陶安先生、陈伟先生等①，其史料来源于《睡虎地秦简》《法律答问》与张家山汉简《二年律令》的几则文献：

> （1）甲谋遣乙盗，一日，乙且往盗，未到，得，皆赎黥。（《法律答问》简 4）

> （2）抉籥（钥），赎黥。可（何）谓"抉籥（钥）"？抉籥（钥）者已抉启之乃为抉，且未启亦为抉？抉之弗能启即去，一日而得，论皆可（何）殹（也）？抉之且欲有盗，弗能启即去，若未启而得，当赎黥。抉之非欲盗殹（也），已启乃为抉，未启当赀二甲。②（《法律答问》简 30-31）

> （3）越邑、里、官、市院垣，若故坏决道出入，及盗启门户，皆赎黥。其垣坏高不盈五尺者，除。③（《二年律令·杂律》）

上述三则史料皆是盗本罪行为，例（1）是能犯未遂，由于被官府捕获而未遂；例（2）与例（3）既有能犯未遂的情形，也有遂的情形，从对他们的惩罚而言，说明秦代视这些行为具有危险性，对财物形成了威胁，就此而论，赎黥也可以说是盗未有取的法定刑。

盗罪在秦律中是指非法取得不属于自己的、可以计（赃）值而论的犯罪，一般是指盗本罪，但由于社会的发展，在实际的生活中有关财物性的犯罪烦琐而复杂，但律文尚未能细化，不能满足实践的需要，司法中以盗本罪刑罚进行量刑。"盗未有取"与"盗（有取）"应是一对概念，秦律应有相应的法律规定。此案中的癸、琐等人是以欺骗手段试图骗取国家购赏，其法律适用，绾、越、获三人采用比附原则，类推以盗罪对他们进行定罪与惩罚，正如《二年律令·捕律》所规定，相移谋购以"坐赃为盗"。

---

① 参见陶安：《岳麓秦简〈为狱等状四种〉释文注释》修订本，上海：上海古籍出版社，2021 年，第 73 页注释 34"盗未有取"；陈伟："盗未有取吏赀法戍律令"试解，来源：http://www.bsm.org.cn/show_article.php? id=1892，2022 年 7 月 16 日；邬勖也是持此观点，见《岳麓简（叁）"癸、琐等相移谋购案"的法律适用》，载于《华东政法大学学报》2014 年第 2 期。

② 睡虎地秦墓竹简整理小组：《睡虎地秦墓竹简》，北京：文物出版社，1990 年，第 94、100 页。

③ 张家山二四七号墓竹简整理小组：《张家山汉简竹简〔二四七号墓〕》，北京：文物出版社，2006 年，第 33 页。

其二,校长癸与令佐行,其刑罚除了上述与其他人共同的赎黥之外,绾、越、获三人还判他们二人适用"吏赀法(废)戍律令","戍守衡山郡各三岁"。"吏赀法(废)",显然是针对他们身份的相关法律①,其二人身为"有秩吏",根据秦《置吏律》,官吏的除、免、废皆有法律规定,睡虎地秦简《置吏律》有"除吏、尉,已除之,乃令视事及遣之;所不当除而敢先见事,及相听以遣之,以律论之"②的记载。《岳麓书院藏秦简(肆)》《置吏律》简221—222也有相关规定:"补军吏、令、佐史,必取一从军以上者,节(即)有军殹(也),221遣卒能令自占,自占不审及不自占而除及遣者,皆赀二甲,废。222"③本案中癸和行二人群盗相移、诈欺谋购,请报不实,因此绾三人应从法律的适用顺序之规定,对其吏职先"废",然后再执行其他刑罚,戍守衡山三岁应是对其为吏而犯法的加重惩罚。睡虎地秦简《秦律杂抄》载有关于瞎盗、求盗犯盗罪加重惩罚的内容,"害盗别徼而盗,驾(加)罪之。可(何)谓'加罪'? 五人盗,臧(赃)一钱以上,斩左趾,有(又)黥以为城旦;不盈五人,盗过六百六十钱,黥劓以为城旦;不盈六百六十到二百廿钱,黥为城旦;不盈二百廿以下到一钱,迁之。求盗比此","求盗盗,当刑为城旦,问罪当驾(加)如害盗不当? 当"④,害盗、求盗盗罪加重是基于其公职身份而定,可见,秦律已经意识到了因公职犯盗较之非公职更为便利,容易得手,故而加重惩罚,以防治公职犯罪。就本案而言,癸等利用身份,诱惑锁等人移盗、谋购及报购不实等,其谋购数额巨大,具有从重情形。故此,绾、越、获三人加判,癸、行二人戍守衡山。

综上所述,州陵县守绾、丞越和史获三人的初审判决如果不考虑癸、琐等双方之间的券钱,亦未尝不妥。

(二)被劾后的再审意见

州陵县守绾、丞越与史获在初审中对于癸、琐等双方之间的券钱行为并未提及,因此该判决被南郡监御史康"劾"以"不当,钱不处"要求"更论"。州陵县不得

---

① 整理小组认为"赎罪"的刑罚执行因个人身份、财力而变,见朱汉民、陈松长编:《岳麓书院藏秦简(叁)》,上海:上海辞书出版社,2013年,第108页注释25;陶安认为"吏赀法戍律令"是对犯了盗未有取未遂罪的官员量刑加刑,见陶安:《岳麓秦简〈为狱等状四种〉释文注释》修订本,上海:上海古籍出版社,2021年,第73页注释34。

② 睡虎地秦墓竹简整理小组:《睡虎地秦墓竹简》,北京:文物出版社,1990年,第56页。

③ 转引自徐世虹:《肩水关汉简〈功令〉令文疏证》,载《出土文献研究》第18辑,上海:中西书局,2019年。

④ 参见睡虎地秦墓竹简整理小组:《睡虎地秦墓竹简》,北京:文物出版社,1990年,第93、94页。

不对案件进行重新审理,他们检视初审的"不当"之处,对"以盗未有取、吏赍瀍(法)戌律令论癸、琐等"而"不论沛等"进行了解释,指出"沛等……审",即沛、得、番三人虽然和琐、渠、乐六人共同捕获了群盗,但"弗诣",未参与诣送群盗,不知道琐、渠、乐三人未将群盗诣送到沙羡县廷并"相移受钱"。因此他们对癸、琐等人的定罪与处罚该适用何律存有疑问,其内部意见也不一致。"吏议"认为癸、琐等人的判罚没有问题,沛与县守绾等人不应受到惩罚,再次肯定了初审。但也有人认为初审法律适用错误,"癸、琐等当耐为侯(候),令琐等环(还)癸等钱;绾等……(缺)"[1],这一意见颠覆了初审,他们建议依照"捕盗人相移受爵"律定罪处罚,琐等收受的预付购钱退归原主癸等人。实际上该意见仅承认癸、琐犯有群盗相移罪,意识到他们之间授受二千钱不妥,但并不认为是犯罪。

我们回视州陵县对癸、琐等人两次定罪与处罚的情形,可以发现之所以没有将券钱视为犯罪,其原因应是将他们之间的券约与预付钱视为一般性的民间契约。券约在秦汉时期普遍适用于日常生活的借贷、债务、买卖等方面。本案中癸、锁双方订立券约,是其约定谋购成功后给付的凭证。与此同时,癸等又给予锁等二千钱,此二千钱是什么性质呢？根据文献,该钱是预付的部分购钱,但按照秦律的规定,购钱只能来自官府(或经法定程序),私人钱财未经官府不能成为购钱,即这只是癸、锁的权宜约定,实质上并不是购钱。在真正意义上,此二千钱应是癸、锁等作为互不认识之人,获取彼此信任的一种方式,也是对锁等移盗的一种经济补偿。其功能与券约一样,是双方移盗谋购的手段。由于二千钱是癸、锁等的个人意愿行为,其性质与功能存有一定的模糊性,州陵县在审理过程中将之认为是癸、锁双方一般性的个人钱财来往。这也可能是再审时有人提出"令锁等环(还)癸等钱"建议的原因。州陵县在审理时,县守绾等三人以及再审中的"吏议"之吏也可能认为他们的私约没有侵害到官府财产。可能正是由于具有这样的认识,州陵县在两次的审理中皆不认定癸、琐等之间的券钱行为违法。

三、南郡关于癸、琐等人的定罪与量刑

南郡对癸、琐等人犯罪的审理在文献中有两次,第一次是州陵县初审后郡监御史康对其判决的"劾",指出了审理中存在的问题,体现了其与州陵县守绾等三人在对癸、琐等人犯罪认定上存有不同的看法,他指出了绾等三人处置的不当以

---

[1]　参见陶安：《岳麓秦简〈为狱等状四种〉释文注释》修订本,上海：上海古籍出版社,2021年,第64页。

及对癸、琐双方间钱的授受问题没有予以处理。尽管简文非常简洁,但依然可以看到康与绾等三人对于案件处理的不同态度。州陵县的再审如前分析,不能确定癸、琐等人的罪与罚,只能以疑案上谳南郡郡守。

南郡(假)守贾接到州陵县的上谳书后,根据其内容分析指出,案情非常清楚,"癸等利得群盗购,请琐等鼠(予)癸等,癸等诣。尽鼠(予)琐等死皋(罪)购。琐等鼠(予)。癸先以私钱二千鼠(予)以为购数。行弗诣告,皆谋分购",即癸等先起犯意,利诱琐等将群盗交给他们,许以死罪购,并先以其个人的钱给予琐等二千钱,也就是说,贾认为癸等告诉琐、渠、乐三人愿意支付死罪购赏,请他们将群盗移交给他们,这是他们明确告诉琐等三人高额购金具有不合理性和不合法性,琐等理应知道死罪购的数额已经超越了他们本来的期待,"审请琐等,所出购,以死皋(罪)购"[1],但他们依然达成了一致,订立券约,并接受了二千钱。因此南郡守贾认定他们之间授受违法,是"以枉律令"。癸等以死罪购利诱琐等三人的行为非常契合汉代中期的"行言许受财"犯罪,据清代律学名家沈家本考证,"行言许受财"最早来自于《公羊传》宣公十年"齐人归我济西田",传注:"当坐取邑。未入齐。坐者由律行言许受赂也。"传:"言我者,未绝于我也。齐已言取之矣,注:齐已言语许取之其实未之齐也。"疏:"似若《汉律》行言许受财之类,故云当坐取邑耳。"[2]沈家本又对此做了进一步的解释:"'行言许取财'者,谓以言语许取其财,而财尚未入于家者也。观《公羊传》云,齐已言取之,而实未之齐,足以相证。"[3]以言语许取财虽不一定获得实质的财物,但其具有与"受赇、行赇"同样的危害,因此汉代时国家立法对此行为进行惩治。[4]在本案中,癸等为达到不法目的,不仅与琐三人以订立券约方式,"行言许受财",且也用钱进行了事实上的诱惑;琐等三人也因为不法企图,同意"券约"支付购赏,并收受了二千钱,形成了事实上的"受财以枉律令"。所以南郡守贾裁定癸、琐等人"受人货财以枉律令,其所枉当赀以上,受者、货者皆坐臧为盗"[5]。这意味着癸、琐等人以盗罪刑罚受惩,睡虎地秦简《法律答问》载有关于盗罪惩罚的相关规定,"害盗别徼而盗,

---

①⑤　陶安:《岳麓秦简〈为狱等状四种〉释文注释》修订本,上海:上海古籍出版社,2021 年,第 64 页。

②③　沈家本:《历代刑法考·律令卷》,北京:商务印书馆,2017 年,第 412 页。

④　"行言许受财",邬勖《岳麓简(叁)"癸、琐相移谋购案"中的法律适用》一文认为是在西汉中期以后所增加。

驾(加)罪之。可(何)谓'加罪'？五人盗，臧(赃)一钱以上，斩左趾，有(又)黥以为城旦；不盈五人，盗过六百六十钱，黥劓以为城旦；不盈六百六十到二百廿钱，黥为城旦；不盈二百廿以下到一钱，迁之"①；张家山《二年律令》的规定更为明晰，"盗臧(赃)直(值)过六百六十钱，黥为城旦舂。六百六十到二百廿钱，完为城旦舂。不盈二百廿到百一十钱，耐为隶臣妾。不盈百一十钱到廿二钱，罚金四两。不盈廿二钱到一钱罚金一两"②。这个判决显然较之州陵县的判决加重了对癸、琐等人犯罪的惩罚。

根据南郡守贾的判决，不仅癸、琐等人受罚，而且还有一点需要说明，即在州陵县的两次审理中，一直被认为不当论罪的沛、得、番三人也有可能触犯了"受财以枉律令"，这取决于琐、渠、乐三人返回戍守所在地后，有无按照约定给他们分购，如果他们接受了二千钱购赏的约分，则构成此罪。若没有接受，或者不知道有此事，则不构成犯罪。前文曾提及绾在上谳书中谈到沛等不知琐等三人"相移受钱"之事，结合简文上下语意，绾的意思是沛、得、番三人，因没有随琐等诣送群盗，故此他们没有参与、也不知道琐等的犯罪，其意在强调他们没有在琐等三人的犯罪现场，但对于此后他们三人有无分二千钱的情况并未涉及。

"癸、琐等相移谋购案"这一则司法文献，就其内容而言，是一个案件错判被纠正的记录，载录了秦代司法的多种面相，呈现出了不同的司法声音，尽管这种声音被消解在了法律的统一适用中。该案有意思的是，州陵县所有参与该案审理的人员，从县守到县丞、到史、到县级吏，他们对于癸、琐等之间的券钱犯罪有着惊人的统一认识，这究竟是他们集体对国家法律(秦法)理解的偏差，还是基于区域性法律知识掌握的一般性认识？如果是前者，则未免太过于巧合，此种可能性太小。如果是后者，则说明州陵县的官吏对于秦法的理解与运用所存在的问题更加复杂。同时通过该案件，也可以认识到南郡地区在法律上存在多元的可能，秦法并不是唯一的法律，基层的司法人员在司法过程中更倾向于运用其法律常识解决地方问题。这一案件在审理中所显现的州陵县官员和南郡官员对法律的不同解读和适用也为我们提供了另一种思考，即秦在实现了国家的统一后，努力推行法律的统一适用，那么其究竟在多大程度上实现了法律的统一？其统一适用的又是什么法？

---

① 参见睡虎地秦墓竹简整理小组：《睡虎地秦墓竹简》，北京：文物出版社，1990年，第93页。

② 张家山二四七号墓竹简整理小组：《张家山汉墓竹简〔二四七号墓〕》，北京：文物出版社，2006年，第16页。

从岳麓秦简《亡律》"佐弋之罪"
条探析秦律篇汇编*

欧 扬

湖南大学法学院

摘要：本文校读了岳麓秦简《亡律》"佐弋之罪"律条，认为释文"大辟"可信，"佐弋之罪"指佐弋官署之罪人，条文涉及的刑罚还有黥剭为城旦舂等。律条内容源于秦王针对嫪毐之乱从乱者的命令。针对特定事件之命令被编入《亡律》篇，并不与秦人的律篇汇编观念相抵触。岳麓秦简《亡律》卷册抄写于秦统一后，抄入其底本所见已成具文的此律条。

关键词：岳麓秦简；亡律；嫪毐之乱；秦律

岳麓书院藏秦简①《亡律》刊布以来，相关研究成果丰硕。然而，值得进一步深入探讨的问题不少，其中以"佐弋之罪"起首的条文疑问较多，其文字释读、文义及历史背景等尚须梳理。秦律存在若干针对特定事件的条文，这一现象与律篇汇编的关系，本文试析之。

一、律文的初步分析

佐弋之罪，命而得，以其罪罪之。自出殹（也），黥为城旦舂。它罪，命而得，黥为城旦舂，其有大辟罪（4·051/2081）罪之。自出殹（也），完为城旦舂。（4·052/2039）②

从竹简形制、编绳、书体、简文内容等方面分析，这两枚简无疑属于《亡律》卷

---

* 本文系湖南省哲学社会科学基金青年项目"岳麓秦简法律文献译注及相关问题研究"（17YBQ022）阶段性成果。

① 下文简称"岳麓秦简"。

② 陈松长主编：《岳麓书院藏秦简（肆）》，上海：上海辞书出版社，2015年，第55、56页。

册,次简有大片留白。下文称之为"佐弋之罪"条,试析。

第一,释读简文"其有大辟＝罪＝之"。我们在整理小组释文基础上校读为:"其有大辟罪,大辟罪之。"意为如有死罪就执行死刑。"大辟"两字仅占据简上一字空间,其下"＝"符既标识了合文"大辟",又重复了这两字,其兼有合文与重文功能。然而,"秦代出土文字史料研究"班认为"大"字是误笔,"＝"是重文号,读简文为:"其有辟(避)罪,辟(避)罪之。"① 其所据睡虎地秦简《法律答问》条文如下:

> "伍人相告,且以辟皋(罪),不审,以所辟皋(罪)皋(罪)之。"有(又)
> 曰:"不能定皋(罪)人,而告它人,为告不审。"今甲曰伍人乙贼杀人,即
> 执乙,问不杀人,甲言不审,当以告不审论,且以所辟? 以所辟论当殹
> (也)。②

富谷至认为此"辟"通"避",辟罪指回避什伍连坐的刑罚。③ 京大读简班采此说。④ 未安。"以……辟"又见岳麓秦简《亡律》:

> 不会答及除,未盈卒岁而得,以将阳辟(癖),卒岁而得,以阑癖,有
> (又)行其答。(4·043/1989)⑤

整理小组指出"癖"读"辟"⑥,京大读简班认为"以……辟"指以某罪处罚⑦。以上两处引文类似,然而一处读"辟"为"避",另一处解释"辟"为处罚,未安。我们认为"辟"的全称是"辟问",意为审问调查,而《法律答问》所见"问不杀人"之"问"也是"辟问"的省称。"辟问"见岳麓秦简:"●具律曰:诸使有传者,其有发

---

① 日本"秦代出土文字史料研究"班撰:《岳麓书院所藏简〈秦律令(壹)〉译注一(下)》,张奇玮译,载杨振红主编:《简牍学研究(第十辑)》,兰州:甘肃人民出版社,2021年,第109页。下文省称为"京大读简班"。按:其"注释"解读如前,然而第110页的"解读"说如此则"非常难以理解",又列出整理小组的释读意见。

② 陈伟主编:《秦简牍合集·释文注释修订本(壹)》,武汉:武汉大学出版社,2016年,第218页。

③ (日)富谷至著:《秦汉刑罚制度研究》,柴生芳、朱恒晔译,桂林:广西师范大学出版社,2006年,第18、19页。

④ 日本"秦代出土文字史料研究"班撰:《岳麓书院所藏简〈秦律令(壹)〉译注一(下)》,张奇玮译,载杨振红主编:《简牍学研究(第十辑)》,兰州:甘肃人民出版社,2021年,第109页。

⑤ 陈松长主编:《岳麓书院藏秦简(肆)》,上海:上海辞书出版社,2015年,第53页。

⑥ 陈松长主编:《岳麓书院藏秦简(肆)》,上海:上海辞书出版社,2015年,第77页。

⑦ 日本"秦代出土文字史料研究"班撰:《岳麓书院所藏简〈秦律令(壹)〉译注一(上)》,张奇玮译,载杨振红主编:《简牍学研究(第九辑)》,兰州:甘肃人民出版社,2020年,第149页。

征、辟问具殹(也)及它县官事"①。《亡律》按逃亡是否满一年来定是以将阳还是以阑亡来审问调查。《法律答问》所举案例中甲告其同伍乙贼杀人,官府辟问乙之后确定乙没杀人,甲告言不审,甲"以所辟论",即甲以贼杀人论罪。此处告不审而反坐其罪,类似诬告反坐,参见张家山汉简《二年律令》:"诬告人以死罪,黥为城旦舂;它各反其罪。告不审及有罪先自告,各减其罪一等……"②"辟"指辟问,论指刑罚,则"以所辟论"通顺。如果"辟"指处罚,"辟论"两字就重复了,未安。"贼杀人""将阳""阑"都是律令中的犯罪行为类型,本文暂依后世称谓称之为罪名。控告必须明确罪人与罪名,如甲告乙贼杀人。官府开展辟问必先有罪名为调查方向,"以……辟某"即以此罪名辟问某人。参见《为狱等状四种》所见"辟未断"③及"恐吏毄(系)辟同"④,拘系与辟问都处于狱案侦查阶段,因此合称"系辟",此时狱案"未断"即未定罪量刑。并不是所有出现罪名的场合都在断罪与行刑之时,有时是根据告劾的罪名来展开侦查。而官府一般只能依据告劾的罪名展开辟问,见《二年律令》:"治狱者,各以其告劾治之。敢放讯杜雅,求其他罪,及人毋告劾而擅覆治之,皆以鞠狱故不直论。"⑤如果官府辟问发现所告罪人或罪名"不审",就要处罚告者,如《法律答问》。综上所述,我们认为"佐弌之罪"条与《法律答问》的"辟"都不能解为回避。

第二,"佐弌之罪"与"它罪"指称的对象。律文先定"佐弌之罪"在"命而得"与"自出"两种情形下的刑罚,再定"它罪"的相应刑罚。据上下文,"佐弌之罪"与"它罪"只能指两群人,整理小组指出"佐弌之罪"之"罪"指犯罪之人。⑥"佐弌之罪"即佐弌官署之罪人,"它罪"即其他官署之罪人。京大读简班倾向于认为"佐弌之罪"指某种具体罪行。⑦华东政法大学出土法律文献研读班认为"佐弌之罪"指一类刑罚。⑧解读"罪"为罪行或刑罚,导致上下文不通顺,于是两研读班

① 陈松长主编:《岳麓书院藏秦简(肆)》,上海:上海辞书出版社,2015年,第143页。

② 彭浩、陈伟、(日)工藤元男主编:《二年律令与奏谳书》,上海:上海古籍出版社,2007年,第144页。

③ 陈松长主编:《岳麓书院藏秦简(壹—三)释文修订本》,上海:上海辞书出版社,2018年,第139页。

④ 陈松长主编:《岳麓书院藏秦简(壹—三)释文修订本》,上海:上海辞书出版社,2018年,第156页。

⑤ 彭浩、陈伟、(日)工藤元男主编:《二年律令与奏谳书》,上海:上海古籍出版社,2007年,第138页。

⑥ 陈松长主编:《岳麓书院藏秦简(肆)》,上海:上海辞书出版社,2015年,第77页。

⑦ 日本"秦代出土文字史料研究"班撰:《岳麓书院所藏〈秦律令(壹)〉译注一(下)》,张奇玮译,载杨振红主编:《简牍学研究(第十辑)》,兰州:甘肃人民出版社,2021年,第108页。

⑧ 华东政法大学出土法律文献研读班:《岳麓简秦律令释读(一)》,载王沛主编:《出土文献与法律史研究(第八辑)》,北京:法律出版社,2020年,第213页。

都认为"佐弋之罪"前有缺简。可参考"无罪"指无罪之人辞例,见睡虎地秦简《为吏之道》:"毋皋(罪)毋(无)皋(罪)可赦"。[①]富谷至指出"罪"字的罪行(crime)与刑罚(punishment)的含义在秦汉时并未严格区分。[②]确论。"罪"字的罪人、犯罪行为、行为应受的惩罚这几个因素在当时并未得以明确区分,本条"罪"指已论命罪(指刑罚)之人,不足为怪。

第三,"佐弋之罪命而得者"的刑罚。律文提及的刑罚有大辟、黥为城旦舂[③]、完为城旦舂[④]。京大读简班的分析限于此三项,认为"佐弋之罪命而得者"刑罚必重于其自出者的刑罚黥,意味着均处死刑,然而这"不可能",断定本条前有缺简。[⑤]其实,律文明言死刑即可,不必赘述为"以其罪罪之"。看律文,佐弋之罪自出者黥,而它罪自出者完,可见相对于佐弋之罪,律文对它罪处置较轻。佐弋之罪自出者黥,其命而得者的刑罚必不含完及完以下,则其刑罚当含黥与大辟两项,而"它罪之命而得者"是有死罪则执行,无死罪则黥。如此则"佐弋之罪命而得者"与"它罪命而得者"的刑罚都是黥与大辟,两者内容相同而表述有异,与秦律令条文简约特征不符,而且不能体现对它罪较轻的处置。因此我们认定"佐弋之罪命而得者"的刑罚除了律文所见的黥与大辟,还有黥劓为城旦舂、斩左趾又黥为城旦舂,两刑罚见下引《法律答问》:

> "害盗别徼而盗,驾(加)皋(罪)之。"•可(何)谓"驾(加)皋(罪)"?
> •五人盗,臧(赃)一钱以上,斩左止,有(又)黥以为城旦;不盈五人,盗过六百六十钱,黥劓(劓)以为城旦;不盈六百六十到二百廿钱,黥为城旦;不盈二百廿以下到一钱,迁(迁)之。求盗比此。[⑥]

《秦简牍合集》按语:"别徼疑指本人巡逻区域以外的地方。"[⑦]甚确。职掌为备盗贼的害盗、求盗、亭校长等各有其负责区域,相关术语见表1。

---

① 陈伟主编:《秦简牍合集·释文注释修订本(壹)》,武汉:武汉大学出版社,2016年,第308页。

② (日)富谷至著:《秦汉刑罚制度研究》,柴生芳、朱恒晔译,桂林:广西师范大学出版社,2006年,第19页。

③ 下文有时省称"黥"。

④ 下文有时省称"完"。

⑤ 日本"秦代出土文字史料研究"班撰:《岳麓书院所藏简〈秦律令(壹)〉译注一(下)》,张奇玮译,载杨振红主编:《简牍学研究(第十辑)》,兰州:甘肃人民出版社,2021年,第109页。

⑥⑦ 陈伟主编:《秦简牍合集·释文注释修订本(壹)》,武汉:武汉大学出版社,2016年,第181页。

表1 指称备盗贼吏负责区域的徼、部、署

	辞 例	备 注
徼	群盗 爰书：某亭校长甲、求盗才（在）某里曰乙、丙缚诣男子丁，斩首一，具弩二、矢廿，告曰："丁与此首人强攻群盗人，自昼甲将乙等徼循到某山，见丁与此首人而捕之。"（睡虎地秦简《法律答问》）①	亭校长统领亭卒求盗徼循其负责区；徼循指在徼中即边界内巡视，不限于界线上，如中尉徼循京师
	中尉，秦官，掌徼循京师。（《汉书·百官公卿表上》）②	
部	[治]等群盗盗杀人校长果部。（岳麓秦简《为狱等状四种》）③	亭校长部简称亭部；"盗贼发士吏、求盗者"通，即盗贼发于士吏、求盗之部，律文省介词"于"，部是名词，而原释文部作动词，似士吏、求盗在部勒（指挥）盗贼
	盗贼发，士吏、求盗部者，及令、丞、尉弗觉智（知），士吏、求盗皆以卒戍边二岁，令、丞、尉罚金各四两。（张家山汉简《二年律令》）④	
署	贼死 爰书：某亭求盗甲告曰："署中某所有贼死、结发，不智（知）可（何）男子一人，来告。"（《法律答问》）⑤	亭卒求盗负责区称署；戍边者岗位也称署，徭徒筑城等劳役的负责区段也称署

"害盗别徼而盗，加罪之"，即害盗在别的害盗之责任区盗，其刑罚较之黔首盗要加重。《法律答问》引律未涉及害盗、求盗在责任区内盗的刑罚，必然比"别徼而盗"更重。由此可见，黥劓为城旦舂、斩左趾又黥为城旦舂用于"加罪"即加重刑罚的场合，或因主体特殊身份而加重刑罚，或因主体已受过肉刑。后者见《二年律令》："有罪当黥，故黥者劓之，故劓者斩左止（趾），斩左止（趾）者斩右止（趾），斩右止（趾）者府（腐）之。"⑥佐弋等官署之人身份与黔首不同，因此其如《法律答问》之害盗而加罪至黥劓为城旦舂、斩左趾又黥为城旦舂乃至大辟。综上，制表2。

① 陈伟主编：《秦简牍合集·释文注释修订本（壹）》，武汉：武汉大学出版社，2016年，第276页。

② 《汉书》卷十九上《百官公卿表上》，北京：中华书局，1962年，第732页。

③ 陈松长主编：《岳麓书院藏秦简（壹—叁）释文修订本》，上海：上海辞书出版社，2018年，第139页。

④ 彭浩、陈伟、（日）工藤元男主编：《二年律令与奏谳书》，上海：上海古籍出版社，2007年，第150页。

⑤ 陈伟主编：《秦简牍合集·释文注释修订本（壹）》，武汉：武汉大学出版社，2016年，第285页。

⑥ 彭浩、陈伟、（日）工藤元男主编：《二年律令与奏谳书》，上海：上海古籍出版社，2007年，第126页。

表 2　"佐弋之罪"条的刑罚

主　　体		刑　　罚	
佐弋之罪	命而得	以其罪罪之	大辟
			斩左趾又黥为城旦舂
			黥劓为城旦舂
			黥为城旦舂
	自出	黥为城旦舂	
它罪	命而得	有大辟罪	大辟
		无大辟罪	黥为城旦舂
	自出	完为城旦舂	

第四,本条罪名。本条刑罚是完为城旦舂以上至死刑,整体偏重,这与岳麓秦简《亡律》其他涉及官署之人的律文迥然不同,后者大多涉及纯粹逃亡行为,视情节轻重而定刑罚,而不是一律处以城旦舂以上较重刑罚。如同样出现"佐弋"的下引律文:

> 寺车府乚、少府、中府、中车府、泰官、御府、特库、私官隶臣,免为士五、隐官,及隶妾(4·033/1975)以巧及劳免为庶人,复属其官者,其或亡盈三月以上而得及自出,耐以为隶(4·034/0170)臣妾,亡不盈三月以下而得及自出,笞五十,籍亡不盈三月者日数,后复亡,辄(4·035/2035)数盈三月以上得及自出,亦耐以为隶臣妾,皆复付其官。(4·036/2033)①

> 佐弋隶臣、汤家臣,免为士五,属佐弋而亡者,论之,比寺车府。内官、中官隶臣(4·007/0782)妾、白粲以巧及劳免为士五、庶人、工、工隶隐官而复属内官、中官者,其或亡(4·008/2085)……论之,比寺车府。(4·009/0796)②

鲁家亮指出"佐弋隶臣"起首律文应编联在"寺车府"起首律文之后。③ 甚确。"论之比寺车府"即比照"寺车府"起首律文的规定来论罪。上引各简之律文涉及寺车府、佐弋等官署所属之特定人群逃亡满三个月以上耐为隶臣妾。其相

---

① 陈松长主编:《岳麓书院藏秦简(肆)》,上海:上海辞书出版社,2015年,第49、50页。
② 陈松长主编:《岳麓书院藏秦简(肆)》,上海:上海辞书出版社,2015年,第41页。
③ 鲁家亮:《岳麓书院藏秦简〈亡律〉零拾》,载王捷主编:《出土文献与法律史研究(第六辑)》,北京:法律出版社,2017年,第123页。

较于"佐弋之罪"条,虽然都涉及佐弋官署,而刑罚轻重有别,其罪名必然不同。以黥劓为城旦春、斩左趾又黥为城旦春为刑罚的必然是极其严重的犯罪行为。我们认为本条涉及的不是纯粹逃亡的罪名。

二、律文与其背景——嫪毐之乱

《史记·秦始皇本纪》(以下简称《本纪》)涉嫪毐之乱文字引如下:

> 长信侯毐作乱而觉,矫王御玺及太后玺以发县卒及卫卒、官骑、戎翟君公、舍人,将欲攻蕲年宫为乱。王知之,令相国昌平君、昌文君发卒攻毐。战咸阳,斩首数百,皆拜爵,及宦者皆在战中,亦拜爵一级。毐等败走。即令国中:有生得毐,赐钱百万;杀之,五十万。尽得毐等。卫尉竭、内史肆、佐弋竭、中大夫令齐等二十人皆枭首。车裂以徇,灭其宗。及其舍人,轻者为鬼薪。及夺爵迁蜀四千余家,家房陵。[①]

《本纪》所见佐弋竭从乱之事是秦王政颁行《亡律》"佐弋之罪"条文的背景。佐弋竭从乱,因此"佐弋之罪"条的罪名是谋反及其相关罪名,这解释了律条刑罚整体偏重的现象。参考《二年律令》:"谋反者,皆要(腰)斩。"[②]西汉初年谋反者一律腰斩,刑罚严酷。然而"佐弋之罪"条并非一律死刑,因为参与人员情节轻重有别,而此条文是对已论命刑罚之亡者的刑罚调整,对自出者有所宽待。《本纪》载佐弋竭是叛乱核心人物之一,这解释了律条对"佐弋之罪"的处罚比对"它罪"处罚重。佐弋竭在枭首二十人之列,其中史文记载名字的有四人,而卫尉竭与内史肆官秩二千石,佐弋竭与中大夫令齐官秩千石以下,而佐弋竭列名于齐之前,被定为最重案犯之一。嫪毐"发县卒及卫卒、官骑、戎翟君公、舍人"与"卫尉竭、内史肆、佐弋竭、中大夫令齐等二十人"有关,嫪毐利用这些官署长吏的职掌擅发武装。"舍人"当指嫪毐私家舍人而非官舍人。职掌是治理中县道的内史肆擅发了"县卒"及县道或臣邦的"戎翟君公",而擅发"卫卒、官骑"的当是卫尉竭与中大夫令齐。然而史文似未列佐弋竭所擅发的武装名目。佐弋之罪人参与叛乱的方式当从佐弋官署职掌考察。《汉书·百官公卿表上》载"左弋"为少府属官,汉武帝更其名为佽飞,"佽飞掌弋射,有九丞两尉"。[③]《史记集解》引《汉书·百官表》

---

① 《史记》卷六《秦始皇本纪》,北京:中华书局,1959年,第227页。
② 彭浩、陈伟、(日)工藤元男主编:《二年律令与奏谳书》,上海:上海古籍出版社,2007年,第88页。
③ 《汉书》卷十九上《百官公卿表上》,北京:中华书局,1962年,第731、732页。

作"佐弋"。① 佐弋是侍奉君主弋猎的官署,里耶秦木方载:"帝子游曰皇帝。王节弋曰皇帝……王游曰皇帝游。王猎曰皇帝猎。"②即秦王政称皇帝后更改了节弋游猎的称谓。君王弋猎是秦官府的重要事务,岳麓秦简见一令文是"皇帝节游(游)"途径县道的各种规定。③ 汉武帝以后的饮飞有九丞两尉,可见其大,秦之佐弋规模当不小。佐弋官署必然储备了数量可观的弓弩矢、车马等弋猎用物,可以断定佐弋竭以官储之物武装从乱者,因此律条对佐弋之罪人惩罚较重。

三、律文与秦律篇汇编的关系

"佐弋之罪"条为何编入《亡律》篇,这一问题涉及秦律篇汇编,下文试析。

第一,"佐弋之罪"律条内容源自秦王命令。秦王政在嫪毐乱起之后颁布了若干载于《本纪》的命令,见表3。

表3 《本纪》嫪毐之乱内容之渊源分析

攻毐令	王知之,令相国昌平君、昌文君发卒攻毐
拜爵令	战咸阳,斩首数百,皆拜爵,及宦者皆在战中,亦拜爵一级
购毐令	毐等败走。即令国中:有生得毐,赐钱百万;杀之,五十万
论毐等令	尽得毐等。卫尉竭、内史肆、佐弋竭、中大夫令齐等二十人皆枭首。车裂以徇,灭其宗。及其舍人,轻者为鬼薪。及夺爵迁蜀四千余家,家房陵

可见《本纪》嫪毐乱起之后的文字基本都摘抄自秦王命令,就连"毐等败走""尽得毐等"等几处连接上下文的文字,也当源于各令的背景说明文字。这若干条颁布时间不同、功能不一的命令被《本纪》编缀为记事文字。"佐弋之罪"律条也源于秦王命令,但《本纪》未取。此令的颁布必然不早于"论毐等令",只有"论毐等令"设置了各类从乱者的刑罚后,官府才能依此令行事,确定已逃亡的涉案人员的刑罚,继而"佐弋之罪"条文才能对相关"已命"的刑罚进行调整,如自出则减刑等。

第二,"佐弋之罪"命令被编入《亡律》,其汇编主体以及编入《亡律》的原因需

① 《史记》卷六《秦始皇本纪》,北京:中华书局,1959年,第229页。
② 陈伟主编:《里耶秦简牍校释(第一卷)》,武汉:武汉大学出版社,2012年,第156、157页。
③ 陈松长主编:《岳麓书院藏秦简(陆)》,上海:上海辞书出版社,2020年,第112、113页。

要探讨。本文避免使用编纂的概念,因为这不适于描绘秦汉律的形成过程,而采用律篇汇编的说法。"佐弋之罪"命令是针对特定事件的条文,其被编入《亡律》律篇颇令当代学人疑惑。律文被认为具有普遍性,而不是针对一时一事。如前引《亡律》"佐弋隶臣"起首律条符合这一认识,只要该条不被修改或废止,那么同类逃亡人员都要受到同样的惩处,而不论其行为的地域、年代以及政治背景。对此有两种解释:第一种解释坚持认为秦律文有普遍性,而归因于律篇汇编主体,断定主体不一定是秦朝廷,而可能是郡县甚至官吏个人,或因编者能力有限,将此命令误编入《亡律》篇,或因编者为使用方便考虑;第二种解释放弃秦律文有后世意义的普遍性这一观念。这两种解释要么认为出土律令的律篇汇编主体是不确定的,要么认为当时尚未形成律文应有普遍性的观念。两者都说明秦律篇汇编明显不同于魏晋律编纂。我们更倾向后一种解释。当时汇编者因为"佐弋之罪"命令涉及的罪人都在逃亡,将其编入《亡律》篇中,符合当时的观念。

第三,关于"佐弋之罪"律文晦涩难解的原因。京大读简班指出,"条文的含义尚不明确",认为前有缺简。[①] 今人有晦涩的观感,原因是条文的背景说明在编入律篇时被删去了。目前所见秦律条文极少保留背景说明文字,可知如此删减是惯常做法。对于当时官吏而言,佐弋等官署罪人从嫪毐作乱是常识,删减不影响秦人对条文的理解与适用。《本纪》对其所采诸令的删减幅度也不小,如"论毐等令",今人读来不甚觉晦涩是史笔高超之故。在整理与研究秦律令文献时,根据当代学人的观感而轻易断言缺简,是值得商榷的。

第四,"佐弋之罪"律条的抄写年代不早于秦统一,证据是其书"罪"字而非"辠"字,据里耶秦木方"罪"替代"辠"是在统一之后。[②] 从书风分析,本条书者是《亡律》的典型书手之一,此书手连续抄写了本条与若干其他《亡律》律文。秦王政二十六年(前221年)是嫪毐乱发十数年后,本条何以还抄入《亡律》篇中?秦王政十一年(前236年)就宽待嫪毐舍人,见《史记·秦始皇本纪》:"秋,复嫪毐舍人迁蜀者。"[③]又见《史记·吕不韦列传》:"秦王所加怒吕不韦、嫪毐皆已死,乃皆复归嫪毐舍人迁蜀者。"[④]秦王当也会减轻其他从乱者刑罚。上文分析"佐弋

---

① 日本"秦代出土文字史料研究"班撰:《岳麓书院所藏简〈秦律令(壹)〉译注一(下)》,张奇玮译,载杨振红主编:《简牍学研究(第十辑)》,兰州:甘肃人民出版社,2021年,第109页。

② 陈伟主编:《里耶秦简牍校释(第一卷)》,武汉:武汉大学出版社,2012年,第156页。

③ 《史记》卷六《秦始皇本纪》,北京:中华书局,1959年,第231页。

④ 《史记》卷八十五《吕不韦列传》,北京:中华书局,1959年,第2513页。

之罪"命令的颁布时间上限不早于"论毒等令",下限当与"复归嫪毒舍人迁蜀者令"同时或稍晚。嫪毒乱、吕不韦死的十数年之后,相关人员早已不是秦廷最关注的亡命者,秦廷在统一之后继续重申"佐弋之罪"条文基本是不可能的,即使秦廷没有明文废止,本条也已成具文。岳麓简《亡律》篇本条与其他律文连续抄写的现象说明,该《亡律》卷册的抄写很可能是官吏私人行为,其所抄底本年代在嫪毒乱后数年,因此尚存本条,然而岳麓简《亡律》抄写时若干条文早已成具文。

以上从秦律篇汇编的条文选取标准、删减现象与抄写年代等方面讨论了《亡律》篇之"佐弋之罪"律条。我们尚未形成对秦律篇汇编过程的清晰而可信的认识,但可以肯定秦律篇汇编与魏晋律令编纂不可同日而语。将魏晋以后的律篇格式与特征套用在对秦律篇的分析上,是值得商榷的做法。

岳麓秦简《亡律》所见舍、匿诸条律文解析[*]

刘自稳

中国政法大学法律古籍研究所

摘要：岳麓书院藏秦简《亡律》公布后,学界提出了与整理者不同的排列复原方案。新方案关于舍、匿诸条的排序虽然可信度较高,但部分简之间的编联仍存在可商榷之处。结合对"舍罪人"律条中一般逃亡和犯罪逃亡人员类型的分析,可以发现"匿罪人"律条中存在缺简,且其律文结构也不同于"舍罪人"律条。舍、匿诸条中以日期起首的律文是对原有简文的追加规定,秦至少通过两次补充规定才使秦律关于舍、匿罪人律条得以完备。

关键词：岳麓秦简；《亡律》；舍匿；追加规定

《岳麓书院藏秦简(肆)》第一组简的内容为秦代《亡律》佚文,纪婷婷、张驰综合运用书写笔迹、简册背划线、反印文及简文内容对该组简进行了重新编联,形成《〈岳麓肆·亡律〉编联刍议》(以下简称《刍议》)一文。^① 其中,有关舍、匿诸简的编联是《刍议》再编的第一组简,也是其他组简文编联的基础。舍、匿诸简的再编简册背划线大致成一条直线,简文内容大体相关且连贯,整体编联可靠性较高。笔者在研读《刍议》一文时发现,结合简文内容及背划线等信息,再编简册在部分简之间的编联仍存在可商榷之处。基于《刍议》还原简文,根据笔者划分之结构先誊录简文于下,后文分别分析各简内容关系,并在此基础上思考该组律文所反映的秦律形态及相关问题。

  A. 人奴婢,黥为城旦舂,主匿黥为城旦舂以下到耐罪,各与同法。

  (016/2041)主匿亡收∟、隶臣妾,耐为隶臣妾,其室人存而年十八岁者,

---

  * 基金项目：2021年度教育部人文社会科学研究青年基金项目"秦汉简牍中民事诉讼史料集释与研究"(项目编号：21YJC770022)。

  ① 参见纪婷婷、张驰：《〈岳麓肆·亡律〉编联刍议》,载李学勤主编：《出土文献》(第13辑),上海：中西书局,2018年,第231-276页。

各与其疑同法,其奴婢弗坐,典、田(003/1965)典、伍不告,赀一盾,其匿□□归里中,赀典、田典一甲,伍一盾,匿罪人虽弗敝(蔽)貍(埋),智(知)其请(情),舍其室,(004/2150)……(缺简)……为匿之(079/2017)廿年后九月戊戌以来,其前死及去而后逯者,尽论之如律。(070/2010)

B. 盗贼讂(逐)者及诸亡坐所去亡与盗同法者当黥城旦舂以上及命者、亡城旦舂、鬼薪、白粲舍人(060/2011)室、人舍、官舍,主舍者不智(知)其亡,赎耐。其室人、舍人存而年十八岁者及典、田典不告,赀一甲。伍(061/1984)不告,赀一盾└。当完为城旦舂以下到耐罪及亡收、司寇、隶臣妾、奴婢阑亡者舍(062/1977)人室、人舍、官舍,主舍者不智(知)其亡,赀二甲。其室人、舍人存而年十八岁以上者及典、田典、伍不告(063/2040)赀一盾。(064/1979)廿年后九月戊戌以来,其前死及去乃后逯者,尽论之如律。卿,其家啬夫是坐之。(044/2089)

C. 廿五年五月戊戌以来,匿亡人及将阳者其室,主匿赎死罪以下,皆与同罪。亡人罪轻于(045/2088)……(缺简)……而舍之,皆赀一甲。(002/2042)匿罪人当赀二甲以上到赎死,室人存而年十八岁以上者,赀各一甲,其奴婢弗坐,典、田典(001/1966)……

D. 取罪人、群亡人以为庸,智(知)其请(情),为匿之。不智(知)其请(情),取过五日以上,以舍罪人律论之。(075/2012)廿年后九月戊戌以来,取罪人、群亡人以为庸,虽前死及去而后逯者,论之如律。(076/1985)

E. 父母、子、同产、夫妻或有罪而舍匿之其室及敝(蔽)匿之于外,皆以舍匿罪人律论之。(006/1930)①

一、相关概念说明

岳麓秦简公布之前,秦汉传世文献以及张家山汉简中就有"舍""匿"的相关

---

① 释文参见陈松长主编:《岳麓书院秦简(肆)》,上海:上海辞书出版社,2015年。后文所引《岳麓书院秦简(肆)》皆出自此书,不再单独出注。简045/2088中间简文句读原为"匿亡人及将阳者,其室主匿",鲁家亮将"其室"属上读,后日本京都大学"秦代出土文字史料研究"班(以下简称京大研究班)指出图版显示"室"和"主"中间存有钩识符,可佐证鲁说。刘欣欣指出整理者释文简062/1977"当完为城旦舂"中"为"字,据图版为误增。相关文献参见鲁家亮:《岳麓书院藏秦简〈亡律〉零拾之二》,http://www.bsm.org.cn/show_article.php?id=2510,2016年3月31日;刘欣欣:《秦汉〈亡律〉分类集释》,湖南大学硕士学位论文,2017年,第63页;日本"秦代出土文字史料研究"班:《岳麓书院所藏简〈秦律令(壹)〉译注一(上)》,张奇玮译,载杨振红主编:《简牍学研究》(第9辑),兰州:甘肃人民出版社,2020年。

记载,学者已对"舍""匿"的含义展开诸多讨论。新见岳麓秦简《亡律》,提供了大量秦代"舍""匿"律文,秦汉律中已可见"舍亡人""匿罪人""舍匿罪人"等不同表述。有学者认为"舍"为不知其情而为逃亡者提供住所,"匿"为知其情而主观包庇藏匿逃亡者。① 对于以知情与否区分"舍"和"匿"的认识,宫宅洁指出"舍"和"匿"不存在二律背反,"'舍'具有不问'知'与'不知',收留某人这种较宽泛的含义,其中知情而收留的行为,被特别称为'匿'"。② 而关于合写的"舍匿",学者意见分歧较大,大致可分三类。一是,"舍匿罪人"就是"匿于家中"。张家山汉简《二年律令》167 简"诸舍匿罪人,罪人自告,若先自告,罪减,亦减舍匿者罪",整理小组注释"舍匿,匿于家中"。③ 二是,不强调"舍匿罪人"一定藏匿于家中,"舍匿"包括窝藏的一切犯罪行为。④ 三是,"舍匿罪人"为"舍罪人"和"匿罪人"合写,"舍罪人"是当事人在不知情逃亡者逃亡事实时为其提供住所,"匿罪人"是当事人故意窝藏逃亡人员。⑤ 关于第一说,张家山汉简整理小组虽明确藏匿地点为家中,但并未指出当事人主观是否知情。结合律令规定对"舍"和"匿"情形判罚的不同,以及张家山汉简《奏谳书》65 简"诚智(知)种无名数,舍匿之",明显可见"舍匿"为知其情的情况,纪婷婷认为"舍匿"就是"匿"的一种,即主观知情而藏匿逃亡人员于家中,同时其还指出与"舍匿"相对的情形为"敞匿"。⑥

如上所述,"舍"和"匿"的区别与联系,以及两者组合的"舍匿"在不同语境下的具体含义有待进一步厘清。

首先,"匿"是主观上知情窝藏当为诸家共识,无须赘论。需要注意的是,"匿"在秦汉法律文献中存在场所上的区分。上引岳麓秦简 004/2150 简"匿罪人

---

① 参见陈松长、刘欣欣:《秦汉〈亡律〉"舍匿罪人"探析》,载邬文玲主编:《简帛研究二〇一七》(春夏卷),桂林:广西师范大学出版社,2017 年,第 77—79 页。

② 参见(日)宫宅洁:《岳麓书院所藏〈亡律〉题解》,陈璐译,载中国政法大学法律古籍整理研究所编:《中国古代法律文献研究》(第 13 辑),北京:社会科学文献出版社,2019 年,第 92 页。

③ 张家山二四七号汉墓竹简整理小组:《张家山汉墓竹简[二四七号墓]》(释文校订本),北京:文物出版社,2006 年,第 31 页。

④ 参见(日)富谷至编:《江陵张家山二四七号墓出土汉律令的研究》(译注篇),京都:朋友书店,2006 年,第 108 页;陈伟:《张家山汉简杂识》,《燕说集》,北京:商务印书馆,2011 年,第 328 页。

⑤ 参见陈松长主编:《岳麓书院藏秦简(肆)》,上海:上海辞书出版社,2015 年,第 79 页;陈松长、刘欣欣:《秦汉〈亡律〉"舍匿罪人"探析》,载邬文玲主编:《简帛研究二〇一七》(春夏卷),桂林:广西师范大学出版社,2017 年,第 79 页。

⑥ 参见纪婷婷:《岳麓书院藏秦简〈亡律〉集释及文本研究》,武汉大学硕士学位论文,2017 年,第 11、12 页。

虽弗敝（蔽）貍（埋），智（知）其请（情），舍其室"显然是藏匿于家室，"虽弗敝（蔽）貍（埋）"则反映此种藏匿方式具备非刻意的特点。上引岳麓秦简 006/1930 的"匿"区分了"舍匿之其室"和"敝（蔽）匿之于外"两种方式，至于"舍匿之其室"又可简称为"舍匿"，张家山汉简《奏谳书》65 简"诚智（知）种无名数，舍匿之"即此种情况。

其次，将"舍"理解为不知情而容留逃亡者，稍显狭隘。"舍"作"容止"即留宿他人之义时，容留的对象并非只有逃亡者，如《史记》卷 78《春申君列传》"赵平原君使人于春申君，春申君舍之于上舍"[①]，《史记》卷 81《廉颇蔺相如列传》"秦王度之，终不可强夺，遂许斋五日，舍相如广成传"[②]。法律视野下"匿"的对象是有意躲避官方抓捕逃亡人员，所以"舍"和"匿"并非对举概念。当舍的对象限定为逃亡人员时，同时存在知情和不知情的可能，秦及汉初法律文献规定中，往往会明确说明"舍"的行为知情与否。上引简 004/2150"匿罪人虽弗敝（蔽）貍（埋），智（知）其请（情），舍其室"，简 054/1990 的"舍人室，室主舍者，智（知）其请（情）"，以及《岳麓书院藏秦简（伍）》简 171/1813"智（知）其请（情）而舍之"[③]，都写明是知其情的"舍"。此种情形下，知情而刻意藏匿且留宿地点为室内，实则就是上文分析的"舍匿"。另外，上引简 061/1984 和 063/2040 中"舍人室、人舍、官舍，主舍者不智（知）其亡"，张家山汉简《二年律令·亡律》"诸舍亡人及罪人亡者，不智（知）其亡"[④]，则都是不知逃亡而留宿，在留宿地点上则存在私人室舍和官舍多种情形。

需要注意的是，上引简 075/2012 为"取……亡人以为庸"的规定，其中提到"舍罪人律论"，相似记载还见于《二年律令·亡律》172 简"舍亡人律"。因为律文已经限定不知情而取亡人为庸，此时适用"舍亡人律"，可见在特定语境下"舍"也可狭义地理解为不知其情而舍。因而当舍的对象为逃亡人员时，广义的"舍"就是留宿且无知情与否的倾向，部分特定语境下又可狭义地理解为不知逃亡情形而留宿。至此，关于"舍""匿"和"舍匿"三者之间的关系，可以图 1 展示。

另外，上引 006/1930 简"舍匿之其室"以及《奏谳书》65 简"诚智（知）种无名

---

① 《史记》卷七八《春申君列传》，北京：中华书局，1982 年，第 2395 页。

② 《史记》卷八一《廉颇蔺相如列传》，北京：中华书局，1982 年，第 2441 页。

③ 陈松长主编：《岳麓书院藏秦简（伍）》，上海：上海辞书出版社，2017 年，第 25 页。

④ 张家山二四七号汉墓竹简整理小组：《张家山汉墓竹简［二四七号墓］》（释文校订本），北京：文物出版社，2006 年，第 31 页。

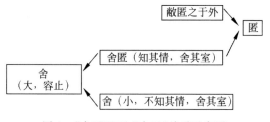

图 1 "舍""匿"和"舍匿"关系示意图

数,舍匿之"等处合写的"舍匿",需连读理解为藏匿于舍,部分语境下合写的"舍匿"又需断读理解。《二年律令·亡律》167 简"诸舍匿罪人,罪人自出,若先自告,罪减,亦减舍匿者罪"①,本简是有关舍和匿罪人时,自出或自告减罪的一般规定,并非仅仅针对"舍匿"——知情而留宿的情形,故而"诸舍匿罪人"当断读理解为"诸舍罪人"和"诸匿罪人"。

明晰"舍""匿"的区别后,拟说明秦汉律中被舍或匿的对象是哪些逃亡群体。已公布秦汉律中,岳麓秦简和张家山汉简《二年律令》都有《亡律》律篇,律文规定了不同身份人员逃亡后的量刑标准,舍匿对象所指涉的就是这些不同类型的逃亡者。目前学界对逃亡主体的归纳方式,大致可分为三类。第一类,基于逃亡者身份不同而区分的逃亡类型,如周海锋将逃亡对象分为刑徒、黔首、奴婢三类,另外还有官吏逃亡。② 第二类,根据逃亡人员是否犯有本罪进行的区分。如张功将逃亡犯罪分为两类:一是原本无罪因逃亡而触犯法律,即无罪者因逃亡而犯罪;二是罪犯为逃避惩罚而逃亡即罪犯因逃亡而再次犯罪。③ 又如张传玺对秦及汉初逃亡犯罪的讨论也分为"一般逃亡"和"犯罪后逃亡"两类。④ 第三类,多将前两类标准杂糅。如闫晓君将逃亡罪名分为"吏民亡""亡妻和亡奴婢""罪犯的逃亡"等。⑤ 邹水杰认为秦汉律中"去亡"表示的是行为人为了逃避犯罪、屯役或特定身份的逃亡。⑥

① 张家山二四七号汉墓竹简整理小组:《张家山汉墓竹简[二四七号墓]》(释文校订本),北京:文物出版社,2006 年,第 31 页。

② 参见周海锋:《秦律令研究》,湖南大学博士学位论文,2016 年,第 29-38 页。

③ 参见张功:《秦汉逃亡犯罪研究》,武汉:湖北人民出版社,2006 年,第 10 页。

④ 参见张传玺:《秦及汉初逃亡犯罪的刑罚适用和处理程序》,《法学研究》2020 年第 3 期。

⑤ 参见闫晓君:《张家山汉简〈亡律〉考论》,《法律科学》(西北政法大学学报)2009 年第 1 期。

⑥ 参见邹水杰:《论秦及汉初简牍中有关逃亡的法律》,《湖南师范大学社会科学学报》2019 年第 1 期。

上述按身份或者有无本罪的分类都有其合理性,至于杂糅两类标准的分类,往往是将一般逃亡中的身份进行细化。实际上,以有无本罪区分逃亡类型的标准亦见于秦汉《亡律》相关记载,如岳麓秦简《亡律》075/2012 简"取罪人、群亡人以为庸",朱红林认为"罪人"就是"原本被判有罪的人逃亡","群亡人"就是"原本无罪的亡人"。① 《二年律令·亡律》170—171 简的"诸舍亡人及罪人亡者",纪婷婷对"亡人"和"罪人亡者"亦有相似解读。② 因而,本文拟采用"一般逃亡"和"犯罪后逃亡"的分类标准,依据有罪逃亡的罪罚轻重和一般逃亡的身份等级对逃亡主体进行分类分等,进而展开对律条结构及相关问题的分析。

二、舍(不知其情)罪人律条解析

上引 B 组简文中的简 060/2011～064/1979 背划线连贯,内容衔接紧密,《刍议》也认可整理者的编联方案。笔者后文对舍匿诸简编联的补充,也将基于对该组律文的分析展开。简 060/2011～064/1979 是关于惩处不知情而留宿逃亡者的相关人员之规定,学界关于所收容逃亡人员的具体类别及构成存在较大争议,尤其因对简 060/2011"盗贼旞(遂)者及诸亡坐所去亡与盗同法者当黥城旦舂以上及命者、亡城旦舂、鬼薪、白粲"一句断句不同,产生多个不同观点。陈迪梳理并辨析诸家关于此句的断读方案,认为所涉对象可作如下分类:

(1) 盗贼旞(遂)者当黥城旦舂以上;

(2) 诸亡坐所去亡与盗同法者当黥城旦舂以上;

(3) 命者;

(4) 亡城旦舂、鬼薪白粲。③

第(1)类中的盗贼"旞",整理者注释:"旞,通遂。《说文·辵部》:'遂,亡也。'"京大研究班认为:"'遂'字用于囚犯逃亡之际的例子很多,岳麓简中可见盗贼的'遂',与'亡'的区别还不清楚。"④石洋认为:"'亡'单表示逃亡行为或状

---

① 参见朱红林:《〈岳麓书院藏秦简(肆)〉补注(二)》,载武汉大学简帛研究中心主办:《简帛》(第 15 辑),上海:上海古籍出版社,2017 年,第 99 页。

② 参见纪婷婷:《岳麓书院藏秦简〈亡律〉集释及文本研究》,武汉大学硕士学位论文,2017 年,第 42 页。

③ 陈迪:《〈岳麓书院藏秦简(肆)〉60-64 简试析》,载邬文玲、戴卫红主编:《简帛研究二〇一八》(秋冬卷),桂林:广西师范大学出版社,2018 年,第 143 页。

④ 日本"秦代出土文字史料研究"班:《岳麓书院所藏简〈秦律令(壹)〉译注一(下)》,张奇玮译,载杨振红主编:《简牍学研究》(第 9 辑),兰州:甘肃人民出版社,2020 年,第 113 页。

态,'亡人'仍然可能被捕归案,而'窷'所显示的情况,基本都是成功逃掉。"①可见,这一类型当指所犯本罪被判为黥为城旦舂以上的成功逃亡盗贼。② 张家山汉简《二年律令·贼律》23 简载"贼杀人,及与谋者,皆弃市"③,贼杀人及与谋者该当刑弃市自然在黥城旦舂以上,当贼杀人及与谋者犯罪后逃亡,逃亡者就属于上述第(1)类。第(2)类则是指逃亡行为折合钱数比照盗律被判为黥为城旦舂以上的逃亡者。岳麓秦简《亡律》简 017/1981 和 018/1974 规定隶臣妾、司寇冗作、当践更者逃亡后,根据逃亡天数折合钱数比照盗赃值论处,当对应处罚结果在黥城旦舂以上时即属于此类。对此类逃亡者,京大研究班与陈迪的解读方案基本相同,但对第(3)类"命者"的认识则又有不同。陈迪认为"秦时特指犯有'黥城旦'以上确定之刑罚的罪犯"④,而京大研究班认为当指"确定了刑名的应当判处完城旦舂、鬼薪白粲以上的犯罪者"⑤。两者都认为"命者"是确定了罪名之人,而对此处"命者"对应的刑罚基点是"黥城旦"还是"完城旦舂、鬼薪白粲"则存在争议。至于两者的争议,即对此处"命者"刑罚基点的分析拟在后文详细说明。保科季子指出"命者"都系犯案后逃亡,官府在尚未捉到他们时就判定了罪名。⑥因而,与第(3)类已经确定罪名的逃亡者对照,我们认为第(1)类和第(2)类当指尚未判定罪名的逃亡者。据张家山汉简《二年律令·具律》122、123 简规定,本罪为完城旦舂、鬼薪白粲以上的逃亡者,在其逃亡期间被确定罪名后,需要依其本罪"命之",进而成为"命者"。本简第(1)类和第(2)类本罪都在黥为城旦舂以上,若已定罪则入第(3)类,既然三者并列,只能将第(1)类和第(2)类

---

① 石洋:《论岳麓秦简肆〈亡律〉中的"窷"》,载王捷主编:《出土文献与法律史研究》(第9辑),北京:法律出版社,2020年,第163页。

② 京大研究班将四类人员中的第一类翻译为"逃亡中的盗贼",即未将"盗贼窷(遂)者"与后文的"黥城旦舂以上"联系起来。我们认为"盗贼窷(遂)者"所犯罪行对应的刑罚也应有等级之分,即此处的黥为城旦舂以上和该组律文后文的完为城旦舂以下到耐罪,所以暂从陈迪的分类方法。参见日本"秦代出土文字史料研究"班:《岳麓书院所藏简〈秦律令(壹)〉译注一(下)》,张奇玮译,载杨振红主编:《简牍学研究》(第9辑),兰州:甘肃人民出版社,2020年,第120页。

③ 张家山二四七号汉墓竹简整理小组:《张家山汉墓竹简[二四七号墓]》(释文校订本),北京:文物出版社,2006年,第11页。

④ 陈迪:《〈岳麓书院藏秦简(肆)〉60-64 简试析》,载邬文玲、戴卫红主编:《简帛研究二〇一八》(秋冬卷),桂林:广西师范大学出版社,2018年,第141-142页。

⑤ 日本"秦代出土文字史料研究"班:《岳麓书院所藏简〈秦律令(壹)〉译注一(下)》,张奇玮译,载杨振红主编:《简牍学研究》(第9辑),兰州:甘肃人民出版社,2020年,第113页。

⑥ (日)保科季子:《亡命小考——兼论秦汉的确定罪名手续"命"》,载武汉大学简帛研究中心主办:《简帛》(第3辑),上海:上海古籍出版社,2008年,第347页。

看作未确定罪名的在逃者。第（4）类可以明确为其逃亡时身份为城旦舂和鬼薪白粲的逃亡者。基于此，我们姑且可将前三类称为犯罪逃亡，最后一类称为一般逃亡。

根据简 060/2011～064/1979 规定的逃亡对象和相关人员的惩处标准，上述所涉四类逃亡者的规定可视为不知情而舍亡人律条的第一档，"当完为城旦舂以下……不告（063/2040）赀一盾"则为第二档。比照前一档的律文结构，062/1977 简"当完为城旦舂以下到耐罪"之前当省略了"盗贼羡（遂）者及诸亡坐所去亡与盗同法"。依据前档对亡人类型的划分，该档的犯罪逃亡者为"盗贼羡（遂）者完为城旦舂以下到耐罪"和"诸亡坐所去亡与盗同法完为城旦舂以下到耐罪"，该档的一般逃亡者则为收人、司寇、隶臣妾、奴婢、阑亡者五类。五类人员中的"阑亡者"是指逃亡日期超过一岁者，其包括普通吏民的逃亡在内。① 将两档合并分析可以发现，就犯罪逃亡而言，两档中逃亡者罪行为"黥城旦舂以上"和"完城旦舂以下到耐罪"两档，合并即构成从死刑到耐罪的刑罚序列。就一般逃亡而言，两档中的身份涵盖了普通吏民、奴婢和各类刑徒。

"匿"相较于不知情而"舍"，只是隐匿者具有主观犯罪意图，而被"匿"的对象与不知情而"舍"的对象应当是一致的。以上分析 060/2011～064/1979 一组律文中明确了不知情而"舍"的对象，这些对象也应当被"匿"的相关条文所规定。以上区分两种逃亡类型及所含身份人员，正是为了后文在对"匿"相关条文分析中，更加清晰地呈现其不同于"舍"条文的结构方式。

在汉初《二年律令》所见《亡律》中也有关于"舍"逃亡人员的规定：

> 诸舍亡人及罪人亡者，不智（知）其亡，盈五日以上，所舍罪当黥▢赎耐；完城旦舂罪以下到耐罪，及亡收、隶臣妾、奴婢及亡盈十二月以上（170）赎耐。（171）②

《二年律令》的表述较岳麓秦简更为简单，直接将逃亡人员分为"亡人"和"罪人亡"两类，即一般逃亡和犯罪逃亡。《二年律令》简 170 中所见"舍"的对象也可分为两档，其中第二档的对象与岳麓秦简中第二档完全对应，而第一档残存的"舍罪当黥……"也可与岳麓秦简第一档中"当黥城旦舂以上"对应。两者的不同

---

① 周海锋：《秦律令研究》，湖南大学博士学位论文，2016 年，第 41 页。

② 张家山二四七号汉墓竹简整理小组：《张家山汉墓竹简［二四七号墓］》（释文校订本），北京：文物出版社，2006 年，第 31、32 页。

在于,《二年律令》中只有对主舍者的惩罚规定而无涉连坐者。同时,《二年律令》中第二档"赎耐"较岳麓秦简"赀二甲"的惩罚要重。前者可能是《二年律令》的摘抄性质所致,也可能由于秦汉律的规定发生了变化,后者则提示简170和简171之间的编联值得商榷。① 总之,可以看出秦及汉初的《亡律》律篇中都有关于不知情的情况下包藏逃亡人员的惩罚规定,对包藏者的惩罚都是罚金刑。根据岳麓秦简060/2011~064/1979简的规定可以制成表1。

表1 舍(不知其情)罪人律条结构示意

层级	类型	舍 的 对 象	主舍者	室人、舍人存而年十八岁以上者	典、田典	伍
第一档	犯罪逃亡	当黥城旦舂以上	赎耐	赀一甲	赀一甲	赀一盾
		命者				
	一般逃亡	城旦舂、鬼薪白粲				
第二档	犯罪逃亡	完为城旦舂以下到耐罪	赀二甲	赀一盾	赀一盾	赀一盾
	一般逃亡	收人、司寇、隶臣妾、奴婢、阑亡者				

基于以上舍(知其情)罪人律条中对相关人员惩罚规定的分析,我们再来看其中较为特殊的"命者"具体所指及其为何出现在这一序列中。

既有研究对"亡命"之"命"的讨论已十分充分。简牍材料出土之前,学者大多依据传世文献将"命"解释为"名"。西嶋定生、王毓铨、臧知非、朱绍侯等都将

① 周海峰认为是加重惩罚,纪婷婷认为两简的编联可能存在问题。参见周海锋:《秦律令研究》,湖南大学博士学位论文,2016年,第41页;纪婷婷:《岳麓书院藏秦简〈亡律〉集释及文本研究》,武汉大学硕士学位论文,2017年,第43页。比照秦汉律两处《亡律》,张家山汉简170简简首的"赎耐"惩罚应针对舍"黥城旦舂罪以上"逃亡者的主舍者,而170简后文的"主舍完城旦舂罪以下到耐罪"也被处以"赎耐",两者所舍罪人罪行轻重明显有差而处罚一致,显然并不合理,所以170简和171简难以接续。另外,细审图版,170简目前是由4枚残片遥缀而成,因而能否组成一枚简本存疑问。比照岳麓秦简《亡律》以及170简中后半句的记载,可以发现前半句主舍的逃亡人员既有犯罪逃亡"罪当黥……"的罪人,还应该包括一般逃亡者的"城旦舂、鬼薪白粲"。但是从尺寸来看,目前4枚遥缀简内已无法安放更多简文,所以组成170简的4枚残片和其他缺失残片共同组成两枚简的可能较大。此处根据岳麓秦简《亡律》推测《二年律令·亡律》简170这组有关"不知其情而舍人"的律文完整内容或如下:

诸舍亡人及罪人亡者,不智(知)其亡,盈五日以上,所舍罪当黥[城旦舂以上及命者、亡城旦舂、鬼薪白粲,赎耐;所舍罪当]完城旦舂罪以下到耐罪,及亡收、隶臣妾、奴婢及亡盈十二月以上,[赀二甲]。

"命"通作"名",意为"名籍","亡命"即从名籍中逃亡或删削名籍。① 简牍材料的发现提供了有关"命"的新材料,如"命者""论命"等法律术语引发学者新的讨论。保科季子认为,"命"是确定罪名的司法手续,其是在"论"之后的司法程式阶段,即将已经确定的刑罚通知有关部门的命令。② 陶传祥认为,"命"虽通"名",但是作定罪或罪名解,"亡命"乃因罪逃亡。③ 周海锋认同保科季子之说,补充指出"命者"是在逃而被论罪者的一个专门称谓,"亡命"应理解为"命亡",指已论罪而逃亡者。④ 岳简整理小组在《岳麓书院秦简(肆)》中将简047/2009"不得,命之"中的"命"注释为"命,出告示缉拿"。陈迪针对保科季子之说提出质疑,认为"论命"一词中"论"包括了"定罪名",再将"命"解释为确定罪名有重复之嫌,将确定刑罚通知有关部门失之笼统,"命"应该是予以公开缉捕逃亡之重罪。⑤ 从岳麓秦简中"命而得""不得命之"等辞例来看,将"命"理解为"已经确定罪名(并被通缉)"或更妥当。但"命者"的身份,前引陈迪和京大研究班的认识则存在一定差异,具体所指还需再审张家山汉简《具律》简122到简124一组简文的含义:

> 有罪当完城旦舂、鬼薪白粲以上而亡,以其罪命之;耐隶臣妾罪以下,论令出会之。其以亡为罪,当完城旦舂、鬼薪白粲以上不得者,亦以其罪论命之。⑥

根据本简记载,"命之"出现有两个场合:一是犯罪逃亡,对所犯本罪在完城旦舂、鬼薪白粲以上的逃亡者在其本罪论罪后,以其所犯本罪"命之";二是没有本罪的一般逃亡,对其亡罪在逃亡者缺席审判的情况下被判定为当完城旦舂、鬼薪白粲罪的,以被论之后的亡罪进行"命之"。因而,无论犯罪逃亡还是一般逃

① 参见(日)西嶋定生:《中国古代帝国的形成与构造——二十等爵制研究》,武尚清译,北京:中华书局,2004年,第353页;王毓铨:《〈史记〉尝遍亡人为两类适民说》,载中华书局编辑部编:《文史》(第12辑),北京:中华书局,1981年,第304页;臧知非:《"闾左"新证——以秦汉基层社会结构为中心》,《史学集刊》2012年第2期;朱绍侯:《对几种"亡命"说的分析与评论》,《中原文化研究》2017年第4期。
② (日)保科季子:《亡命小考——兼论秦汉的确定罪名手续"命"》,载武汉大学简帛研究中心主办:《简帛》(第3辑),上海:上海古籍出版社,2008年,第347页。
③ 陶传祥:《秦汉"亡命"考论》,《南都学坛(人文社会科学学报)》2016年第2期。
④ 周海锋:《秦律令研究》,湖南大学博士学位论文,2016年,第31、32页。
⑤ 陈迪:《〈岳麓书院藏秦简〉(肆)60-64简试析》,载邬文玲、戴卫红主编:《简帛研究二〇一八》(秋冬卷),桂林:广西师范大学出版社,2018年,第139、140页。
⑥ 张家山二四七号汉墓竹简整理小组:《张家山汉墓竹简[二四七号墓]》(释文校订本),北京:文物出版社,2006年,第25页。

亡,在其逃亡期间确定其所犯本罪,如果本罪在完城旦舂、鬼薪白粲以上,就依据论罪后所获本罪"命之"。至于后续,依据本罪"命之"而抓捕到逃亡者或者逃亡者自出,最终逃亡者实际所获刑罚并非此前所论的本罪,而依据具体情形有别,具体可参见岳麓秦简《亡律》简 051/2081、052/2039 和张家山《二年律令·具律》100 简的规定。

陈迪认为,秦代被"命之"之人为刑罚更重的黥城旦舂以上的逃亡者,主要有两方面的论据。一是,岳麓秦简《亡律》上引舍罪人律条第二档中不属于"命者"的"当完城旦舂以下……"与《二年律令·具律》"命者"为"当完城旦舂、鬼薪白粲以上",两者重合出现"完城旦舂、鬼薪白粲",所以秦"命者"特指犯有"黥城旦"以上确定刑罚的罪犯。[①] 实际上,上引岳麓秦简《亡律》舍罪人律条中第一档的"黥城旦以上"和第二档的"当完城旦舂以下……"都是还没有被审判定罪的逃亡者,和已经判决定罪名的"命者"不是同一类身份之人。以本罪是上引律文第二档中的"完城旦舂"罪的逃亡者为例,如果其尚未被官府发觉犯罪事实即尚未被判罪,主舍者及相关人员以第二档定罪;如果其在逃亡过程中被官府发觉并在逃亡过程中就被论"完城旦舂"罪,按照《二年律令·具律》简 122 到简 124 的规定,对已经论了"完城旦舂罪"的逃亡者进行命之,则其身份进入第一档的"命者",主舍者及相关人员按第一档定罪。

理据之二是下列简文中的规定:

城旦舂亡而得,黥,复为城旦舂;不得,命之。自出殹(也),笞百。(047/2009)

城旦舂司寇亡而得,黥为城旦舂,不得,命之。(050/1976)

佐弋之罪,命而得,以其罪罪之。自出殹(也),黥为城旦舂。它罪,命而得,黥为城旦舂,其有大辟罪(051/2081)罪之。自出殹(也),完为城旦舂。(052/2039)

前两条简的内容是身份为"城旦舂"和"城旦舂司寇"逃亡之后,在对他们进行缺席审判的情况下定其罪为"黥城旦舂",然后以"黥城旦舂"的罪名"命之",如此并不能推出"命者"对应罪行下限,只能看出"命者"包含的部分情况。而第三

---

① 陈迪:《〈岳麓书院藏秦简〉(肆)60-64 简试析》,载邬文玲、戴卫红主编:《简帛研究二〇一八》(秋冬卷),桂林:广西师范大学出版社,2018 年,第 141 页。

条材料恰能说明"命者"的含义与《二年律令·具律》包含对象一致,并不存在秦代更重的情况。笔者认为简文中的"佐弋之罪"是死罪,而"它罪"就是不包含死罪的"完城旦舂、鬼薪白粲以上"罪。至于"它罪,命而得,黥为城旦舂",是指"它罪"被命之后被抓捕到的才会被判为"黥城旦舂",并非以"黥城旦舂"来"命之",所以"命者"的身份也是确定之刑罚为"完城旦舂、鬼薪白粲以上"罪的在逃者。综上,舍罪人律条第一档中的第(3)类"命者"与犯罪逃亡的第(1)(2)类和第(4)类的区别在于,第(3)类是已为官府知情并判罚定罪的逃亡者,且其所定本罪在完城旦舂、鬼薪白粲以上。

至此,我们不得不思考为何将"命者",即本罪为"完城旦舂、鬼薪白粲"以上的逃亡人员置于第一档中单独规定,而不将本罪为"耐隶臣妾罪以下"且已被审判确定本罪的逃亡者置入第二档中。笔者目前的推测是,如前文表1梳理的律文内容,可能在于本罪为"完城旦舂、鬼薪白粲"的亡人在论罪前后,主舍者及相关连坐者所受的惩罚是不同的。本罪为"完城旦舂、鬼薪白粲"的逃亡者,未论罪时,主舍者处罚为第二档的赀二甲;其被论罪后为"命者",主舍者的处罚进入第一档的赎耐。至于"完城旦舂、鬼薪白粲"这一刑罚之下,即该当刑为"耐隶臣妾罪以下"的犯罪逃亡者,其在官府规定的会期之内自出或被捕得,其刑罚不变,仍属于第二档"完城旦舂、鬼薪白粲以下",主舍者及相关连坐者所受的惩罚也不变,因而无须单独写上。

通过上述对舍罪人律条的内容分析,就060/2011～064/1979简中不知情而舍罪人的对象,包含了犯罪逃亡后本罪为死罪到耐罪之间的逃亡者、已被定罪的"命者"和从城旦舂到阑亡的各类一般逃亡者。而就这条规定而言,犯罪逃亡中并不包含本罪在耐罪以下的罚金刑,一般逃亡者不包括吏民的"将阳"亡。另外,据表1梳理的简文内容,不知情而舍罪人时,被惩罚的对象包括主舍者、十八岁以上的室人、舍人以及典、田典、伍人,随着被舍者罪行或身份差别,主舍者和室人以及典、田典的惩罚也轻重有差,但伍人的惩罚并无变化。

三、匿罪人诸条解析

通过上述对舍(不知其情)罪人律文内容的解析,可以明确被舍对象的具体范围。结合前文对"舍"和"匿"的辨析,知情而匿罪人的主匿者和不知情而舍的主舍者只是在罪过形态上存在有无故意或者过失的区别,但是匿和舍时的被匿者和被舍者应该是同样的群体。基于这一认识,再来考察匿罪人诸条编联的可靠性及其内部条文的结构。

归纳《亡律》中"匿"的条文(A组律文)所涉及的对象如下:(1′)016/2041 简"黥为城旦舂以下到耐罪";(2′)003/1965 简"收、隶臣妾"。首先,(1′)属于犯罪逃亡的情形,但是较"舍"的规定中明显没有构成"死罪到耐罪"的刑罚序列。其次,(2′)属于一般逃亡,较"舍"律条规定的对象,目前律文还缺少对匿城旦舂、鬼薪白粲、司寇、奴婢、阑亡者的惩罚规定。由此可见,从匿涉及的对象范围来看,目前《亡律》中 A 组律文规定的对象并不完整,存在缺简的可能。

另外,有别于"舍"的规定用四简集中分两档完整表述的方式,"匿"的规定明显被分割为多条,以不连续的方式被写到多枚竹简上。首先,犯罪逃亡和一般逃亡的规定被分开说明,如简 003/1965 中的逃亡收人和隶臣妾在"匿"条文中是与"完城旦舂以下到耐罪"的犯罪逃亡者合并规定的,简 016/2041 中的"黥为城旦舂以下到耐罪"只是犯罪逃亡而未涉及一般逃亡人员。其次,不同于"舍"条文中将对主舍者和相关连坐者的惩罚一起说明,A 组条文中的(1′)之后并没有对相关连坐者的惩罚。总之,从上述比较可以看出,"匿"律条的书写方式区别于"舍"律条。循着上述思路,可对当前编联方案和律文结构进行反思。

(一) 简 015/2087 与简 016/2041 之间或不可编联

《刍议》一文指出,整理者应当是依据简 015/2087 与简 016/2041 之间背划线相连从而将两简编联,并且认可了整理者的编联。实际上,背划线相连只是编联简册的辅助工具,还需结合文意判断是否可靠。京大研究班认为两简之间的编联存在疑问[①],华政读简班也认为简 016/2041 前有缺简[②]。简 015/2087 的内容如下:

> 有罪去亡弗会,已狱及已劾未论而自出者为会,鞫罪不得减。

从内容上看,《刍议》认为简 015/2087 属于"亡"相关的律文,其内容有别于简 016/2041 对包藏逃亡者"匿"的规定。简 015/2087 下半部分尚有较多空间,

---

① 日本"秦代出土文字史料研究"班:《岳麓书院所藏简〈秦律令(壹)〉译注一(上)》,张奇玮译,载杨振红主编:《简牍学研究》(第9辑),兰州:甘肃人民出版社,2020年,第118页。

② 华东政法大学出土法律文献研读班:《岳麓简秦律令释读(一)》,载王沛主编:《出土文献与法律史研究》(第8辑),北京:法律出版社,2020年,第171、172页。

如果认为两简之间直接编联，则意味着简 016/2041 是一条新律文的开始。但是，从简 016/2041 开头的"人奴婢"来看，其明显需要与其他内容衔接，也就意味着简 015/2087 与简 016/2041 不能直接编联，中间尚缺其他简文。

关于匿罪人的惩罚，汉初《二年律令·亡律》简 167 有如下规定：

> 匿罪人，死罪，黥为城旦舂，它各与同罪。[1]

比照本条规定，简 016/2041 所规定当是相似内容，简 016/2041 中的"黥城旦舂以下到耐罪"处以"各与同法"的规定对应了本条中除了死罪以外的"它各与同罪"。但是，简 016/2041 中涉及匿的对象只有"黥城旦舂以下到耐罪"的逃亡者，缺少耐罪之下和黥城旦舂罪之上的逃亡者。至于耐罪之下财产刑罪的逃亡者，后文在关于 C 组律文的解读中将予以详细分析。总之，比照《二年律令》本条规定，简 016/2041 之前缺少对匿黥城旦舂之上罪行逃亡者的惩罚，同时简 016/2041 的"人奴婢"也需妥善解读。比照 B 组律条中舍罪人的相关规定以及《二年律令·亡律》简 167 的内容，笔者认为补上简 016/2041 前面缺简内容后的完整简文或当为：

> ［主匿盗贼旞（送）者及诸亡坐所去亡与盗同法者当死罪及命者、］
> 人奴婢，黥为城旦舂，主匿黥为城旦舂以下到耐罪，各与同法。

如此补充，是基于以下几个方面的考虑。第一，形式上与舍罪人律条相同，匿的对象包括了犯罪逃亡和一般逃亡。第二，将犯罪逃亡的主体中设置"死罪"，与《二年律令·亡律》简 167 的规定一致。

第三，"命者"设定，意即主匿"命者"是主匿者都处以黥城旦舂的处罚。根据前文的分析，"命者"是本罪为完城旦舂、鬼薪白粲以上已论定罪名的逃亡者。需要说明的是，"命者"在被"命而得"之后并非都以其本罪论处。笔者结合《二年律令·具律》100 简和岳麓秦简《亡律》051/2081、052/2039 简认为，完城旦舂、鬼薪白粲罪人被"命而得"当黥为城旦舂，而黥城旦舂以上罪人在被"命而得"后才会以其本罪论之，可见"命者"被捕得后都会被处以黥为城旦舂以上的处罚。[2] 因而，主匿"命者"实际上意味着匿黥城旦舂罪以上罪人。《二年律令·亡律》简

---

① 张家山二四七号汉墓竹简整理小组：《张家山汉墓竹简［二四七号墓］》（释文校订本），北京：文物出版社，2016 年，第 31 页。

② 刘自稳：《读岳麓秦简〈亡律〉札记》，待刊。

167中主匿死罪时主匿者处以黥城旦舂,本简中主匿包括黥城旦舂罪在内的"黥城旦舂以下到耐罪"对主匿者处以"各与同法",则主匿黥城旦舂罪自然也处以主匿者黥城旦舂。所以,主匿"命者"即主匿黥城旦舂罪以上罪人时,主匿者获刑黥城旦舂。

第四,至于为何在简016/2041中出现"人奴婢",则较为费解。周海锋认为"人奴婢"当改释为"入奴婢"[1],刘欣欣认为从字形上看倾向于"入",但不排除是"人"的误写[2],京大研究班认为这里是与官奴婢相对而写作"人奴婢"的私奴婢。无论"舍"还是"匿"的条文,都规定了"其奴婢弗坐",这里出现动词性的"入奴婢"则实难解释,故而考虑"人奴婢"是逃亡身份的一种。主匿"人奴婢"之所以会重罚至"黥城旦舂",恐怕与奴婢在秦汉时期身份上的财产属性有关。而对于战国至汉初私人奴婢的性质,张荣强认为"被当作特定财产,附着于主人户籍之下,不计入家内人口和官府户口数"[3]。明知逃亡者身份为"人奴婢"却对其进行窝藏,似乎有蓄意侵占他人财产的可能,笔者推测存在按盗律论处知情窝藏"人奴婢"的可能。比照彭浩对秦一般盗窃罪的法定量刑标准,六百六十钱以上即获刑黥为城旦舂。[4]《里耶秦简》中记载"大奴一人直(值)钱四千三百""小奴一人直(值)钱二千五百"[5],价值都在六百六十钱以上。而相较于不知情而舍他人奴婢只获刑"赀二甲",蓄意窝藏则获刑至"黥为城旦舂"。

(二)016/2041和003/1965之间或不能直接编联

简016/2041和简003/1965从内容上看都是有关"匿"的律条,两简背划线明显不能相连,《刍议》一文将两者编联主要依据其与其他简的叠压关系进行反推而确定。首先,简002和简001两简背划线相连,同时两简简背分别对应有简016/2041和简003/1965的反印文,所以由此反推两简能够编联。由于简牍在墓葬中的叠压关系并不能一直保持稳定,这种由相对位置关系推导所得出的认识尚需反思。简016/2041和简003/1965是否可以编联还需要考虑所载律文之

① 周海锋:《秦律令研究》,湖南大学博士学位论文,2016年,第50页。
② 刘欣欣:《秦汉〈亡律〉分类集释》,湖南大学硕士学位论文,2017年,第63页。
③ 张荣强:《从户下奴婢到在籍贱民身分转变的考察》,《历史研究》2020年第4期。
④ 彭浩:《谈〈二年律令〉中"鬼薪白粲"加罪的两条律文》,载武汉大学简帛研究中心主办:《简帛》(第2辑),上海:上海古籍出版社,2007年,第439页。
⑤ 陈伟主编:《里耶秦简牍校释》(第1卷),武汉:武汉大学出版社,2012年,第306页。

间的关系。

通过上文对简 016/2041 律文的分析以及对其前律文的补充,可以发现被匿对象为犯罪逃亡者时由两部分构成,前者死罪,后者为黥城旦舂以下到耐罪,两者共同构成了从死罪到耐罪的序列,与前文对舍罪人的序列相同。另外,还补充了已确定罪名并予以通缉的逃亡者——命者。至于一般逃亡者,简 016/2041 及其前补充律文中包括了人奴婢,简 003/1965 所匿对象则为收人和隶臣妾,比照"舍"条文涉及的对象,"匿"的对象还缺少一般逃亡的城旦舂、鬼薪白粲、司寇和阑亡者。因为简 003/1965 和简 004/2150 之间背划线连续,而且简文内容衔接紧密,两者当不缺简。因而,只能在简 016/2041 和简 003/1965 之间补充所缺之简。根据目前所缺被匿者身份,笔者推测所缺简文或可为:

　　主匿城旦舂、鬼薪白粲,完为城旦舂。

　　主匿司寇、阑亡者……

比照 003/1965 简中主匿亡收和隶臣妾时,主匿者获刑与之身份相当的耐为隶臣妾来看,故意藏匿城旦舂、鬼薪白粲时,主匿者极可能获刑完城旦舂。至于"司寇、阑亡者",其身份较隶臣妾和收人高,所以主匿者的判罚也应更低,具体为何目前尚难推测。从律文顺序上看,对"主匿司寇、阑亡者"的规定,可能应当写在简 003/1965 的"主匿亡收、隶臣妾"之后更为合适,但简 003/1965 和简 004/2150 连续,故而暂且将其置于简 003/1965 之前的缺简。当然,也不能排除简 003/1965 后漏抄司寇和阑亡者的可能。简 016/2041 和简 003/1965 各属于两条不同的连续背划线,所以简 003/1965 之前有几枚简尚不清楚,因而上补律文写于一简或多简都有可能。总之,从不知其情而舍罪人律文所舍对象涉及的各类情形出发,目前所见匿罪人的条文不完整,根据律文内容以及竹简背划线的客观情况可补充出相关内容。需要说明的是,上述依据其他记载提出的补充方案,存在较大推测成分,由于简册的原始形态因为各种原因已难以复原,因而基于已有认识探索律文内容的各种尝试亦有其必要性。

(三)"匿"罪人条文结构解读

在 B 组简文所见不知其情而舍逃亡人员的规定中,作为连坐者的室人、典、田典、伍人都要受到惩罚,可以想象匿罪人条文当中也应当有相应的规定。在不知情而舍罪人的条文中,按照被舍对象罪行轻重分为两档,主舍者及连带者的惩罚也分别附写于其后。可能是受到这一律文格式的影响,对简 003/1965 和简 004/2150 的解读,从整理者到诸家集释都认为"其奴婢弗坐,典、田典、伍不告,赀一盾"对应的只是"主匿亡收、隶臣妾"。① 笔者认为,此处有关连坐者的规定并非只对应"主匿亡收、隶臣妾"一种情形,而是包含前接律文的所有情形。同时,"其室人存而年十八岁者,各与其疑同法"至简 079/2017"为匿之"的简文都属于一般性规定,是针对所有匿罪人的情形。

首先,简 016/2041"主匿黥为城旦舂以下到耐罪,各与同法"之后,只有关于主匿者的惩罚规定,而本简下端尚有较长的书写空间被空置,而并未用来书写对室人等连坐者的惩罚规定,也没有记述奴婢是否被连坐。其次,简 003/1965 中的"其室人存而年十八岁者,各与其疑同法",京大研究班认为"是以主犯的刑罚为标准来决定对从犯的处罚的一般性规定的表达形式",同时还指出疑惑"但此条文并未明确记载具体的刑罚"。② 如果认为对室人的规定只针对"主匿亡收、隶臣妾",而主匿者的惩罚是确定的"耐为隶臣妾",按照比拟的标准,室人的惩罚内容也应当是确定的。只有当此条针对的是不同情形,主匿者获得刑罚不同,按照特定比拟标准,室人所获刑罚才会轻重有别,而此条才具备操作的空间。至于比拟标准,可能为"减罪一等"。《岳麓书院藏秦简(伍)》简 019/1021 一组律文是关于匿从人的规定,简文载"敢有挟舍匿者,皆与同罪。同居、室人、典、老、伍人见其挟舍匿之,及虽弗见,人或告之而弗捕告,皆与挟舍匿者同罪。其弗见及人莫告,同居、室人,罪减焉一等"。③ 最后,"典、田典、伍不告,赀一盾"和"其匿□□归里中,赀典、田典一甲,伍一盾"表示主匿者在将被匿者匿于不同场所时,典和田典受到不同的惩罚,两者都属于一般性规定。前者表示匿的场合不在里中时,赀典、田典一盾;后者表示匿的场合在里中时,典、田典的失职程度加大,因而受到的惩罚也加大到赀一甲。从简文的表述来看,一般将"主匿"看作刻意地藏匿于所居之里以外。因而,简 004/2150 和简 079/2017 实际上是对"匿"的

---

① 参见朱红林:《〈岳麓书院藏秦简(肆)〉补注(一)》,载王捷主编:《出土文献与法律史研究》(第 6 辑),北京:法律出版社,2017 年,第 110 页;华东政法大学出土法律文献研读班:《岳麓简秦律令释读(一)》,载王沛主编:《出土文献与法律史研究》(第 8 辑),北京:法律出版社,2020 年,第 154 页;日本"秦代出土文字史料研究"班:《岳麓书院所藏简〈秦律令(壹)〉译注一(上)》,张奇玮译,载杨振红主编:《简牍学研究》(第 9 辑),兰州:甘肃人民出版社,2020 年,第 97 页。

② 日本"秦代出土文字史料研究"班:《岳麓书院所藏简〈秦律令(壹)〉译注一(上)》,张奇玮译,载杨振红主编:《简牍学研究》(第 9 辑),兰州:甘肃人民出版社,2020 年,第 96,97 页。

③ 陈松长主编:《岳麓书院藏秦简(伍)》,上海:上海辞书出版社,2017 年,第 45 页。

情形的补充说明,即便不是刻意地将对象藏匿在外而只是安排留宿其室内,如果了解对象逃亡情形同样被看作"匿"的情形。在"舍"罪人律的条文中,"舍"的情形都发生在主舍者的室内,所以对典、田典的惩罚并未按照场合划分等级。

根据上文对 A 组律文内容的补充和解读,可将匿罪人律条结构分解为如表 2 所示。

表 2　匿罪人律条结构示意

类型	等　级	主匿者	奴婢	室人	典、田典		伍人
					里中	里外	里中/里外
犯罪逃亡	死罪	黥城旦舂	弗坐	各与其疑同法(减罪一等)	赀一甲	赀一盾	赀一盾
	命者						
	黥城旦舂以下到耐罪	各与同法					
一般逃亡	人奴婢	黥城旦舂					
	城旦舂、鬼薪白粲	完城旦舂					
	隶臣妾、收人	耐为隶臣妾					
	司寇、阑亡者	?					

四、以日期起首律文解析

根据《刍议》复原的律文,上引 A 组、B 组和 D 组都是以"廿年后九月戊戌以来"起首的律文为结束,C 组则是一组以"廿五年五月戊戌以来"起首的律文。对于这种以时间为起首的律文含义及形成原因,学界已有不少讨论,目前的共识为这类条文是以先行实施的规定为前提的追加规定,但对条文具体含义的解读则有不同。

欧扬认为,"'廿年后九月'起首三条从赦令编入《亡律》",另外"'虽前死及去而后逯者,尽论之如律',意即是赦令颁行之前死或逃亡,赦令颁行之后才抓获治罪的,依然要根据律文论罪",另外 C 组"廿五年五月戊戌以来"律文是对之前"不会"起首律文的补充。[①] 京大研究班对律文含义的解读提出质疑,认为补充规定"虽前死及去而后逯者,尽论之如律"意为"即使犯罪者本人在身份曝光之前

---

① 欧扬:《岳麓秦简〈亡律〉日期起首律条初探》,载周东平、朱腾主编:《法律史译评》(第 8 卷),上海:中西书局,2020 年,第 55-71 页。

死亡或者离开,仍然要对留置者问罪"。① 华政研读班对"前死及去而后逯者"的理解提出多种可能性,其认为"所针对的主体可能是藏匿、留宿者,也可能是被藏匿、留宿者""'逯'可能是逮捕之意,也可能是'及于法律的效力'之意""'及'所连接的可能是'死'和'去'两种情形,也可能是'死'和'去而后逯'两种情形"。②

对于欧扬的观点,京大研究班已有回应,其基于《刍议》一文重新编联简文得出的结论,笔者认为可从。至于华政研读班的三点疑惑,下面分别予以说明。上引简文中以时间起首的律文所规定的主体具体所指为何,可参见《二年律令·亡律》简 172 所载:

> 亡罪人为庸,不智(知)其亡,以舍亡人律论之。所舍取未去,若已去后,智(知)其请(情)而捕告,及詗(詞)告吏捕得之,皆除其罪,勿购。③

本简内容与上引 D 组律文关于取亡人为庸的规定相似,《二年律令·亡律》简 172"所舍取未去,若已去后"可以看出"去"的主体就是被舍者而非主舍者。同理,岳麓秦简中相关律条"前死及去"的主体也是被舍、匿者。另外,简 044/2089 的结尾还有"卿,其家啬夫是坐之",很难想象"前死及去"的主体是卿及其需要连坐之人。

至于简文中"逯"字的含义,京大研究班理解为"逮捕和传唤与狱事有关的嫌疑人和证人"。④ "逯"的本义为"及",可以引申出"追究""论及"等意,而"逯"并不能直接理解为"传唤"和"逮捕",两者只是"逯"作为审判程序中的一环,治狱机构因治狱而论及不属于本部门管辖的涉案人员或文书时,会发送逯书申请主管机构予以遣送,因而逯书的核心功能在于申请遣送。⑤ 因而对涉案人员的"传唤"和"逮捕"是审判过程中控制涉案人员的方式,此处将"逯"理解为"论及"或华

---

① (日)宫宅洁:《关于岳麓书院藏秦简〈亡律〉中"廿年后九月戊戌以来"条》,姚丽译,载周东平、朱腾主编:《法律史译评》(第 6 卷),上海:中西书局,2018 年,第 44-49 页。

② 华东政法大学出土法律文献研读班:《岳麓简秦律令释读(一)》,载王沛主编:《出土文献与法律史研究》(第 8 辑),北京:法律出版社,2020 年,第 158、159 页。

③ 张家山二四七号汉墓竹简整理小组:《张家山汉墓竹简[二四七号墓]》(释文校订本),北京:文物出版社,2016 年,第 31、32 页。

④ 日本"秦代出土文字史料研究"班:《岳麓书院所藏简〈秦律令(壹)〉译注一(下)》,张奇玮译,载杨振红主编:《简牍学研究》(第 9 辑),兰州:甘肃人民出版社,2020 年,第 94 页。

⑤ 刘自稳:《逯书新论》,《文物》2021 年第 6 期。相关论述还可参见高震寰:《试论秦汉的"逯(逮)""逮捕"制度》,载《"中央研究院"历史语言研究所集刊》第 91 本第 3 分,2020 年,第 419-462 页。

政研读班的"及于法律的效力"较为合适。"及"则理解为连续"死"和"去"两种情形更为合适,被舍、匿之人"去"所在地会论及相关人员,而将"死"独立出来是难以理解的。因而"前死及去而后遝者",或可理解为"被匿者在案发前已经死去或离开匿所,主匿者及相关人员在此后被论及的"。

基于上述说明,再来看以日期起首的诸条律文在舍、匿诸条中体现了何种补充作用。前文已经分析 A 组律文及所残缺简文都是有关匿罪人时的规定,因而其结尾的"廿年后九月戊戌以来"律文是对匿罪人条文的规定。由此可见,在补充条文颁布的廿年后九月戊戌以前,被匿者死或者离去后,主匿者及连带者可能是不被牵连治罪的。通过本条的补充,只要存在匿的行为,该行为被发现时,无论被匿者是否还在匿所,主匿者和连带者都需要被惩处。同理,B 组"知其请而舍罪人"律文以及 D 组"取罪人、群亡人以为庸"律文结尾的"廿年后九月戊戌"具有相同功能。

C 组律文以"廿五年五月戊戌以来"起首,说明该组律文形成时间又较"廿年后九月戊戌"各条律文的形成时间要晚。对 A 组和 B 组的律文分析中,已经揭示了所舍、匿的对象包括犯罪逃亡从死罪到耐罪的序列和命者,以及一般逃亡的城旦舂、鬼薪白粲、隶臣妾、司寇、奴婢和阑亡者。从张家山汉简《二年律令·亡律》简 167"匿罪人,死罪,黥为城旦舂,它各与同罪"来看,汉初律匿罪人的罪行序列还包含了犯罪逃亡中"耐罪以下"的罪行。至于汉初律舍罪人的序列,由于《二年律令·亡律》170 简和 171 简难以接续,其后律文是否还有不知其情而舍犯罪逃亡中"耐罪以下"的情形则尚不清楚。从 C 组律文的内容来看,该部分应当是增加 A 组和 B 组律文尚未规定的舍、匿"赎死"以下的情形。同时,一般吏民的逃亡除了超过十二个月的"阑亡"还包括不足十二月的"将阳"[①],对舍、匿"将阳"的规定同样补充在 C 组律文之中。简 045/2088 规定了"赎死罪以下",主匿者与同罪。简 002/2042"而舍之,皆赀一甲"的完整内容可能是"知其请而舍之,皆赀一甲",因而这一部分是有关不知其情舍"赎死罪以下"的规定,只是由于简 045/2088 和简 002/2042 的缺简情况尚不明确,所以不知其情而舍"赎死罪以下"是否分等则尚存疑。简 001/1966 是匿的情况下,分等出"当赀二甲以上到赎

① 参见陈松长:《睡虎地秦简中的"将阳"小考》,《湖南大学学报(社会科学版)》2012 年第 5 期;彭浩:《"将阳"与"将阳亡"》,http://www.bsm.org.cn/show_article.php? id=1737,2012 年 9 月 23 日;周海锋:《秦律令研究》,湖南大学博士学位论文,2016 年,第 7 页。

死"的情况时,连带者人员的处理方式。同样由于缺简,当匿"赀二甲以上"以及不知其情而舍"赎死罪以下",相关连带者如何惩罚也不清楚。由此可见,在廿五年五月戊戌以前,不知其情而舍和匿罪人为赎死罪以下及将阳者时,主舍、匿者及连带者可能不受惩罚,直到廿五年五月戊戌补充的律文才将不知其情而舍和匿赎死罪以下及将阳者纳入惩罚体系。以匿罪人的条文规定为例,岳麓秦简中的秦律,匿"赎死罪以下"还以日期起首的律条补充书写,到《二年律令》的汉初律已经合并书写。

这些以时间起首的律文反映了舍、匿律条逐渐增加、扩充的过程。A组、B组除了时间起首的律文属于不知其情而舍和匿罪人最基础的律条。D组律文则属于舍和匿罪人条件下以逃亡人员为庸的特殊情形。E组律文是对特殊情形下匿的界定,即当家内成员犯罪,其他成员在知情的情况下无论将犯罪者藏于室内还是外面,都按照藏匿于室内的方式论处。不区分室内室外,比照前文对匿罪人条文的分析,影响最大的是典和里典,他们都会获刑"赀一甲"的惩罚。因而,A组、B组中时间起首律文之前的律文,以及C组、D组律文可能是形成较早的部分。"廿年后九月戊戌",首次补充了被舍、匿者在死亡或离去后,主舍、匿者和连坐者也被纳入惩罚。因而,在"匿""舍"和"去庸"对应的基础律条之后分别扩充了律文。"廿五年五月戊戌",第二次扩充了舍、匿对象的范围,扩大到逃亡犯罪的"赎死以下"和一般逃亡的"将阳"。因为第二次扩充只是对A组的"匿"和B组的"舍"的补充,其时间虽然较D组结尾的"廿年后九月戊戌"晚,但仍然被置于B组之后和D组之前。

五、结　　语

《岳麓书院藏秦简(肆)》第一组简文为《亡律》,结合补充的竹简反印文和书手类型分析,《刍议》一文提出了与整理者不同的排列复原方案。本文结合新编排简文有关"舍""匿"罪人律条的内容,反思排序尚存的疑惑并尝试解读律条的结构,大致得出以下几点浅见:

首先,"舍罪人"之"舍"并不天然具备"不知情"的特征,其只是表示为逃亡人员提供场所。因而,"舍"包含两种情形,分别是知其情而舍其室的"舍匿",以及不知其情而舍其室的"舍"。"匿"则表示主匿者有主观上刻意隐藏的动机,依据所匿场合的不同也分为两种情形,分别是藏匿于家室之内的"舍匿",以及藏于家室之外的"敝匿之于外"。

其次,对不知其情而舍罪人律条的分析中,厘清了被舍者的类型具体可分为两大类。其中,第一类犯罪逃亡者,包括本罪从死罪到耐罪的逃亡者以及命者。秦代的"命者"是本罪在"完城旦舂、鬼薪白粲以上"而已被定罪通缉的在逃者,其概念与汉代的"命者"并无不同。第二类为一般逃亡者,包括城旦舂、鬼薪白粲、隶臣妾、收人、奴婢、司寇和阑亡者等不同身份的未犯它罪的直接逃亡者。

再次,基于对舍罪人律条中所舍对象类型的分析,反思了匿罪人律条排序。简015/2087与简016/2041之间以及简016/2041和简003/1965之间都应该有缺简,需要补充相关身份的逃亡者才能与舍罪人律条的情形对应。同时,匿罪人条中关于室人等连坐者的处罚置于所有类型最后书写,与舍罪人条中按等级轻重书写的模式不同。

最后,舍、匿罪人律条文中以时间起首的条文都是对原文律条的补充,这种补充一共有两次。"廿年后九月戊戌",补充的是被舍、匿者已死亡或离去情形下,也需要追究相关人员的责任。"廿五年五月戊戌",补充的是基础律条中所缺的对舍匿赎死罪以下犯罪逃亡者和一般逃亡者将阳的规定。经过这两次补充,秦律关于舍、匿罪人律条才得以完备,但那些脱胎于令的、以时间起首的律条尚未合并到律文中去,而到汉初《二年律令》可以看出合并的彻底完成。

简牍所见秦代的寡妇家庭及其治理模式探论

王博凯

清华大学出土文献研究与保护中心

"古文字与中华文明传承发展工程"协同攻关创新平台

摘要：秦时社会中存在大量的寡妇群体和家庭，该现象的成因除了战争外，还与沉重的徭役、律令习俗对贞节观念的倡导及官府对寡妇改嫁行为的限制等因素有关。该群体的存在致使当时社会中出现寡妇更嫁、立户、家庭财产分割等社会问题，秦政府通过律令强制力与旌表、优抚等手段对寡妇群体及其家庭问题予以调控，基层社会互助亦是与官府配合协同治理的方式，显示出秦地方社会治理"法治为主""综合为治"的特点。

关键词：岳麓秦简；秦代；寡妇群体；家庭治理

关于秦代妇女及其家庭问题的研究，学界已多有讨论。然具体到寡妇群体及其家庭问题，相关成果却并不多见。[①] 已有成果多是探讨秦汉妇女更嫁、财产继承等问题时涉及寡妇群体，非专论，且以汉代为主要关注点。新公布的岳麓简及里耶秦简显示，秦时存在大量的寡妇群体和家庭，该现象的存在亦会引发一系列的社会问题，如何对这些问题进行有效治理关乎秦代基层社会秩序的稳定。寡妇家庭是秦代家庭类型中涉及社会问题最普遍、最复杂的家庭类型之一，故也是窥探秦王朝家庭治理的窗口。对该群体及其家庭问题的考察，对认识秦代妇女史、家庭史及家庭治理模式不无裨益。

---

① 这方面的研究成果参看彭卫：《汉代婚姻形态》，西安：三秦出版社，1988年；贾丽英：《秦汉家庭法研究：以出土简牍为中心》，北京：中国社会科学出版社，2015年；彭卫、杨振红：《中国妇女通史（秦汉卷）》，杭州：杭州出版社，2010年；李欣：《秦汉时期"赘婿"和"女户"的综合考察》，《文博》2010年第2期；雷鸣：《战国秦汉招赘婚探析》，载梁安、徐卫民主编：《秦汉研究》（第10辑），西安：陕西人民出版社，2016年；曹冀：《秦家庭继承研究》，河南大学博士学位论文，2014年；程博丽：《秦代妇女再嫁及相关问题研究——以岳麓秦简为中心的考察》，载邬文玲、戴卫红主编：《简帛研究》2018年春夏卷，桂林：广西师范大学出版社，2018年；张以静：《秦汉再婚家庭的财产权——以简牍材料为中心》，《河北学刊》2019年第4期等。

一、简牍所见秦代的寡妇群体及其生存样态

秦及汉初社会中多寡妇的现象常见载于文献,司马迁在《史记·货殖列传》中所推崇的"巴寡妇清"即是巴蜀地区一位经营丹砂的"穷乡寡妇"。秦简"魏户律"亦有"民或弃邑居灯(野),入人孤寡",就是说男子离家做了赘婿入于寡妇之家。睡虎地11号秦墓出土木牍家信:

> 二月辛巳,黑夫、惊敢再拜问中、母毋恙也? ……今书节(即)到,母视安陆丝布贱可以为禅帬、襦者,母必为之,令与钱偕来。其丝布贵,徒操钱来,黑夫自以布此……惊多问新负(妇)、妐得毋恙也? 新负(妇)勉力视瞻丈人,毋与□□□。①

对简中人物情况及"丈人"所指,陈伟认为,"11号牍、6号牍所指均是中、母,黑夫与惊的父亲应已不存。由此推断,6号简'两老'应非指公婆而是新妇的娘家父母。11号牍与6号牍同样用到'勉力视瞻','丈人'也是指新妇父母可能性更大"②。我们认为,"丈人"在古代社会中亦可能专指老人、女子。《史记·孔子世家》载"他日,子路行,遇荷蓧丈人",包氏曰:"丈人,老者。"③《汉书·苏建列传》云:"乃曰:'汉天子我丈人行也。'"师古曰:"丈人,尊老之称。"④可知,古文献中的"丈人"多为老者之意。另《史记·刺客列传》载"家丈人召使前击筑",《索引》引韦昭云:"古者男子为丈夫,尊妇妪为丈人,故《汉书·宣元六王传》所云丈人,谓淮阳宪王外王母,即张博母也,故《古诗》曰'三日断五匹,丈人故言迟'是也。"⑤可见,古人多尊妇妪为丈人。则简文中的"丈人"应不排除指"黑夫"和"惊"的母亲,也就是"新妇"婆婆的可能。若如是,则此家庭中,黑夫寡母丧夫,独自带领儿媳承担着维系家庭生活的重担。

里耶秦简也多见寡妇及其代户的记录:

大夫寡三户(8-19)

① 陈伟:《秦简牍合集(壹)》,武汉:武汉大学出版社,2014年,第629页。
② 陈伟:《秦简牍合集(壹)》,武汉:武汉大学出版社,2014年,第635页。
③ 《史记》卷四七《孔子世家》,北京:中华书局,1959年,第1929页。
④ 《汉书》卷五四《苏建列传》,北京:中华书局,1962年,第2460页。
⑤ 《史记》卷八六《刺客列传》,北京:中华书局,1959年,第2537页。

南里户人大夫寡芇（8-1623）①

东成户人大夫寡晏☐（9-567）

☐☐少内沈逆受高里寡妇胸☐☐（9-2009）②

其中的"大夫寡"这种"爵位＋寡"的书写形式显示了秦代存在寡妇立户的情况，从户数情况看其占比并不低，亦说明秦代寡妇群体的庞大和寡妇代户的普遍。此外，岳麓简《为狱等状四种》"识劫女冤案"中大夫"沛"的妻子"女冤"在沛死后亦守寡，独自抚养四子共同生活。

对于该现象的成因，学界多归因于秦代的战争频仍。诚然，这是重要因素之一，但除了这点外，还应有其他方面的因素。

其一，沉重的徭役。除战争外，繁重的徭役征发亦是一大因素。秦的徭役征发既频繁又规模庞大，劳役征发的对象不仅有黔首还有众多的刑徒。《秦始皇本纪》载："始皇初即位，穿治骊山，及并天下，天下徒送诣七十余万人……尽闭工匠臧者，无复出者。"③始皇初即位便役使大量黔首、刑徒修建陵墓，且完工后的工匠亦尽困其中而死。考古发现的秦赵背户村刑徒墓也是沉重徭役致人伤亡的例证。秦时还有大量民众被征发谪戍边疆，《秦始皇本纪》："三十三年，发诸尝逋亡人、赘婿、贾人略取陆梁地，为桂林、象郡、南海，以适遣戍。"④对于谪戍的生存环境，睡虎地秦简载："今遣从军，将军伍勿卹（恤）视。享（烹）牛食士，赐之参饭而伍勿鼠（予）穀。攻城用其不足，将军以堙豪（壕）。"这里的堙豪（壕）即以人为堙壕。⑤也就是用人去平填敌城的池壕，具有极大危险性。此外，岳麓简中还有针对百姓因公死事者提供棺椁的令文规定，1864 号简载：

令曰：诸军人、漕卒及黔首、司寇、隶臣妾有县官事不幸死，死所令县将吏劾〈刻〉其郡名椁及署送书⑥

所谓"不幸死"为秦汉时习语，"有县官事不幸死"也就是百姓因公而死。也从另一方面说明当时士兵、黔首及刑徒因徭役繁重而死的情况很普遍。徭役繁

---

① 陈伟：《里耶秦简牍校释（第一卷）》，武汉：武汉大学出版社，2012 年，第 32、370 页。

② 陈伟：《里耶秦简牍校释（第二卷）》，武汉：武汉大学出版社，2018 年，第 157、405 页。

③ 《史记》卷六《秦始皇本纪》，北京：中华书局，1959 年，第 265 页。

④ 《史记》卷六《秦始皇本纪》，北京：中华书局，1959 年，第 253 页。

⑤ 陈伟等编：《秦简牍合集（壹）》，武汉：武汉大学出版社，2014 年，第 346 页。

⑥ 陈松长主编：《岳麓书院藏秦简（伍）》，上海：上海辞书出版社，2017 年，第 111 页。

重,劳工伤亡现象普遍,造成社会中寡妇群体的大量出现。

其二,律令习俗对贞节观念的倡导。虽然学界普遍认为秦及汉初女性的"贞节"观念并不强烈,妇女改嫁现象普遍。但统一初,秦统治者为了家庭秩序的稳定及推进地方治理的需要,对改变此习俗作了一些努力。岳麓简1026号简载:"女子寡,有子及毋子而欲毋稼(嫁)者,许之。"①这一令文内容与秦会稽刻石"有子而嫁,倍死不贞"的精神暗合,充分说明秦统治者对寡妇不改嫁的倡导。这必然会在黔首社会中产生一定影响,从而影响寡居女子的贞节观,这也应是社会中寡妇群体大量存在的原因之一。

其三,秦律令对寡妇改嫁行为的限制。秦律令禁止有子寡妇携前夫家财而更嫁,岳麓简载:

> 毋得相为夫妻,相为夫妻及相与奸者,皆黥为城旦舂。有子者,毋得以其前夫、前夫子之财嫁及入姨夫及予(1107)后夫、后夫子及予所与奸者,犯令及受者,皆与盗同法。母更嫁,子敢以其财予母之后夫、后夫子者,弃(1108)②

这就从财产方面对夫死守寡的寡母更嫁和招赘婿予以了限制,这里的"入姨夫"是指寡妇招纳赘婿。秦律令规定寡母不得将亡夫家财产予以转移,即有子寡母在前夫家只有财产使用权而无所有权,若要使用管理前夫家财就只能在夫家寡居。但是对于无子寡妇,秦律没有明确限制,但前文已提到,秦律令和刻石表明对寡妇不再嫁行为的提倡已表明无子寡妇的改嫁也应有诸多限制。此外,岳麓简中还有"有后夫者不得告罪其前夫子"③的规定,秦律令维护家长权威,父母告子不孝乃为"公室告",子告父母则为"非公室告",官府不予受理。也就是说,秦代家长拥有告子不孝之权。但若寡母更嫁,依上令文官府也就剥夺了改嫁女子作为母亲所拥有的对其前夫子女的"告不孝"之权。

秦代寡妇群体的生活情况较为艰辛,文献对此记载较少,但仍可以从零星的简牍材料中窥见端倪。睡虎地秦简《日书》的《盗》篇载"丙亡,为闲者不寡夫乃寡妇",对这里的"闲",刘乐贤认为:"为间私,即为奸私。秦简《日书》乙种称'盗'

---

① 陈松长主编:《岳麓书院藏秦简(伍)》,上海:上海辞书出版社,2017年,第41页。
② 陈松长主编:《岳麓书院藏秦简(伍)》,上海:上海辞书出版社,2017年,第39页。
③ 陈松长主编:《岳麓书院藏秦简(伍)》,上海:上海辞书出版社,2017年,第40页。

为'为间者'。"①不管是"奸私"还是"盗",都是不好的行为,秦民众对从事不好行为者持鄙夷态度,如果为奸及盗窃就会成为寡夫或寡妇。可见,在秦民的意识中成为寡夫或寡妇定然不好,这也能从社会意识形态角度反映出寡妇生活地位之低下和艰辛。此外,秦代寡妇还承担着维持家庭生计、负担国家徭役等诸多社会责任。

一是开垦荒地。秦汉时期,土地是百姓赖以生存的生产资料,秦代授田制下还鼓励民众开荒,进行土地开发。寡妇也承担着开垦荒地的社会责任,里耶秦简载:

> 卅五年三月庚寅朔丙辰,贰春乡兹爰书:南里寡妇愁自言:谒狼
> (垦)草田故来(桑)地百廿步,在故步北,恒以为来(桑)田。(9-15)②

这里,迁陵县南里寡妇愁向官府申报开垦草田六亩,将其开发成桑田。迁陵四周多山地,土地开垦定然不易,且草田本身荒草丛杂,要想开垦成良田自然要费很大力气。有学者认为,简文中寡妇愁之所以仅开垦半亩草田,与迁陵县的自然环境和家中劳动力缺乏有关。③ 足见寡妇开垦田地劳作之艰辛。同时,秦时政府鼓励垦荒,以增加赋税收入,且将垦田数的申报纳入了律令规范,可见对垦田的重视。《商君书·垦令》载:"农不败而有余日,则草必垦矣。"④里耶秦简 9-40 号简载:"律曰:已狼(垦)田,辄上其数及户数,户婴之。"⑤又里耶秦简 8-1763号简载"当狼(垦)田十六亩,已狼(垦)田十九亩"⑥。说明秦时迁陵县地方官府对黔首垦田有任务量的要求,南里寡妇愁自言垦田,一方面是为了家庭生计的需要,另一方面也是要完成政府规定的垦田工作量。

二是偿还赀钱。秦代"赀钱"现象很普遍,"赀",睡虎地秦简《金布律》:"有责(债)于公,及赀、赎者居它县,辄移居县责之。"整理小组注:"赀,有罪而被罚令缴纳财务。"⑦可见,所谓"赀钱"也就是欠官府的钱财。秦简中有不少寡妇欠赀钱的情况。如里耶秦简载:

---

① 刘乐贤:《睡虎地秦简日书研究》,北京:文津出版社,1994 年,第 403 页。
② 陈伟主编:《里耶秦简牍校释(第二卷)》,武汉:武汉大学出版社,2018 年,第 21 页。
③ 王潜:《里耶秦简中三类人群研究》,郑州大学硕士学位论文,2019 年,第 31 页。
④ 蒋礼鸿:《商君书锥指》,北京:中华书局,1986 年,第 6 页。
⑤ 陈伟主编:《里耶秦简牍校释(第二卷)》,武汉:武汉大学出版社,2018 年,第 49 页。
⑥ 陈伟主编:《里耶秦简牍校释(第一卷)》,武汉:武汉大学出版社,2012 年,第 388 页。
⑦ 睡虎地秦墓竹简整理小组:《睡虎地秦墓竹简》,北京:文物出版社,1990 年,第 38 页。

☑元年八月庚午朔戊戌,少内壬入阳里寡妇变赀钱☑

[令佐]赣监(9-86+9-2043)

[元]年八月庚午朔戊戌,少内壬入阳里寡妇变赀钱☑

令佐赣监☑(9-720)①

两枚简内容一致,均是"阳里寡妇变"欠官府赀钱的记录。李超认为,里耶秦简中的"赀多少钱"都是在无法偿还所赀的情况下出现的。这一点在简文中多有体现。里耶秦简 9-1 号简载:

卅三年四月辛丑朔丙午,司空腾敢言之:阳陵宜居士五毋死有赀

余钱八千六十四……已誊其家,家贫弗能入,乃移戍所。报署主责发,

敢言之……②

阳陵士伍毋死,欠赀钱八千六十四,官府已往其家收取,家贫不能够抵偿。这种情况下可能要以居赀的方式,即在官府无偿劳作,来偿还所欠债务。秦简对于居赀有"日居八钱"的记载,寡妇应该也要以居赀方式来偿还所欠赀钱,多少也体现了秦代寡妇生活的艰辛。

三是维持家庭生计,承担国家赋役。秦代寡妇群体一方面要维持家庭正常生活,代户寡妇还要承担起国家赋役责任。睡虎地秦简家信木牍显示,黑夫和惊的母亲应为寡母,虽未代户,但实际管理着家庭生计和财务开支。信中黑夫让其母亲向前线邮寄衣物及钱财。如 11 号木牍载:

黑夫寄乞就书曰:遗黑夫钱,毋操夏衣来。今书即到,母视安陆丝

布贱可以为禅裙、襦者,母必为之,令与钱偕来。③

可见,在前线征战的黑夫向其母索要钱及衣物,说明其寡母是家中财产的实际管理者,维持着家庭生计。又岳麓简"识劫女冤案"中沛的寡妻"女冤"为其子"义"占家赀,其资产包括所放外债六万八千三百,此外,尚有沛遗留下的市布肆一和舍客室一。占家赀的原因是秦代存在资产税④,也就是要计赀征税。寡妇

---

① 陈伟主编:《里耶秦简牍校释(第二卷)》,武汉:武汉大学出版社,2018 年,第 64、191 页。

② 陈伟主编:《里耶秦简牍校释(第二卷)》,武汉:武汉大学出版社,2018 年,第 1 页。

③ 陈伟主编:《秦简牍合集释文注释修订本(壹)》,武汉:武汉大学出版社,2016 年。

④ 对于秦代是否存在资产税的问题,贾丽英通过对岳麓简该案的分析认为,秦代的确存在资产税,其计赀征税的范围是田、宅室、肆、舍客室、马、债款等。参看贾丽英:《秦简识劫女冤案反映的秦代资产税》,《光明日报》2014 年 9 月 3 日,第 14 版。

"女冤"要经营家庭营生,同时需要向国家缴纳各种税收。除了资产税外,秦代还存在户赋①,户赋的征收以户为单位,透过里耶秦简可见,秦代存在较多寡妇代户的现象,如"大夫寡三户""上造寡一户"等。这些代户的寡妇要承担国家户税的重担。

二、存在的社会问题及治理措施

秦代大量寡妇群体及家庭的存在,亦会带来一些社会问题,典型的为寡妇更嫁及寡为女户,以下试作讨论。

(一)寡妇更嫁问题

秦代寡妇群体中有不少更嫁现象,秦会稽刻石载"有子而嫁,倍死不贞",以刻石的方式昭示黔首社会,政府对有子而嫁的寡妇所持有的不支持态度,也从另一方面显示出当时寡妇有子而嫁现象的普遍性。《史记·陈丞相世家》载:

> 及平长,可娶妻……久之,户牖富人张负,张负女孙五嫁而夫辄死,人莫敢娶。平欲得之。②

陈平所娶户牖人张负之孙女竟是五嫁且夫均死的寡妇,而在夫死之后更嫁六次,足见当时寡妇更嫁相对自由。而当时寡妇更嫁可能会扰乱家庭秩序,引发家庭问题,主要体现在家庭成员间的关系变动和财产的处理上。

1. 秦代寡妇更嫁或招赘与家庭成员间关系的变动

家庭关系影响着家庭成员间的和谐相处,家庭关系中比较重要的一组应为父子关系,随着寡母的更嫁或招赘,如何处理前夫子与后夫之间的关系成为必须要面对的问题。秦律仅承认以父系血缘为基础的亲属认定标准,对此岳麓简1025号简载:

> ●廿六年十二月戊寅以来,禁毋敢谓母之后夫叚(假)父,不同父者,毋敢相仁(认)为兄、姊、弟ㄥ。犯令者耐隶臣妾而③

---

① 对于秦代是否存在户赋问题,学术界曾有不同意见,岳麓秦简刊布后陈松长对此作了探讨,确认秦代存在户赋。参看陈松长:《秦代"户赋"新证》,《湖南大学学报》(社会科学版)2016年第4期。

② 《史记》卷五六《陈丞相世家》,北京:中华书局,1959年,第2051页。

③ 陈松长主编:《岳麓书院藏秦简(伍)》,上海:上海辞书出版社,2017年,第39页。

秦统一后对寡母更嫁或招赘的后夫之称谓作了变更,不准再称母之后夫为"叚(假)父"。对于为何变更此称谓,张以静给出两点解释:其一为秦始皇鉴于其母与嫪毐淫乱之事,试图抹去心中阴影和民间对此的谬传;其二为如秦更名方一样整齐称谓。[①] 此说不无道理,但也有两点疑问:一是将国家政令的颁行完全归因于始皇帝的个人心理阴影和民间传说是否恰当;二为对家属称谓的变更,缘何只更"叚(假)父"而对性质类似的"叚(假)母""叚(假)大母"却未见更改,直至汉代依然沿用。这里尝试作一个推测,这或许是秦代强化父系血缘作为亲属划定标准的一种措施。秦代以同父作为划定血缘关系的标准,岳麓简中"不同父者",不能相认为兄姊弟也就是"同产"关系即是明证。睡虎地秦简《法律答问》:

> 父盗子,不为盗。•今叚(假)父盗叚(假)子,可(何)论?当为盗[②]

秦律对父子法律关系的认定也是如此,因为没有血缘关系,子与父和叚(假)父的法律量刑标准也截然不同。而战国、秦文献中的"叚"字往往取"代理""假借"之意,"叚父"也就是代为父。因为众多家庭关系的判定要以父的标准来衡定,因此"代为父"的内涵可能容易在幼子心理认知上造成混淆,拟或是将"后父"与亲父在称谓上彻底撇清关系,直接将其"代为父"意也永久消除,以进一步明晰父系血缘在家庭中的地位。前文提及岳麓秦简1107号简中有"入姨夫"的说法,"姨夫"的身份应指赘婿。[③] 则"姨夫"与前夫子也属父子关系的一方面,里耶秦简中有一则简文透出了两者之间的不和谐关系。如9-1421号简载"子忿姨夫有就当以乙丑令"[④],其中的"子忿姨夫",多少透出两者间关系的紧张情况。

寡妇更嫁和招赘还带来家庭中母子关系的变化。秦律令维护家长的权威,有所谓"公室告""非公室告",在秦统一后亦有父母"告不孝"的相应规定。岳麓简1027号简有"有后夫者不得告罪其前夫子"一句,说明寡妇更嫁后其与前夫子之间的母子身份关系发生了变化,令文也随之做出了调整。对此,有学者指出,

① 参看张以静:《秦汉"叚父"称谓及"不同父者"间的关系试探——以〈岳麓书院藏秦简(伍)〉一则令文为中心》,载邬文玲、戴卫红主编:《简帛研究》2019年春夏卷,桂林:广西师范大学出版社,2019年,第127页。

② 睡虎地秦墓竹简整理小组:《睡虎地秦墓竹简》,北京:文物出版社,1990年,第98页。

③ 参看张以静:《秦汉再婚家庭的财产权——以简牍材料为中心》,《河北学刊》2019年第4期;王博凯:《〈岳麓书院藏秦简(伍)〉研究二题》,载李学勤主编:《出土文献》(第十五辑),上海:中西书局,2019年。

④ 湖南省文物考古研究所编著:《里耶秦简(贰)》,北京:文物出版社,2017年,第53页。

妇女改嫁后,其与前夫子之间的母子关系旋即解除。① 我们认为,从此令内容不能断定这是对于母子关系的解除,只能说是对寡妇改嫁后其对子女"告不孝"之权的剥夺。

岳麓简中还有一条令文体现了寡妇和后夫与后夫子间的关系。1179 号简载:

> 黔首 有子而更取(娶)妻,其子非不孝殴(也),以其后妻故,告杀、迁其子。有如此者,尽传其所以告□②

从这条令文看,黔首有子而更娶妻,这个"妻"当然包括寡妇再嫁的情况,因此,此令也包含了寡妇与后夫子之间的关系。简文内容是说,有子黔首再娶妻,如果其子并不是"不孝"而是因为后妻的原因,告杀、迁其子,官府要严格审查。其实,此令颁布的目的正是维护父子相继的家庭秩序,而不受后妻也就是继母的影响。可见,寡妇更嫁而成为后夫的继母,其在家庭中亦不能影响父子之间的关系,律令对此作了防范。这样来看,前文所说"有后夫者不得告罪其前夫子"的原因亦可类比解释,在这条令中,法律也是为了防范后夫影响母子之间的关系,从而使其母做出不当的"告不孝"之举,进而破坏前夫家庭中父子相继的家庭秩序,危害前夫子的权利。

此外,因寡妇更嫁而引起的双方子女间的关系也是一个社会问题。对于秦代寡妇改嫁后"不同父者"间的关系,张以静已作过专门考察③,这里不再赘述。需要说明的一点是,因寡妇更嫁或招赘而引起的家庭成员间关系的变化,在一定程度上是破坏家庭秩序的因素,尤其是对父子相继的承继关系的破坏。秦律令围绕寡妇更嫁问题所制定的各项政策,归根结底是为了捍卫父系血缘关系为准则的父子相继秩序。

2. 寡妇更嫁或招赘后的家庭财产秩序问题

前引岳麓简中寡妇更嫁不得擅自转移前夫财产的规定,进一步说明秦对家庭财产秩序的重视和管控。秦律令保护前夫家庭的财产权,实行"财不出户"的

---

① 参看程博丽:《秦代妇女再嫁及相关问题研究——以岳麓秦简为中心的考察》,载邬文玲、戴卫红主编:《简帛研究》2018 年春夏卷,桂林:广西师范大学出版社,2018 年。
② 陈松长主编:《岳麓书院藏秦简(伍)》,上海:上海辞书出版社,2017 年,第 137 页。
③ 详见张以静:《秦汉"叚父"称谓及"不同父者"间的关系试探——以〈岳麓书院藏秦简(伍)〉一则令文为中心》,载邬文玲、戴卫红主编:《简帛研究》2019 年春夏卷,桂林:广西师范大学出版社,2019 年。

原则。对于有子寡妇而言,其在前夫家只有财产的管理权和使用权而无所有权。寡母更嫁不得将前夫家财予以转移,且前夫子亦不得将其财产给予其母之后夫、后夫子。且前夫子主动分财比其寡母携财更嫁所受处罚更严厉,更能说明律令对前夫家财的保护。这样做的目的,一方面是维护财产父子承继的秩序,另一方面也是保护前夫家财不致流失,家庭不至于因此而破产。对于无子寡妇是否可以携财更嫁,秦令无明确规定,张以静认为:"在此令文颁行之际,尚未对'毋子寡妇,携前夫家财更嫁'持有同样限定或制约。国家的态度可能是既不鼓励亦不禁止,这也给无子寡妇的财产权带来某种可供缓冲的余地。"①

(二)寡妇立户问题

秦及汉初,"女户"现象很普遍,于琨奇分析其原因时指出,这与秦代的"分异法"及女子承产权有关。② 没有更嫁的寡妇在夫家立户而成为女户的情况也是存在的。《史记·货殖列传》中在巴蜀经营丹砂致富的"巴寡妇清",有学者认为即是当时的女户。里耶秦简中有大量寡妇立户的记录,前文述及的"大夫寡三户"等即为此。岳麓秦简中亦有相关记载:

　　●尉卒律曰:黔首将阳及诸亡者,已有奔书及亡册(无)奔书盈三月者,辄筋〈削〉爵以为士五(伍)(1234),有爵寡,以为毋(无)爵寡……(1259)③

里耶秦简中出现的"上造寡""大夫寡"等"爵位＋寡"的书写形式应是岳麓秦简中"有爵寡"的具体称谓。苏俊林对"有爵寡"作了详细考察,认为"有爵寡"是指"有爵者的寡妇",而不是"有爵且寡"。并认为这一现象的出现与女户有关。④此说可从,这一类情况属于夫有爵,夫死其寡妻立户比其夫爵享受各种优待。又里耶秦简 8-237 号简载:

　　南里户人大女子分。☒
　　子小男子□☒⑤

---

①　张以静:《秦汉再婚家庭的财产权——以简牍材料为中心》,《河北学刊》2019 年第 4 期。

②　于琨奇:《"赐女子百户牛酒解"——兼论秦汉时期妇女的社会地位》,《中国历史文物》1999 年第 1 期。

③　陈松长主编:《岳麓书院藏秦简(肆)》,上海:上海辞书出版社,2015 年,第 112、113 页。

④　参看苏俊林:《简牍所见秦及汉初"有爵寡"考论》,《中国史研究》2019 年第 2 期。

⑤　陈伟:《里耶秦简牍校释(第一卷)》,武汉:武汉大学出版社,2012 年,第 120 页。

这枚简所载寡妇立户的情形与上述不同,此类女子其夫无爵,故夫死寡妇立户亦无法享受夫爵带来的各项权利。由此可见,秦代女子享有的各项优待多与其夫爵有很大关系,秦律令在两性权益的保障方面,大多以夫权为中心,并不注重保障妇女权益。这一点通过律令中的若干规定和北大秦简《教女》中的记载即可窥一斑。这一现象对探讨秦代妇女地位问题有益,当前学者大多认为秦代女性地位普遍较高,此说法还有待于再讨论。因为从本质上而言,秦并不注重对女性地位的提倡,简文中所体现的妇女地位较高的内容,大多着眼于维持家庭秩序或国家利益的需要。

三、治理模式探论

前文可见,秦政府面对社会中普遍存在的寡妇群体及其引发的社会问题,多诉诸律令强制力予以规范。然除了法制层面的规范外,还采取了多种方式予以治理,以维护良好的基层社会秩序。

(一) 旌表

旌表制度作为国家层面的道德教化模式,在秦代已经制度化,如岳麓简载:

●黔首或事父母孝,事兄姊忠敬,亲弟(悌)兹(慈)爱,居邑里长老衙(率)黔首为善,有如此者,牒书☑(1165)

☐别之,衙(率)之千户毋过上一人,上之必谨以实,当上弗上,不当上而上☐☐☑(1189+C4-1-9)①

可见,秦代对忠孝慈爱的黔首会定期实施旌表,由居邑里的长、老负责选拔黔首为善者,每千户推荐一人,同时还规定了推举程序和对推举不实者的处罚原则,可知秦时旌表已经制度化。该制度在秦的家庭治理中也得到广泛运用。《史记·货殖列传》中的"巴寡妇清",以寡妇身份经营祖业,未曾改嫁和坐产招赘,始皇帝以"贞妇"而客之,并为其筑台表彰。这一旌表无疑使其名扬天下,成为天下寡妇效仿的榜样。此旌表的深层原因是统一初期为推行针对寡妇家庭治理政策而实施的,是配合秦政推行的一种有效手段。

---

① 陈松长主编:《岳麓书院藏秦简(伍)》,上海:上海辞书出版社,2017年,第134页。

（二）优抚

秦官府对寡妇家庭还采取优抚的方式予以资助。前文谈及寡妇代户家庭中存在"有爵寡"身份者，官府对死去的有爵者的妻子（寡妇）赐予其夫爵身份。秦代实行军功爵制，爵位是身份等级的重要标识，而身份又与其所能享受的权利密切相关。因此，秦对因公而亡者的寡妻按照其夫生前爵位赐给爵位身份，也是从爵位激励的角度给予的社会优待。目的在于安抚、激励从事县官事者，以保证国家正常运转和社会秩序的安定。

（三）基层互助

岳麓简《为狱等状四种》里有一个案件为"识劫女冤案"，讲述了基层社会中故大夫"沛"的妻子"女冤"在沛死后与其家奴"识"发生家产争执矛盾、识以女冤不为子占家訾为由恐吓女冤的复杂案件。简文中出现了"里单"的记载：

> 颉曰：（113）沛有子女冤所四人，不取（娶）妻矣。欲令女冤入宗，出里单赋，与里人通歓（饮）食。快等曰：可。女冤即入宗∟，里（114）人不幸死者出单赋，如它人妻……（115）①

对于"里单"的性质，目前学界普遍认同其为乡里互助组织的看法。② 其中王彦辉认为，"单"是以宗族血缘为基础，以里为单位组织起来的一种民间组织。其"出里单赋"即享有结单人的权利和义务，一是"与里人通歓（饮）食"，二是"里人不幸死者出单赋"，均具有互助性质。③ 可见，秦代基层社会中亦有政府外的基层互助组织。寡妇"女冤"通过入宗，交里单赋而成为其中一员，在筹集社祭及

---

① 陈松长主编：《岳麓书院藏秦简（壹—叁）释文修订本》，上海：上海辞书出版社，2018年，第152页。

② 关于岳麓秦简中"里单"性质的代表性观点，南玉泉认为，其是一个以里为单位的民间自助组织。参见南玉泉：《从岳麓秦简识劫女冤案看秦国的匿訾罪及其乡里状况》，载中国政法大学法律古籍研究所编：《中国古代法律文献研究》（第十二辑），北京：社会科学文献出版社，2018年。日本学者下仓涉认为，"识劫女冤案"中出现的"单"，是与送葬有关的互助组织。详参（日）下仓涉著、陈鸣译：《一位女性的告发：岳麓书院藏秦简"识劫女冤案"所见奴隶及"舍人""里单"》，《法律史译评》2017年（2）。陶安认为其是乡里的居民组织，参见陶安：《岳麓秦简〈为狱等状四种〉释文注释（修订本）》，上海：上海古籍出版社，2021年，第117页。

③ 王彦辉：《秦简"识劫女冤案"发微》，《古代文明》2015年第1期。

丧葬费用等方面得到更多帮助,缓解经济困难,防止家庭破产。

综上,秦时在家庭治理模式上也充分体现了"法治为主""综合为治"的理念。采用多项手段参与家庭问题的调控,尤其是民间自助组织"里单",在秦代一元政治模式下,显示了地方治理中政府与社会相结合的特征。这种双向互动的协作关系不仅有助于民里抵御贫困、灾害等困难,更重要的在于其是后世地方治理中政府与社会二元互动模式形成的萌芽,对后世产生了重要影响。

对敦煌旧简几枚诏书文字的再释读*

张俊民

甘肃省文物考古研究所

摘要：1907 年，斯坦因发现的"敦煌汉简"，是"汉晋遗简"的重要组成部分，其重要性自不待言。唯受早年图版与传播手段的影响，释文可以凭借的图版不尽如人意。"国际敦煌项目"所附红外图版虽然少，但彩色图版的清晰度还是远超前人。以之可以对前人的释读进行非常重要的补充与校订。本文权以"诏书"简释读为例，以期引起学人的重视。如敦·1755A"守候城部都尉临部官"，应释作"伊循城部都尉县都官"；敦·1761＋1785 的"□□□□士吏□"，应释作"以私印行士吏事"。还有与"元康五年诏书"类似的"改火"事（敦·1798）、"初元年诏书"文字（敦·1846）等。

关键词：斯坦因；敦煌汉简；诏书；简牍学

斯坦因所获敦煌汉简中的部分文字被王国维以《流沙坠简》介绍给国人①，从而将汉晋遗简与敦煌卷子、殷墟甲骨、大内档案并列为"四大发现"。也许是因为对早年的图版清晰度不满意，20 世纪 80 年代末，日本学者大庭脩专赴伦敦，重新拍照出版《大英图书馆藏敦煌汉简》②，并借此对部分简文进行重要补充。另一方面，经《疏勒河流域出土汉简》《敦煌汉简》到《敦煌汉简校释》③，敦煌旧简文字的整理与释读似乎画上了句号。笔者在读完马圈湾汉简之后，将注意力转

---

* 国家社会科学基金重大课题"中韩日出土简牍公文书分类整理与研究（20&ZD217）"部分成果之一。

① 罗振宇、王国维：《流沙坠简》，北京：中华书局，1993 年。为区别这批简牍，并凸显其时间特征，我们称它为"敦煌旧简"。

② （日）大庭脩：《大英图书馆藏敦煌汉简》，东京：同朋舍，1990 年。行文简称"大简"。

③ 林梅村、李均明：《疏勒河流域出土汉简》，北京：文物出版社，1985 年；甘肃省文物考古研究所：《敦煌汉简》，北京：中华书局，1991 年；白军鹏：《敦煌汉简校释》，上海：上海古籍出版社，2018 年。为行文方便，分别简称"疏简""敦简"与"白校"。

移到敦煌旧简。在与原来的同事现就职西华师范大学文学院的张存良谈论敦煌旧简中的一简是不是苍颉文字的时候①，他不仅给我一个"国际敦煌项目"网址，还手把手地传授使用方法②。令人感佩！通过这一网址，可以找到几乎所有的敦煌旧简图版，逐一下载并与现今较为流行的版本对校（个别是红外图版，多数是彩色图版），发现很有必要对原来的释读进行补充与纠正。借会议之际，将其中与诏书有关的几条文字重点提出来，就不太明白的几处释读向诸位先生求教。

敦煌旧简的诏书文字，是认识汉代诏书的重要文献。《流沙坠简》将诏书文字的简文称作"诏书后行下之辞"③，至大庭脩完成"元康五年诏书复原"之后，又将之命名为"诏后行下之辞"④。1987年完成的《敦煌凌胡隧出土册书的复原》收录在《汉简研究》第三章，对敦煌旧简的诏书简进行了系统整理与研究。

借助"项目"的图版，除可以补充旧有释读的缺漏字之外，还可以发现几条重要的诏书文字。试举如下。

大庭先生的"诏书册其一"原来有三简，分别是217、42与207，即《敦煌汉简》编号为敦·1755、敦·1580与敦·1745的三简。前面的编号是按照简牍的出土地点由西向东的编号，"大简"与"疏简"同，后者是马圈湾汉简的整理者对当时所能见到的全部敦煌汉简的编号。而后者简号的变化，则是个别学者不满意《敦煌汉简》编号之处⑤。"大简"的释文是⑥：

简1′　三月辛未敦煌大守常乐长史布弛丞贤下守候城部都尉临部
官承书从事下当用者如诏

　　书书到　　/□属□如由府佐嘼　　　　　　　　　217
简2′　三月癸酉大煎都候婴国下厌胡守士吏方承书从事下当用
者如诏书令　　/令史偃　　　　　　　　　　42
简3′　三月庚寅厌胡守士吏（下缺）

---

①　敦·1850原来释文作"☑□寸薄厚广俟好丑长短□□☑"，但如果将首字作"一"字，"短"后未释字作"如"字，本简应该是对某种物品尺寸的要求，不应归为"苍颉篇"文字。

②　"国际敦煌项目"，http://idp.bl.uk/pages/about.a4d。行文简称"项目"。

③　罗振玉、王国维：《流沙坠简》，北京：中华书局，1993年，第103页。

④　（日）大庭脩：《汉简研究》，徐世虹译，桂林：广西师范大学出版社，2001年，第6、13页。

⑤　（日）大庭脩：《汉简研究》，徐世虹译，桂林：广西师范大学出版社，2001年，第9页。

⑥　类似"简1′"的简号，释文录自《汉简研究》，下画线者为有问题的释文。下同。

事下当用者如诏书（下缺）　　　　　　207

"白校"在综合诸家释读的基础上形成三简的最新释文是（我们仍沿用西北汉简无标点的方式，将"白校"标点删除）：

简1　三月辛未敦煌太守常乐长史布<u>驰</u>丞贤下守候城部都尉<u>临</u>部官承书从事下当用者如诏

书书到言　　　/□属□如由府佐□□（A）

厌胡隧长□写移至步昌隧（B）　　　（敦·1755AB）

简2　三月癸酉大煎都候婴齐下厌胡守士吏方承书从事下当用

者如诏书　　　令史偃　　　　　　　（敦·1580）

简3　三月庚寅厌胡守士吏▨

事下当用者如诏书▨　　　　　　　　（敦·1745）

以上三简，除简1因为字迹漫漶释读分歧比较大外，后二简释文基本可从。简1红柳，诏书"诏后行下之辞"；完整，长23.1厘米，宽1.5厘米；横截面是等腰三角形的变体"两行"，A面文字分书两个腰面上，B面是诏书传布的方式。简1字迹漫漶，已有释读的分歧"白校"有注不赘。

根据"项目"所附A面红外图版，径作释文为：

三月辛未敦煌大守常乐长史布施丞贤下伊循城部都尉县都官承书

从事下当用者如诏

书书到言　　　　　　　/掾材属奉世助府佐尊　　（A）

B面是彩色图版，未释字左侧是"糸"部，应释作"绾"字。厌胡隧长绾又见简敦·1722与敦·1726，可旁证。

隧长常贤√充世√绾√福等杂废索部界中间戍卒王韦等十八人皆

相证　　　　　　　　　　　　　　　　（敦·1722）

五凤元年七月戊子朔庚午厌胡隧长绾敢言之士吏治所谨移日作簿（A）

伤伤伤伤佐长候　（习字）（B）　　　　（敦·1726AB）①

---

①　本简原释文作"五凤元年七月……（A）……伤……（B）"，今据"项目"红外图版径改。

敦煌太守给伊循都尉颁行诏书的文字,又可以得到悬泉置汉简的旁证,也是吴礽骧先生怀疑敦煌太守一度节制西域的依据之一[①]。

大庭先生的"诏书册其二"包括敦·1592、敦·1595、敦·1728＋1743与敦·1761＋1785四简。《汉简研究》的释文作:

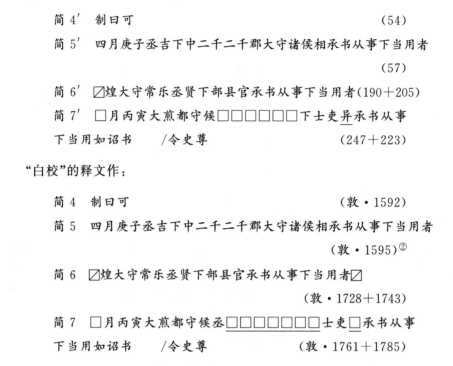

简 4′　制曰可　　　　　　　　　　　　　　　　　　　　　　(54)

简 5′　四月庚子丞吉下中二千二千郡大守诸侯相承书从事下当用者

　　　　　　　　　　　　　　　　　　　　　　　　　　　　　(57)

简 6′　☑煌大守常乐丞贤下部县官承书从事下当用者(190＋205)

简 7′　□月丙寅大煎都守候□□□□□□□下士吏异承书从事

下当用如诏书　　　／令史尊　　　　　　　　(247＋223)

"白校"的释文作:

简 4　制曰可　　　　　　　　　　　　　　　　　　　　(敦·1592)

简 5　四月庚子丞吉下中二千二千郡大守诸侯相承书从事下当用者

　　　　　　　　　　　　　　　　　　　　　　　　(敦·1595)[②]

简 6　☑煌大守常乐丞贤下部县官承书从事下当用者☑

　　　　　　　　　　　　　　　　　　　　　　　(敦·1728＋1743)

简 7　□月丙寅大煎都守候丞□□□□□□□士吏□承书从事

下当用如诏书　　　／令史尊　　　　(敦·1761＋1785)

其中前三简释文无问题,唯解释略有出入,如简 5 的脱字、重文号问题等。简 5 丞(相)吉即丙吉,在神爵三年(前 59 年)至五凤三年(前 55 年)任丞相一职。简 6 敦煌太守常乐与丞贤共职的时间是五凤元年(前 57 年)、五凤二年(前 56 年)。单从简 5 的四月庚子日还无法判定是元年或是二年,一个是"己丑"朔,一个是"癸未"朔,都可以有"庚子"日。目前虽有五凤元年的"令史尊"简文[③],但仍不足以旁证"诏书册其二"的具体纪年时间。

依据"项目"图版可以补充释文的是简 7 的几个字。首先是有争议的"士吏"

---

①　吴礽骧:《敦煌悬泉遗址简牍整理简介》,《敦煌研究》1999 年第 4 期。

②　"白校"已经指出本简释文书写过程中的脱漏,即重文号不该括"中"字,脱"石"字。但"相"字亦脱。

③　敦·1729 根据"项目"所附红外图版,五凤元年七月存在"令史尊"。

下"异"字。"大简"作"异"字,"白校"从"敦简"存疑。此字作"🀀"形,右侧残,粗看类似"异"字。但"异"字作为单字人名有点怪。而"士吏"之上未释读的四个字,应释作"以私印行"。按照已有的辞例"以私印行"者有直接"以私印行事"①,或作"以私印行某某事"②。"士吏"之后的未释字不是"异",而是"事"字。本简恰为后者,即"以私印行士吏事"。按照这一辞例分析,候丞之下的人名最多是两个字,即本简右侧释文隶作"□月丙寅大煎都守候丞□□以私印行士吏事承书从事"。唯敦煌旧简资料较少,能旁证大煎都守候丞人名的资料阙如。

除上述前贤注意的诏书文字外,敦煌旧简中还有数条属于诏书的简文,因为文字漫漶,释读存在滞碍、不便理解者。如:

简8 ……草臣等望之吏二千石以下不能宣明疊气虽在建正吉

（敦·1690）

本简红柳,诏书文字。完整,长 23.4 厘米,宽 0.9 厘米。字迹漫漶,"白校"有注,疑问较多。上端残泐,"白校"集诸家校释作释文如上,又对"草""以""宣"三字进行了校释。其中后二字可从,前一字不妥。

所谓"草"字,细审图版,呈"🀀"形,左上有"厂"部,似为"厚"或"原",但非"草"字。

"等"字与字形不符。此字作"🀀"形,应释作"吉"字,与本简的尾字"🀀"是一个字。

"疊"字与字形不符。此字下部是"田"部,"田"字下没有一横。此字字书举帛书作"🀀"形,居延汉简作"🀀"形③。此字应释作"菑"字,古"灾"字。"气"字无疑,"疊气"即"菑气"。

"虽在"二字,不妥。其中前字字形较为模糊,后字比较清晰。"虽"字作"🀀"形,左右结构可,此字应释作"数"字;"在"字作"🀀"形,应释作"起"字。即"虽在"应释作"数起"。"灾气数起",即年景多灾。

---

① 居延新简 EPT52：119、EPT57：12、EPT57：48 等。

② 居延新简 EPT48：25"甲沟候长戎以私印行候文书事",EPT52：148"甲渠候长毋害以私印行候事",敦煌汉简敦·1367"敦煌中部士吏福以私印行都尉事",等等。

③ 陈建贡、徐敏:《简牍帛书字典》,上海:上海书画出版社,1991年,第 705 页;居延旧简 113·6 作"🀀"。

"正"字作""形,与前"臣"字类同,应释作"臣"字。其上的"建"字释读不妥,字形与首起所谓"草"类,应该是一个意思。是"臣"的谦称。整简释文隶作"……□臣吉,望之:吏二千石以下不能宣明,菑气数起。□臣吉"。

依照上述对简文的释读,本简属于诏书文字,其中的"吉""望之"分别是史书中的"丙吉"与"萧望之"。二人联署对某事进行反省,"吏二千石以下不能宣明(教化)",以致时令不合,灾异并见(灾气数起)。

以现有释读,是丙吉、萧望之二人联署的奏章,二千石吏不能宣明教化,灾害频发。二人的奏章得到皇帝制曰可,颁行全国成为诏书,再颁行到大煎都候官。本简即为此诏书的散简文字。

简9　□□□□书到所移神爵四年十月尽五凤元年五月吏罪□□
死者一家五　　　　　　　　　　　　　　　　　　　（敦·1702）

本简红柳,诏书"诏后行下之辞"。右上残,长度完整,长23.2厘米,宽1厘米。字迹漫漶,已有释读"白校"有注。"罪"字"疏简"作"民"字,"所"字存疑,都是正确的。"罪"字作""形,类似字书所收""形[1],应释作"民"字。

"所"字作""形,右残,字形不符,文义不对。字书收有""""形的"写"字[2],可释作"写"字。唯西北汉简多作"写移,书到",而不是"书到,写移"。辞例无,莫非是"实"字?"实"字或作""""[3]。唯汉简多为"更实移",本简作"书到实移",抑或脱"更"字。

"五"字作""形,右上至左下的一斜笔不清晰,不过字形与"五凤"之"五"是一个,释作"五"字可。

"民"后一字左侧漫漶,字作""形,右下与"矢"近似,应释作"疾"字。"疾"与"死"之间,无疑是"疫"字。民或被灾异病死者,《汉书》称"疾疫死者"有:

今闻陛下春秋未满四十,发齿堕落,太子幼弱,佞人用事,阴阳不调,百姓疾疫饥馑死者且半,鸿水之害殆不过此。[4]

---

① 陈建贡、徐敏:《简牍帛书字典》,上海:上海书画出版社,1991年,第474页。

② 陈建贡、徐敏:《简牍帛书字典》,上海:上海书画出版社,1991年,第242页。

③ 陈建贡、徐敏:《简牍帛书字典》,上海:上海书画出版社,1991年,第241页。

④ 《汉书》卷八〇《淮南王传》,北京:中华书局,1962年,第10册,第3314页。

百姓饥馑,流离道路,疾疫死者以万数。①

(王莽时击益州)出入三年,疾疫死者什七,巴蜀骚动。②

平蛮将军冯茂击句町,士卒疾疫,死者什六七。③

除史书"疾疫死者"之外,二字的写法与后简敦·1846 左残的"疾疫"极其类似。此简的"疾疫"作"疾""疫"状,可以补证本简不太清楚的"疾疫"二字。

按照前面的释读方式,本简的释文隶作:

□□□□书到,实移神爵四年十月尽五凤元年五月吏民疾疫死者

一家五

"民疾疫死者一家五(口)"者,属于受疾疫破坏严重的家庭,可能是政府会对这样的家庭给予优抚。类似元始二年(2 年)诏书所言的赐钱。"民疾疫者,舍空邸第,为置医药。赐死者一家六尸以上葬钱五千,四尸以上三千,二尸以上二千。"④诏书所要上报的截止日期是五凤元年五月,疑此诏书在五凤元年之后,唯《汉书》阙如不明。

简 10 三月己卯尤从所□□汤承

　　制诏光禄勋曰今年火尚前谨修火臣□再拜承

　　诏　　　　　　　　　　　　　　　　　　　(敦·1798)

本简红柳,诏书文字。完整,长 23.5 厘米,宽 1.5 厘米。字迹漫漶,已有释读"白校"有注。唯因漫漶,多不得要领。今据"项目"图版"承制诏"格式,属于诏书的缘起部分,是某位大臣上书的文字部分。

其中右行文字"汤"字前一字是"臣"字。简文应是臣汤的奏书文字。其上是"汤"的官职。"臣"字之上的字形与中间一行"火尚"之"火"形"火"近,可释作"火"字。"所"字不明,可存疑。"尤从"文义不明,依字形应释作"大官",即"太官"。则右行存疑的五个字应释作"太官□火臣"。

中间一行的疑问字,"前"字不妥,疑因受"承"字左笔干扰所致,字形近

① 《汉书》卷八三《薛宣传》,北京:中华书局,1962 年,第 10 册,第 3393 页。

② 《汉书》卷九五《西南夷传》,北京:中华书局,1962 年,第 11 册,第 3846 页。

③ 《汉书》卷九九中《王莽传》,北京:中华书局,1962 年,第 12 册,第 4145 页。以前二条资料,"士卒疾疫,死者什六七"之中的逗号应删除。

④ 《汉书》卷一二《平帝纪》,北京:中华书局,1962 年,第 1 册,第 353 页。

"![字]",非"前"字,或为"岁"字。但"火尚岁"不明,《汉书》中检索不到这个词。"修"字,可释为"备"字。其下"□再拜承"文义不明,似与格式不符。"□"是人名,应释作"增"字。《汉书》中有名的是前将军韩增,与本简缺少链接,不一定是一人。"承"字,可释作"受"字。疑臣增负责"火"事,诏书颁行到后,增受命再拜接受"诏书",以诏书行事。

释文隶作:

> 三月己卯大官□火臣汤承
>
> 制　诏光禄勋曰今年火尚岁谨备火臣增再拜受
>
> 诏

整简是"太官□火臣汤"所奏"改火""别火"的文字,很容易使人联想到居延旧简"元康五年诏书"的"更水火"事[①]。"臣汤"见于史书比较有名的是张汤与陈汤,因缺少足够的链条,亦难确认。居延汉简中的"元康五年诏书"让我们看到了具体的诏书颁行过程,其中的前三简是诏书的缘起部分,文字连属。简文是:

> 御史大夫吉昧死言丞相相上大常昌书言大史丞定言元康五年五月
>
> 二日壬子日夏至宜寝兵大官抒
>
> 井更水火进鸣鸡谒以闻布当用者・臣谨案比原泉御者水衡抒大官
>
> 御井中二千石二千石令官各抒别火　　　　　　　　　　（10・27）
>
> 官先夏至一日以除隧取火授中二千石二千石官在长安云阳者其民
>
> 皆受以日至易故火庚戌寝兵不听事尽
>
> 甲寅五日臣请布臣□昧死以闻　　　　　　　　　　（5・10）
>
> 制曰可　　　　　　　　　　（332・26）

"制曰可"之后,诏书才颁行天下。敦煌旧简的"改火"诏书,时间与元康五年(前61年)接近。"改火"作为王朝定制,不可能只有"元康五年"一次这样的诏书。所以将本简的简文与"元康五年诏书"联系起来,一同考察,其所揭示的社会信息将会更加完善。

简11　对□□右此事一右扶风□畜诏狱还中去九月□□□（敦・1837）

---

① （日）大庭脩:《元康五年(前61年)诏书册的复原和御史大夫的业务》,《齐鲁学刊》1988年第2期;又见(日)大庭脩:《汉简研究》,徐世虹译,桂林:广西师范大学出版社,2001年,第一章。

本简红柳，以"诏狱"二字，归入诏书类文字。下残，残长 16.9 厘米，宽 1 厘米。字迹漫漶，已有释读无异议，"白校"无注。今据"项目"彩色图版，此简释读的问题最大。

首起五字，应释作"钳釱左右止"。原有的释读只有"右"字是正确的。"此"字清晰，作"山"形，应释作"止"，与"趾"字通。按照颜师古的注释："钳在颈，釱在足，皆以铁为之。"[1] 日本学者富谷至将"髡钳釱左右止"解释为"髡钳刑"的一种：

> 髡钳刑的具体内容定为髡钳城旦釱左右趾、髡钳城旦釱右趾、髡钳城旦釱左趾及髡钳城旦四种，是根据其刑具夹带的形态来区分的，其刑役年限均为五年。[2]

既然"髡钳釱左右止"是一个词，本简的"钳釱左右止"无疑是"髡"字在前一简尾端，本简是看不到的。为了文义完整我们将"钳釱左右止"作"(髡)钳釱左右止"。

这个"釱"字比较怪，居延旧简 40·1 径作"钛"[3]。字作"釱"形，左侧与下面的"左"字形同作"圭"。为何释作"釱"字呢？本简的字形不明，以《汉书》隶作"釱"字。

"(髡)钳釱左右止事一，右扶风""钳釱左右止事，一右扶风"如何理解？"一"字的一横笔右下隐约还有笔画，可释作"下"字，即"下右扶风"。

"还"字作"遝"形，应释作"遝"字；"去"字作"夫"形，应释作"夫"字。再下"壬"字无疑，其后可释作"午"字。

则整简为诏书文字，亦与"诏狱"合。"畜"前，疑为"卫"字。整简隶作释文如下：

(髡)钳釱左右止事下右扶风，卫畜诏狱所遝中夫，九月壬午▨

另外，"项目"还缺少斯坦因编号，但根据"大简""疏简"的 300 号，可推知原

① 《汉书》卷六六《陈万年传》，北京：中华书局，1962 年，第 9 册，第 2901 页。

② （日）富谷至：《秦汉刑罚制度研究》，柴生芳、朱恒晔译，桂林：广西师范大学出版社，2006 年，第83 页。

③ 谢桂华、李均明、朱国炤：《居延汉简释文合校》，北京：文物出版社，1987 年；简牍整理小组编：《居延汉简（壹）》，台北："中央研究院"历史语言研究所，2014 年。此字形，在陈建贡、徐敏编著的《简牍帛书字典》中未收录，（日）佐野光一编《木简字典》（东京：雄山阁出版株式会社，1985 年）亦未收录。而居延旧简 117·32 作"钛"，此字作"钛"形，《合校》作"钛"字，《居延汉简（贰）》作"釱"字。

斯坦因编号是 T. Ⅺ. ⅱ. 9。

简 12　□□或贫困被饥寒疾疫之<u>葘</u>日竦而惧于天地之<u>栈</u>未知所
<u>津君将何以辅贱小</u>　　　　　　　　　　　　　（敦·1846）

本简红柳，初元年诏书。左上残，长 23.3 厘米，宽 0.8 厘米。字迹漫漶，已有释文的分歧比较大，"白校"有注。在此基础上，参考"项目"彩色图版字形，再作考校。

首起未释读字，漫漶，以残存笔迹应该还有两个，即目前的两个"□"应该是四个"□"。

"葘"字，或作"疆"，均不妥。此字应释作"灾害"之义，即"菑"字。字书列帛书作"菑"形，居延汉简作"菑"形①，金关汉简文字编亦有类似后者字形②，唯本简底部有一横笔作"葘"而已。

"栈"字作"技"形，或释作"枝"，或释作"技"，"白校"疑为"伐"字误书。均不妥。应释作"戒"字。"天地之戒"在《汉书》所记诏书中时有使用，多用在天灾之后，皇帝躬省自身之咎时。如：

> （本始四年诏书）盖灾异者，<u>天地之戒</u>也。朕承洪业，奉宗庙，托于士民之上，未能和群生。乃者地震北海、琅邪，坏祖宗庙，朕甚惧焉。丞相、御史其与列侯、中二千石博问经学之士，有以应变，辅朕之不逮，毋有所讳。③

> （初元年诏书）朕承先帝之圣绪，获奉宗庙，战战兢兢。间者地数动而未静，惧于<u>天地之戒</u>，不知所缘。④

"贱小"之"贱"，或释作"胜"，或释作"赋"，"白校"以"贱"与"小"相符，释作"贱"字。均不妥。此字应释作"朕"字。"君将何以辅朕"，与史书所谓"辅朕"可以联系起来。西北汉简中"朕""胜"二体易淆，尤其是在花海的木觚中，甚至作

---

① 陈建贡、徐敏：《简牍帛书字典》，上海：上海书画出版社，1991 年，第 705 页。居延旧简 113·6 作"菑"。

② 韩鹏飞：《〈肩水金关汉简（肆·伍）〉文字整理与释文校订》，吉林大学硕士学位论文，2019 年，第 71 页。

③ 《汉书》卷八《宣帝纪》，北京：中华书局，1962 年，第 245 页。

④ 《汉书》卷九《元帝纪》，北京：中华书局，1962 年，第 279 页。

"𦥯""𦥯"形①。如果再考虑将本简的"津"与上述所引史书的"㳊"联系起来，感觉本简就应该是初元年的诏书散简。

由是，笔者联想到曾注意的《汉书》诏书与简牍诏书的差异问题，其中就有初元年诏书。内中文字恰可以与本简相互印证②。悬泉置汉简的简文作：

　　　制诏丞相御史……承奉宗庙战战栗栗夙夜不解维恐不使间者地数

振而未静百姓哀怜劳于杜陵之作

　　　……竦而惧于天地之戒未知所㳊□将□以辅朕永承休德令道毋隋

方田作之时　　　　　　　　　　　　　（ⅡT0114③：535）

通过二简文字的比较，我们就会发现，原来曾有争议的"津"字，其字形作"𣲖"状，或作"㳊"，或作"泲"，均与其右下的"子"形有关。此字应该是"游"字讹体，亦即"㳊"字误书。

"小"字，笔者初以为是"介"字，但无法理解，有了悬泉置汉简之后才知道原来是"永"字的残笔。结合诏书文义，本简释文应隶作：

　　　□□□□或贫困被饥寒疾疫之蓿，日竦而惧于天地之戒，未知所

㳊。君将何以辅朕，永

通过本简释文的再释读，我们可以发现在当时即便是诏书也会受到书写者文化水平高低的影响，加上两千年字迹漫漶，释读确实存在一些困难，但将众多资料联系起来考察，一些滞碍点可能就会迎刃而解。

我们借助悬泉置汉简与《汉书》，为敦煌旧简的这一诏书资料找到了比较合理的释读结果。当然，这一条资料也为悬泉置汉简未释读的两个字的释读提供了旁证。简ⅡT0114③：535的"□将□以"，无疑就是"君将何以"四字。而悬泉置汉简的省略号，不知道将来的释文能不能得到补证，还是个未知数。这一点，未来的悬泉置汉简释文值得注意。

从最初的敦煌旧简到悬泉置汉简，进而从悬泉置汉简回到敦煌旧简，再由敦煌旧简反补悬泉置汉简的释读——这一过程很好地说明了资料的丰富使得可以旁证的信息越来越多，对于简牍文字的认识无疑具有很大的帮助。

---

① 甘肃省文物考古研究所：《敦煌汉简》，北京：中华书局，1991年，图版壹叁柒简号1448。

② 张俊民：《悬泉汉简与班固〈汉书〉所引诏书文字的异同》，《文献》2013年第2期。原引文在"以辅"二字之间有"□□永"，恐为误录，本文径删除。

附：诏书传布与管理

前面在检讨敦·1755AB 的释文时,我们重点注意了 A 面的释文,也对 B 面的未释字给出了正确的释读,B 面释文作"厌胡隧长缩写移至步昌隧"。这些文字,书写在 A 面所书诏书的背面,应该是诏书向步昌隧传达的记录。大庭先生在"诏书册其一"的释文中并没有这一行文字显示出来。

按照简 1、简 2 与简 3 的复原,构成了诏书由郡下行的部分,也有候官到部,以及部(厌胡守士吏)再向隧传达或颁布的方式或过程,其中都尉府到候官的一个环节阙如。在现有的传布记录或"诏后行下之辞"之内,已经再现了具体的诏书传布过程,那么"厌胡隧长缩写移至步昌隧"又当如何理解呢? 这是简敦·1755 背面所透漏的信息。

首先看简敦·1755,即斯坦因编号 T. Ⅵ. b. i. 250。"T. Ⅵ. b."又作"T6. b."与"敦六乙",亦即"D3"(甘肃省文物考古研究所编号,下同),一般作"凌胡隧",也就是大煎都候官所在地。"厌胡隧"是"T6. c."与"敦六丙",亦即"D2"。厌胡隧位在 D3 西北 3.2 公里[①]。而步昌隧一般作"T6. a."与"敦六甲",亦即"D4",今名"天桥墩",位在 T6. b. 凌胡隧东北 5.8 公里处。简单地说,就是厌胡隧、凌胡隧、步昌隧是由西南向东北排列的,而诏书的发文单位大煎都候官在凌胡隧,但是简·1755 的记录,却是厌胡隧长写移给步昌部。因为厌胡与步昌之间,间隔凌胡隧(也就是大煎都候官),从地理位置上有点不顺畅(见图 1)。

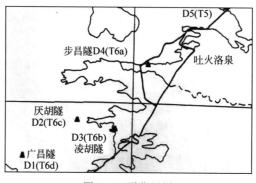

图 1　三隧位置图

从隶属关系看,厌胡隧有厌胡士吏,步昌隧也有步昌候长与步昌士吏,即二者是都归大煎都所属的"部",原则上没有隶属关系。由此而言,厌胡隧或厌胡士

---

①　吴礽骧:《河西汉塞调查与研究》,北京:文物出版社,2005 年,第 51 页。

吏不可能向步昌隧颁布诏书。但实际上步昌隧的诏书却是厌胡隧长缩写并移送的。莫非是厌胡隧长缩的字体写得比较规整，在诏书颁行的时候，厌胡隧长被借调至大煎都候官凌胡隧所在处，由厌胡隧长誊抄之后，再分送类似的步昌部等？

如此一来，具有郡、候官乃至厌胡士吏颁行的"诏书册其一"，应该是诏书颁行之后，在大煎都候官的存档文书。"厌胡隧长缩写移至步昌隧"则记录了步昌隧诏书的传达与誊抄人名。这也许正是本来记录诏书传行至"部"或"部"再下行的"诏后行下之辞"得以在候官处出现的原因。

而简3之"厌胡守士吏"向其所属隧颁行诏书的"诏后行下之辞"，原则上有可能在厌胡隧出土，也有可能在厌胡部所辖的隧出土。即不会出土在今天看来是大煎都候官所在地的凌胡隧。其之所以在凌胡隧出土，只能有两种解释。一种是"诏书册其一"的出土地是厌胡隧或厌胡士吏所辖的隧，与常言的凌胡隧不符。这种解释难以成立。另一种就是厌胡守士吏颁行的诏书，在大煎都候官处存档，而被后人发现或出土。

居延汉简之 15.19 简再研读

李 力

中南财经政法大学法学院

一

居延汉简之 15.19 简,1930 年初出土于肩水金关(A32),其质为木简,长 22.4 厘米、宽 2.8 厘米、厚 0.4 厘米,重 7.72 克,现收藏于台北"中研院"历史语言研究所。[①]

这条简文资料常常为以往的研究者所引用。时至今日,虽然对该简文文意的解读并无大碍,但是回顾以往有关该简研读的学术史,则可以发现在两个问题上仍然存有可以继续讨论的空间:其一,该简不同版本释文究竟经历了怎样曲折的发展过程?其二,如何理解其中颇有异议的"毋官狱征事"一语?

在此,拟先梳理该 15.19 简之图版及其释文版本的流传脉络,进而再辨析如何理解该简"毋官狱征事"一语。

二

15.19 简的释文曾有几种版本?其各自的具体发展情况如何?为什么会有这种较为曲折的过程?这是本文首先要厘清的问题。

---

① 中国社会科学院考古研究所编:《居延汉简甲乙编》下册,北京:中华书局,1980 年,第 292、324 页;简牍整理小组编:《居延汉简(壹)》,台北:"中研院"历史语言研究所,2014 年,第 281 页。

众所周知,居延汉简释文曾有过多种版本①,而且其释文在较长的时间内数次发表,这一过程本身也容易给人以迂回复杂之感。② 造成这种状况的主要原因,至少有三个:一是居延汉简图版的刊布,比其释文的面世延迟了十多年;二是早期公布的图版,其效果不甚佳;三是海峡两岸学术交流长期隔绝,尤其对大陆的研究者来说,查验原简是相当不易的事情。

15.19 简释文版本的多样性,当与上述居延汉简释文与图版的这种复杂状况密切相关,也可以说就是其具体表现之一。这是在讨论 15.19 简释文与图版问题之前必须要明确的。

据拙目所及,可知该 15.19 简图版今见有两个版本,即 1957 年版和 2014 年版(红外线图版)。

1957 年,劳干将其手中所保存的居延汉简照片首刊于世。其中就有 15.19 简图版。然而,此次公布的仅有该简正面(A)的照片(见图 1)。③

目测该简 1957 年版照片,可见其简形较为完整,唯其上部的三分之一处右边有一残缺口(大约是该简宽度的一半),且向左的一半似有断茬(?),不知是否为缀合而成的。另外,其右下角可能因磨损而已呈圆弧状。今可见其上有三行文字,但是自残缺口往下的一段文字(三行都有)则模糊不清。第 1 行下端的文字,也几乎是漫漶一片,难以辨识。第 3 行末"如律令"之前的两个字,却清晰可见。

2014 年,史语所简牍整理小组公布该简的红外线图版(亦可称为 2014 年

---

① 1960 年,劳干先生最先指出,居延汉简早期石印本释文有 1943 年、1944 年两个版本(劳干:《居延汉简·释文之部》,台北:"中研院"历史语言研究所,1960 年,"重订居延汉简考释序",第 1 页)。不过,以目前所见而论,可知其释文版本实际上不止这两种。又,劳干释文及其考释的各种版本之简称有:1936 年"晒蓝本",1943 年"南溪石印本",1949 年"上海铅印本",1960 年"台北释文本"。参见侯灿:《劳干〈居延汉简考释·简牍之制〉平议》,载甘肃省文物考古研究所编:《秦汉简牍论文集》,兰州:甘肃人民出版社,1989 年,第 256 页。此外,关于"晒蓝本"的相关情况,可详见以下的研究成果,马先醒:《余让之汉简学》,《简牍学报》第 1 期,台北:简牍学会,1974 年 6 月,第 12-29 页。《简牍学报》第 2 期(《晒蓝本汉简释文》及其研究专号),台北:简牍学会,1975 年 6 月,第 3-115 页。薛英群:《介评〈晒蓝本〉居延汉简释文》,载甘肃省文物考古研究所编:《秦汉简牍论文集》,兰州:甘肃人民出版社,1989 年,第 285-290 页。邢义田:《香港大学冯平山图书馆藏居延汉简整理文件调查记》,载《地不爱宝:汉代的简牍》,北京:中华书局,2011 年,第 543 页。

② 关于"旧居延汉简"之释文与图版在 20 世纪 40—80 年代期间所经历的迂回曲折过程,以及其各种版本的特点、优劣,富谷至先生曾有较为详细的爬梳与精当的评析,或许可作为重新研读该 15.19 简的参考。详见(日)富谷至:《漢简》,载滋贺秀三编:《中国法制史——基本资料の研究》,东京:东京大学出版会,1993 年,第 134-137 页。

③ 劳干编:《居延汉简·图版之部》,台北:"中研院"历史语言研究所,1957 年,第 101 页。

版)。这是利用红外线扫描器(IR-6000)重新拍摄所获,包括该简的正背两面(见图2、图3)。①

图1　1957年版(A)　　　　图2　2014年版(B)　　　　图3　2014年版(A)

① 简牍整理小组编:《居延汉简(壹)》,台北:"中研院"历史语言研究所,2014年,第54页。

审视该简 2014 年版照片正面(A),并以 1957 年版照片(A)为参照,可见其简形基本未变,知其保存状况尚好。据此,可以判定的是:前述断茬口处以上右半边一定是缀合过来的,特别是在其反面(B)照片上清楚可见该茬口的吻合,而其正面中间第 2 行文字的字迹,在缀合之后的契合度亦相当高。其总体的视觉效果,较之 1957 年版得到不少改善,因此很多文字清晰可识。尤其是,第 1 行最末二字"毋官":"毋"字右边残缺,但尚可确认;而"官"字仅可见"宀"偏旁的左半边,整理者据文例释为"官"字是可信从的。第 2 行的前三个字尚可辨识,即"狱征事"。如此,本文下节将要讨论的"毋官狱征事"一语,其释文是没有问题的。

该简背面照片(B)是第一次面世。据此可见其简背下部偏右的第 1 行部位有如下的字迹残留:█,右侧有一个残存的字迹(应该是左偏旁),其左侧即中部偏下亦可见另有一墨迹。史语所整理小组所作简 B 的释文为"□"。

在此,值得注意的是,关于 15.19 简(B)的释文,应该还有可作进一步推测的余地。马力对此有如下的判断①:

第一,该简背面右下方有墨迹,应该是"即日……",表示该文书已移送给金关等地。

第二,按照"五一简"的相关辞例和书写位置判断,这个地方应该是写发送情况或文书处理情况的。例如,"五一简"第二册 718 简有"即日遣守史胡喜召"②,同第三册 1104 简有"檄即日起贼廷"③。这两枚简的即日信息,都是写在简的正面,因为正面的正文写完之后还有空间可继续书写。而 15.19 简的正面基本上写满了,所以文书收发信息只能写在其简背面。

第三,15.19 简背面的"即日"当是发文方所书,因为正文显示文书由居延县分别移送给金关等地,接收方不必再层层转发到下一站,所以

---

① 2021 年 10 月 19 日,与马力博士在微信上讨论该简。以下要点整理自他的意见。经其同意,在文中引用,谨此致谢。如有出入,其责任当在笔者。

② 长沙市文物考古研究所等编:《长沙五一广场东汉简牍[贰]》,上海:中西书局,2018 年,第 71、224 页。

③ 长沙市文物考古研究所等编:《长沙五一广场东汉简牍[叁]》,上海:中西书局,2019 年,第 64、198 页。

"即日"更可能是发文信息。这件文书应是收文后存档的档案。①

他的意见是很有道理的,且极富有启发性。在此基础上,或许可再补充以下的认识。

在此,将 2014 年版 15.19 简(B)所见该残存字迹的截图与 1957 年版 10.16 简(B)"书即日起候官行矣"之"即"字截图进行对比。②

不过,在居延汉简中,也可见到简背面有"印曰……"的文例,如"印曰张掖肩候"(7.7B),"印曰蔺禹"(10.34B)。③ 如果再将 2014 年版 15.19 简(B)残字截图与汉简所见的"印"字对比④,就可以排除 15.19 简背面(B)该残存字迹是"印"字的可能性。因此,15.19 简(B)所见的残存字迹为"即"字左偏旁的部分笔迹。

可以肯定,马力的推测是准确的。史语所整理小组未释出的该 15.19 简背面(B)那个字就是"即"字。

此外,受马力之说的启发,又在居延汉简中检索到两个文例,可能更适合作为其说的佐证,即:

　　① 即日□事［弘］发 (132.32＋132.35B,A8)⑤

　　② 即日嗇夫尊发

　　　　尉前(506.9B,A35)⑥

①为缀合而成,其正面(A)文书起首有"元延五年二月",即公元前 8 年。②为一枚完整木牍,其正面(A)文书起首有"元延元年十月",即公元前 12 年。这与

---

① 大庭脩早就指出:"我想提出的问题是,是否可以认为汉代的关津曾将过关者的檠——誊写、记录了下来,因而从肩水金关出土的檠都是由关吏誊写的,其中没有檠的原物。这个问题是人们以往没有论述过的。"后来,藤田胜久承袭此说,进一步考察"金关汉简中大量的私用传,从其形态和功能上看,发现他们并非原物,而是传的抄录本"。(日)大庭脩:《汉代的符和致》,徐建新译,《中国史研究》1989 年第 3 期,第 138 页。(日)藤田胜久:《肩水金关与汉代交通——传与符之用途》,载中共金塔县委等编:《金塔居延遗址与丝绸之路历史文化研究》,兰州:甘肃教育出版社,2014 年,第 600、603 页。

② 劳干编:《居延汉简·图版之部》,台北:"中研院"历史语言研究所,1957 年,第 68 页。

③ 简牍整理小组编:《居延汉简(壹)》,台北:"中研院"历史语言研究所,2014 年,第 23、37 页。

④ (日)佐野光一编:《木简字典》,东京:雄山阁出版株式会社,1985 年,第 125 页。

⑤ 简牍整理小组编:《居延汉简(贰)》,台北:"中研院"历史语言研究所,2015 年,第 76 页。

⑥ 简牍整理小组编:《居延汉简(肆)》,台北:"中研院"历史语言研究所,2017 年,第 155 页。

15.19 简文书起首"永始五年闰月"的时间点（即公元前 12 年），最为接近。① 而且根据文例②，若从该 15.19 简背面所见的两处残留墨迹着眼，则也不排除 15.19 简背面原本也写有两行文字的可能性。

在此，必须指出的是，2014 年公布的红外线版该 15.19 简背面照片的学术价值，至少有两点：一是确证其缀合的可靠性和可信度，二是确证其简背面原本是有文字的。这些信息使得我们对该简文书的完整性可以有更进一步的把握和了解，进而有利于对其文书内容的理解。

15.19 简初版释文的发表，早于该简图版的公布面世。在 1957 年以前，劳干曾发表 15.19 简三个版本的释文。1960 年，劳干又发表 15.19 简的重订版释文。1980 年，中国社会科学院考古研究所发表其所作的释文。② 1987 年，谢桂华、李均明等学者又发表其合校之后的释文。③ 2014 年，史语所简牍整理小组发表根据红外线图版校订的最新版释文。以上，就是该简主要的不同版本释文发表的大致脉络。

为了方便比较各版释文的差别，在此特依其各个版本释文发表时所刊原书的排版格式，录其释文如下（今以"着重号"标出值得关注部分的文字）。

(1)1943 年，劳干在《居延汉简考释·释文之部》石印本中，初刊该简释文④：

永始五年闰月己巳朔丙子北乡啬夫忠敢言之义成里崔自当自言为
家私市居延丞案自当册官
    狱征征毋当得取传谒移官□案□□居延县索关敢言之
    闰月丙子䑛得丞彭移肩水金关居延县索关如律令
               /掾晏令史建（一〇八）一五·一九

---

① 详见（日）大庭脩：《秦漢法制史の研究》，东京：创文社，1982 年，第 607 页。又见徐世虹等译：《秦汉法制史研究》，上海：中西书局，2017 年，第 427 页；张德芳：《悬泉汉简中若干纪年简问题考证》，载甘肃省文物考古研究所、西北师范大学文学院历史系编：《简牍学研究》第四辑，兰州：甘肃人民出版社，2004 年，第 57 页；辛德勇：《订改西汉新莽纪年表》，载北京大学历史学系编：《北大史学》第 17 辑，北京：北京大学出版社，2012 年，第 10 页；辛德勇：《改元与建元——西汉新莽年号研究》，北京：中华书局，2013 年，第 144 页。案：张德芳、辛德勇论著，承管笑雪同学示知并帮忙查找，谨此致谢。

② 中国社会科学院考古研究所编：《居延汉简甲编》下册，北京：中华书局，1980 年，第 10 页。

③ 谢桂华、李均明、朱国炤：《居延汉简释文合校》上册，北京：文物出版社，1987 年，第 24-25 页。

④ 劳干：《居延汉简考释·释文之部》卷一，台北："中研院"历史语言研究所，1943 年，第 14 页。收入劳干等撰：《汉简研究文献四种》上册，北京：北京图书馆出版社，2007 年，第 47-48 页。

（2）1944 年,劳干在《居延汉简考释·考证之部》石印本中,再录该简释文（但并未就此进行考证）[①]:

> 永始五年闰月己巳朔丙子,北乡啬夫忠敢言之。义成里崔自当自言为家私市居延。丞案自当毋官
> 狱征事,当得取传。谒移官□案□□居延县索关敢言之。
> 闰月丙子鱳得丞彭移肩水金关居延县索关如律令。/掾晏,令史建。

（一〇八）一五·一九,卷一,第十四叶

（3）1949 年,劳干在《居延汉简考释·释文之部》铅印本中,发表该简释文[②]:

> 永始五年闰月己巳朔丙子北乡啬夫忠敢言之义成里崔自当自言为家私市居延谨案自当毋官
> 狱征事当得取传谒移肩水金关居延县索关敢言之
> 闰月丙子鱳得丞彭移肩水金关居延县索关如律令。　/掾晏令史建（一〇八）一五·一九

（4）1960 年,劳干在重订版《居延汉简考释·释文之部》中,发表该简释文如下[③]:

> 永始五年闰月己巳朔丙子北乡啬夫忠敢言之义成里崔自当自言为分私本居延丞案自当册
> 狱征事当得取传谒移……居延县索关敢言之
> 闰月丙子鱳得彭移肩水金关居延县索关如律令/掾旁令史建（一五·一九）

　　如何评价劳干所作这四个版本的释文?在此,将以 2014 年邢义田等据红外线图版重新校读以往释文后所作的新释文为参照标准,进行对比评判。为此,抄录 2014 年版该简（A）新释文如下（"着重号"部分,正可与之前劳氏四版释文的

---

①　劳干:《居延汉简考释·考证之部》卷一,台北:"中研院"历史语言研究所,1944 年,第 30 页。收入劳干等撰:《汉简研究文献四种》下册,北京:北京图书馆出版社,2007 年,第 62 页。
②　劳干:《居延汉简考释·释文之部》卷一,上海:商务印书馆,1949 年,第 27 页。
③　劳干:《居延汉简考释·释文之部》,台北:"中研院"历史语言研究所,1960 年,第 42 页。

相应部分对比)①：

  永始五年闰月己巳朔丙子北乡啬夫忠敢言之义成里崔自当自言为
家私市居延谨案自当毋官
  狱征事当得取传谒移肩水金关居延县索关敢言之
  闰月丙子鞮得丞彭移肩水金关居延县索关书到如律令 /掾晏令
史建

若将 2014 年版的"着重号"部分与劳干 1943、1944、1949、1960 年版释文的"着重号"部分对比，则可知劳干各版释文存在如下四个问题。

（1）1943 年版之误释有三处：①"丞案"之"丞"字；②"毋官狱征征毋"之"征毋"二字；③"官□案□□"。未释出者一处：④文末"如律令"之前的"书到"二字。

（2）1944 年版仅修正一处误释：②"毋官狱征征毋"→"毋官狱征事"。

（3）1949 年版再修正两处误释：①"丞案"→"谨案"；③"官□案□□"→"肩水金关"。

关于石印本 1943、1944 年版释文所出现的讹误之处，劳干曾经专门在其《重订居延汉简考释序》一文中，就当时在印制技术等方面存在的实际困难进行说明。② 这种客观原因，确实会影响到其石印本释文的最终质量。但是，仅就该 15.19 简而言，无法判断究竟哪个讹误是由此原因导致的。我个人的研读感觉是，15.19 简出现讹误的主要原因，可能有两个：劳氏手中所存照片不够清晰，或者是他本人的释字确有所疏忽。

归纳起来，在 1944 年版释文和 1949 年版释文之中，劳氏所作的准确修改有以下三处。

其一，1944 年版将 1943 年版之②"毋官狱征征毋"改为"毋官狱征事"，为其后各版释文所沿袭。

那么，为什么 1943 年版释文会将"征事"二字误释为"征征毋"三字？

细审 2014 年版与 1957 年版 15.19 简图版"征"下一字，推测其问题可能出

---

① 简牍整理小组编：《居延汉简（壹）》，台北："中研院"历史语言研究所，2014 年，第 54 页。
② 中国社会科学院考古研究所编：《居延汉简甲乙编》下册，"序"，北京：中华书局，1980 年，第 1 页。

在该简所见的"事"字较为草写这种写法上。又,经查:10.6简末一字的写法①,与15.19简"征"下一字相同。不过,劳干1943年版释文却准确地将10.6简简末该字释为"事"。②佐野光一所编《木简字典》中收入了10.6简该"事"字。其相关文字截图的比较,详见表1。因此,1944年版改释为"事"字是准确的。

表1　各版字形

2014 年版 15.19	1957 年版 15.19	1957 年版 10.6	《木简字典》

其原因很可能是这样的:劳干起初将该15.19简"事"字上部的两"横"笔画,误识为重文号"=",同时又把其下部误释为"毋"字,因而才在1943年版释文中误释出"征征毋"三字。后来发现这根本就是误释,于是在1944年版释文中改正过来了。

其二,1949年版将1943年版之①"丞案"改为"谨案"。但不知何故,其1960年版仍误释作"丞案",这恐怕是不应该出现的错误。③

劳干为何一开始将该"谨"字误释为"丞"字呢?这就要重新核验一下该简图版的具体情况。

查其1957年图版,第1行"案"字上一字,笔画不甚清晰,确实难以辨识为何字。不过,第3行第7个字"丞"却是相当清楚的。比较此二者,可见第1行"案"字上的那个字,其字形轮廓与第3行的"丞"字截然不同,特别是看不到"丞"字底下带有隶书风格的那一粗"横"的笔画。再查其2014年版,第1行"案"字上那个字的字迹略为清楚,确实与第3行的"丞"字不同。

劳干早期所释这个"丞"字,实际上就是"谨"字的草书体,的确比较容易被误

① 劳干编:《居延汉简·图版之部》,台北:"中研院"历史语言研究所,2014年,第13页。
② 劳干:《居延汉简考释·释文之部》卷一,上海:商务印书馆,1949年,第2页。收入劳干等撰:《汉简研究文献四种》上册,北京:北京图书馆出版社,2007年,第23页。
③ 也有学者继续沿用劳干"丞案"之"丞"字的误释。详见薛英群:《汉代的符与传》,《中国史研究》1983年第4期,第159、161页。据161页注释③,可知他引用的是劳干《居延汉简考释》一书,但他并没有标明该书的出版信息,不知究竟是哪个版本,推测很可能是1944年版或1960年版。后来引用《居延汉简甲乙编》,改为"谨案"。参见薛英群:《居延汉简通论》,兰州:甘肃教育出版社,1991年,第420页。

识为"丞"字。但是,"丞"与"谨"这两个字的草书体原本是有所区别的。[①] 又,"谨案"是汉简上行文书的一个习语[②],这是今天的研究者周知的一个常识。但在几十年前汉简研究的初始阶段,无论是对草书体的识别与比较还是对习语"谨案"的把握,恐怕都未必如今日这样成熟而简单。由此或可窥见前辈学者汉简释文开山研究艰难之一斑。

其三,1949 年版放弃 1943 年版之③"官□案□□",正确释出"肩水金关"四个字。

(4) 1960 年版修改的四处,较之 1949 年版几乎都是误释:②"毋官狱征事"→"毋狱征事",脱落了"官"字;③"官□案□□"→"……",略去,未沿用 1949 年版释文"肩水金关";⑤"为家私市"→"为分私本","分"字、"本"字为误释;⑥"掾晏"→"掾旁","旁"字为误释。

在此,必须指明的是,"毋狱征事"这一误释,后为日本学者作为文例引用。[③] 但是,在目前所见的汉简资料之中,未检索到"毋狱征事",因此恐怕现在还不能把该误释之简文作为"毋官狱征事"一语的略称之例。推测这里未释出该"官"字的原因,可能就是在 1957 年图版上所见的该"官"字相当残缺,而且模糊得几乎不可辨识(如前所述,由 2014 年图版可见仅存的"宀"偏旁左边)。因此,劳氏在此版不再释出这个"官"字。

1960 年版释文是劳干为了与 1957 年图版配合而重新整理改订的释文,但是较之以往三版该简释文,却是讹误出现最多的一版释文。尤其②⑤⑥的修改结果,纯粹是改"正"为"误"。原本 1949 年版已改正的③"肩水金关",此版却未坚持沿用,直接略去不释。今知,"为家私市"也是汉简文书的习语,即为自家经商[④],1960 年版不应将此释文改正为错。

---

① 详见(日)佐野光一编:《木简字典》,东京:雄山阁出版株式会社,1985 年,第 13、673 页。

② 沈刚:《居延汉简语词汇释》,北京:科学出版社,2008 年,第 271 页。京都大学人文科学研究所简牍研究班编:《汉简语汇:中国古代木简辞典》,东京:岩波书店,2015 年,第 109 页。

③ 京都大学人文科学研究所简牍研究班编:《汉简语汇:中国古代木简辞典》,东京:岩波书店,2015 年,第 483 页。案:谢桂华先生论文所引 495.12+506.20A 简释文作"忠等毋狱征事"。据红外线图版,其释文当作:"忠等毋官狱征事"。谢先生的释文有误。谢桂华:《汉简草书辨正举隅》,载李学勤、谢桂华主编:《简帛研究》第三辑,南宁:广西教育出版社,1998 年,第 362 页。谢桂华:《汉晋简牍论丛》,桂林:广西师范大学出版社,2014 年,第 100 页。简牍整理小组:《居延汉简(肆)》,台北:"中研院"历史语言研究所,2017 年,第 132 页。

④ "私市",即"私人的买卖,在汉简中主要用于非公务的买卖这种场合"。京都大学人文科学研究所简牍研究班编:《汉简语汇:中国古代木简辞典》,东京:岩波书店,2015 年,第 205 页。

1980 年,中国社会科学院考古研究所编《居延汉简甲乙编》释文如下：①

永始五年闰月己巳朔丙子北乡啬夫忠敢言之义成里崔自当自言为家私市居延谨案自当毋官

狱征事当得取传谒移肩水金关居延县索关敢言之

闰月丙子觻得丞彭移肩水金关居延县索关书到如律令 /掾晏令

史建一五一九(乙拾贰版)

按：比较该 15.19 简 2014 年版释文与 1980 年版释文,可知 1980 年版释文是 15.19 简图版公布之后发表释字最为准确的一版释文,纠正了前揭劳干四版释文的所有讹误。尤为重要的是,第一次释出"如律令"之前的"书到"二字。

"书到",为汉简所见文书之习用语,其意即"如果该文书到了"。② 若今日再回过头来检视一下 1957 年版 15.19 简图版,则在"如律令"之前,清晰可见该"书到"二字的字迹(参见表 2)。但是,不知道为何劳干的释文一直未释出来这两个字。

表 2　"书到"字迹

1957 年版	2014 年版

简言之,15.19 简图版有 1957 年、2014 年两个版本,2014 年红外线版效果尤佳,当是今日研读的根本依据。其释文有五个版本,其中劳干释文的四个版本有其较为曲折的发展过程,且不断有若干的讹误,这是研读时必须注意的。

造成这种现象的主要原因,恐怕在于该简图版的刊布比其释文延迟了十余年,且 1957 版的效果欠佳,劳干本人在释读时也难免有所失误。这反映出在 20 世纪 40 年代那个战乱时期,居延汉简早期整理工作之艰辛困难的程度,恐怕是今人难以想象的。根据 2014 年红外线图版,可确定 1980 年甲乙编版释文为其

---

① 中国社会科学院考古研究所编：《居延汉简甲乙编》下册,北京：中华书局,1980 年,第 10 页。

② 京都大学人文科学研究所简牍研究班编：《汉简语汇：中国古代木简辞典》,东京：岩波书店,2015 年,第 256 页。(日)鹰取祐司：《秦汉官文书の基础的研究》,东京：汲古书院,2015 年,第 31-41、73、75 页。

正面释文的最终版。尤其是,以下将讨论的"毋官狱征事"一语的释文没有问题。

三

中、日两国学者都曾解读过 15.19 简"毋官狱征事"一语,但是并未达成共识,仍存有一些异见。那么,应该如何理解这一语句?

在此,分别梳理日本学者和中国学者各自的不同意见,并评析其得失,以厘清此语句的法律含义。

首先,在日本学界,从 20 世纪 50 年代到 2015 年,关于"毋官狱征事",主要有以下两种意见。

第一种意见是"无前科之证明"说。这是大庭脩在 20 世纪 50 年代发表的两篇代表作中首倡的。

第一篇是《汉代的关所与通行证》①。在研究"因私旅行者的荣"时②,大庭脩重点解读该类文书首尾保存完整的 15.19 简的文书结构及其内容③:

> 这是一份复合文书,一部分由北乡啬夫写给肩水金关及居延县索关,一部分由张掖郡觻得县丞彭写给金关、索关。以觻得丞所发的部分可知,北乡啬夫是张掖郡觻得县北乡啬夫。该文书的内容为:户籍为本乡义成里的崔自当想去居延贸易,于是向啬夫忠提出申请(旅行目的以及目的地)。啬夫忠请求:自当无犯罪而被官府逮捕的记录,所以自然具有取得传资格(无前科的证明),将此告知肩水金关与居延县索关(从觻得县到居延县途中必须要经过的关)。文书的末尾,是觻得县丞彭于同日移文二关,意为文书到后,依照律令的规定行事(应允许通过),副署者是觻得县掾晏与令史建。从内容来看,该文书应是荣,以此可大致了解通过关所的通行证体例。如下述例子所证,该简应封有觻得县丞的公章。

然后,再列举 9 条同类文书不完整的断简简文,其中 5 条简背面有"印曰……"

---

① (日)大庭脩:《漢代の關所とパスポート》,《關西大學東西學術研究所論叢》第 16 期,1954 年 10 月;又见《秦漢法制史の研究》,东京:创文社,1982 年,第 593-625 页。

② 该"荣","应理解为是作为文书的传"。(日)大庭脩:《汉代的符和致》,徐建新译,《中国史研究》1989 年第 3 期,第 138 页。

③ (日)大庭脩:《秦漢法制史の研究》,东京:创文社,1982 年,第 607-608 页;又见徐世虹等译:《秦汉法制史研究》,上海:中西书局,2017 年,第 427 页。

(213.44＋213.28B,334.20)、"……印"(181.2,495.12＋506.20B)、"章曰……印"(334.40A)文例,5 条见有"毋官狱征事"(81.10,506.20,213.17,218.2)、"毋官征事"(334.20)文例。并归纳该类文书格式有五个要件,其四即"证明旅行者没有前科,因而具有获得传的资格"。进而推测,金关遗址出土的 15.19 简等"是金关吏在行者通过时抄写或回收的文书"①。

由上可见,大庭脩主张"毋官狱征事"就是"无犯罪而被官府逮捕的记录"(案:大庭氏日译为"過去に罪を得て官獄に徴せられたことがない"),即"无前科之证明"。由此(下画线部分)可以揣摩到,他应该是将"官狱"与"征事"视为两个术语,虽然没有分别进行具体的对应性解释,但是若将其对这句话的意译分解出来,则其对"毋官狱征事"一语的理解可能就是:官狱＝官府,征事＝被逮捕。但存在的问题是,这里所谓"因犯罪"("過去に罪を得て")的意思来自何处呢?

第二篇是《汉代的啬夫》②。认为乡啬夫"承担乡的司法与行政职责。汉简反映的内容也未超出这一范围"。具体而言,"在司法方面,当本乡居民提出外出申请时,他们具有证明申请者没有前科的权力,县对于证明予以认证后,该文书便成为通行证而通用全国"。因而判定该 15.19 简是"表明啬夫涉及司法权的一个例子"③。

但是,乡啬夫为申请者开具该证明这个行为,是否属于所谓司法权呢? 这与常为人们所引用的《百官表》所谓"啬夫职听诉讼"有关联吗?

大庭脩最早对 15.19 简进行全面的研读,并解读"毋官狱征事"一语。进而根据此"无前科之证明"说,断定该 15.19 简文书性质是由乡啬夫所开具的私人旅行者"无犯罪前科"的证明文书。④ 后来,鲁惟一、林剑鸣、王子今承袭大庭脩

---

① (日)大庭脩:《秦汉法制史の研究》,东京:创文社,1982 年,第 608-610 页;又见徐世虹等译:《秦汉法制史研究》,上海:中西书局,2017 年,第 429 页。

② (日)大庭脩:《汉の啬夫》,《东洋史研究》第 14 卷第 1、2 号,1955 年 7 月;又见《秦汉法制史の研究》,东京:创文社,1982 年,第 514-522 页。

③ (日)大庭脩:《秦汉法制史の研究》,东京:创文社,1982 年,第 514、607、641、663-664 页;又见徐世虹等译:《秦汉法制史研究》,上海:中西书局,2017 年,第 427 页。

④ 关于此,藤田胜久先生所提出的如下意见值得重视:其一,"传是证明往来通行的单独文书,看起来毫无异议。但是,悬泉置和肩水金关的传,根据所持有的具体实物,可以证明发放者和办事的内容";其二,"就传的性质而言,其本质并非旅行者的身份证明,而是记录通行往来目的以及办事内容,使其通行没有障碍的通行证"。(日)藤田胜久:《肩水金关与汉代交通——传与符之用途》,载中共金塔县委等编:《金塔居延遗址与丝绸之路历史文化研究》,兰州:甘肃教育出版社,2014 年,第 613 页。

之说。①

第二种意见是"因官狱而受到传讯(或传唤)"之说。这是2015年京大简牍研究班就该"毋官狱征事"一语的解释②：

> 为常用语,意即：对申请取得"传"者,由于没有因官狱受到传讯,因此不妨碍发给其"传"。可见于委托办理给"传"的文书之中。亦可写作"毋官征事""毋官狱事""毋狱征事"。 典 无载。 简 永始五年闰月己巳朔丙子,北乡啬夫忠,敢言之。义成里崔自当自言,为家私市居延。谨案,自当毋官狱征事。当得取传。谒移肩水金关、居延县索关。敢言之。……〈15.19〉

另,对"官狱征事"一语,注释："因官狱受到传讯。多用作'毋官狱征事'。"③又,关于"征"字,注释如下④：

> ①把人叫来。传讯。 典 《说文解字》八篇上"征,召也。" 简 ……置孝弟力田廿二,征史二千石符卅二……〈5.3＋10.1＋13.8＋126.12〉

在"征"字之下,列有"征事(ちょうじ)"条,注释如下⑤：

> 传讯。在委托办理发给通行证的语句中,使用"毋官狱征事"的场合很多。 典 无载。 简 永始五年闰月己巳朔丙子,北乡啬夫忠,敢言

---

① (英)鲁惟一：《汉代行政记录》上册,于振波、车金花译,桂林：广西师范大学出版社,2005年,第120-121页。林剑鸣：《简牍概述》,西安：陕西人民出版社,1984年,第132-133页。又,王子今引肩水金关汉简73EJT10：229简文,认为："这是长安司法部门为长安居民开具'毋官狱征事'证明,使其取得允许通行的证件的文书。按照规定,必要程序是查验是否有'官狱'记录,即治安机关有关过去违法或犯罪行为的记录,即现今通常所谓'案底'。"与此同类的还有一例(73EJT9：92),只是其责任职官为"长安守右丞""长安右丞"。王子今：《汉简"诸陵县"史料钩沉》,载甘肃简牍博物馆、西北师范大学历史文化学院编：《简牍学研究》第五辑,兰州：甘肃人民出版社,2014年,第149页。

② 京都大学人文科学研究所简牍研究班编：《漢簡語彙：中国古代木簡辞典》,东京：岩波书店,2015年,第483页。

③ 京都大学人文科学研究所简牍研究班编：《漢簡語彙：中国古代木簡辞典》,东京：岩波书店,2015年,第60页。又,鹰取祐司先生将"官狱征事"日译为"官獄による召喚"。在此,直接将该中文"征事"对译为日文法律术语"召喚(しょかん)"一词。(日)鹰取祐司：《肩水金關遺址出土の通行證》,载鹰取祐司编：《古代中世東アジアの關所と交通制度》,京都：立命館大学,2017年,第224页。

④⑤ 京都大学人文科学研究所简牍研究班编：《漢簡語彙：中国古代木簡辞典》,东京：岩波书店,2015年,第397页。

之。义成里崔自当自言,为家私市居延。谨案,自当毋官狱征事。当得
取传。谒移肩水金关,居延县索关。敢言之。……〈15.19〉

拙目所及,这似乎是日本学者首次以日语"出頭を命ずる"或"出頭命令",来
对译中文的"征"字与"征事"一词,直译即:命令某人去官府报到。作为法律术
语,即传讯、传唤。这个解读与大庭脩之说大为不同,已在学界产生共鸣,例如刘
欣宁认为"毋官狱征事"即"无遭法庭传唤之事"。①

以上日本学者的两个意见,哪一个更为准确合适?

在中国学界,自 20 世纪 60 年代起,亦不乏对"毋官狱征事"进行解读的研究
者。归纳起来,比较有代表性的意见主要有如下四种。

① 20 世纪 60 年代初,陈直在《汉晋过所通考》中论及"过所公牍中的习俗
语"时,专门解释说②:

> 他如"毋官狱征事",谓既未入官狱,且未以犯罪见征,(因罪见征,
> 见后汉书王允传。)等于后代身家清白之保结,亦为一般例文。

该引文所列举的"因罪见征"之文例,应当指《后汉书·王允传》如下的一段
文字(特别是下画线部分):③

> 会赦,还复刺史。旬日闲,复以它罪被捕。司徒杨赐以允素高,不
> 欲使更楚辱,乃遣客谢之曰:"君以张让之事,故一月再征。凶愿难量,
> 幸为深计。"

从其上下文意可推知,其中的"再征"之"征"字,与前文之"被捕"是同义的。
如果这个推测没有问题的话,那么陈直所谓"征事"="因罪见征",应该就是指因
罪被捕。

很显然,陈直在此将"毋官狱征事"理解为:"毋官狱"+"毋征事"。即其所
说:"官狱者未曾入诏狱也。征事者未曾以犯罪见征也。"④"官狱"与"征事"为
二事。

---

① 刘欣宁:《汉代"传"中的父老与里老》,《早期中国史研究》第八卷第 2 期,2016 年 12 月,第 55 页。
② 陈直:《居延汉简综论》,载《居延汉简研究》,天津:天津古籍出版社,1986 年,第 39 页。又,在同书第 180 页有:"毋官狱征事,亦为过所文中之例语。(见后书王允传)"。
③ 《后汉书》卷六十六《陈王列传》,北京:中华书局,1965 年,第 2173 页。
④ 陈直:《居延汉简研究》,天津:天津古籍出版社,1986 年,第 180 页。

② 1983 年,李均明强调私人性通行证持用者必须具备"毋官狱征事"的条件,并解释"官狱征事"即因违法而被征召之意。①

以此推知,其理解是:"官狱"＝违法,"征"＝征召。前者是原因,后者是结果。

③ 2005 年,《中国简牍集成》15.19 简、213.17 简注释"毋官狱征事"②:

A. "没有狱讼官司,徭役、赋税皆无逋欠。"③

B. "毋,通无,官狱,官事与讼诉事。征,指徭役兵役之类。"

A、B 两个解释,其共同点在于将"官狱"与"征事"视为二事,但对二者的理解略有不同。

④ 2015 年,徐世虹认为,"据汉制,犯罪记录的确定亦在户籍管辖的范畴内",居延汉简 81.10 简、218.2 简是"相关官吏在核查户籍后,对申请领取通行证的住民出具的证明文书","所谓'毋官狱征事',意谓没有官司官役在身"。④

即官狱＝官司＝犯罪记录。但不知此处对"征事"的理解,是否据其"秦汉律中的'事',往往与徭役征发相关"之说。⑤ 若然,则征事＝官役＝徭役征发。

归纳以上各家意见,主要有三点认识:第一,"官狱"一词,意即犯罪,违法,诉讼,官司(打官司);第二,"征"字,意即被捕、征召,以及徭役、兵役、赋税;第三,①③④明确将"官狱"与"征事"分为二事,二者为并列关系,②则主张二者是因果关系。

那么,现在要讨论的问题有以下三个。

第一个问题,关于"官狱"的理解分歧并不大,但怎样解读才更为准确?

"官狱"一词亦见于传世文献。例如,《汉书·刑法志》"县道官狱疑者",同《艺文志》"起于官狱多事"。⑥ 即官府之中的诉讼案件。"毋官狱征事"之"官

① 李均明:《汉简所见出入符、传与出入名籍》,载中华书局编辑部编:《文史》第 19 辑,北京:中华书局,1983 年,第 30 页。

② 初师宾主编:《中国简牍集成〔标注本〕》第五、六册,兰州:敦煌文艺出版社,2005 年,第 43、252页。沈刚:《居延汉简语词汇释》,北京:科学出版社,2008 年,第 48 页。

③ 高恒先生之前也提出,"毋官狱征事","意为该居民无狱讼方面的官事,不拖欠赋税、徭役"。高恒:《读秦汉简牍札记》,载李学勤主编:《简帛研究》第一辑,北京:法律出版社,1993 年,第 45 页。

④ 徐世虹:《文献解读与秦汉律本体认识》,载"中研院"历史语言研究所集刊第 86 本第 2 分,2015 年,第 252 页。

⑤ 徐世虹:《九章律再认识》,载"沈家本与中国法律文化国际学术研讨会"组委会编:《沈家本与中国法律文化国际学术研讨会论文集》下册,北京:中国法制出版社,2005 年,第 695 页。

⑥ 《汉书》卷二十三《刑法志》、卷三十《艺文志》,北京:中华书局,1962 年,第 1106、1721 页。

狱",其意亦然。官,官厅,官府。狱,诉讼案件。① 因此,"官狱"也可以理解为今天人们所说的"打官司"的"官司"。

第二个问题,关于"征"或"征事"的理解,各家意见出入不小,哪个是最为合适的呢?

为了准确地把握该"征"字和"征事"的法律意义,在此从"征逯"和"征召"这两个词的含义入手进行比较,以把握其本意。

首先,关于"征逯",京大简牍研究班解释如下②:

传讯并追捕。 典 无载。 简 律曰,赎以下可檄,檄勿征逯,愿令史

移檄官,宪功算枱维蒲封。〈157.13+185.11〉

"征逯",亦见于居延新简(EPS4T2:101)③、五一广场简(J1③201-1A,J1③201-30,J1③281-5,J1③283-47+283-59)④。

京大简牍研究班将"征逯"日译为"出頭を命じたり,追捕したりする"。必须指明的是,"出頭を命ずる"与"追捕する",是交替紧接进行的两个行为。因此,译成中文应是"传讯并追捕"。这是一个"意为传唤至官府并抓捕的法律术语"⑤。相对而言,宫宅洁所主张的"征逯"为传唤(当事人)之说⑥,恐有欠允当。

① 将"官狱"理解为与审判有关联,恐怕是最为准确到位的看法。例如,或将该"毋官狱征事"日译为"裁判關係での出頭要請はない",其意即没有因与审判有关系而被传讯。(日)富谷至:《文書行政の漢帝国——木簡・竹簡の時代》,名古屋:名古屋大学出版会,2010 年,第 128、173、311 页。

② 京都大学人文科学研究所简牍研究班编:《漢簡語彙:中国古代木簡辞典》,东京:岩波书店,2015 年,第 397 页。又案:其引文的文例 157.13+185.11 简有红外线版释文,即"律曰赎以下可檄=勿征逯顷令史移檄写[宪]功算枭缠蒲封"。其中,"征逯"一词所释无误。简牍整理小组编:《居延汉简(贰)》,台北:"中研院"历史语言研究所,2014 年,第 138 页。

③ 张德芳:《居延新简集释(七)》,兰州:甘肃文化出版社,2016 年,第 705 页。

④ 长沙市文物考古研究所等编:《长沙五一广场东汉简牍[壹]》,上海:中西书局,2018 年,第 253 页。长沙市文物考古研究所等编:《长沙五一广场东汉简牍[贰]》,上海:中西书局,2018 年,第 173 页。长沙市文物考古研究所等编:《长沙五一广场东汉简牍[陆]》,上海:中西书局,2020 年,第 96、137 页。案:"征逯",整理者注释:"征召逮捕。"长沙文物考古研究所:《湖南长沙五一广场东汉简牍发掘简报》,《文物》2013 年第 6 期,第 21、22 页。长沙市文物考古研究所等编:《长沙五一广场东汉简牍选释》,上海:中西书局,2015 年,第 221 页。

⑤ (日)富谷至编:《漢簡語彙考證》,东京:岩波书店,2015 年,第 347 页。案:其中文本将此句译为"传唤、抓捕",恐有欠准确。详见张西艳译:《汉简语汇考证》,上海:中西书局,2018 年,第 208 页。

⑥ (日)宫宅洁:《秦漢時代の裁判制度—— 張家山漢簡〈奏讞書〉より見た》,《史林》第 81 卷第 2 号,1998 年,第 46 页。其中文本见徐世虹译:《秦汉时期的审判制度——张家山汉简〈奏谳书〉所见》,载籾山明主编:《中国法制史考证》丙编第一卷,北京:中国社会科学出版社,2003 年,第 299 页。

中国学者对此简"征遝"一词,也有相当精彩的解读。例如,早在 20 世纪 60 年代,就有学者指出"遝""逮"二字古通用。① 张伯元主张,"征遝的遝,同逮。《说文通训定声》:'遝,与逮同字。'征遝,虽也有招致的意思,但是它带有强制性,强制执行"。又,"征遝,也可以直接写作'征逮'",其文例即"移人在所县道官,县道官狱讯以报之,勿征逮,征逮者以擅移狱论(新简 EPS4T2・101)"。因此,这个"遝"字,"与'逮'同音同义","可以直接理解为表示拘捕意义的'逮'字"。② 高恒也认为:"'遝'(音代),同逮,'征遝',征逮。"③不过,"逮"字应该是抓捕或追捕之意,并非"拘捕"之意。早在 20 世纪 80 年代,连劭名就注释:"征遝,拘捕之意"。④ 将"遝"或"征遝"释以"拘捕"一词,是不准确的表达。"拘捕"一词,实际上是"拘传"与"逮捕"这两种强制性措施的概称,现代刑事诉讼法并无此术语。

可以肯定的是,"征""遝"二字的法律意义有别。该"征"字,当从京大简牍研究班之说,即传唤、传讯,是告知犯罪嫌疑人到官府的一个程序。"遝",即追捕、逮捕,是紧接"征"的一个法律程序,是对到官府后的犯罪嫌疑人实施控制其人身自由措施的另一个法律程序。⑤ 因此,"征遝",即"传讯并追捕(或抓捕)"。

---

① 陈邦怀:《居延汉简考略》,《历史教学》1964 年第 2 期,第 41 页。

② 张伯元:《汉简法律术语零拾(四则)》,载《出土法律文献研究》,北京:商务印书馆,2005 年,第 225 页。

③ 高恒:《汉简中所见法律论考》,载李学勤主编:《简帛研究》第二辑,北京:法律出版社,1996 年,第 231-232 页。高恒:《秦汉简牍中法制文书辑考》,北京:社会科学文献出版社,2008 年,第 155 页。

④ 连劭名:《西域汉简所见〈汉律〉》,载中华书局编辑部编:《文史》第 29 辑,北京:中华书局,1988 年,第 132 页。

⑤ (1)值得关注的是,宫宅洁先生将张家山汉简《奏谳书》案例 18 所见"遝"字(即"逮"),解读为"传唤(日文对译为'召唤する')"之义,是汉代的一种传讯程序,"当应当受审讯者不在审判机构的管辖区域内,则由该机构传唤本人"。这个意见引起学者就秦汉简所见"遝"字发表各自的见解,既有赞同者,亦不乏质疑者。详见(日)宫宅洁:《秦漢時代の裁判制度——張家山漢簡〈奏讞書〉より見た》,《史林》第 81 卷第 2 号,第 44-46 页。其中文本见徐世虹译:《秦汉时期的审判制度——张家山汉简〈奏谳书〉所见》,载籾山明主编:《中国法制史考证》丙编第一卷,北京:中国社会科学出版社,2003 年,第 296-299 页。相关的讨论情况,详见高震寰:《试论秦汉的"遝(逮)""逮捕"制度》,《"中研院"历史语言所集刊》第 91 本第 3 分,2020 年 9 月,第 420-421 页。与此相关的重要论文则有,刘庆:《汉代系文书考析》,《南都学坛》2010 年第 4 期,第 12-13 页;刘欣宁:《秦汉诉讼中的言辞与书面证据》,载李宗焜主编:《古文字与古代史》第 5 辑,台北:"中研院"历史语言研究所,2015 年,第 359 页;刘欣宁:《汉代"传"中的父老与里老》,《早期中国史研究》2016 年第八卷第 2 期,第 71、72 页;孟峰:《试说秦简牍中的遝与遝书》,《宁夏大学学报(人文社会科学版)》2019 年第 2 期,第 126-130 页;刘自稳:《遝书新论——基于湖南益阳兔子山遗址 J7⑥:6 木牍的考察》,《文物》2021 年第 6 期,第 87-92 页。(2)陈剑先生认为,里耶秦简可见"狼有逮"(J1⑧134)、"小妾玺余有逮"(J1⑨984),"这类'某人有逮'之'逮'字多释为'逮捕'亦不确",应为"传唤"之义。陈剑:《读秦汉简牍札记三篇》,载刘钊主编:《出土文献与古文字研究》第四辑,上海:上海古籍出版社,2011 年,第 372、376 页。(3)拙见以为,宫宅洁先生的这个解读恐怕是有问题的,因此难以信从,值得重新讨论。另,里耶简所见"有逮"之"逮"是否有"传唤"之义,也可再斟酌。在此先提出质疑,拟另文讨论秦汉简所见"遝"字及其相关语词。

此外，"征事"一词，当从京大简牍研究班之说，并不是指徭役、兵役等征发之事，而是指犯罪嫌疑人被传唤、传讯之事。"征事"就是因"官狱"引起的一个结果。

这是因为，秦汉律所见"事"字，未必都与徭役征发有关。例如，《二年律令》104 简"事当治论者"之"事"，京大简牍研究班注释①：

> 若与 102 简联系起来读的话，则变成"狱事～"。
>
> 后侍御史治实，……奏请覆治，劾廷尉、少府纵反者。少府徐仁即丞相车千秋女婿也。故千秋数为侯史吴言。恐光不听，千秋即召中二千石，博士会公车门，议问吴法。……延年乃奏记光争，以为，……间者民颇言狱深，吏为峻诋，今丞相所议，又<u>狱事</u>也。如是以及丞相，恐不合众心。……《汉书•杜延年传》

该"事当治论者"之"事"，即指"狱事"。"狱事"一词，见于《汉书》之中②，应是当时的常用语。"征事"，虽未见于文献记载，但当与"狱事"一词类似，也是汉代的习语。可以确定，"毋官狱征事"之"征事"，与徭役、赋税之事并无关联。在汉简中，论及取得通行文书的资格条件时，与徭役、赋税之事相关的应是"更赋皆给"（505.37 简）一语。

拙见以为，第一，"征（征事）"是一个传唤程序，其本意即《说文》所谓"召也"。如李均明所指出的，"召"是"居延汉简最常见的行政用语"，即"召唤、召来"之意。"皇室之召唤多称'征'。如《汉书•武帝纪》：'谕三老孝悌以为民师，举独行之君子，征诣行在所。'"③征召的文例在《汉书》中多见，常用于有身份者涉案的场合，是比较客气的一种强制性限制人身的表达方式④，后来逐渐变为一个法律术语。第二，"征逮（逮）"，则是被传唤之后再实施抓捕的一个程序。这很可能是西汉晚期到东汉时期出现的一个法律术语。

---

① （日）富谷至编：《江陵張家山二四七號墓出土漢律令研究（譯注篇）》，京都：朋友书店，2006 年，第 70-71 页。

② 《汉书》卷四十五《蒯伍江息夫传》、卷六十《杜周传》、卷八十六《何武王嘉师丹传》，北京：中华书局，1962 年，第 2180、2663、3485 页。

③ 李均明：《居延汉简所见行政召会》，载《简牍法制论稿》，桂林：广西师范大学出版社，2011 年，第 130 页。

④ 此前已有学者指出此点，参见刘自稳：《逮书新论——基于湖南益阳兔子山遗址 J7⑥：6 木牍的考察》，《文物》2021 年第 6 期，第 91 页。

第三个问题，"官狱""征事"二者之间究竟应该是什么关系？

比较起来，二者之间应属因果关系之说有说服力，更符合该简文的本意。"毋官狱征事"的落脚点在"征事"之上，即是否曾被官府传讯或传唤过。如果这样理解无误的话，那么"毋官狱征事"未必就是指"无(犯罪)前科"，其包括的范围可能更为宽泛些，用今天的法律术语讲，指不限于犯罪嫌疑人的涉案人员，泛指与刑事案件相关而被传讯或传唤者。因此，大庭脩"无前科之证明"说，不如"因官狱而受到传讯(或传唤)"之说更为准确。

简言之，关于"毋官狱征事"一语的理解，当以前揭京大简牍研究班的解释最为准确，且符合该简文的文意，因此可以作为该语的正解。

四

"毋官狱征事"，作为汉代的文书用语，不仅见于被常常引用的旧《居延汉简》之中①，而且在此前不久全部公布的《肩水金关汉简》中亦大量出现，不胜枚举。② 其中，除了"毋官狱征事"这一全称之外，亦可见有"毋它官狱征事"(73EJT37：1491)。而其略称有："毋官征事"(241.12,334.20A,73EJT8：96,73EJT9：19B,73EJT9：393,73EJT10：121A,73EJT24：266A,73EJT24：563A,73EJT24：873A,73EJT33：77)，"毋官狱事"(73EJT6：38A,73EJT24：532A,73EJT31：120,73EJ33：40,73EJH2：34,73EJD：37A)，"毋官狱征"(73EJT24：747,73EJT33：39)，"毋狱事"(73EJT2：56A，E. P. T7-25)，"毋征事"(73EJT10：121A,73EJT10：315A,73EJH1：14)。"毋官狱征遣"(73EJT9：29A)，可能是由"毋官狱征事"一语发展出来的。

由此"毋官狱征事"一语或可推断，给乡里申请"传"者开具所谓"毋官狱征

---

① 其文例完整者，例如 15.19,81.10,213.17,218.2,340.14A,495.12＋506.20A。

② 甘肃简牍保护研究中心等编：《肩水金关汉简(壹)》下册，上海：中西书局，2011 年，第 3、25、27、65、99、102、103、104、105、107、111、113、115、122、124、128、131、136、143、144、146、150、160 页。甘肃简牍保护研究中心等编：《肩水金关汉简(贰)》下册，上海：中西书局，2012 年，第 7、15、24、68、75、81、110、120、138、139、143、155、156、159、166 页。甘肃简牍保护研究中心等编：《肩水金关汉简(叁)》下册，上海：中西书局，2013 年，第 3、5、16、23、31、32、54、62、84、96、104、126、134 页。甘肃简牍保护研究中心等编：《肩水金关汉简(肆)》下册，上海：中西书局，2015 年，第 4、6、7、14、17、18、19、24、32、38、41、48、50、57、61、64、69、74、76、79、81、82、89、90、91、97、112、114、115、117、126、134、135、142、148、149 页。甘肃简牍保护研究中心等编：《肩水金关汉简(伍)》下册，上海：中西书局，2016 年，第 3、16、17、27、28、49、51、56、78、105、107、118、119 页。

事"(即无因官狱而受到传讯或传唤)的证明书,应该是乡啬夫的基本行政权力与职责,属于其日常行政工作的履职行为①,未必就是传世文献所谓的"听讼"职掌。②

15.19简文书,作为旅行者经过金关时所留下的"传"(旅行证件、身份证件)文书的誊写副本③,保留了很多当时社会与法律的相关信息。挖掘"毋官狱征事"这种与汉代法制史紧密相关之语句的法律意义,以准确研读该简文书,将会补充我们以往所把握的汉代法制史知识。这就是该简在汉代法制史上所具有的史料价值。

2022年2月28日最后修订于北京西郊陋室

---

① 鹰取祐司先生特别指出,就"传"而言,其取得的手续是"移动之民自己申请,接受申请的乡啬夫确认户籍并认定发给资格"。(日)鹰取祐司:《肩水金關遺址出土の通行證》,载(日)鹰取祐司编:《古代中世東アジアの關所と交通制度》,京都:立命馆大学,2017年,第239页。此外,尤其值得注意的是,根据刘欣宁的研究可知,相关资料显示:里正与父老,作为乡之下一级行政单位的代表,为申请"传"者之"毋官狱征事"的资格提供证言。由此可见,"乡与里作为行政单位,承担着不同的行政机能"。详见刘欣宁:《汉代"传"中的父老与里老》,《早期中国史研究》第八卷第2期,第73页。

② 如陶安教授所指出的,"'听讼'未必是专指某种程序的法律术语","仅仅是史书的描写用语,与现代法学所用'纠纷'和'纠纷解决'等词语相近,我们当然不能用这些描写用语来复原汉代的诉讼程序或者诉讼法"。简言之,"听讼"无疑是执行行为,而不是诉讼行为。陶安:《试探"断狱""听讼"与"诉讼"之别》,载张中秋编:《理性与智慧:中国法律传统再讨论》,北京:中国政法大学出版社,2008年,第73、74、78页。

③ 参见(日)富谷至:《文书行政的汉帝国》,刘恒武、孔李波译,南京:江苏人民出版社,2013年,第246页。

汉简所见历任肩水候辑考（一）[*]

肖从礼

甘肃简牍博物馆

肩水候官是肩水都尉府下辖的一级军事塞防机构。根据考古发掘和汉简记载可明确，瑞典考古学家贝格曼所编号 A33 遗址即肩水候官驻地。候官之负责人称为"候"。历年出土居延汉简中因甲渠候官遗址出土汉简数量多，内容丰富，简册完整，故有关甲渠候的资料亦相对较多。肩水候官遗址则因出土汉简数量少，有关肩水候的资料不多，故学界仅有数篇文章论及肩水候。

陈梦家《汉简所见居延边塞与防御组织》一文中据居延汉简列出了两位肩水候：房（地节二年、地节五年）与月^①（河平四年、阳朔元年）^②。

李振宏、孙英民《居延汉简人名编年》一书中整理出的肩水候，包括推定的以及行候事的官吏，共 6 位，时间则从武帝太始二年（前 95 年）到阳朔元年（前 24 年），前后 70 余年。^③

侯旭东《西汉张掖郡肩水候系年初编：兼论候行塞时的人事安排与用印》一文在前人研究基础上，结合新刊肩水金关汉简等资料，整理出五位肩水候、六位行候事、二位守候。此外，还有两位守候（钦与外人）与三位行候事者（汤、敞与成），尚不能断定年代。年代较确定的有：肩水候有房、福、丹、宗、宪；行候事有士吏平、候长长生、关啬夫光、关啬夫李钦；守候则有业、临。^④

---

   * 本文系国家社科基金一般项目"地湾汉简整理与研究"（18BZS014）阶段性成果。

   ① 根据简牍上的文字书写（284.2A、284.8A、73EJT21：98、73EJT21：102A），当作"丹"为是，详文中论述。

   ② 陈梦家：《汉简所见居延边塞与防御组织》，《汉简缀述》，北京：中华书局，1980 年，第 47 页。

   ③ 李振宏、孙英民：《居延汉简人名编年》，北京：中国社会科学出版社，1997 年，第 1、34、52、117、203、210 页。

   ④ 侯旭东：《西汉张掖郡肩水候系年初编：兼论候行塞时的人事安排与用印》，载西北师范大学历史文化学院、甘肃简牍博物馆编：《简牍学研究》第五辑，兰州：甘肃人民出版社，2014 年。

一

本文在以上诸位学者已有成果的基础上,结合新刊布的相关资料,对肩水候重新加以整理,为讨论方便,兹分别罗列能确定年代和不能确定年代两类任肩水候、守候,以及代行候事的人员如下。

1. 年代明确者

地节二年六月辛卯朔丁巳(前 68 年)肩水候房(7.7A)

地节四年五月庚辰朔辛巳(前 66 年)肩水候房(73EJF1:74)

地节五年正月丙子朔戊寅(前 65 年)肩水候房(73EJT21:42A/B)

地节五年正月丙子朔戊寅(前 65 年)士吏平行[候事](73EJT21:42A)

元康二年六月戊戌朔戊戌(前 64 年)肩水候长长生以私印行候事(20.11)

元康二年九月丁酉朔己未(前 64 年)肩水候房(候长长生行候事)(73EJT21:43A/B)

(元康五年)闰月(三)庚申(前 61 年)肩水士吏横以私印行候事(10.31)

神爵元年四月癸未朔乙酉(前 61 年)张掖肩水肩水候(某)以私印行(5.9A + 309.4A)

神爵三年四月(前 59 年)肩水候延昀(73EJT37:805B)

五凤元年十一月乙卯朔辛酉(前 57 年)肩水候福(关啬夫光候行塞光兼行候事)(73EJT8:8)

五凤二年六月壬午(前 56 年)肩水候福(73EJT4:103)

[甘露]元年十一月壬辰朔甲午(前 53 年)肩水关啬夫光以小官印兼行候事(199.1A)

[甘露二年]七月乙未(前 52 年)肩水候福(73EJT1:3)

[甘露三年]正月庚子(前 51 年)肩水候福(73EJT28:13B)

永光四年正月壬辰(前 40 年)肩水候除(73EJT6:40)

竟宁元年十一月丙寅朔癸酉(前 33 年)肩水金关关啬夫赏兼行候事(73EJT10:204)

建始元年七月癸酉(前 32 年)肩水关啬夫赏①以小官印行候事(73EJC:589)

---

① 肩水金关关啬夫赏在前 32 年至前 26 年间出任肩水候。

（前 32 年至前 26 年）肩水候赏（73EJT10：206）

河平三年十月丙子朔丙戌（前 26 年）肩水守候（塞尉）（73EJT4：113B）

河平四年十月庚辰朔丁酉（前 25 年）肩水候丹（284.2A）

阳朔元年三月戊申朔己卯（前 24 年）肩水候丹（73EJT21：98）

阳朔元年五月丁未朔丁卯（前 24 年）肩水候丹（73EJT21：102A）

阳朔元年九月乙巳朔癸亥（前 24 年）肩水候丹（284.8A）

［阳朔二年］二月壬申朔丁丑①（前 23 年）肩水候宗（73EJT7：29）

［阳］朔四年十一月丁巳朔庚辰（前 21 年）肩水候宗（73EJT21：109A）

［鸿嘉三年五月］壬申朔丁丑（前 18 年）肩水候宗（73EJT7：29）

永始三年八月丁丑朔辛卯（前 14 年）肩水候宪（73EJT23：143）

［永始三年］十一月辛亥（前 14 年）肩水候宪（73EJF1：15）

永始五年二月戊戌朔丙午（前 12 年）肩水候宪（73EJT37：770A）

元延二年正月癸亥朔壬午（前 11 年）肩水关啬夫钦以小官行［候］事②
（73EJT23：79A）

绥和二年三月己巳朔癸酉③（前 7 年）肩水候宪（73EJT3：58A）

建平三年五月庚戌朔甲子（前 4 年）肩水候宪（3EJT37：788A）

元始四年五月庚午朔丁丑（4 年）肩水守候橐他塞尉业（73EJT23：278）

元始五年四月己酉（5 年）肩水守候城守尉临（73EJT23：786）

居摄三年正月壬辰（8 年）肩水候（某）（86EDT5H：10）

居摄三年七月丙午朔癸酉（8 年）肩水候（某）（73EJT23：668）

始建国元年二月癸卯朔庚午（9 年）肩水候（某）（73EJT23：290）

始建［国］元年三月壬申朔己丑（9 年）关啬夫钦以小官印行候文书事
（73EJF3：338＋201）

始建国元年十二月戊戌朔己酉（9 年）肩水关守啬夫岑以私印行候文书事
（73EJF3：153）

始建国二年十月壬寅（10 年）肩水关啬夫钦以小官印行候文书事
（86EDT5H：180＋43）

---

① 查《西周（共和）至西汉历谱》，阳朔二年二月壬申朔，此暂将此简年代系于此年。

② 据本文分析，补作"以小官行［候］事"。

③ 原释文作"绥和六年三月己巳朔癸酉"。按："六"字简影作" "，此据简影改作"二"。

［始建国五年］九月庚申①（13 年）肩水守候钦（73EJT24：40）

［天］凤元年二月甲戌朔庚辰（14 年）肩水候武（73EJF3：180A）

2. 年代不明确者

候赏（前 32 年至前 26 年）（73EJT10：206）

候負宗②（73EJT26：77）

肩水候表（73EJT29：81）

肩水候宫（403.7）

肩水候纯光（3EJT30：56A）

肩水候尹（73EJT27：2A）

肩水候禹（86EDT2：5）

肩水候蕲（86EDT5H：54）

肩水守候登（3EJT24：764）

肩水守候城尉定（3EJT26：237B）

肩水守候最（73EJT26：1A）

肩水守候塞尉外人以行事（73EJT24：139）

肩水守候橐他塞尉举（536.5A）

关啬夫博行候事（73EJT33：8）

肩水关啬夫放以小官印兼行候事（73EJT37：835A）

［肩水关啬］③夫汤以小官印行候☑（73EJT10：211）

肩水关佐信以私印兼行候事（73EJT29：29）

肩水关啬夫成以私印行候事（10.6）

肩水驿北亭长敞以私印兼行候事（29.7）

肩水士吏顺以私印兼行候事（73EJC：604）

肩水驿北守亭长谊以私印行候事（73EJT37：795）

义行候事（73EJT3：11A）

---

① 查《西周（共和）至西汉历谱》，始建国五年九月庚申，综合本文所引他简，暂将此月日系于始建国五年。

② 不排除"候負宗"即 73EJT7：29、73EJT21：109A 简中的"候宗"。

③ 暂加。

二

据上述统计，我们可以形成如下认识。

1. 据简文记载，汉简中记载的肩水候明确纪年最早为地节二年六月辛卯朔丁巳（前 68 年 8 月 6 日[①]），最迟为新莽始建国天凤元年二月甲戌朔庚辰（14 年 2 月 25 日），前后达 82 年。

2. 综合汉简记载知，行使肩水候职权的情况主要有三类：一类是候；一类是守候；一类是兼行候事。

肩水候：房、（某）、延昀、福、除、赏、丹、宗、宪、（某）、（某）、（某）、武、赏、負宗、表、宫、纯光、尹、禹、蕲等共计 21 人。这些人次中不排除有些人名是同一人的可能，如三个不知姓名的肩水候（某）即不能确知为几人；宗、負宗可能是同一人。

肩水守候：塞尉、橐他塞尉业、城守尉临、钦、登、城尉定、最、塞尉外人、橐他塞尉举等共计 9 人。城守尉临与肩水候临二人时代相距较大，故可知二者并不是同一人。从统计来看，任守候者主要职务有塞尉、城尉二类。

行候事者：士吏平、肩水候长长生、肩水士吏横、关啬夫光、肩水金关关啬夫赏、肩水关啬夫钦、肩水关守啬夫岑、关啬夫博、肩水关啬夫放、肩水关啬夫汤、肩水关佐信、肩水关啬夫成、肩水驿北亭长敞、肩水士吏顺、肩水驿北守亭长谊、义等共计 16 人。这其中肩水关啬夫赏和肩水候赏属于同时期先后任关啬夫和候，故二者为同一人的可能性较大。就现有简文记载来看，代行候事者的职务有士吏（1 人）、候长（1 人）、士吏（2 人）、关啬夫（8 人）、关佐（1 人）、亭长（2 人）等，其中以关啬夫代行候事比例最高。

这里我们对肩水候房及相关问题略加介绍，以就教于方家。

房是目前出土汉简所记载的年代最早的肩水候。确切记载任肩水候房的简文主要有如下几条：

> （1）地节二年六月辛卯朔丁巳，肩水候房谓候长光：官以姑臧所移卒被兵本籍为行边兵。丞相史王卿治卒被兵，以校阅亭隧卒被兵，皆多冒乱，不相应或易处，不如本籍。今写所治亭别被兵籍，并编，移书到。
> 光以籍阅具卒兵，兵即不应籍，更，实定此籍。随即下所在亭，各实弩力

---

① 若无特别注明，本书公历纪年采用徐锡祺著《西周（共和）至西汉历谱》（北京：北京科学技术出版社，1997 年）一书，不俱出注。

石、射步数,令可知,赍事,诣官。会月廿八日夕,须以集为丞相史王卿治事。课后不如会日者,必报,毋忽,如律令。][印曰:张掖肩候。六月戊午,如意卒安世以来,守令史禹。7.7A/B(A33 地湾)

此简出自地湾,地湾障城(A33)为肩水候官驻地。"地节二年六月辛卯朔丁巳"即公元前 68 年 8 月 6 日。简文所记载的是肩水候房下发给肩水候官所辖某部候长光的一份文件,大意是丞相史王卿可能要从肩水候官征调兵卒,检视被兵簿后发现不少冒充顶替者。肩水候房给候长光发文,要求候长光以武威郡姑臧所移送的戍卒名籍为准重新核实上报,不得有误。肩水候房此次发文所使用的印信为官印"张掖肩候"。

(2)地节四年五月庚辰朔辛巳,肩水候房以私印行事,谓候长充宗:官当空道,过往来乘传客及□][甚剧,毋以给。书到,充宗各以闲时省卒及美草盛时芟,各如牒,务得美草,毋假时,毕。已移□□][行。芟须以给往来乘传马及候骑马食,毋忽如律令。☑73EJF1:74(A32 金关)

此简出自肩水金关,肩水金关(A32)属于综合性军事塞防机构,除作为肩水塞的关口外,肩水候官下辖的东部候长可能亦在此办公。① "地节四年五月庚辰朔辛巳"即公元前 66 年 6 月 21 日。简文记载的是肩水候房发给东部候长充宗②的文件。文书大意是说肩水候官地处交通要道,接待来往的官府传马、官吏的任务很重,导致物资供给不足。为此,肩水候房要求候长充宗抽出空暇带上省卒在芟草长势茂盛时及时伐割,务必抓紧时间办理此事。收割的芟草须用于往来的传马和候望的马匹食用,不得有误。此次发文所用印信为肩水候房的私印。

(3)地节五年正月丙子朔丁丑,肩水候房以私印行事,敢言之都尉府。府移大守府所移敦煌大守府书曰:故大司马博][令史拓、尉史义

10.35A/B

此简出自肩水金关,"地节五年正月丙子朔丁丑"实即汉宣帝元康元年正月丁丑,即公元前 65 年 2 月 12 日。简文记载的是肩水候房给肩水都尉府的上报

---

① 郭伟涛:《汉代肩水塞东部候长驻地在 A32 遗址考》,载邬文玲主编:《简帛研究》2017 春夏卷,桂林:广西师范大学出版社,2017 年,第 270—286 页。

② 据肩水金关简文"五月甲午东部候长充宗谓骊喜隧长广汉写移书到□省卒芟它如候官书律令"(73EJF1:79)(《肩水金关汉简[伍]》中册,第 286 页)的记载,充宗时任肩水候官东部候长。

文书，是以私印行事。

　　（4）地节五年正月丙子朔戊寅，肩水候房以私印行事，谓士吏平：
　　候行塞，书到，平行］〔候事，真官到，若有代，罢。如律令。］〔印曰候房
　　印，正月戊寅邮卒福以来。］〔……／令史拓、史义 73EJT21：42A/B、
　　73EJT21：38A/B（A32 金关）

　　此例简出自肩水金关，"地节五年正月丙子朔戊寅"实即汉宣帝元康元年正
月戊寅，即公元前 65 年 2 月 13 日。此例由两枚简构成，属于同一简册①，是肩
水候房发给士吏平的授权文书。候行塞外出时，由士吏平行候事。待真官到任，
则不再行候事。此文书所盖为候房的私印。

　　（5）元康二年九月丁酉朔己未，肩水候房以私行事谓候长长生：候
　　行塞，书到，行候事。］〔 令史利、尉史义 73EJT21：43A/B（A32 金关）

　　此简出自肩水金关，"元康二年九月丁酉朔己未"即公元前 64 年 11 月 15
日。简文所记为肩水候房给东部候长长生的授权文书。即候行塞期间，若有文
书事则由长生行候文书事。此次授权亦是以肩水候房的私印为信。从以上五个
有明确纪年的例子可知，除一例使用官印外，其余四例皆使用私印行事，为何会
出现这种情况目前并不太清楚。②

　　据上所列五例简文记载可知，房任肩水候的时间至少有五年，即从地节二年
六月（前 68 年）至元康二年九月（前 64 年）。

　　此外，汉简记载有肩水候房的还有如下几例简文：

　　（6）二月丙子，肩水候房以私印行事，敢言之郭掾 10.4

　　（7）正月癸巳，肩水候房以私印行事。告尉，谓士吏平、候长章等，写
　　移书到，除前书，以后书品约从事，毋忽如律令。／尉史义 73EJT21：103

　　（8）☑肩水候房以私印事☑〔☑书到武始行候长☑ 403.3

　　（9）☑候房以私〔印行事〕☑ 239.74

　　（10）☑朔卯，张掖肩水候房以〔私印行事〕☑ 564.17A

　　（11）☑子肩水候房☑守候长☑☑ 232.11

　　（12）肩水候官令史拓、塞候房☑ 73EJT21：222（A32 金关）

---

　　①②　侯旭东：《西汉张掖郡肩水候系年初编——兼论候行塞时的人事安排与用印》，载西北师范大
学历史文化学院、甘肃简牍博物馆编：《简牍学研究》（第五辑），兰州：甘肃人民出版社，2014 年。

上举例(6)~(12)皆与肩水候房有关,其中第(6)(7)(8)例可明确为以私印行事,第(9)例"私[印行事]"和第(10)例"以[私印行事]"则是根据文例补全。例(11)和例(12)简断文残,具体文意不明。例(12)中所称"塞候"即肩水塞之候,是肩水候的另称。

肩水金关简文中在元康二年间的简文里除记载有名叫"房"的肩水候外,还有数枚简提及候的人名,如下列诸简记载:

(13) 使者一人、假司马一人、骑士廿九人,•凡卌四人。传车二乘、轺车五乘、吏八人、厩御一人,民四人,官马卌五匹,马七匹。候临。元康二年七月辛未啬夫成、佐通,内。73EJT3:98

(14) ☑十四匹,元康二年十二月戊寅,啬夫盖众,内。车六两,候君临。72EJC:145

以上数枚简从时间上来看,编号73EJT3:98的登记簿中人员出入关的时间为元康二年七月辛未(前64年7月30日),候临是出入关人员之一。编号72EJC:145简亦是出入关登记簿,时间为元康二年十二月戊寅(前63年2月2日),出入关的人员之一是"候君临"。据此二简记录可推知,"君临"与"临"是同一人,他于七月和十二月往返肩水金关。"候"是"临"的官职,未明属何候官。又据下简:

(15) ☑□三月奉元康五年三月癸未朔癸卯士吏横付襄泽隧长乐成/候房临 73EJT37:719

此简与上述诸简均出土于肩水金关遗址。从时代上来看,属于元康二年和元康五年三月癸未朔癸卯(即神爵元年三月,前61年4月17日)之内的记录,故"房临"和"临""君临"为同一人的可能性是存在的。此外,我们认为此"候房临"("候临""候君临")与肩水候房并非同一人。

附:肩水候及相关简文列表

时　　间	简　　文	人名	职务	相关吏属
前68年8月6日(地节二年六月辛卯朔丁巳)	地节二年六月辛卯朔丁巳肩水候房谓候长光官7.7A	房	候	候长光

续表

时　　间	简　　文	人名	职务	相关吏属
前 66 年 6 月 21 日（地节四年五月庚辰朔辛巳）	地节四年五月庚辰朔辛巳肩水候房以私印行事谓候长充宗（节录）73EJF1：74	房	候以私印行事	候长充宗
前 65 年 2 月 13 日（地节五年正月丙子朔戊寅①）	地节五年正月丙子朔戊寅肩水候房以私印 行事谓士吏平候行塞书到平行 73EJT21：42A 印曰候房印 正月戊寅鄣卒福以来 73EJT21：42B 候事真官到若有代罢如律令 73EJT21：38A ……/令史拓尉史义 73EJT21：38B	房	候以私印行事	士吏平、鄣卒福、令史拓、尉史义
前 65 年 2 月 12 日（地节五年正月丙子朔丁丑②）	地节五年正月丙子朔丁丑肩水候房以私印行事敢言之都尉府＝移大守府所移敦煌大守府书以故大司马博 10.35A 令史拓尉史义 10.35B	房	候以私印行事	令史拓、尉史义
前 64 年 6 月 27 日（元康二年六月戊戌朔戊戌）	元康二年六月戊戌朔戊戌肩水候长长生以私印行候事写移昭武狱如律令 20.11	长生	肩水候长以私印行候事	—
前 64 年 11 月 15 日（元康二年九月丁酉朔己未）	元康二年九月丁酉朔己未肩水候房以私行事谓候长长生行塞书到行候事 73EJT21：43A 令史利尉史义 73EJT21：43B	房、长生	候以私[印]行事、候行塞书到行候事	令史利、尉史义
（时期待考）二月丙子	二月丙子肩水候房以私行事敢言之郭掾 10.4	房	以私印行事	郭掾
（时期待考）	☑子肩水候房☑ 　守候长☑☑ 232.11	房	候	—
（时期待考）	☑候房以私☑ 239.7	房	候以私（印行事）	—
（时期待考）（朔卯）	☑朔卯，张掖肩水候房以☑ 564.17A	房	候	—

① 按："地节五年正月丙子朔戊寅"实即"元康元年正月丙子朔戊寅"。

② 按："地节五年正月丙子朔丁丑"实即"元康元年正月丙子朔丁丑"。

续表

时　间	简　文	人名	职务	相关吏属
（时期待考）正月癸巳	正月癸巳肩水候房以私印行事告尉谓士吏平候长章等写移书到除前书以后书品约从事毋忽如律令/尉史义 73EJT21：103	房	候以私印行事	士吏平、候长章、尉史义
（时期待考）	☑肩水候房以私印事☑ ☑书到武始行候长☑403.3	房	候以私印行事	—
（时期待考）	肩水候官令史拓塞候房☑ 73EJT21：222	房	塞候	令史拓
前61年3月30日（神爵元年四［叁］月癸未朔乙酉）	神爵元年四［叁］月癸未掖肩水肩水候以私印行癸未乙朔神爵元年四月癸未朔乙酉张掖肩水都君丞卿 5.9A＋309.4A 神爵元年四月癸未朔乙酉张掖肩水 5.9B＋309.4B①	（某）	肩水候以私印行	—
前61年5月4日（［神爵元年］闰（三）月庚申）②	闰月庚申肩水士吏横以私印行候事下尉候长承书从事下当用者如诏书/令史得10.31	横	肩水士吏以私印行候事	令史得
前59年5月4日至6月2日（神爵三年四月）	肩水候茂陵息众里五大夫延昀未得神爵三年四月……☑73EJT37：805B 候茂陵息众里五大夫□□……☑ 73EJT22：109	延昀③	候	—
前57年12月10日（五凤元年十一月乙卯朔辛酉）	五凤元年十一月乙卯朔辛酉肩水候福谓关啬夫光候行塞光兼行候事真官到 73EJT8：8	福	候	肩水关啬夫光

① 按：查《西周（共和）至西汉历谱》，神爵元年三月癸未朔，非简文记载的"四月"，又据该简文书写内容不完整，且重复书写、行间补字和简中部残断，故我们推测，此简文并非正式文本而书佐发现将三月朔日和日期误写为"四月"后，将其作为习字性质简继续随意书写。

② 按：元康五年年号至二月止，三月起改神爵元年。又《西周（共和）至西汉历谱》将神爵元年的闰月定于四月，现据简文"闰月庚申"（10.31）知，神爵元年三月后有"庚申"日，是知神爵元年之闰月当从《历谱》和汉简为闰三月。

③ "延昀"二字原释文作"□□"（73EJT37：805B）。按：此"□□"简影分作"▨""▨"。又简文"候茂陵息众里五大夫延昀□□……☑"（73EJT22：109）中"候"原释文作"□"，此据简影补释；又"延昀"原释作"□□"，据简影"▨""▨"，综合上简简影，此暂拟释作"延昀"二字，此人任肩水候。

时　　间	简　　文	人名	职务	相关吏属
前 56 年 6 月 29 日（五凤二年六月壬午）	五凤二年六月壬午 水候福谓啬夫光□□73EJT4：103	福	候	啬夫光
前 53 年 12 月 22 日（[甘露]元年十一月壬辰朔甲午）	☑元年十一月壬辰朔甲午肩水关啬夫光以小官印兼行候事敢言之☑ ☑出入簿一编敢言之 199.1A 佐信 199.1B	光	肩水关啬夫以小官印兼行候事	佐信
（时期待考）	关啬夫王光　今调兼行候事☑237.25	王光	关啬夫兼行候事	—
前 52 年 8 月 20 日（[甘露二年]七月乙未）	七月壬辰张掖肩水司马阳以秩次兼行都尉事谓候城尉写移书到庼索界中毋有以书言会廿日如律令/掾遂守属况 七月乙未肩水候福谓候长广宗□写 □□到庼索界中毋有以书言会月十五日须报府毋□□如律令/令史□ 73EJT1：3	福	候	掾遂、守属况、候长广宗
前 51 年 2 月 21 日（[甘露三年]正月庚子）	甘露三年正戊戌□□ 迎逢表苣火约各如牒檄到候尉□ 假天阴风雨不见蓬表苣火人走传相告☑ 73EJT28：13A 正月庚子肩水候福谓候长广宗 误乱它如尉丞卿檄书律令☑ 73EJT28：13B	福	候	候长广宗
	☑□肩水候福敢言之府移…… 73EJT27：8	福	候	—
（时期待考）十一月甲□	十一月甲□肩水候福敢言之谨 谒报敢言之☑73EJT34：2	福	候	—
（时期待考）申朔丁丑	☑申朔丁丑肩水候福移城尉☑ 73EJT34：4A ☑啬夫去疾尉史光☑73EJT34：4B	福	候	啬夫去疾、尉史光
前 40 年 2 月 15 日（永光四年正月壬辰）	肩水候除平陵归□□里公大夫 大女□□长七尺……☑ 永光四年正月壬辰符（右侧有刻齿） 73EJT6：40	除	候	—
（时期待考）正月丁未	☑□□□世至正月丁未日餔时行候事关啬夫博候长龙 □☑（削衣） 73EJT33：8	博	关啬夫行候事	候长龙

267

续表

时　间	简　文	人名	职务	相关吏属
前 33 年 12 月 16 日（竟宁元年十一月丙寅朔癸酉）	竟宁元年十一月丙寅朔癸酉肩水金关候行塞书到赏兼行候事……☑ 73EJT10：204	赏	候行塞，兼行候事	—
前 32 年 8 月 13 日（建始元年七月癸酉）	建始元年七月癸酉肩水关啬夫赏以小官印行候事移橐他广地 73EJC：589	赏	肩水关啬夫以小官印行候事	—
（时期待考）朔庚子	☑朔庚子令史勋敢言之爰书士吏商候长光隧长昌等 □即射候赏前令史□辱发矢数于牒它如爰书敢☑73EJT10：206	赏	候	令史勋、士吏商、候长光、隧长昌
前 26 年 11 月 23 日（河平三年十月丙子朔丙戌）	河平三年十月丙戌朔丙肩水守候……☑（检）73EJT4：113A 河平三年十月丙子［戌］朔丙戌肩水守候塞塞尉写移过所河……（检）73EJT4：113B	无名氏	守候塞［尉］	—
前 25 年 11 月 28 日（河平四年十月庚辰朔丁酉）	河平四年十月庚辰朔丁酉，肩水候丹敢言之。谨移传驿马名籍□□敢言之。284.2A 令史临尉史音 284.2B	丹	候	令史临、尉史音
前 24 年 4 月 15 日（阳朔元年三月戊申朔乙卯）	阳朔元年三月戊申朔己［乙］卯①肩水候丹移昭武书☑73EJT21：98	丹	候	—
前 24 年 6 月 26 日（阳朔元年五月丁未朔丁卯）	阳朔元年五月丁未朔丁卯肩水候丹移鱳得出谷付厩佐丁充食柱马石斗如牒书到愿令史薄入六月四时报如律令已入 73EJT21：102A 伏伏地再拜伏地再拜请令史临尉史音 73EJT21：102B	丹	候	厩佐丁充、令史临、尉史音
前 24 年 10 月 20 日（阳朔元年九月乙巳朔癸亥）	阳朔元年九月乙巳朔癸亥，肩水候丹敢言之。从□284.8A 令史谭 284.8B	丹	候	令史谭

① 查《西周（共和）至西汉历谱》，阳朔元年三月戊申朔，是月有"乙卯"无"己卯"，此暂定为"乙卯"。

续表

时　　间	简　　文	人名	职务	相关吏属
前21年12月20日（[阳]朔四年十一月丁巳朔庚辰）	☑朔四年十一月丁巳朔庚辰肩水候宗移橐佗就人载谷名☑73EJT21：109A ☑守令史音☑73EJT21：109B	宗	候	守令史音
前18年5月31日（[鸿嘉三年五月]壬申朔丁丑①）	☑壬申朔丁丑肩水候宗谓☑73EJT7：29	宗	候	—
（时期待考）	☑候貟宗……卿上候史李昌莫当队长☑博73EJT26：77	貟宗	候	候史李昌、莫当队长☑博
前14年9月26日（永始三年八月丁丑朔辛卯）	永始三年八月丁丑朔辛卯肩水候[宪]②金关敢言之☑73EJT23：143	宪	候	—
前14年12月15日（[永始三年]十一月辛亥）	[永始三年]十一月辛亥肩水候宪下行尉事谓关啬夫吏承书从事明扁亭隧关处如诏书士吏猛☑73EJF1：15	宪	候	士吏猛
前12年（永始五年二月戊戌朔丙午）	永始五年二月戊戌朔丙午肩水候宪敢言之府下诏书二事其一事常以二月遣谒者73EJT37：770A 守令史襃大守令史襃73EJT37：770B	宪	候	守令史襃
（时期待考）	☑□以小官印行候事谓关啬73EJF2：46A ☑守令史襃73EJF2：46B	（某）	以小官印行候事	守令史襃
前11年3月5日（元延二年正月癸亥朔壬午）	元延二年正月癸亥朔壬午肩水关啬夫钦以小官行事隧长章辅自言遣收责橐他界中出入尽十二月晦如律令☑73EJT23：79A 守令史骏☑73EJT23：79B	钦	肩水关啬夫以小官行事	守令史骏

①　按：现有简文记载，阳朔元年（前24年）九月时肩水候为丹，至[阳]朔四年（前21年）十一月，简文始载有肩水候宗，至永始三年八月（前14年）简文载肩水候为宪，故当以前24年至前14年间查"壬申朔"之年月，查《西周（共和）至西汉历谱》知，阳朔二年二月壬申朔（前23年2月26日）和鸿嘉三年五月壬申朔（前18年5月31日）。考虑到简文记载的肩水候丹任期为阳朔元年和二年，若无其他情况，丹应该继续任肩水候。故我们这里暂时将此简系于鸿嘉三年五月。

②　"宪"原释文作"□"。按：此字简影作"⬛"，该字仅存字之上部笔画，与其他简中之"宪"字笔画相近。又据简载[永始三年]十一月辛亥肩水候为宪，故综合判断，此字可释作'宪'"。

时　间	简　文	人名	职务	相关吏属
前 7 年 4 月 4 日（绥和二年三月己巳朔癸酉）	绥和二年三月己巳朔癸酉肩水候宪□□ 73EJT3：58A	宪	候	—
前 4 年 7 月 8 日（建平三年五月庚戌朔甲子）	建平三年五月庚戌朔甲子肩水候宪谓关啬夫丰遣守令史敞校邮书囊他书到出入如律令 73EJT37：788A 张掖肩候即日发关五月甲子以来令史襃 73EJT37：788B	宪	候	关 啬 夫丰、守令史敞、令史襃
（时期待考）丁未	□丁未肩水候宪□□□受…… 73EJC：542A	宪	候	—
（时期待考）月甲子朔壬辰	□月甲子朔壬辰肩水候宪□ 73EJT37：1423A	宪	候	—
（时期待考）十一月辛亥	十一月辛亥肩水候宪下行尉事谓关啬夫吏承书从事明扁亭隧关处如诏书士吏猛□73EJF1：15	宪	候	士吏猛
4 年 5 月 14 日（元始四年五月庚午朔丁丑）	元始四年五月庚午朔丁丑肩水守候囊他塞尉业敢□73EJT23：278	业	守候囊他塞尉	—
5 年 5 月 12 日（元始五年四月己酉）	元始五年四月己酉肩水守候城守尉临敢言之始安 73EJT23：786	临	肩水守候城守尉	—
8 年 2 月 9 日（居摄三年正月壬辰）	居摄三年正月壬辰肩水候敢言之府 86EDT5H：10	（某）	候	—
8 年 9 月 17 日（居摄三年七月丙午朔癸酉）	居摄三年七月丙午朔癸酉肩水候谓关啬□73EJT23：668	（某）	候	—
9 年 3 月 13 日（始建国元年二月癸卯朔庚午）	始建国元年二月癸卯朔庚午肩水候谓关啬夫钦吏所葆如牒 73EJT23：290	（某）	候	关啬夫钦
9 年 4 月 1 日（始建〔国〕元年三月壬申朔己丑）	始建国元年三月壬申朔己丑关啬夫钦以小官印行候文书事谓关……县爵里年姓如牒书到出入如律令 73EJF3：338＋201	钦	关啬夫以小官印行候文书事	—
9 年 12 月 17 日（始建国元年十二月戊戌朔己酉）	始建国元年十二月戊戌朔己酉肩水关守啬夫岑以私印行候文书事谓关书到出入如律令 73EJF3：153	岑	肩水关守啬夫以私印行候文书事	—

时　间	简　文	人名	职务	相关吏属
10 年 9 月 6 日（始建国二年十月壬寅）	始建国二年十月壬寅肩水关啬夫钦以小官印行候文书事 □86EDT5H：180＋43	钦	肩水关啬夫以小官印行候文书事	—
13 年 10 月 8 日（［始建国五年］九月庚申①）	九月庚申肩水守候钦下尉候长赛等承书从事下当用者书到…… □□□无有言会今如诏书律令守令史 □73EJT24：40	钦	守候	—
14 年 2 月 25 日（［天］凤元年二月甲戌朔庚辰）	☑凤元年二月甲戌朔庚辰肩水候武谓关啬县爵里年姓名如牒书到出入如律令☑ 73EJF3：180A ☑……掾宏令 ╱掾宏令史□☑73EJF3：180B	武	候	掾宏
（时期待考）	☑德□肩水候表☑（削衣）73EJT29：81	表	候	—
（时期待考）月己巳	☑月己巳肩水关啬夫以小官印兼行候☑ 73EJT8：31	无名氏	肩水关啬夫以小官印兼行候	—
（时期待考）	☑肩水关啬夫放以小官印兼行候事移广地候官就人 73EJT37：835A ☑╱守令史宣 73EJT37：835B	放	肩水关啬夫以小官印兼行候事	守令史宣
（时期待考）	☑夫汤以小官印行候事☑73EJT10：211	汤	以小官印行候事	—
—	☑肩水守候登移橐☑73EJT24：764	登	守候	
（时期待考）乙酉	☑守候城尉定敢☑73EJT26：237A ☑乙酉肩水守候城尉定☑73EJT26：237B	定	守候城尉	—
（时期待考）六月庚戌	肩水候宫☑ 六月庚戌金关卒乙以来 403.7	宫	候	—
（时期待考）朔壬子	☑朔壬子，肩水守候橐他塞尉举敢言之。谨移谷 ☑言之。536.5A 啬去去疾 536.5B	举	肩水守候橐他塞尉	啬夫去疾
（时期待考）	☑水守候╱橐他塞尉□敢□☑ 73EJT27：38	（某）	—	—

① 简文所见，关啬夫钦于始建［国］元年三月（9 年 4 月）至始建国二年十月（10 年 9 月）以小官印行候文书事，至简文记载的"九月庚申"始任肩水守候，又［天］凤元年二月（14 年 2 月）肩水候为武。故推知"九月庚申"在始建国三年九月（即始建国二年后）至始建国五年十月（即天凤元年前一年）。查《西周（共和）至西汉历谱》知，唯始建国五年九月有庚申日。

续表

时　　间	简　　文	人名	职务	相关吏属
（时期待考）	责肩水候君☑73EJT10：366	君	候	—
（时期待考）三月丙辰	三月丙辰肩水关佐信以私印兼行候事敢言之谨移73EJT29：29	信	肩水关佐以私印兼行候事	—
（时期待考）	□史谒千八百长史男孟卿肩水候纯光君上叩头拜请(节录)73EJT30：56A	纯光	候	—
（时期待考）闰月庚子	闰月庚子肩水关啬夫成以私印行候事10.6	成	肩水关啬夫以私印行候事	—
（时期待考）四月丙子	四月丙子肩水驿北亭长敞以私印兼行候事谓关啬夫吏写移书□如律令令史熹√光√博尉史贤	敞	驿北亭长以私印兼行候事	—
（时期待考）十一月己卯	十一月己卯肩水士吏顺以私印兼行候事下尉士吏顺东部候长迁等承书从事下当用者如诏书73EJC：604	顺	肩水士吏以私印兼行候事	东部候长迁
（时期待考）十一月戊午	☑十一月戊午肩水守候最□□塞尉何以近次兼行丞事下候田官☑73EJT26：1A	最	守候	塞尉何
（时期待考）□辛巳朔丁未	☑□辛巳朔丁未肩水驿北守亭长谊以私印行候事□□□□□县爵里年姓各如牒书到人如律令☑73EJT37：795	谊	肩水驿北守亭长以私印行候事	—
（时期待考）	☑义行候事移肩水金关遣□迎钱城仓书到出□如73EJT3：11A☑置佐安73EJT3：11B	义	行候事	置佐安
（时期待考）□辰朔乙丑	☑辰朔乙丑肩水候尹敢言之□□☑73EJT27：2A☑举籍吏民奴婢畜产财物訾直☑73EJT27：2B	尹	候	—
（时期待考）八月辛丑	八月辛丑肩水守候塞尉外人以行事敢言之□73EJT24：139	外人	守候塞尉	—
（时期待考）	被肩水候禹行□□86EDT2：5	禹	候	—
（时期待考）	万一千八百一十枚长三尺六百枚长三尺肩水候蕲伐槐木已86EDT5H：54	蕲	候	—

参考文献：

［1］ 徐锡祺：《西周(共和)至西汉历谱》，北京：北京科学技术出版社，1997年。

［2］ 简牍整理小组编：《居延汉简》[壹]—[肆]，载"中央研究院"历史语语言研究所专刊之一〇九，台北市南港区加斌有限公司，2014年、2015年、2016年。

［3］ 甘肃简牍保护研究中心、甘肃省文物考古研究所等编：《肩水金关汉简》[壹]—[叁]，上海：中西书局，2011年、2012年、2013年；甘肃简牍博物馆、甘肃省文物考古研究所等编：《肩水金关汉简》[肆][伍]，上海：中西书局，2015年、2016年。

［4］ 甘肃简牍博物馆等编：《地湾汉简》，上海：中西书局，2016年。

西北汉简所见甲卒探论[*]

赵尔阳

清华大学出土文献研究与保护中心

摘要：史籍和汉简中都有关于汉代甲卒的零星记载。两汉史籍中的甲卒有时是士卒的法称，有时又指郡国的普通兵卒。1986 年出土的地湾汉简中有十余枚甲卒名籍，这些甲卒的籍贯都是张掖郡，屯驻地也是张掖郡下的觻得、昭武等县。此类名籍书写形式有两种：一种书有左部、中营等军队编制；另一种书有昭武、氐池等隶属县邑。根据简 86EDT5H：15 推断，此灰坑所出甲卒简性质应为廪食名籍，其年代在新莽时期，很可能是始建国二年、三年（10 年、11 年）时，新莽为了全面征讨匈奴，屯驻在觻得、昭武、氐池等县的甲卒奉诏命集结在肩水候官处留下的廪食记录。甲卒属于边郡的屯兵系统，其编制自低至高是：伍—什—队—官—曲—部，各级长官依次为：伍长—什长—士吏—五百—千人（候）—司马。

关键词：西北汉简；甲卒；地湾；张掖郡；编制

一、两汉史籍中关于甲卒的记载

"甲卒"一词在两汉史籍中多有记载。《史记·高祖本纪》在记述汉高祖攻打宛城时，南阳守舍人陈恢劝高祖招降宛城："莫若约降，封其守，因使止守，引其甲卒与之西。"[①]此处的甲卒当泛指当时宛城的作战士卒。《史记·淮南衡山列传》在记载淮南王刘安谋反时，其谋臣伍被认为当今天下太平，要想谋反，就要让百姓及其他诸侯国怨恨朝廷，这样才有机可乘。他建议伪造中央文书，迁徙郡国豪杰、耐罪以上罪犯、家产五十万以上者及其家属一并至朔方，并且出动甲卒，催促他们早日动身，"益发甲卒，急其会日"[②]，这样被迁徙之人就会不满并引起骚

---

[*] 本文是国家社科基金青年项目"新出西北汉简地理史料的整理与研究"（22CZS009）阶段性成果。

① 《史记》卷 8《高祖本纪》，北京：中华书局，1959 年，第 360 页。
② 《史记》卷 118《淮南衡山列传》，北京：中华书局，1959 年，第 3090 页。

动叛乱。此处的甲卒或指屯驻在淮安国的精锐士卒。《史记·大宛列传》记载李广利伐大宛时，朝廷"益发戍甲卒十八万酒泉、张掖北，置居延、休屠以卫酒泉"①。当时派遣十八万戍甲卒屯兵酒泉、张掖北，设置居延、休屠以拱卫酒泉，主要是为了防备匈奴，阻止其乘机进犯，确保河西走廊的畅通和安全，为实现征伐大宛的战略目的提供保障。此处的"戍甲卒十八万"当包括用于候望的戍卒和作战的士卒。

《汉书·武帝纪》载："（建元元年）春二月，赦天下，赐民爵一级。年八十复二算，九十复甲卒。"张晏注曰："复甲卒，不豫革车之赋也。"②此处的"甲卒"指兵役，"九十复甲卒"指免除九十岁以上老人全家的兵役负担。③《汉书·昭帝纪》记载始元元年（前86年）益州廉头、姑缯、牂柯谈指、同并等二十四邑反叛时，朝廷派遣水衡都尉吕破胡招募吏民，征发犍为、蜀郡奔命击败益州叛乱。应劭注"奔命"曰："旧时郡国皆有材官骑士以赴急难，今夷反，常兵不足以讨之，故权选取精勇。闻命奔走，故谓之奔命。"李斐注曰："平居发者二十以上至五十为甲卒，今者五十以上六十以下为奔命。奔命，言急也。"④通过两人的注可知，郡国的常兵是"材官骑士"，遇到战争或叛乱时要征发奔命和甲卒，甲卒的年龄在20～50岁，50～60岁的则为奔命。据此，甲卒为20～50岁的郡国兵，其性质不同于"材官骑士"。

《汉书·百官公卿表》："郡尉，秦官，掌佐守典武职甲卒，秩比二千石。"⑤郡尉的职责是辅助太守领导一郡的军事力量，此处的"甲卒"当指屯驻在郡内的士卒。《汉书·食货志》记载武帝末年，以赵过为搜粟都尉，赵过推广代田法耕作，许多荒地被开垦，边地及居延城亦推行了代田法。韦昭注"居延城"曰："居延，张掖县也。时有甲卒也。"⑥可知至迟武帝末年时，居延已设县，此地推广了代田法垦辟荒地，并且驻有甲卒。王莽摄政时，翟方进之子、东郡太守翟义起兵反对

① 《史记》卷123《大宛列传》，北京：中华书局，1959年，第3176页。

② 《汉书》卷6《武帝纪》，北京：中华书局，1962年，第156页。

③ "九十复甲卒"指免除90岁以上老人其家的兵役，但具体"复甲卒"几人，由于史无明文，学界存有争议。袁延胜认为可能仍是指免除一子而言，详参氏文《悬泉汉简养老简与汉代养老问题》，《史学月刊》2021年第11期。臧知非认为是免除其全家的"甲卒"之役，详参氏文《算赋生成与汉代徭役货币化》，《历史研究》2017年第4期。笔者倾向于认同臧氏观点。

④ 《汉书》卷7《昭帝纪》，北京：中华书局，1962年，第219页。

⑤ 《汉书》卷19上《百官公卿表上》，北京：中华书局，1962年，第742页。

⑥ 《汉书》卷24上《食货志上》，北京：中华书局，1962年，第1139页。

王莽。王莽恐惧,任命亲信七人为将军,"自择除关西人为校尉军吏,将关东甲卒,发奔命以击义焉"①。后来翟义兵败被杀。在王莽平定翟义起兵事件中,关东甲卒发挥了重要作用。

《汉书·王莽传》记载始建国年间,王莽更改匈奴名号,更换匈奴玺印,引起匈奴不满,匈奴出兵寇掠边郡,王莽遂十道并出,进击匈奴,"募天下囚徒、丁男、甲卒三十万人,转众郡委输五大夫衣裘、兵器、粮食,长吏送自负海江淮至北边,使者驰传督趣,以军兴法从事,天下骚动。先至者屯边郡,须毕具乃同时出"②。《汉书·食货志》中亦有相关记载:"莽乃遣使易单于印,贬钩町王为侯。二方始怨,侵犯边境。莽遂兴师,发三十万众,欲同时十道并出,一举灭匈奴;募发天下囚徒、丁男、甲卒转委输兵器,自负海江淮而至北边,使者驰传督趣,海内扰矣。"③这两段材料说明王莽为了消灭匈奴,动员了 30 万囚徒、丁男、甲卒,传令各郡运送兵器、粮食、衣物等物资,甲卒在此次行动中除负责军事运输外,应有必要时直接参与战事的责任。

《后汉书》中亦有数处提到甲卒。东汉明帝时,朝廷欲出击匈奴、扬威西域,任命窦固为将,《后汉书·窦固传》载:"时天下乂安,帝欲遵武帝故事,击匈奴,通西域,以固明习边事。十五年冬,拜为奉车都尉……明年,固与忠率酒泉、敦煌、张掖甲卒及卢水羌胡万二千骑出酒泉塞,耿秉、秦彭率武威、陇西、天水募士及羌胡万骑出居延塞……"④窦固是东汉名将,窦融之侄,此次军事行动发生在永平十六年(73 年),规模浩大,朝廷派出数路大军征讨匈奴,其中窦固统领的这支军队由酒泉、敦煌、张掖甲卒及卢水羌胡构成,总人数一万两千多。这里的"甲卒"应指河西边郡的郡兵,且数量不少。《后汉书·班勇传》记载有西域甲卒:"永初元年,西域反叛,以勇为军司马。与兄雄俱出敦煌,迎都护及西域甲卒而还。因罢都护。后西域绝无汉吏十余年。"⑤永初元年(107 年)是东汉中期,由于西域的叛服无常,班勇与兄长班雄一起前往西域,迎接西域都护及甲卒返回内地。西域距中原路途遥远,西域甲卒应是屯驻在西域的内地汉人士卒,故朝廷在放弃西域时将都护与甲卒一并接回。

---

① 《汉书》卷 84《翟义传》,北京:中华书局,1962 年,第 3426 页。
② 《汉书》卷 99 中《王莽传中》,北京:中华书局,1962 年,第 4121 页。
③ 《汉书》卷 24 上《食货志上》,北京:中华书局,1962 年,第 1143 页。
④ 《后汉书》卷 23《窦固传》,北京:中华书局,1965 年,第 810 页。
⑤ 《后汉书》卷 47《班梁列传》,北京:中华书局,1965 年,第 1587 页。

东汉一朝,鲜卑时常寇边,朝廷常出兵征讨和防备。元初五年(118 年)秋,代郡鲜卑万余骑侵入边塞,攻陷城邑,烧官寺,杀长吏,朝廷"发缘边甲卒、黎阳营兵,屯上谷以备之"[①]。建光元年(121 年),"鲜卑围乌桓校尉徐常于马城,度辽将军耿夔与幽州刺史庞参发广阳、渔阳、涿郡甲卒,分为两道救之"[②]。由此可见,东汉王朝为了防御和进击鲜卑,在北方缘边诸郡配置了一定数量的甲卒,这些甲卒巩固和保卫了东汉政权的北部边疆。

《淮南子·览冥训》:"是故质壮轻足者,为甲卒。"高诱注曰:"甲,铠也。在车曰士,步曰卒。"[③]据此,则甲卒为披甲的步兵,其身体健壮,行动敏捷。

综上,两汉史籍虽对甲卒多有记载,但无任何证据显示甲卒是一个专业兵种或特殊卒类。史籍中"甲卒"有时泛指士卒,"复甲卒"用以指代兵役。"关东甲卒""诸郡甲卒""张掖甲卒""缘边甲卒"等的记载较多,揭示出甲卒可能是屯驻在地方的郡国兵。《汉书》注者应劭和李斐认为郡国的常兵是材官、骑士,甲卒、奔命是急难时常兵之外选取的精勇之卒,"平居发者二十以上至五十为甲卒"。[④]李昭毅认为汉代地方军分为材官、骑士等专门士兵和一般兵卒,两者不仅有"士""卒"身份的差异,在选拔条件、军事技能、配套制度等方面都有所不同。[⑤]因此,我们认为两汉史籍中提到的"甲卒"有时是士卒的泛称,有时又指郡国的一般兵卒,是不同于材官、骑士等专门兵种的郡国普通兵卒。

二、西北汉简中有关甲卒的记载

20 世纪 70 年代出土的居延新简中有数枚简提到了甲卒,我们试作一简单讨论。

> 十一月廿二日具记,习叩头死罪言
>
> 君万年滰食如常,不哀怜赐记,恩泽诚深厚,得闻南方邑中起居心
>
> ······
>
> 第十泰甲卒,破橄封,请辟行罚言状,习叩头死罪死罪,习
>
> ······(EPT44:4)

---

①② 《后汉书》卷 90《鲜卑列传》,北京:中华书局,1965 年,第 2987 页。

③ 何宁:《淮南子集释》,北京:中华书局,1998 年,第 465 页。

④ 《汉书》卷 7《昭帝纪》,应劭、李斐注,北京:中华书局,1962 年。

⑤ 李昭毅:《汉代地方军的组成再探》,《东吴历史学报》第 33 期。

☑壬申下鋪九分,城北甲卒董宗受临☑(EPT49:37)

☑诏书将军营者,人犯此皆为甲卒,前遣子孙小儿☐☐

☑☐过人犯者,皆为甲卒者,遣☐☐(EPT59:798)

甲渠又甲卒于遣⋯⋯长(EPT68:117)

☑廿九人甲卒骑士(EPF22:839)

简EPT44:4形制是宽木牍,内容是"习"向上级汇报和解释相关情况的一封记。简文中出现了"第十隧甲卒",细察图版,释文应无误。"第十隧"指甲渠候官第十隧部或第十隧隧。"十隧"是新莽时的写法,即西汉的"十七",可知此简的年代为新莽时期。"第十隧甲卒"表明第十隧部或第十隧隧驻有甲卒。

简EPT49:37上下皆有残断。这是一枚邮书刺,内容是某年某月壬申下鋪九分时,城北甲卒董宗接收临(木)卒传递来的邮书。简中甲卒董宗负责了此次文书传递。[①]

简EPT59:798上部残断,且简文漫漶不清。简文中的"甲卒",《文物本》释作"甲卒",《中华本》释作"甲卒",《释校本》释作"甲卒",《集释本》释作"田卒"。我们仔细察看图版,其图版为 ,此字应为"甲"而非"田","甲卒"当为正确释文。简文文意殊难通顺理解,似为几个甲卒犯法论罪,接受处置。

简EPT68:117下部有火烧痕迹,"甲卒"图版清晰、释文准确。由简可知,甲渠塞下有甲卒。简EPF22:839将甲卒与骑士并称,说明骑士有别于甲卒。

目前公布的悬泉汉简中也有数处提到甲卒,胪列简文如下:

阳朔元年七月丙午朔己酉,效谷守丞何敢言之:府调甲卒五百册
一人,为县两置伐茭给当食者,遣丞将护,无接任小吏,毕已,移薄。 •
谨案甲卒伐茭三处。守长定、守尉封逐杀人贼马并⋯⋯(A)

功曹/掾赏、守令史常利(B)(Ⅱ0112③:112)

此简形制为宽木牍,书写年代是阳朔元年(前24年),简的内容是效谷守丞何向上级机关汇报有关事项的呈文。根据简文可知,府调甲卒五百四十一人为效谷县所辖的两置伐茭,反映了上级机构调动部队支援驿置的行为。茭是一种干草,供马、牛、羊等牲畜食用,府调甲卒为县两置采割茭草,说明了茭草的采伐

---

① 有学者将这枚残简中的"甲卒"解释为戍卒,或不确。详参杨眉:《居延新简集释(二)》,兰州:甘肃文化出版社,2016年,第472页。

非常重要。简中的府应指效谷县的上级机构——敦煌太守府,太守府一次即调拨甲卒五百多人,说明甲卒归郡太守领导和指挥,甲卒很可能是隶属于地方的郡国兵,由此简推断敦煌郡甲卒数量应不少。

> 鸿嘉三年七月辛未朔己丑,敦煌长史充国行大守事、库守令守部千
> 人喜兼行丞事谓郡库、效谷:今调牛车假效谷,为遮要、县泉置运甲卒
> 所伐茭,如牒。书到,遣吏持县泉置前年所假牛车八两输郡库
>
> (Ⅰ90DXT0110①:22)

此简形制是一枚两行木牍,书写年代是鸿嘉三年(前18年),内容是行太守事的敦煌长史向郡库和效谷县发的下行公文,要求郡库借调牛车给效谷,为效谷县下的两置(遮要置、悬泉置)运送甲卒所采伐的茭草,并且要求悬泉置将前年所借的八辆牛车归还郡库。此简与上一简年代相距仅六年,简文都记载了甲卒为县两置伐茭。说明西汉末年敦煌郡效谷县内,甲卒受太守府调遣为县置采伐茭草或是其日常工作之一。

> 左后甲卒赵充▨(Ⅰ90DXT0114③:12)
> ■益寿里户人不更应,年卅五甲卒(Ⅰ90DXT0206②:1)

简Ⅰ90DXT0114③:12下部残断,"左后"当指甲卒的军营编制。简Ⅰ90DXT0206②:1首端涂黑,下部的"甲卒"二字与前面字书风不一致,系二次书写。简文记载了"应"年龄45岁,爵位不更,籍贯益寿里,身份是甲卒。此简不书郡县名称,说明"应"是当地人,即敦煌效谷县人也。

2011年起陆续公布的肩水金关汉简中也有三枚记载甲卒的简,但整理者均将其释作"田卒",我们核对图版后发现"田卒"为误释,应更为"甲卒"。① 这三枚简皆为名籍类文书,我们列举简文,简单作一讨论。

> 张掖郡□甲卒䐗得乐安里公士严中……(73EJT37:1205)
> 甲卒平明里陈崇,年三十　大车一两用牛二头　刀(73EJF3:346)
> 甲卒居延富里张悍,年三十五　大车一两用牛二头　九月戊戌出刀
>
> (73EJF3:371)

简73EJT37:1205右侧有残损,此简记载了甲卒严中的籍贯、爵位等信息。

---

① 详参拙文《浅谈肩水金关汉简中涉及张掖郡籍"田卒"的几则简文》,简帛网2018年8月25日。

简 73EJF3：346 和简 73EJF3：371 皆为甲卒出入名籍。简 73EJF3：371 张恽的出关时间笔迹较淡，系二次书写，应是金关关吏在张恽出关时所作的记录。两枚出入名籍都分别记载了甲卒的身份、籍贯、姓名、年龄、通关时所携带的物资等信息，后一枚简还记录了甲卒的通关时间，两简反映了甲卒出入金关时的情形。根据这三枚简中的甲卒籍贯可知甲卒都是张掖郡人。

1986 年考古工作者在地湾肩水候官遗址（贝格曼编号 A33）发掘汉简七百多枚，其中有二十余枚简记载了甲卒的相关信息，内容较完整，使我们可以一窥甲卒的籍贯、编制等情形，我们暂举三枚先简单讨论：

觻得始建国三年三月壬子，左部外营觻得甲卒稟名籍

(86EDT5H：15)

中营甲卒五百昭武直廷里宋音(86EDT5H：34)

主甲卒五百人(上栏)[1]

其百三……见   △氐池甲卒五十人皆见

其三百……三人□□酒谷二人死，三人亡，见二百……人(中栏)

今见三百八十一人(下栏)(86EDT5H：156＋173＋230)[2]

前两枚简是甲卒稟名籍。第一枚简是稟名籍的标题简，记录了觻得甲卒口粮的发放时间以及所隶属的军营编制。第二枚简记录了甲卒宋音的籍贯、军营编制及其职务。第三简为统计报告，统计了"主甲卒五百人"当前的情况，原简残断，缀合后简文依旧残缺不完整，但大致可知，有的甲卒死亡，有的甲卒逃亡，今见甲卒四百八十一人，比原来人数少了十九人。

三、地湾汉简中甲卒之籍贯

由于西北屯戍汉简中只有地湾出土了数量较多的甲卒简，故我们以地湾汉简为主，旁及相关汉简，讨论甲卒的籍贯等问题。

地湾是肩水候官的驻地，1986 年出土的地湾汉简中有十余枚甲卒名籍，通过分析这些名籍中的甲卒籍贯，我们发现这些甲卒都是张掖郡人。我们列出地湾出土的甲卒名籍，然后对他们的籍贯进行分析。金关简中也有三枚甲卒出入

---

① 此简"主甲卒"整理者原释作"逆甲卒"，李均明先生认为首字应是"主"字，从之，径改。

② 此简由姚磊缀合，详参姚磊：《〈地湾汉简〉缀合（四）》，简帛网 2018 年 5 月 20 日。

名籍，由于包含籍贯信息，故我们也一并讨论。

> 觻得始建国三年三月壬子，左部外营觻得甲卒稟名籍(86EDT5H：15)
>
> 左部甲卒觻得安乐里绩苍(86EDT5H：80)
>
> 左部甲卒觻得市阳里王放(86EDT5H：224＋115)①
>
> 中营甲卒五百昭武直廷里宋音(86EDT5H：34)
>
> 中营卒昭武益广里零如(86EDT5H：74)
>
> □田甲卒觻得卷舒里巍长，年三十(86EDT5H：3)
>
> 张掖郡昭武甲卒觻得万年里公乘温良，年二十五(86EDT5H：4)
>
> 昭武甲卒平都里尹偫，年三十五(86EDT5H：6)
>
> 昭武甲卒觻得安定里宁嘉(86EDT5H：70)
>
> 昭武甲卒氏池□☑(86EDT5H：175)
>
> 氏池甲卒孝仁里王汲……三月二十九日病，目种
>
> (86EDT5H：183＋118)②
>
> 张掖郡□甲卒觻得乐安里公士严中……(73EJT37：1205)
>
> 甲卒平明里陈崇，年三十　大车一两用牛二头　〿(73EJF3：346)
>
> 甲卒居延富里张恽，年三十五　大车一两用牛二头　九月戊戌出〿
>
> (73EJF3：371)

以上是地湾和金关出土的甲卒名籍类文书，有的简属于甲卒名籍，有的简属于甲卒稟名籍，有的简属于甲卒出入名籍，还有的简可能属于其他簿籍。由于这些简数量不多且较为零碎，目前这些甲卒籍册已很难恢复它本身的文书状态。这些名籍都记载了甲卒的籍贯，其书写形式主要有两种：一种是只书某县甲卒，不书军队编制，如简 86EDT5H：4 等；另一种是不仅书有籍贯，还书有军营编制，如简 86EDT5H：80、简 86EDT5H：34 等。后一种名籍有助于了解甲卒在军营中的编制情形。为了更好地观察甲卒的籍贯和来源，我们将这些名籍中的信息列如表 1。

---

① 此简由姚磊缀合，详参姚磊：《〈地湾汉简〉缀合(四)》，简帛网 2018 年 5 月 20 日。

② 此简由姚磊缀合，详参姚磊：《〈地湾汉简〉缀合(八)》，简帛网 2021 年 1 月 15 日。

表1 地湾、金关出土甲卒信息统计

编制隶属	县里籍贯	姓名	年龄	其　　他	简　　号
左部甲卒	觻得安乐里	绩苍	—	—	86EDT5H：80
左部甲卒	觻得市阳里	王放	—	—	86EDT5H：224＋115
中营甲卒	昭武直廷里	宋音		职务五百	86EDT5H：34
中营卒	昭武益广里	零如			86EDT5H：74
—	觻得卷舒里	魏长	30	—	86EDT5H：3
昭武甲卒	觻得万年里	温良	25	爵公乘	86EDT5H：4
昭武甲卒	（昭武）平都里	尹偂	45		86EDT5H：6
昭武甲卒	觻得安定里	宁嘉			86EDT5H：70
昭武甲卒	氏池□□☑	—			86EDT5H：175
氏池甲卒	（氏池）孝仁里	王汲		三月二十九日病，目种	86EDT5H：183
—	觻得乐安里	严中	—	爵公士	73EJT37：1205
甲卒	（居延）平明里	陈崇	30	大车一两用牛二头	73EJF3：346
甲卒	居延富里	张恽	35	大车一两用牛二头，九月戊戌出	73EJF3：371

简86EDT5H：6记载尹偂属于昭武甲卒，籍贯为平都里，平都里为昭武县辖里，金关简73EJT6：141、简73EJT37：758有例证，可知尹偂在本县担任甲卒。简86EDT5H：175下部残断，有火烧痕迹，此甲卒属昭武甲卒，其籍贯信息不完整，或是昭武氏池里，或来自氏池县，难以确知。简86EDT5H：183记载王汲属氏池甲卒，籍贯为孝仁里，孝仁里是氏池县辖里，王汲在本籍服役，简文记录其生病、目肿。简73EJF3：346出土于金关，是甲卒出入名籍，陈崇籍贯平明里，平明里为居延县辖里，金关简73EJT37：833、简73EJT37：1584有例证。

通过观察这些名籍中甲卒之籍贯，我们发现甲卒籍贯集中在觻得和昭武两县。地湾出土的10枚甲卒名籍类简中，觻得籍甲卒5简，昭武籍甲卒3简，氏池籍甲卒1简，还有1简（简86EDT5H：175）由于下部残断不能明确判断甲卒之籍贯。金关出土的3枚甲卒简中，觻得籍甲卒1简，居延籍甲卒2简。

我们发现，有4枚简记载了甲卒的军营编制——左部和中营。左部甲卒简2枚，甲卒皆来自觻得；中营甲卒简2枚，甲卒皆来自昭武。是否可以因此推出觻得籍甲卒编在左部、昭武籍甲卒编在中营呢？我们认为由于这类简的数量太少，现在还不能完全下这个结论，俟将来材料更加丰富时再作进一步探究。有

4 名甲卒编入"昭武甲卒"队列中,其中觻得籍 2 人,昭武籍 1 人,还有 1 人(简 86EDT5H∶175)籍贯不甚明确,或是昭武本籍,或来自氏池县。

从"昭武甲卒"名籍可知,昭武甲卒应是在昭武县服役的甲卒,其来源不一定是昭武本县,有来自觻得县的,或许还有氏池县的(简 86EDT5H∶175)。昭武地处弱水上游羌谷水旁,是张掖郡治觻得北面的屏障,地理位置非常重要。西汉时张掖郡统辖 10 县,西汉末年人口仅有 88731 人[1],作为郡治的觻得和作为部都尉府的居延两县人口估计相对较多,其他县人口应相对较少。觻得籍人在昭武担任甲卒,编入昭武甲卒序列,一方面说明觻得人口较他县为多,本县丁男除了在本县服役外,还要支援、补充邻近县份;另一方面昭武与觻得距离很近,觻得籍人担任昭武甲卒在地理空间上无须长途跋涉。

地湾是肩水候官的驻地,出土的这些甲卒名籍之籍贯又全部都是张掖郡,其中以觻得和昭武两县最多,这和地湾出土的骑士名籍之骑士籍贯的地理分布特征相一致。地湾在地理上更靠近张掖郡的觻得、昭武两县,位于地湾的肩水候官塞是肩水都尉所辖的几个候官塞中位置偏南的候塞,肩水塞距张掖郡的觻得、昭武相对较近,而距张掖郡所辖的其他几个县相对较远,故戍守在肩水塞的骑士、甲卒多选自这两县,肩水塞的基层吏员如隧长、亭长等也多来自觻得、昭武两县,反映了汉王朝在兵役征发上"量地远近"的原则,以及边塞基层小吏任用本地人的特点。[2]

金关出土甲卒出入名籍简 3 枚,记载了 3 名甲卒的姓名、籍贯、年龄等信息,其中觻得籍甲卒 1 简,居延籍甲卒 2 简,应是这 3 名甲卒出入金关时的记录。

四、地湾甲卒简的性质、年代及甲卒任务

1986 年地湾出土的甲卒简全是从第 5 探方的灰坑中清理出来的,考古编号是 86EDT5H,这一灰坑共出土简牍 250 枚,年代基本都是新莽时期,内容多数是廪食记录。此灰坑出土甲卒名籍类简十余枚,还有几枚书檄类简记载了甲卒的其他一些信息,我们认为这十余枚甲卒籍类简极可能是供给甲卒口粮的廪食记录,即简的性质是甲卒廪名籍。下一简可以为证:

---

① 《汉书》卷 28 下《地理志下》,北京:中华书局,1962 年。

② 于振波统计了居延汉简中隧长和候长的地域构成,认为居延地区隧长从各都尉府所属诸县中选用,候长则从全郡范围内选用。详参氏文《居延汉简中的燧长和候长》,《史学集刊》2000 年第 2 期。

> 鱳得始建国三年三月壬子,左部外营鱳得甲卒稟名籍(86EDT5H：15)

此简是甲卒稟名籍的标题简,记录了甲卒口粮发放的时间——始建国三年三月壬子,以及口粮发放的对象——左部外营鱳得甲卒。此简"左部"和"外营"字符中间有编绳穿过的痕迹,可知此文书当时的运行状态是和所附之稟食名籍编在一起的,惜出土时编绳已无,籍册难复。我们在同一灰坑中找到了 2 枚鱳得籍左部甲卒简,或许属于这一籍册：

> 左部甲卒鱳得安乐里绩苍(86EDT5H：80)
> 左部甲卒鱳得市阳里王放(86EDT5H：224＋115)

关于这批甲卒简的年代,简 86EDT5H：15 表明此简的时间是始建国三年三月(11 年),其他甲卒简缺乏明确的纪年信息,我们从甲卒简所处的灰坑来探究这些简的年代范围。此灰坑(86EDT5H)出土的 250 枚简中有明确纪年信息的简共 15 枚,最早的纪年是元始六年(简 86EDT5H：56,6 年),最晚的纪年是始建国三年(简 86EDT5H：15,11 年),我们认为同一灰坑的甲卒简之年代范围也应在此时段左右。为了更清楚地了解此灰坑出土简的年代范围,我们将纪年简的相关信息罗列如表 2。

表 2　地湾汉简第 5 探方灰坑(86EDT5H)出土纪年简信息

汉简纪年	公元纪年	简　　号	备　　注
元始六年	6 年	86EDT5H：56	吏除名籍
居摄元年	6 年	86EDT5H：63	吏奉赋名籍
居摄二年	7 年	86EDT5H：45	—
居摄三年	8 年	86EDT5H：10	上行公文
		86EDT5H：106	统计类文书
		86EDT5H：141＋160	吏受奉名籍
		86EDT5H：168	东部廪名籍
		86EDT5H：222	
始建国元年	9 年	86EDT5H：58	—
		86EDT5H：82	—
		86EDT5H：131	
始建国二年	10 年	86EDT5H：180＋43	肩水关啬夫行候文书事
始建国三年	11 年	86EDT5H：15	左部外营鱳得甲卒廪名籍
		86EDT5H：16	
		86EDT5H：158＋239	

从表 2 可知,此灰坑共出土有纪年的简 15 枚,年代范围从元始六年到始建国三年,年代序列连贯完整,其中 12 枚简的年代集中在居摄三年至始建国三年(8—11 年)。从居摄元年起,王莽已窃取了汉政权,此后直至新朝时皆为王莽统治时期,故此灰坑中的简基本皆为新莽时期的简。

《汉书》中记载了新莽时期王莽动员甲卒集结边郡的情形。《汉书·王莽传》载始建国元年(9 年)秋,王莽更换匈奴印玺,椎破汉故印,单于大怒,发兵寇边。始建国二年(10 年)冬十二月,王莽更名匈奴单于为"降奴服于",并任命十二将,十道并出征讨匈奴,同时"募天下囚徒、丁男、甲卒三十万人,转众郡委输五大夫衣裘、兵器、粮食,长吏送自负海江淮至北边,使者驰传督趣,以军兴法从事,天下骚动。先至者屯边郡,须毕具乃同时出"①。《汉书·食货志》中的记载与此类似:"莽乃遣使易单于印,贬钩町王为侯。二方始怨,侵犯边境。莽遂兴师,发三十万众,欲同时十道并出,一举灭匈奴;募发天下囚徒、丁男、甲卒转委输兵器,自负海江淮而至北边,使者驰传督趣,海内扰矣。"②

两段材料说明始建国二年冬十二月时,王莽派出数路大军讨伐匈奴,并且招募 30 万囚徒、丁男、甲卒,向边境输送作战物资、兵器及军粮,朝廷派出使者督促这一行动,天下骚动不已。甲卒即这次军事行动招募的 30 万人中的重要组成部分,甲卒与囚徒、丁男并列,诏书内容表明他们的主要任务是"委输衣裘、兵器、粮食",金关简中的 2 枚甲卒出入名籍也表明他们是负责物资运输的。③ 30 万人数量不少,且诏书的颁发时间是在始建国二年十二月,大规模的军事招募以及人员集结需要时间和周期,大量甲卒屯集边塞最快也要次年初才能实现,故我们推断甲卒到达边塞最快也在始建国三年(11 年)年初之时。

《汉书·王莽传》中始建国二年的这一记载与地湾出土甲卒简的情形正相吻合,我们知道地湾是肩水候官的驻地,肩水候官属肩水都尉所辖,肩水都尉和居延都尉是张掖郡的两个重要部都尉,共同保卫着弱水中下游河岸及尾闾的居延泽,防备匈奴沿弱水而下。地湾出土甲卒简年代皆为新莽时期,简 86EDT5H:15 载"鯥得始建国三年三月壬子,左部外营鯥得甲卒禀名籍",说明左部外营鯥得甲卒廪食的时间是始建国三年三月壬子,其他甲卒名籍据上分析也极可能是

---

① 《汉书》卷 99 中《王莽传中》,北京:中华书局,1962 年,第 4121 页。

② 《汉书》卷 24 上《食货志上》,北京:中华书局,1962 年,第 1143 页。

③ 简 73EJF3:346 和简 73EJF3:371 都记载甲卒"大车一两用牛二头",说明这两简中的甲卒负责向居延运输军事物资。

廪名籍,结合同一灰坑纪年简的年代范围集中在居摄三年至始建国三年(8—11年),我们参之以史籍中始建国二年冬诏令天下囚徒、丁男、甲卒委输物资,屯结边郡的记载,推断这些甲卒简的年代当在始建国三年,这些甲卒是从张掖郡所属的觻得、昭武、氏池等县召集而来,屯集于地湾——肩水候官,为新莽王朝全面征讨匈奴提供军事运输,这些名籍就是甲卒集结在肩水候官处廪食时留下的记录。

五、甲卒的军队编制

甲卒的军队编制,史书未有记载,前辈学者对汉代的军队编制作过一些讨论。白建钢认为西汉部曲组织有六级,由低至高依次为:伍—什—队—官—曲—部。五人为伍,十人为什,长官分别是伍长、什长。五什为队,队的长官称士吏、卒长、队率等。二队为官,官的长官称五百将或五百。二官为曲,曲的长官称候、千人。五曲为部,部的长官称司马、校尉。[①] 白建钢的研究基本厘清了西汉军队的基层编制,但每层级的规模有多大,则众说纷纭。李零结合上孙家寨汉简认为汉代军制部以上还有校和军,他认为二曲为部、五部为校、二校为军,一军4000人。[②] 汪桂海综合史书及简牍资料,认为汉代部曲编制基本上以五五制为主,在个别地方辅以二二制,他主张五什为队、五曲为部、五部为校。[③] 学界在汉代军队编制问题上之所以存在歧义,究其原因,在于史料有限且语焉不详。我们结合史籍与简牍的相关资料,先梳理汉代军队的一般编制,进而探讨甲卒的军营编制。《续汉书·百官志》"将军"条对军队编制的情况记载如下:

> 其领军皆有部曲。大将军营五部,部校尉一人,比二千石;军司马一人,比千石。部下有曲,曲有军候一人,比六百石。曲下有屯,屯长一人,比二百石。其不置校尉部,但军司马一人。又有军假司马、假候,皆为副贰。其别营领属为别部司马,其兵多少各随时宜。门有门候。其余将军,置以征伐,无员职,亦有部曲、司马、军候以领兵。[④]

---

① 白建钢:《论西汉步、骑兵的兵种、编制和战术》,载王子今、白建钢、彭卫主编:《纪念林剑鸣教授史学论文集》,北京:中国社会科学出版社,2002年,第144页。
② 李零:《青海大通县上孙家寨汉简性质小议》,《考古》1983年第6期。
③ 汪桂海:《汉代军队编制、军阵及二者之关系》,载杨振红、邬文玲主编:《简帛研究》2015春夏卷,桂林:广西师范大学出版社,2015年,第145,146页。
④ [西晋]司马彪:《续汉书》志第24《百官志》。

这段材料反映了东汉时期中央军的编制,从中可以看出大将军营下的军制为:大将军—五部(部校尉、军司马)—曲(军候)—屯(屯长),说明大将军以下的军队编制依次为部、曲、屯,材料中虽记载大将军营五部,但每部有几曲,每曲有几屯,以及屯以下的军队编制情况如何,则没有交代。这段材料记录的是东汉时的军队编制,西汉时情形如何,史书缺载,但《汉书·王莽传》中记录了新莽时王莽对军队建设的构想,借此可以对西汉末新朝时的军队编制管窥一二:

> (地皇元年二月),(王)莽见四方盗贼多,复欲厌之,又下书曰:"予之皇初祖考黄帝定天下,将兵为上将军,建华盖,立斗献,内设大将,外置大司马五人,大将军二十五人,偏将军百二十五人,裨将军千二百五十人,校尉万二千五百人,司马三万七千五百人,候十一万二千五百人,当百二十二万五千人,士吏四十五万人,士千三百五十万人,应协于易'弧矢之利,以威天下。'予受符命之文,稽前人,将条备焉。"于是置前后左右中大司马之位,赐诸州牧号为大将军,郡卒正、连帅、大尹为偏将军,属令长裨将军,县宰为校尉。[①]

据此,整理如表3所示。

表3 新莽地皇元年诏书所见军队编制、人数与比例

层级	大司马	大将军	偏将军	裨将军	校尉	司马	候	当百	士吏	士
人数	5	25	125	1250	12 500	37 500	112 500	225 000	450 000	13 500 000
比例	1	5	5	10	10	3	3	2	2	30

这封诏书颁布的时间是地皇元年(20 年),此时已是王莽统治的末期。此份诏书充满了空想色彩,各类武职数量庞大,如司马 37 500 人,士更是高达 1350 万人。诏书反映了天下动荡、四方盗贼多发,王莽欲将军队编制改革为想象中的黄帝时的模样。诏书中赐"县宰为校尉",构想的校尉是 12 500 人,而新莽时天下的县邑才不过 2200 多个[②],充分说明了此份诏书的不切实际。诏书的设计理念虽不尽合理,但诏书一定程度上体现了当时的军队编制和隶属关系。诏书中记载的各级军官是:大司马—大将军—偏将军—裨将军—校尉—司马—候—当百—士吏—士。

---

① 《汉书》卷 99 下《王莽传下》,北京:中华书局,1962 年。
② 谭其骧:《新莽职方考》,载《长水集》(上),北京:人民出版社,1987 年,第 49 页。

　　以上是正史中记录的汉代军队编制,边郡的情形又如何? 史无明文。《汉官旧仪》中简略地提到过边郡的武官设置:"边郡太守各将万骑,行障塞烽火追虏。置长史一人,掌兵马。丞一人,治民。当兵行,长史领。置部都尉、千人、司马、候、农都尉,皆不治民,不给卫士。"[①]由此可知,郡太守是边郡部队的最高指挥官,长史是太守的佐贰,辅助太守处理军务,其下有部都尉、千人、司马、候等武职。

　　上述材料虽反映了汉代军队编制、职官设置的一些情形,但不能反映出边郡部队的具体编制,尤其是甲卒的编制。西北汉简中有一些简零星记载了甲卒、骑士的编制,考虑到甲卒、骑士都属于边郡的屯兵系统,和候望系统中的戍卒不同,甲卒、骑士分别代表着边郡的机动步兵和骁勇骑兵,其职能都是作为战略储备部队来应对来犯之敌和奉命出击。因此,我们认为甲卒的编制当和骑士编制有相关性,故参之以骑士简,以探究地湾汉简中甲卒的编制情况。

> 始(建)国三年三月己巳,步兵出各(86EDT5H:16)
>
> 觻得始建国三年三月壬子,左部外营觻得甲卒稟名籍(86EDT5H:15)
>
> 左部甲卒觻得安乐里绩苍(86EDT5H:80)
>
> 中营甲卒五百昭武直延里宋音(86EDT5H:34)
>
> 中营候令史仲客　中营八十人第四□☑(86EDT5H:59)
>
> ■右第十伍长(86EDT5H:42)
>
> 四月乙未左部司马☑[491.10A(A35)]
>
> 肩水都尉府敢言☑[491.10B(A35)]
>
> 觻得骑士敬老里成功彭祖属左部司马宣后曲千人尊[564.6(A33)]
>
> 昭武骑士益广里王强丿 属千人霸五百偃士吏寿[560.13(A33)]
>
> ☑□□隧士吏前部右曲后官□☑(73EJT2:37)

　　从地湾出土的甲卒简来看,甲卒的编制有左部外营、中营等,甲卒的长官有五百、候等。简564.6和简560.13也出土于地湾,较完整地记载了两位骑士的军队编制。简564.6记载觻得骑士成功彭祖隶属于左部司马下之后曲千人。简560.13记载昭武骑士王强隶属于千人霸—五百偃—士吏寿,可知五百的层级位于千人与士吏之间。将两枚简联系起来,可大体推出骑士的隶属关系由高至低

---

① ［东汉］卫宏:《汉官旧仪》。收入［清］孙星衍辑:《汉官六种》,北京:中华书局,1990年,第48页。

为：部司马—曲千人—五百—士吏。简 73EJT2：37 记载某士吏隶属于前部右曲后官。士吏之下是最基层的什伍编制，举例如下：

李并　卩（86EDT5H：40）

■右第十伍长（86EDT5H：42）

昭武骑士益广里王隆卩（73EJT23：778）

·右伍长（73EJT23：779）

再拜言前日骑士耿凤马死（86EDT5H：24）

什长耿凤及歆同产弟甲卒马适恭辞皆曰：歆素贫□（86EDT5H：47）

五百以旃上齿色别，士吏以下旃下齿色别，什以肩章别，伍以肩左右别，士以肩章尾色（别简 411）①

简 86EDT5H：40 和简 86EDT5H：42 书风一致，简号接近，当可编连。简文记载李并的职务是第十伍长，这两枚简和地湾甲卒简出于同一个灰坑，李并的身份极可能是甲卒或骑士。简 73EJT23：778 和简 73EJT23：779 出土于金关，简中昭武骑士王隆职务是伍长。简 86EDT5H：24 和简 86EDT5H：47 记载骑士耿凤骑马死亡，耿凤职务是什长。通过上述数简，我们可知骑士的基层编制是什伍。《汉书·晁错传》中晁错在论述匈奴与汉朝的技艺异同时指出："坚甲利刃，长短相杂，游弩往来，什伍俱前，则匈奴之兵弗能当也。"颜师古注"什伍"曰："五人为伍，二伍为什。"②因此，什伍制是将五人编为一伍，二伍编为一什，这是骑士的基层编制，我们推断甲卒的基层编制也应是如此。

什伍以上是士吏。简 560.13 记录骑士王强是士吏寿属下，青海上孙家寨汉简 411 也记录什伍之上为士吏，王莽颁布的诏书也显示士吏是士与当百之间的基层武官。

士吏之上是五百，王莽诏书中的"当百"大庭脩认为相当于居延骑士简中的"五百"，其说可从。③ 五百之上是千人，居延简、金关简对"千人"这一职官记载很多，例如肩水千人（简 73EJT33：54、简 73EJT37：528 等）、居延千人（简

---

① 此为青海大通县出土的上孙家寨汉简中的一支。详参李均明、何双全编：《散见简牍合辑》，北京：文物出版社，1990 年，第 39 页。

② 《汉书》卷 49《晁错传》，北京：中华书局，1962 年。

③ （日）大庭脩：《地湾出土的骑士简册》，收入（日）大庭脩著、徐世虹译：《汉简研究》，桂林：广西师范大学出版社，2001 年，第 86 页。

73EJT28：57、简 73EJT10：313 等）、骑千人（简 73EJT21：1、简 73EJT31：9
等）。可知，千人是屯兵系统中的重要武官。地湾汉简中亦有数简记载了千人与
五百：

　　　☑（属）千人姜五（百）☑（86EDT16：20B）①

　　　死当案，叩头，死罪死罪，己部千人戎掌骑迹张放、忘党，五百高嘉

　　逐（86EDT5H：18）

　　简 86EDT16：20 残断严重，但从中可窥某一士卒属于千人姜五百某的编
制。简 86EDT5H：18 和地湾甲卒简都出土于第 5 探方灰坑（86EDT5H），内容
应是逐捕亡人或逃犯的公文，简中记载了千人戎、五百高嘉，他们应都是屯兵系
统之长官。

　　和千人同一级的长官还有候，黄今言、白建钢等学者都进行过论述，不再
赘述。② 简 86EDT5H：59 记载"中营候令史仲客"，则中营甲卒设有"候"这一
长官。

　　候和千人之上的长官是司马，司马是屯兵系统中职位较高的武官，司马和千
人都是都尉的属官，在都尉的领导下统率部队，平时负责训练，战时出阵杀敌。
汉简中对司马记载很多，试举几例：

　　　十二月乙卯，张掖肩水都尉参、司马诩行丞事，谓肩水：写移，书
　　到，□□□□，实具言会十三日如府书律令（86EDT5H：17A＋32A）
　　　张掖肩水都尉……十二月戊午以来（86EDT5H：32B＋17B）③
　　　本始元年九月庚子，虏可九十骑入甲渠止北隧，略得卒一人，盗取官
　　三石弩一，槁矢十二，牛一，衣物去，城司马宜昌将骑百八十二人从都尉追

　　　　　　　　　　　　　　　　　　　　　　　　　　　　[57.29（A8）]

　　简 86EDT5H：17＋32 是肩水都尉和司马发给肩水候官的一份公文，传达
了都尉府的指示和要求。简 57.29 出土于甲渠候官遗址，内容是敌虏 90 多骑兵

---

　　①　此简残断严重。"属""百"整理者未释，马智全补释，其说可从，详参氏文《〈地湾汉简〉研读札记
（二）》，简帛网 2018 年 5 月 31 日。
　　②　黄今言：《秦汉军制史论》，南昌：江西人民出版社，1993 年，第 231 页；白建钢：《论西汉步、骑兵
的兵种、编制和战术》，收入王子今、白建钢、彭卫主编：《纪念林剑鸣教授史学论文集》，北京：中国社会科
学出版社，2002 年，第 144 页。
　　③　此简由姚磊缀合，详参姚磊：《地湾汉简缀合（三）》，简帛网 2018 年 5 月 18 日。

入侵甲渠止北隧,俘虏我士卒 1 人,并偷盗了牛、衣物、兵器等,城司马宜昌在都尉的领导下率 182 名骑士追击敌人。

综上,我们以地湾汉简为主,旁及相关汉简,讨论了边郡甲卒的军营编制,认为甲卒的各级长官由低至高依次为:伍长—什长—士吏—五百—千人(候)—司马—都尉。这个军事层级更多是参考骑士的隶属关系推导出来的,是否符合汉代西北边地甲卒之真正情形,还有待后续史料之检验。

我们观察地湾出土的甲卒名籍,发现这些甲卒的编制主要有两种:一种以县为单位进行记录,如觻得甲卒、昭武甲卒、氐池甲卒等;另一种书其军营编制,如左部甲卒、中营甲卒。第一种名籍前面的县名记录甲卒的隶属之县,后面的里名记录甲卒的籍贯。从简中可以看出,甲卒的隶属之县与其籍贯不一定对应。如简 86EDT5H:4 温良籍贯觻得万年里,但隶属于昭武甲卒。简 86EDT5H:70 宁嘉籍贯觻得安定里,也隶属于昭武甲卒,说明本地人不一定编入本县的甲卒序列。

第二种名籍书有左部、中营等编制名称,我们认为甲卒的基本编制是什伍—士吏—五百—千人(候)—司马,而中营、外营、左部更像是甲卒汇聚之后的队列组织。郭伟涛在论述金关出土的骑士简册时指出:“居延骑士,在县内是右前、左前、中营右、中营左的身份,如果加入到其他队伍,应该也会按照部曲组织统一整编。”其认为居延骑士的左前、右前、中营与部曲什伍编制并不矛盾,是在不同阶段不同状态下的情形。[①] 其说可从。我们认为甲卒在所隶属的县下是部曲编制,一旦遇到战事,各地甲卒奉诏命屯集边郡执行军事任务时,必然要对各地而来的甲卒按行军队列、营阵形式予以分配,地湾甲卒简中的左部、中营就是各县甲卒汇聚肩水候官时的队列组织。从为数不多的几枚简中可以看出,两名觻得籍甲卒编入左部,两名昭武籍甲卒编入中营,说明各县来的甲卒已按行军体制编入了相应的部营。觻得甲卒或许多数编入左部,昭武甲卒或许多数编入中营,以方便指挥和行军。当然,这仅是一种推测,还有待于进一步验证。

综上所述,史籍中的甲卒有时指无特定含义的士卒,有时指屯驻在地方的郡国兵。地湾汉简中的甲卒指屯驻在觻得、昭武、氐池等县的郡县兵。甲卒和骑士

---

① 郭伟涛:《金关简始建国二年骑士通关册书整理与研究》,载中国文化遗产研究院编:《出土文献研究》第 18 辑,上海:中西书局,2019 年,第 290 页。

都属于边郡屯兵系统,其编制相类,每级长官依次为:伍长—什长—士吏—五百—千人(候)—司马。屯驻在郡县的甲卒以所在县为单位编制,如𫕮得甲卒、昭武甲卒等。每逢战事,甲卒奉命集结边塞,之后再按行军队列编入中营、左部、外营等部营中。地湾简中的甲卒都来自张掖本郡,以所在县为单位编制。《汉书·王莽传》记载始建国二年冬十二月,朝廷召集天下囚徒、丁男、甲卒 30 万众向边郡运输军事物资,这和地湾甲卒简的年代正相吻合,故我们认为地湾甲卒简是甲卒集结在肩水候官处廪食时留下的记录,这些甲卒的主要职责应是承担军事运输任务。

秦汉官文书装具[*]

汪桂海

北京师范大学历史学院

摘要：文书是国家行政管理不可缺少的工具。围绕文书，秦汉时期形成了一整套的制度，例如文书的起草、封缄、收发、传递、处理、颁布、整理存档等。在文书的封缄、传递环节，出于加强保密、保护以及标识文书紧急级别的需要，通常将文书档案密封或临时存放在某种装具中。从传世和出土文献的记载看，官府文书所用装具大致有囊、橐和笥两类。囊、橐颜色的差异标志着所盛文书的类别、性质不同。笥的档次也有高低之别，最普遍的为竹笥，个别情况下专用苇笥，高档次的则用漆木笥（漆笥）。另有专用于爰书和"象人"的椟（木匣）。对于囊、橐，学界有所讨论。对于装盛文书的竹笥、漆笥和椟（木匣）等，之前限于材料，较少受到关注。本文搜集有关简牍资料和考古发现的实物遗存，对汉代以囊、橐，笥，椟（木匣）存放或封缄官文书的事实予以揭示。

关键词：官文书；囊、橐；笥；椟

秦统一以后，为了适应治理天下的需要，结合中央集权的官僚制度，制定了一套文书制度。汉承秦制，这套文书制度进一步完善，史称汉代以文书治天下。文书成为秦汉时期国家行政管理不可缺少的工具。围绕文书行政，汉代形成了一整套的制度，例如文书的起草、封缄、收发、传递、处理、颁布、整理存档等。在文书的封缄、传递环节，出于加强保密、保护以及标识文书紧急级别的需要，通常将文书档案密封或临时存放在某种装具中。从传世和出土文献的记载看，官府文书所用装具大致有囊、橐和笥两类，笥的档次有高低之别，最普遍的为竹笥，个

---

* 本文为国家社科基金重大招标项目"中韩日出土简牍公文书资料分类整理与研究"（20&ZD217）阶段性成果。

别情况下专用苇笥,高档次的则用漆木笥(漆笥)。对于囊、橐,学界有所讨论。[①]对于装盛文书的竹笥和漆笥等,之前限于材料,较少受到关注。本文综合有关简牍资料和考古发现的实物遗存,对秦汉以囊、橐和笥(竹笥、漆木笥)存放或封缄官文书的事实予以揭示,完整展现秦汉时期官文书制度的一个侧面。

一、囊、橐

秦汉凡极重要极特殊的官文书必盛以囊、橐,然后在囊、橐之外施检约束。囊与橐都是口袋,但有所区别。囊有底,一端开口;橐无底,两端开口。

皇帝的诏书以囊、橐盛之。《汉书·外戚·孝成赵皇后传》记载:"中黄门田客持诏记,盛绿绨方底,封御史中丞印。"颜注云:"方底,盛书囊。"囊称方底,知其底被缝制成方形。《汉旧仪》说,玺书皆盛以白素里的青布囊,囊的"两端无缝,尺一板中约署"。又《后汉书·公孙瓒传》记载,袁绍"矫刻金玉,以为印玺,每有所下,辄皂囊施检,文称诏书"。袁绍以皇帝的规格下达文书命令,所下称诏书,盛以皂囊,则汉代诏书当以皂囊盛之。

《汉书·赵充国传》说:"(张)安世本持橐簪笔事孝武帝数十年。"此橐当为盛装诏书之用。敦煌悬泉置出土汉简中也有关于诏书盛以橐的简文:

(1)皇帝橐书一封,赐敦煌太守,元平元年十一月癸丑夜几少半时,悬泉驿骑传受万年驿骑广宗,到夜半少时,付平望驿骑……

[《敦煌悬泉汉简释粹》Ⅴ1612④:11(A)]

此简是一份邮书记录,记录下一件文书经由悬泉置的传递情况。从简文可知,所传递的文书是皇帝下达给敦煌太守的诏书,该诏书是封装在橐中的。

不仅诏书,臣下上奏皇帝的章奏文书亦以囊、橐封装。《汉书·东方朔传》提到文帝"集上书囊以为殿帷"。《东观汉记》也说汉代"旧制,上书以青布素里封书,不中式不得上"。这应当是一般的上奏文书,都用青布囊。若上书言秘事,则必须用皂囊。《独断》云:"凡章表皆启封,其言秘事得皂囊盛。"《汉官仪》有同样的记载。[②]又《后汉书·蔡邕传》说,光和元年(178年),妖异数见,灵帝特诏蔡邕

---

① 汪桂海:《汉代官文书制度》,南宁:广西教育出版社,1999年,第132-133页;马怡:《皂囊与汉简所见皂纬书》,《文史》2004年第4辑(总69辑),北京:中华书局,2004年。

② 《后汉书·蔡邕传》注、《公孙瓒传》注并引《汉官仪》曰:"凡章表皆启封,其言密事得皂囊。"

密陈政事得失,要求"以皂囊封上"。汉代臣民的章奏文书在奏呈皇帝之前,一般要先由尚书启封,"言秘事""密陈政事"的章奏既然性质属于机密,当然不能在上呈给皇帝之前由尚书启封。其必以皂囊封上的原因,显然是为了识别方便,便于和其他章奏文书区别开。边郡奏报朝廷的紧急军情文书则盛以赤白囊,《汉书·丙吉传》称边郡遇敌寇入侵时,向朝廷告急求援,由"驿骑持赤白囊"向中央报告。

官府往来文书有的也要封装以囊、橐。《北堂书钞》卷七十七引《汝南先贤传》云:"汝南令有记书囊,表里六尺。"即是一证。出土简牍也提供了不少相关材料。例如:

(2)南书一封,居延丞印,橐一,诣橐他候官。(《居延汉简释文合校》214·86A)

(3)☒□分万年驿卒徐讼行封橐一封,诣大将军。(《居延新简》EPT49:29)

(4)东第一封橐一,驿马行。西界封书张史印,十二月廿七日甲子,昼漏上水十五刻起,徒商名。永初元年十二月廿七日,夜参下铺分尽时,县(悬)泉驿徒吾就付万年驿。[《敦煌悬泉汉简释粹》ⅤⅡF13C②:10(A)]

(5)入西皂布纬书一封,大司徒印章,诣府。纬完,赐……从事宋掾一封,封破,诣府。(《敦煌悬泉汉简释粹》Ⅱ0114②:89)

(6)入东军书一封。皂缯纬,完,平望候上王路四门。始建国二年九月戊子,日蚤(早)食时,万年亭驿骑张同受临泉亭长阳。[《敦煌悬泉汉简释粹》Ⅱ0115①:59(A)]

(7)出绿纬书一封,西域都护上,诣行在所公车司马以闻,绿纬孤与缊检皆完,纬长丈一尺。元始五年三月丁卯日入时,遮要马医王竟、奴铁柱付县(悬)泉佐马赏。(《敦煌悬泉汉简释粹》Ⅱ0114②:206)

(8)入西皂布纬书二封,大司徒□□□□□□□。蒲封□□□□□□□□□……纬破。一护羌校尉□□□□□。(《敦煌悬泉汉简释粹》Ⅱ0114②:275)

(9)入东绿纬书一封,敦煌长上诣公车。元始五年二月甲子旦平旦受遮要奴铁柱,即时使御羌行。(《敦煌悬泉汉简释粹》Ⅱ0114②:165)

以上数简皆属于邮驿机构的文书传递记录,所传递的文书有章奏文书,如简

(6)所记录的"军书"一封,是敦煌中部都尉属下的平望候上奏"王路四门"的章奏文书。案《汉书·王莽传》,始建国元年(9 年),改汉之公车司马曰王路四门。知此简属于王莽统治时期。简(7)提到的即是西域都护上奏皇帝的文书,要求"诣行在所公车司马以闻";简(9)云"上诣公车",所说的是敦煌长上奏皇帝的文书。

有官府往来文书,如简(2)所说的为居延丞给橐他候官的文书,简(3)所说的是移送大将军的文书,简(5)提到的当为大司徒下达给敦煌太守府的文书,等等。

此八枚简都提到文书的封装形式,有橐、皂布纬、皂缯纬、绿纬等。"纬",读为"帏"。《说文·巾部》:"帏,囊也。从巾,韦声。"《集韵·微部》:"帏,囊也。"《文选》卷三二屈平《离骚经》:"苏粪壤以充帏兮。"李善注:"帏谓之滕。滕,香囊也。"知简文所说的"纬"即为书囊。①

关于囊、橐的形制与封缄方法,王国维认为,书缄之形"当略如今之捎马袋,故两头有物则可担,其小者可带,亦与滕之制合也"②。王献唐认为:"略如后世信简,左右裹叠,中间为缝,入牍之后,折其上下两端,覆于缝上,中加以检,适压囊之两端、中缝。检有绳道,约绳束之;亦有印槽,以印泥封署,如此则中缝、两端为检所压,外人无从启拆,启则绳、泥变动矣。"③劳干认为,书囊长方形,"上下有底,缝在正中,及二端对折,缝藏于内不可见,施检之处即在囊外"④。

悬泉简有一条云:"绿纬,绖满署,皆完,纬两端各长二尺。"⑤马怡据此简以及上引简(6)等,认为汉代的书囊两端有长带,便于背负和绑缚。"绖"为"线"的异体字,见《集韵·线韵》。简文中的"绖",指将装盛文书的书囊与木检捆扎在一起并加封的系绳。用"绿纬"来装盛文书可能是表示文书的某种等级,或与其重要性或机密度有关。⑥所言甚是。

结合简牍与史书所说的这些情况,可以知道当时封装文书所用的囊、橐样式很多。首先,就用料的质地而言,有布、缯。其次,颜色有青、皂、绿、赤、白。书囊颜色的不同,是表示所装盛文书的重要性、紧急程度不同。

---

① ⑥　马怡:《皂囊与汉简所见皂纬书》,《文史》2004 年第 4 辑(总 69 辑),北京:中华书局,2004 年。

②　王国维:《简牍检署考》,罗振玉辑:《云窗丛刻》,仿古香斋本于日本京都影印本。

③　王献唐:《临淄封泥文字叙目》,山东省立图书馆,1936 年。

④　劳干:《居延汉简考释之部·居延汉简考证》,史语所专刊之四十,1960 年,第 2 页。

⑤　该简编号为 0112②:79,见胡平生、张德芳:《敦煌悬泉汉简释粹》第一〇七号简注[1]引,上海:上海古籍出版社,2001 年,第 89 页。该条简文的标点,马怡《皂囊与汉简所见皂纬书》一文征引时有修改,今据马怡文所引。

囊、橐用绢帛、厚缯、布等纺织品制作，这些材料在被土壤埋藏于地下时早就腐烂，加上简册的自然扰动，很容易破碎，难以完好地保留下来。目前，仅在个别出土官文书简牍上发现了此类丝织物的残留。例如 2016 年 5 月至 2017 年 11 月，青岛市文物保护考古研究所联合黄岛区博物馆，对土山屯墓群部分区域进行了发掘，其中，在编号 M147 的西汉墓葬中，墓主左腿部有一件竹笥，内有书写有上计文书和名谒等内容的木牍，部分木牍上包裹一层丝织品。[①] 以秦汉官文书常放置于囊、橐的习惯推断，此类丝织品很有可能是盛放文书的囊、橐残存。

二、笥（竹笥、苇笥、漆笥）

笥是用竹篾编织的方形或长方形箱子。《后汉书·张宗传》李贤注："笥以竹为之。郑玄注《礼记》云：'圆曰箪，方曰笥。'"

笥又称箧。《说文》："匧，藏也。""箧，匧或从竹。"《说文句读》："匧，一曰笥也。"因其多以竹篾编织，故字从竹。《庄子》："将为胠箧、探囊、发匮之盗而为守备，则必摄缄、縢，固扃、镭，此世俗之所谓知也。"成玄英疏："箧，箱也。"《广韵》："箧，箱箧也。"这说明，箧作为一种竹编的箱子，在中国古代很早就得到普遍使用，可以用来盛放各种大小适宜的物品，也被官府用作存放文书的装具。

汉代用笥（箧）放置文书，见于史书记载，例如：

《汉书·贾谊传》："俗吏之所务，在于刀笔筐箧。"颜师古注："刀所以削书札。筐箧所以盛书。"

《汉书·张安世传》："安世字子孺，少以父任为郎。用善书给事尚书，精力于职，休沐未尝出。上行幸河东，尝亡书三箧，诏问莫能知，唯安世识之，具作其事。后购求得书，以相校无所遗失。上奇其材，擢为尚书令，迁光禄大夫。"

《后汉书·刘盆子传》："（赤眉军樊）崇等欲立帝，求军中景王后者，得七十余人，唯盆子与茂及前西安侯刘孝最为近属。崇等议曰：'闻古天子将兵称上将军。'乃书札为符曰'上将军'，又以两空札置笥中，遂于郑北设坛场，祠城阳景王。诸三老、从事皆大会陛下，列盆子等

① 青岛市文物保护考古研究所、黄岛区博物馆：《山东青岛土山屯墓群四号封土与墓葬的发掘》，《考古学报》2019 年第 3 期。

三人居中立,以年次探札。盆子最幼,后探得符,诸将乃皆称臣拜。"

《后汉书·张宗传》:"邓禹西征,定河东,宗诣禹自归。禹闻宗素多权谋,乃表为偏将军。禹军到栒邑,赤眉大众且至,禹以栒邑不足守,欲引师进就坚城,而众人多畏贼追,惮为后拒。禹乃书诸将名于竹简,署其前后,乱著笥中,令各探之。宗独不肯探,曰:'死生有命,张宗岂辞难就逸乎!'……遂留为后拒。"

《风俗通义·怪神》"世间多有亡人魄持其家语声气,所说良是"条:"又买李幼一头牛,本券在书箧中。"

按,这五条材料说的箧笥都是用来存放文书的。《贾谊传》所谓"俗吏之所务,在于刀笔筐箧"者,笔用于书写,刀即削刀,用来削去简牍上面的书写错误。笔和削刀是当时官府小吏的标配,所以被称为刀笔吏。筐箧则是小吏在官府办理公务时的另一件标配,用来存放待处理和刚处理完毕的文书。《张安世传》之"亡书三箧",应该是汉武帝巡幸途中携带的装盛于箧笥之中等待批阅或已经批阅的章奏文书。《风俗通义》记载说把买牛券存放于书箧中,券是文书的一种,这也是以笥为文书装具的证明。《后汉书·刘盆子传》《张宗传》两条材料所描述的事件情形皆与今之抓阄或抽签相同,即在无法确定承担某职位或某重任的人选时,将某职位或某符号书写于简札,令相关人员伸手探取,中者为人选。简札置于笥内,应该是沿袭当时将文书放置于笥内的习惯。

出土简牍中有关笥的记载也不少,但所记载的各类箧笥大多数用于存放食品、衣物以及其他日常用品①,但也有个别的材料显示是用于放置官文书。如张家山汉简《奏谳书》一八,该奏谳书原有篇题作"南郡卒史盖庐、挚田叚(假)、卒史鸜复攸庲等狱簿",是秦始皇二十七年的一件狱案,里面提到"御史书以廿七年二月壬辰到南郡守府,即下,甲午到盖庐等治所",又说"御史下书别居它笥"。下达给南郡郡守并转下给卒史盖庐的御史书,是要求复审该案的一份文书。奏谳书还提到与案情有关的两份新黔首名籍,这些新黔首是被征发前往镇压苍梧立乡反叛的,两次镇压都失败,被征发的新黔首不战而退,逃入山中。现在需要确

---

① 例如湖北江陵凤凰山 9 号、10 号、167 号汉墓,江苏邗江胡场 5 号汉墓,江苏扬州平山养殖场汉墓,湖南长沙马王堆 1 号汉墓等墓葬出土的遣策或木楬上题署的木笥或竹笥,基本都是放置随葬的食品、果蔬、衣物和日常用品的。居延、敦煌等边塞出土屯戍文书记录的笥,也往往和炊帚、杯、樽、盘、羊脯、狗肴、肉脩、肠等并列,无疑也是用来放置日常衣食类生活用品的容器。

认这些败北的新黔首名单,但这两次征发的新黔首名单和第三次的名单"居一笥中者,不署前后发,毋章,杂不智(知)",全都放在同一个竹笥内,混在一起分不清,而当时的经手人逃亡在外,无法确认到底应该抓捕哪些人。该案件里面两组文书,一组是御史下达的文书,一组是征发的新黔首名籍,这些文书都放置在竹笥内,这是秦汉时期以笥放置官文书的确切史料。

西北屯戍简牍中也有这方面的记载,如:

(10)札五通,凡九通,以篋封,遣郸卒杜霸持诣□(《居延汉简释文合校》3·25)

(11)故画于三　　　故中盘一　　　　　　赤栝七具

黑墨于四　　　□小栝五十其五枚破　白栝十七具

羹于一　　　　赤墨画代二其一枚破　墨著大栝廿

(《居延汉简释文合校》89·13A)

(12)大苇篋一　　　托八具　　喆　喻坐四

狗三枚大小　　故黑墨小栝九　　书篋一

故大栝五缺故　写娄一封

完　　　(《居延汉简释文合校》89·13B)

(13)党私使丹持计篋财用助谭,送到邑中,往来三日。

(《居延新简》E.P.T20:14)

(14)◪□素案一　　笥一合□为东

◪□□同一　　(《肩水金关汉简(贰)》73EJT24:322)

以上四枚简,都出土于汉代居延边塞遗址,前三枚出土于甲渠候官遗址,后一枚出土于肩水金关遗址。从简文可以看出,它们都与以篋(笥)封缄或存放官文书有关。简3·25明确记载甲渠候官以篋封缄九份文书,派郸卒杜霸亲手送达某地,多份文书封缄在一起,由一人传递,目的地很有可能是居延都尉府。简89·13正背两面都书写文字,是一份物品清单,大部分是杯盘一类,但也有"大苇篋一""书篋一",大苇篋未知是否用于放置文书,书篋则无疑是放置文书的装具。简E.P.T20:14"计篋"应该是上计时盛放上计簿籍文书的装具。最后一简记录了笥一合,同时记录了素案一,应该同属于官府处理文书所需要的办公家具和用品,其中的笥应是放置待处理或待发送的文书。

以上这些笥应该都是以竹篾编织的竹笥。汉代还使用一种苇笥放置官文书。晋司马彪《续汉书志·五行一》记载：

> 灵帝建宁中，京都长者皆以苇方笥为妆具，下士尽然。时有识者窃言：苇方笥，郡国谶箧也；今珍用之，此天下人皆当有罪谶于理官也。到光和三年癸丑赦令诏书，吏民依党禁锢者赦除之，有不见文，他以模拟疑者谶。于是诸有党郡皆谶廷尉，人名悉入方笥中。①

这个记载表明，汉代郡国向朝廷呈送奏谶书时，通常将奏谶书装盛在芦苇篾编织的方笥之中，而且似乎这种方笥就是专用来存放奏谶书的，大概取其治恶之意。汉人的信仰世界里，芦苇拧成的绳索可以用来捉鬼、束缚恶鬼。② 苇笥大约也被认为有制服犯罪的预想功能。

苇笥的使用亦见于居延边塞文书：

（15）☐入河内苇笥二合☐（《居延汉简释文合校》521·34）

（16）☐五尺直四百五十，苇笥（《居延新简》E. P. T59：284）

简 521·34 出土于 A8 破城子，为甲渠候官治所。简 E. P. T59：284 出土于 A35 大湾，为肩水都尉治所。这两枚简所提到的苇笥，具体用途为何？简文残缺很多，不甚清楚。其用于放置文书特别是爰书一类司法文书的可能性比较大。

笥除了以竹、木、苇之类的篾条编织外，也有木笥。湖北云梦大坟头 1 号汉墓木牍上记载随葬品内有"木笥二""竹笥大二"③，其中的木笥应是用木板加工而成的笥。这种笥未经髹漆，较为简单。髹漆的木笥为漆笥。漆木笥放置官文书未见于史书记载，但在考古发现的官文书装具中有这种漆木笥。

考古发现的先秦秦汉时期文物中，有竹笥之类的器物，马王堆汉墓中曾出土过盛放食品和服饰的竹笥和存放帛书的漆奁（漆笥）。但存放简牍官文书的竹笥、漆笥则少有完整出土的。目前只有如下数例相关发现：

---

① ［晋］司马彪：《续汉书志·五行一》，见《后汉书》，北京：中华书局，1965 年，第 3271-3272 页。这条记载又见于［汉］应劭撰，王利器校注：《风俗通义校注》，北京：中华书局，1981 年，第 568 页。

② 《风俗通义》卷八《祀典》"桃梗　苇茭　画虎"条："谨按《黄帝书》：'上古之时，有荼与郁垒昆弟二人，性能执鬼，度朔山上立桃树下，简阅百鬼，无道理，妄为人祸害，荼与郁垒缚以苇索，执以食虎。'于是县官常以腊除夕，饰桃人，垂苇茭，画虎于门，皆追效于前事，冀以卫凶也。"见王利器校注：《风俗通义校注》，北京：中华书局，1981 年，第 367 页。

③ 李均明、何双全编：《散见简牍合辑》，北京：文物出版社，1990 年，第 53-54 页。

1. 湖南龙山里耶战国至秦古井出土竹篾编织器

里耶古井出土的简牍属秦时县一级政府的部分档案,内容包括政令、各级政府之间的往来公文、司法文书、吏员簿、物资(含罚没财产)登记和转运、里程书等。与文书档案同时出土的还有各类废弃物,其中包含竹木屑和竹篾编织器(见图1)。① 竹木屑很可能是加工竹简木牍过程中所产生,竹篾编制器不知道是不是曾被用作文书处理过程中放置文书的竹笥。

图1　里耶城址塘2出土的竹编②

2. 湖北江陵凤凰山十号汉墓竹笥

1973年,在湖北省江陵纪南城凤凰山发掘了三座汉墓,共出土竹简428枚,木牍9枚。其中10号墓是西汉文帝至景帝时期的墓葬,该墓边箱的一件竹笥内出土木尺1把、石砚1件、木牍6方、竹简170多枚。竹笥长方形,由上盖和底箱合成,用细竹片编成人字形纹两层,周边夹厚竹片加固。竹笥出土时已变形。简牍内容主要是乡里行政机构的文书,涉及算赋、田租、贷种、刍藁等方面,还有一些是随葬器物的清单和承包契约等。③ 该竹笥显然是墓主生前常用来放置乡里赋役租税等官府簿籍文书以及书写文书的笔墨砚等用品的装具。

① 湖南省文物考古研究所、湘西土家族苗族自治州文物处、龙山县文物管理所:《湖南龙山里耶战国——秦代古城一号井发掘简报》,《文物》2003年第1期。
② 湖南省文物考古研究所编著:《里耶发掘报告》,长沙:岳麓书社,2006年,彩版六十一。
③ 长江流域第二期文物考古工作人员训练班:《湖北江陵凤凰山西汉墓发掘简报》,《文物》1974年第6期;湖北省文物考古研究所编:《江陵凤凰山西汉简牍》,北京:中华书局,2012年,第89页。

3. 青岛土山屯西汉墓竹笥

青岛土山屯 M147 西汉墓出土的木牍中,两枚为空白木牍(M147:25-2、M147:25-5),两枚为"名谒"(M147:25-3、M147:25-4),另有六枚为"上计"文书性质的文书牍。这些木牍和书刀、双管毛笔、板研盒、砚刷等书写用具一起,都放置于一件竹笥内(见图 2)。竹笥用竹条或苇条编制而成,呈长方扁箱状,用宽0.5 厘米左右的细条以"人"字形编法编成(见图 3)。长约 50 厘米,宽约 20 厘米,高约 20 厘米。[①]该竹(苇)笥显然也是墓主生前常用来放置官府簿籍文书以及书写文书的笔墨砚等用品的装具。

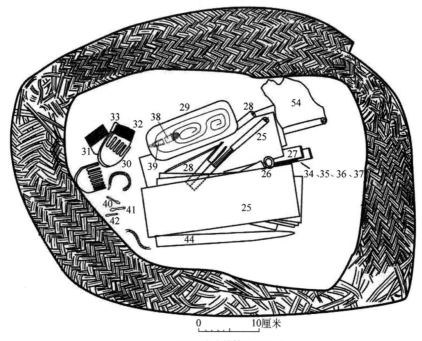

M147出土竹笥(M147:7)

25.木牍　26.环首铁书刀子　27.木条　28.双管毛笔　29.板研　30、43.木梳
31—33.木篦　34—37.角质发簪　38.漆刷　39.三角状木器　40—42.角器
44.尖状木器　54.漆纱织物

图 2　青岛土山屯西汉墓 M147 竹笥及木牍、笔砚出土时的状态(线图)[②]

---

①②　青岛市文物保护考古研究所、黄岛区博物馆:《山东青岛土山屯墓群四号封土与墓葬的发掘》,《考古学报》2019 年第 3 期。

图 3　青岛土山屯西汉墓 M147 竹笥出土时的状态①

4. 江西南昌西汉海昏侯刘贺墓出土存放官文书的漆木笥、竹笥

2015 年 7 月,江西南昌西汉海昏侯刘贺墓出土的典籍和官文书类的竹简和木牍放置在漆木笥内。该墓西藏椁的文书档案库出土了 5200 余枚简牍(包含残断简牍)。根据初步报道:

> 简牍原放置在四个漆笥中,漆笥大部分已腐朽,底部以织物承托,出土时仍可见部分织物与竹编织物的残片。竹简放置在三个漆笥内,最小的存简一组,200 余枚,最大的存简三组,4000 余枚,其余 1000 余枚放置于另一漆笥中。竹简各卷之间杂有部分木牍。公文奏牍被单独放在一个漆笥内……经初步判断,竹简基本属于古代书籍,另有 500 余枚竹简与昌邑王国、海昏侯国的行政事务和礼仪等有关。木牍 60 余件,内容除书籍外,另有公文书。②

根据发掘报告披露的信息,海昏侯墓出土的官文书竹简和木牍都放置在漆笥内。汉代,漆器比较昂贵,主要在贵族阶层流行。海昏侯墓放置文书简牍的漆笥大多朽坏(见图 4、图 5),残破成块状漆皮,从残存的块状漆皮看,这些存放书籍简册的漆笥都是表髹黑漆,里髹红漆,和汉代的其他漆器外黑内红的髹漆风格一致。另外,目前有关海昏侯墓的发掘或室内清理简报,对出土漆笥或漆笥残块

---

① 青岛市考古研究所:《青岛土山屯墓群考古发掘获重要新发现——发现祭台、"人"字形椁顶等重要遗迹,出土温明、玉席和遣册、公文木牍等珍贵文物》,《中国文物报》2017 年 12 月 22 日第 4 版。

② 江西省文物考古研究院等:《江西南昌西汉海昏侯刘贺墓出土简牍》,《文物》2018 年 11 期。

所使用名称不一致,或称漆箱①,或称漆盒②,或称漆笥(漆木笥)③,同出的其他漆
笥残片(见图6)外表上用朱漆书写有:"私府髹木笥一合,用漆一斗一升六籥,丹
臾、丑布、财用、工牢,并直九百六十一。昌邑九年造,卅合。"共五行三十七字。
依据铭文可知,"昌邑九年"制造的此类装具称髹漆木笥。如前文所说,笥的本义
指竹篾编制的器物,西汉漆器流行,类似于竹笥的漆器也以笥为名,称漆笥或漆
木笥。④ 这些漆笥的形状应该与马王堆漆奁相差不大,长方形,盝顶,汉代的漆
木笥大多呈现此种形制(参见图7)。只不过,海昏侯墓出土漆笥是存放大量简
册的,不会像马王堆漆奁那样将漆笥内的空间分隔为多个格子。

图4 西汉海昏侯刘贺墓出土竹简及漆笥残片⑤

---

① 江西省文物考古研究院等:《江西南昌西汉海昏侯刘贺墓出土竹简室内清理保护》,《文物》2020
年第6期。

② 江西省文物考古研究院等:《江西南昌西汉海昏侯刘贺墓出土竹简室内清理保护》,《文物》2020
年第6期,第23页,图九标注。

③ 江西省文物考古研究院等:《江西南昌西汉海昏侯刘贺墓出土简牍》,《文物》2018年第11期;夏
华清、管理:《海昏侯墓出土木笥浅议》,载《第二届出土漆器保护国际学术研讨会论文集》,《江汉考古》
2019年增刊。

④ 夏华清、管理:《海昏侯墓出土木笥浅议》,载《第二届出土漆器保护国际学术研讨会论文集》,
《江汉考古》2019年增刊。

⑤ 江西省文物考古研究所、首都博物馆编:《五色炫曜——南昌汉代海昏侯国考古成果》,南昌:江
西人民出版社,2016年,第184、185页。

图 5　西汉海昏侯刘贺墓出土存放竹简的漆笥残块①

图 6　西汉海昏侯刘贺墓出土昌邑九年漆笥残块②

图 7　江苏扬州西湖乡胡场一号汉墓"鲍一笥"漆笥③

　　另据发掘报告,存放简牍文书的漆笥"底部以织物承托,出土时仍可见部分织物与竹编织物的残片",织物和竹编残片说明,漆笥外部原来以丝织物包裹,并放置于竹笥之内。也就是说,海昏侯墓的文书简牍不是直接放置在竹笥内,而是先放置在精美的漆笥内,再用丝织品包裹漆笥,然后再放置在竹笥内,层层保护,

　　①②　江西省文物考古研究院等:《江西南昌西汉海昏侯刘贺墓出土竹简室内清理保护》,《文物》2020年第6期,图九"漆盒残块"。

　　③　转引自夏华清、管理:《海昏侯墓出土木笥浅议》,载《第二届出土木漆器保护国际学术研讨会论文集》,《江汉考古》2019年增刊。

一则说明了墓主人及其家人对这些从昌邑国时期保存下来的文书的爱护和重视,二则说明了海昏侯府条件优渥,能够同时采用多种装具层层加强保护。海昏侯刘贺墓出土的竹笥遗存见图8。

图8　西汉海昏侯刘贺墓出土存放竹简的竹笥遗存①

　　汉代官府使用囊、竹笥、漆笥存放或密封文书,在画像石中有很形象直观的反映。山东沂南汉墓画像石墓前室东、西、南三壁横额上雕刻了一幅场面宏大的图像,里面有车马,很多人跪拜于地上,发掘者命名为"祭祀图",至今沿用未改,被当作汉代葬礼吊唁场面。扬之水先生审读图像,发现这是一幅画面连续的上计图,虽中间有分隔,而内容连绵相属。画面以官府建筑为中心,所有人物以左右两侧分布,表现上计吏在司徒府庭院内面朝司徒跪拜上计的场面。门两边对设几案,上置卷起来的上计文书。尚未轮到上呈计簿的郡国上计吏仍依次跪拜在庭院中,各自的身后或左右摆放着箧笥和囊,均加以封检。箧笥内放置集簿,称计箧(笥)。囊应为密封上奏文书的书囊。② 图9、图10展示了沂南汉墓西壁、南壁横额画像中的竹笥、漆笥和囊。扬之水的这一发现很正确,很有价值,确认并增加了一幅反映汉代上计场景的重要图像。沂南画像中的箧笥明显分两种,

---

　　① 　江西省文物考古研究院等:《江西南昌西汉海昏侯刘贺墓出土竹简室内清理保护》,《文物》2020年第6期,图八"竹笥"。

　　② 　扬之水:《沂南画像石墓所见汉故事考证》,《故宫博物院院刊》2004年第6期。

应为竹笥、漆笥或木笥。这和文献中对于囊、竹笥、漆笥放置文书的记载相吻合，也可以和考古发现的囊或竹笥、漆笥残片相互印证。

图 9　沂南汉墓前室西壁横额画像中的上计竹笥、漆笥①

图 10　沂南汉墓前室南壁横额画像中的上计竹笥、漆笥、囊②

①　蒋英炬主编：《中国画像石全集》第 1 卷《山东汉画像石》，济南：山东美术出版社，2000 年，第 137 页。

②　蒋英炬主编：《中国画像石全集》第 1 卷《山东汉画像石》，济南：山东美术出版社，2000 年，第 138、139 页。

上计类簿籍文书放置于笥中,这在里耶秦简中也有不少材料可以证明:

(17) 卅四年

迁陵课

笥(《里耶秦简(壹)》8-906)

(18) 卅五年当计

券出入笥

具此中(正)(《里耶秦简(壹)》8-1200)

(19) 仓曹

廿九年

当计出入

券　甲

笥(《里耶秦简(壹)》8-1201)

(20) 廷金布

□治笥(《里耶秦简(壹)》8-1776)

(21) ……

九月群往来

书已事仓曹

□笥(《里耶秦简(壹)》8-1777)[①]

(22) 元年少

内金钱

日治笥(《里耶秦简(贰)》9-27)

(23) 卅四年十月以

尽四月事曹

已事笥(《里耶秦简(贰)》9-981)

(24) 卅三年十月

以尽五月吏

曹以事

笥(《里耶秦简(贰)》9-1132)

---

① 以上五枚签牌,皆见湖南省文物考古研究所编著:《里耶秦简(壹)》,北京:文物出版社,2012年。

（25）敢言之畜官书筲☐（《里耶秦简（贰）》9-1657）

（26）☐年☐☐☐

☐☐☐筲☐☐

☐☐计☐☐☐（《里耶秦简（贰）》9-1676）

（27）廿七年已事

筲（正）

……（背）（《里耶秦简（贰）》9-1879）

（28）都乡

月䖬

筲（《里耶秦简（贰）》9-2312）

（29）迁陵廷尉

曹卅一年卅二年

期会已事筲（《里耶秦简（贰）》9-2313）①

里耶秦简 9-2313 签牌见图 11。

图 11　里耶秦简 9-2313（签牌）②

　　上面这 13 条秦简资料，都是书写在签牌上，时间从秦始皇二十七年到秦二世元年。这些材料一致表明，秦迁陵县廷接收和处理过的各类文书簿籍，都存放在竹筲中，或按月存放于一筲，或者数月存放于一筲，或者一年为一筲，或者两年

①　以上八枚签牌，皆见湖南省文物考古研究所编著：《里耶秦简（贰）》，北京：文物出版社，2017 年。
②　见《里耶秦简（贰）》图版，第 250 页。

为一笥，并无一定之规。之所以如此，当与各类文书簿籍的数量有关，数量多者，自然一月一笥，数量少者则数月乃至一年、两年为一笥。简 8-1201"甲笥"二字说明，同类文书如果较多，一笥不足以容纳，则备多个竹笥，按照甲乙丙丁编号。此类文书大多已经处理过，分门别类存放于竹笥中，反映了官府机构的文书档案保管制度。保存文书档案，目的是在事后需要之时可以回查，可以核对。各笥皆系挂签牌，上书相应的年月和类别，正是为了方便保管和查找。① 里耶古井出土简牍的年代都是秦，早于汉代。晚于汉代的长沙走马楼三国吴简中也有相同的材料，根据考古报告，在一期地层出土一枚封检，上面墨书"长沙安成（城）录簿笥"②，这说明该封检原来是用于封缄安城县向长沙郡呈送上计账簿的竹笥。也就是说，安城县向长沙郡呈送的上计簿籍，是放置于竹笥内并封起来的，这和秦汉时期一脉相承。

秦汉时期，发生殴打或斗杀等刑事案件后，处理案件的官吏需要按照一定程序对受害者伤势做详细记录，这种记录文书称"爰书"。根据最新考古发现，除了爰书外，当时还用木俑来标注受害者相应部位的伤情，作为给伤人者量刑的重要依据，比爰书更为直观。长沙五一广场 1 号窖内出土 1 件东汉木俑，材质为杉木，保存较好。木俑身上有几处墨迹：后脑勺左侧为"□誧豫人"，左耳部、左耳部右上、右肩胛骨、尾椎、左臀、左髀外侧均为"创一所"三字，凡六处。这类木俑是首次发现。根据同出的东汉简牍记载，该件木俑应即简牍中所说的"象人"（或作"像人""豫人"），是标注受害者创伤位置和程度的木俑（如 J1③：218 号）。处理案件的官吏向上呈报记录检验结果的爰书时，连同标示受伤身体部位的"象人"一并上报。③ 据长沙五一广场东汉简牍，在此类奏呈文书中通常有"象人、爰书一椟"或"爰书、象人一读"之类的话，例如：

（30）延平元年十月乙巳朔八日壬子，兼狱史封、行丞事永叩头死
　　　罪敢言之。
　　谨移案诊男子刘郎大奴官为亭长董种所格杀爰书、象人一读
　　　　《长沙五一广场东汉简牍（壹）》一二三　　木两行

---

① 现在公布的里耶秦简中关于笥的材料当然不止这些，其他材料记载的笥或者确认是用来装盛其他物品，或者无法确认与文书簿籍有关，此处功不予征引。

② 《长沙走马楼二十二号井发掘报告》，见走马楼简牍整理组编著：《长沙走马楼三国吴简·嘉禾吏民田家莂》（上册），北京：文物出版社，1999 年，第 44 页。本条材料承蒙崔启龙博士惠示，特此致谢！

③ 黄朴华、罗小华：《长沙五一广场东汉简牍中的"象人"》，《出土文献》2020 年第 4 期。

2010CWJ1①：110)①

(31) 敢言之,谨移象人、爰书一椟,章敢言之。

   《长沙五一广场东汉简牍(叁)》九二九 木两行

2010CWJ1③：264-83)②

(32) 象人、爰书一椟,敢言之

   《长沙五一广场东汉简牍(叁)》一〇九八 木两行

2010CWJ1③：264-252 A 面)

(33) 延平元年九月乙亥朔卅日甲辰兼行丞事弘兼狱史良叩头死

  罪谨移象人、爰书一椟,敢言之

  《长沙五一广场东汉简牍(伍)》一八五四＋三〇八五＋一〇

  九八 木两行 2010CWJ1③：266-186＋284-213＋264-252

  A 面)③

  "象人、爰书一椟""爰书、象人一读"的"椟"或"读"为何物？整理者认为即"牍"字,木牍,"所谓'爰书一牍',就是指受害者伤势被详细记录在一枚木牍上。与'爰书一牍'一同上报的'象人'则是验伤报告的一种图像表达。123 中的'爰书、象人一读',当为'象人、爰书一椟'之讹"④。这种解释似乎并不很恰当。迄今为止正式公布的五一广场东汉简牍中记录伤情的爰书不止一例,皆书写在常见的两行之上,尚未见到书写于木牍者。而且,这些书写爰书的两行往往不止一枚,与书写"象人、爰书一椟"的上行文书一样,皆保存有编绳痕迹,应该是编联成册,不存在仅一方木牍的情况。⑤ 因此,以"牍"释"椟"或"读"于义恐有未安。实际上,这里的"椟"读如本字,指木制的函匣、匮一类的收藏装具。《说文》："椟,匮也。从木,卖声。"《论语·季氏》："龟玉毁于椟中。"何晏注引马融亦曰："椟,匮也。"如前文所述,汉代的官府文书交给邮驿传递之前,一般要用囊、橐之类的

① 长沙市文物考古研究所等：《长沙五一广场东汉简牍(壹)》,上海：中西书局,2018 年。

② 长沙市文物考古研究所等：《长沙五一广场东汉简牍(叁)》,上海：中西书局,2019 年。

③ 长沙市文物考古研究所等：《长沙五一广场东汉简牍(伍)》,上海：中西书局,2021 年。

④ 黄朴华、罗小华：《长沙五一广场东汉简牍中的"象人"》,《出土文献》2020 年第 4 期。

⑤ 例如简四三六(木两行 2010CWJ1③：202-11)即是记录亭、风,出三人因斗殴致死,官府查验三人外伤情况的一份文书,简四三六只是该文书中的一枚,另有简四九三、简六八六也是该文书中的零简,这三枚简都是两行,不是木牍,且不止一枚,至少三枚。三枚简上面都保留有编绳痕迹,显然原来是编联成册的。

装具包裹起来。而从五一广场东汉简牍反映的情况看,上呈爰书时,还需要连同木俑(象人)一起呈上。木俑是不规则且易磕碰破裂的物件,如果采用囊、橐与简册一起装盛,在递送的过程中,木俑的四肢难免被磕碰掉。长沙五一广场 1 号窖发现的这件木俑即已经缺少双臂,这大概也是其和废弃的简牍一起被丢弃于废弃井窖内的原因之一。出于稳妥考虑,当时凡是需要同时呈送爰书和象人时,通常将爰书与象人一起放置于棨(木匣)内。五一广场东汉简"象人、爰书一棨"的记载,反映了当时递送文书时以木匣作为装具装盛象人和爰书的事实,丰富了对汉代官文书装具的认识。

以上综合传世文献、出土简牍的文字记载,以及考古所发现的实物,证明了秦汉时期以囊橐、竹笥、苇笥、漆木笥、棨等作为官文书装具的情况。从目前掌握的文字材料和出土实物看,秦汉官吏日常处理文书事务时,放置官文书的装具以竹笥最为普遍。之所以如此,主要因为竹笥价廉易得,方便使用。因笥多以竹篾编织,故而字从竹。当然,实际生活中,篋笥亦可以藤或灌木枝条编织,特别是无竹之地,此不待赘言。漆笥贵重,使用者以王侯等身份高贵者为主。苇笥特别,大概多用于奏谳书的封缄和呈送。棨则主要用于爰书和象人的存放与传递。

囊、橐则主要用于文书传递,将文书封缄于囊、橐之内,外施以封检、封泥,传递过程中禁止打开。而沂南画像石中囊和篋笥并陈的场景说明,和囊、橐一样,秦汉时期的篋笥也常用于上计文书的封缄和递送。张家山汉简《二年律令·户律》:"民宅园户籍、年细籍、田比地籍、田命籍、田租籍,谨副上县廷,皆以篋若匣匵盛,缄闭,以令若丞、官啬夫印封。"该条律文明确规定,乡里的人口和土地等各类簿籍都必须将副本上呈县廷,县廷应将此类文书以篋或匣匵存放并封缄好,用县或县丞、官啬夫的官印印封。众所周知,按照秦汉时期的上计制度,所有统计材料需层层上报。各乡上报给县道邑,各县道邑根据乡呈送的簿籍进行相关类项的统计,将统计结果编制为一份上计文书,该上计文书的副本上呈所属郡国。郡国进而把各个县道邑呈送来的材料进行汇总,最终将本郡国的各类簿籍副本上呈朝廷。在逐级上呈时,应该都使用篋或匣匵封缄、传递。本官府保存的上计材料正本,亦当依律用篋或匣匵封缄、保管,由县令或县丞、官啬夫等印封。《二年律令》所说的篋或匣匵应该就是考古发掘所见的竹笥和漆笥。

汉代绘画方式、载体材料和书画几案的思考[*]

李洪财

湖南大学岳麓书院

摘要：文章主要考察了汉代的绘画方式、所使用的绘画载体以及绘画时是否使用了呈放载体的几案三个主要问题。文章通过文献梳理，将人物写生的文献记载追溯到汉代，并更新了自画像最早源自东汉的旧说，将其文献记载提前到西汉末。文章还通过对汉代所用绘画载体的考察，认为简牍不仅可以写字，也可以用作绘画创作和练习。最后，综合目前所见汉代绘画作品载体材料、尺寸和传世文献记载，以及出土实物、出土文献记载，证明汉代已经有了伏身书画的几案。

关键词：人物写生；自画像；简牍；几案

古代在没有出现桌椅之前，人们都是坐着或者站着，一手执笔，另一手持简或纸书写。这是过去书法史上比较统一的认识。而且以往的考古材料和家具发展史也说明，专门供书写用的几案出现得比较晚。^① 前些年这个话题的讨论再次被马怡、邢义田、李跃林等学者掀起，各持己见，未有统一定论。问题是没有桌子可以写字，那么没有桌子怎么绘画呢？在简牍书写时代不管是否有桌子，简牍可以拿在手上书写，但如果是画画可以不用桌子吗？简牍可以单支拿在手上书写，画画也可以一支简一支简地画吗？纸没有通行的时代用什么绘画呢？我想这些基本的绘画问题在美术史上应该早有讨论，遗憾的是，我们查阅了各类中国美术史论著及各类硕博论文之后，发现这些都是美术史研究中尚未讨论的问题。

顺着这些疑问，笔者开始对古代日常绘画的方式、绘画材料、绘画的桌案进

---

* 基金项目：国家社科基金后期资助项目"肩水金关汉简校释"（21FZSB031）阶段性研究成果；"古文字与中华文明传承发展工程"项目"汉代简牍草书整理研究及数据库建设"（G3446）阶段成果。

① 沙孟海：《书法史上的若干问题》《古代书法执笔初探》，载《沙孟海论书丛稿》，上海：上海书画出版社，1987年，第181、204页；启功：《学书首需破迷信》，《文艺研究》2000年第3期，第119-120页；宿白：《白沙宋墓》，北京：文物出版社，2002年，第114-116页。

行了深入调查,发现不少值得深入讨论的地方。为了不把问题扩大,本文讨论问题的时间限定在汉代。受材料限制,本文所考察的绘画方式仅指文献所记载的写生与自画像情况。所考察的绘画材料指在日常绘画中所用的载体。本文所考察的重点在日常的绘画状态,所以漆画、壁画、砖画等特殊的画种不是本文讨论的对象。

一、传世文献中所见汉代的写生与自画像

我们目前所见到的古代绘画作品,只是创作最后呈现的结果,并不知道这些艺术品究竟是用什么样的方式画出来的。比如汉代帝王画像,究竟是画工现场写生创作还是靠记忆默写默画,文献中很少有明确记载。不过从绘画练习、写生,到创作的基本方式和基本过程,古今中外应该不会有太大区别。下面我们通过文献梳理来考察一下汉代的绘画方式,看看汉代是如何写生、如何绘画的。

(一)文献中的写生创作

在《汉书》卷五三,列传第二三中有一段西汉画工为陶望卿画像的记载:

> 昭信复谮望卿曰:"与我无礼,衣服常鲜于我,尽取善缯丐诸宫人。"去曰:"若数恶望卿,不能减我爱;设闻其淫,我亨之矣。"后昭信谓去曰:"前画工画望卿舍,望卿袒裼傅粉其傍。又数出入南户窥郎吏,疑有奸。"去曰:"善司之。"以故益不爱望卿。

这段文献揭示了汉代画工现场写生的一幕,其中记载陶望卿"袒裼傅粉其傍"。"袒裼"就是脱去衣服。虽然不知道究竟脱到什么程度,但也可以说陶望卿堪称中国"裸模"的第一人。如果将这一场景和今天的人物写生相比,其实并没有太大差别。即使这是昭信皇后编造出来的诬陷之词,也必定在汉代有画工写生之事。《西京杂记》卷二还有记载,汉元帝时后宫妃嫔太多,没办法常见,"乃使画工图形,案图召幸之"。可见,为后宫嫔妃画像应该是汉代画工的一项重要工作。看来画工为陶望卿画像也只是例行公事,而昭信却抓住了这个事情诋毁陶望卿。《后汉书》卷五三,列传第四三中还有一个关于写生的记载:

> 后与徐穉俱征,不至。桓帝乃下彭城使画工图其形状。肱卧于幽暗,以被韬面,言患眩疾,不欲出风。工竟不得见之。

这段文献是汉桓帝征召姜肱的记载。因为姜肱不去，桓帝使画工亲自去姜肱的住所画出他的形象。结果姜肱用被子盖住了脸，画工无法现场写生作画。这也充分说明，汉代的画工也同样按照今天的写生方式面对实物实景作画，不是默写默画。而且，汉代的绘画题材注重事实描述，比如在汉画像石中有大量用写实手法描绘史实、刻画生活场景的画面，就可反映出汉代绘画重写实的风气。以上两段文献记载说明，至少在汉代，写生创作已经成为日常绘画的基本方式。因此无论古代还是现代，写生均是绘画创作的最基本方式。

（二）汉代的自画像

西方绘画作品中有大量的自画像，相比较而言，中国自画像作品较少，尤其是在汉代作品中，目前还没有见到自画像的作品。宋以后自画像渐多，至清代开始多见。尤其是清代金农，一生画过多幅自画像，堪比西方的伦勃朗。[1] 在中国什么时候开始有自画像，有不少文章讨论。以往追溯自画像的历史，说唐代《云笈七鉴》中记述吴道士自写容貌，晋王羲之有《临镜自写真图》，还将自画像的最早文献记载追溯到《后汉书》赵岐，说赵岐是中国古代自画像有记载的"第一人"。[2] 其实《后汉书》不是最早的，还有更早的记载，赵岐也不是自画像的第一人。《汉书》卷五三，列传第四三记载：

> 皇孙功崇公宗坐自画容貌，被服天子衣冠，刻印三：一曰"维祉冠存己夏处南山臧薄冰"，二曰"肃圣宝继"，三曰"德封昌图"。又宗舅吕宽家前徙合浦，私与宗通，发觉按验，宗自杀。

这里记载"宗坐自画容貌"，是指刘宗穿着天子的服装自画容貌，这显然是在自画像。这段文字记载的是王莽当政两汉之交的事情，以往所说的赵岐自画像是东汉末，两者相差两百多年。虽然刘宗的作品没有流传下来，也不见于其他文献记载，但是按照文献所记，刘宗才是中国自画像的第一人，而不是东汉的赵岐。再看一下《后汉书》卷六四，列传第五四中赵岐自画像的记载：

---

① 叶康宁：《疏髯高颡全天真：金农的自画像》，《中国书画》2015 年第 2 期；李研：《伦勃朗与金农自画像艺术比较》，《艺术探索》2009 年第 2 期；罗文中：《中西画家自画像的比较》，《零陵学院学报》2003 年第 4 期。

② 秦少璇：《中国古代自画像的史料研究综述》，《艺术科技》2018 年第 11 期；陈莹：《略谈中国历代"自写真"像》，《艺术探索》2006 年第 3 期。

(赵岐)曹操时为司空,举以自代。光录勋桓典、少府孔融上书荐之,于是就拜岐为太常。年九十余,建安六年卒。先自为寿藏,图季扎、子产、晏婴、叔向四像居宾位,又自画其像居主位,皆为赞颂。

这段记载非常有趣,说赵岐在没有去世之前就自己准备坟墓,并在坟墓里自画像。赵岐是在墓室的墙壁上自画像,而前文说的刘宗则有篡逆之心,穿着天子的衣服自画像。两者虽然形式有别,但自我塑造理想形象的目的是一样的。自画像的出现,也揭示了绘画从世代相袭的专职画匠工作,向个人心趣表达的方式转变。

二、汉代日常绘画载体的基本材料

笔、墨、纸、砚是中国画创作的基本工具和材料。汉代的绘画创作也应该具备这四样东西。我们重点要讨论的是绘画载体问题。汉代虽已发明纸,但尚未通行,那么汉代是用什么作为日常绘画或练习的基本材料呢?

(一)简牍可以用作绘画材料

从出土考古材料来看,汉代出土了大量的帛书、帛画,若据此推测,汉代时应该用绢、帛、布、缯之类的软材料作为绘画载体。但这些软材料都比较昂贵,即使在绘画创作中使用,也不会是最常用的载体,应该还有其他比较廉价、方便易得的材料。特别是在日常绘画或练习阶段不可能持续使用昂贵材料。还有一种材料,常常被美术史研究所忽视,那就是简牍。

根据笔者的调查,在各类美术史研究论著中,基本没有把简牍作为考察对象。[①] 原因可能是简牍上的绘画内容太过零散,不易引起注意。也可能是在大多数人思维中,简牍上只有文字,而且一枚一枚的简牍用作绘画材料有很大的局限,似乎不太可能。但实际并不是如此。如果对简牍材料作深入调查就会改变这种看法。

简牍不仅可以作为书写材料,也可以作为绘画材料。简牍中不仅有图画简,而且数量还不少,出土量也在逐年增多;内容有人物、动物、示例图、杂画等。以人物画为例,其中就有不少塑造得非常生动传神的人面像作品,图1是西北居延

---

① 赵权利:《中国古代绘画技法、材料、工具史纲》,中国艺术研究院博士学位论文,2001年(后2006年由广西美术出版社出版);倪葭:《中国古代绘画的材料和工具》,首都师范大学硕士学位论文,2004年。

简中的几枚图画简①,作者通过勾勒线条和平涂的方式,并结合刀削突出立体感,有些还通过变化突出部位的颜色,来表现怒目圆睁五官狰狞之神态。这类人物图画简在西北简中非常多,而且神态各异。还有一些简中画有全身人像,比如图2是肩水金关遗址出土的一枚汉简正背面。可以清楚地看到简正面上方和下方各画有一人。上方人物为官吏形象,长衣,下露足,腰束带,头戴冠,浓眉大眼,有胡须;左手伸出,目视前方。下方人物头戴一种特殊的冠,冠右面有长尾,冠左面是尖喙状,此人穿长衣,长袖抬起似作拜谒状。简背面上方画一官吏侧面站立形象,鼻子、耳朵、下颌长须皆可见。着长衣,腰间佩剑,头戴冠。下方是一匹马的形象,绘画简略,但马鞍、缰绳,以及跑动时马尾上扬的状态皆表现到位,恐怕不是小儿戏作。还有一些是画在单块牍版上的,有些则是多枚简编连成图。画在单枚简牍上的如尹湾汉简中的神龟占图②、天水放马滩秦简中的

图 1　额济纳汉简中的人面图　　　　图 2　肩伍 73EJC：601 正背

---

① 魏坚主编:《额济纳汉简》,桂林:广西师范大学出版社,2005 年。
② 连云港市博物馆等:《尹湾汉墓简牍》,北京:中华书局,1997 年。

《系虎图》①等。多枚简组合成图的如周家台 30 号秦墓出土的《日书》(见后文图 4)、北京大学藏汉简中的占产子图。近些年简牍图画数量还在不断增多,比如长沙走马楼西汉简、长沙五一广场东汉简牍中都有牍版画。可见简牍应该是汉代比较常用的绘画材料。

(二)简牍可能是汉代的基本绘画材料

简牍画和帛画都有出土,数量都比较多,哪种材料更适合作为日常绘画的基本材料呢?对比而言,绢帛价格较高,尤其是下层画工,未必有经济能力使用绢帛。简牍材料方便易得,而且廉价,编连后的简册可长可短,更适合绘画练习使用。完全可以作为作品成稿前的练习材料。在绘制内容上,出土的帛书和简牍上都有配合文字的示例图内容,如帛书有天文气象占、驻军图、城邑图、导引图,简牍上有神龟占图、日书图、产子图、地图。说明在日常绘制实用图或示例图上,简牍材料也可以替代绢帛。不过,在绘制一些较复杂的大场景画面时,简牍确实有很大的局限,绢帛有明显优势,所以帛画中有很多表现复杂的形象或环境,而简牍中只是一些较简单的动物图、生活场景、车马图等。

简牍是汉代日常绘画练习或下层画工的基本绘画材料,还有一个主要原因是简牍中有很多习作或杂画内容。例如肩水金关遗址中出土了一方由三块木牍拼合的木版画(见图 3)。拼合后的长是 25.5 厘米,宽是 20 厘米,厚 2 厘米。②绘画的内容是一匹马拴在一棵树下,树上似有鸟兽,马旁有一人,手持似马鞭一类长条棍状物。板上的各形象刻画得虽较呆滞,但木版画的构图形式感比较强,有意地将刻画重点放在人和马身上。比如在刻画马时,将马的四肢关节、鬃毛、马尾等细节都表现出来。在刻画人物形象时,将人物的头发形状、发带、胡须、衣着等都体现出来。而树木的刻画则是随意几笔,树上的动物描绘得更加简单。这已经形成很明确的主次关系,显然是作者有意为之。所以这块木版画不是简单的杂画。但如果与同时代的其他绘画相比,木版画中的形象塑造确实显得十分稚拙,非常像一位初学绘画者的作品。比如在汉代绘画作品中,马的形象大多表现得高大肥硕、威猛灵动,而这块木板上的马完全没有表现出这些特点,而显

---

① 甘肃省文物考古研究所:《天水放马滩秦简》,北京:中华书局,2009 年。
② 邢义田:《立体的历史:从图像看古代中国与域外文化》,上海:三联出版社,2014 年,第 28 页。
或见于陈炳应:《两千年前的木板画》,载杨重琦编:《陇上珍藏》,兰州:敦煌文艺出版社,2001 年。

得瘦硬呆滞。所以这块木版画既不是随意的杂画练习也不是成熟画工的作品，很可能是初学绘画者的习作。像这种牍版画还有不少，绘画的内容和水平不尽一致。

图 3　肩水金关出土木版画(25.5 厘米×20 厘米×2 厘米)

除了上面说的形式比较完整的习作外，简牍中还有很多练习绘画的杂画简，比如肩壹 73EJT10：430B 是单线勾勒的牛的形象①，敦 1203A 简上有杂画马的形象②，东牌楼一二四简上有随意画的猴子形象③。这些简上所绘的形象都比较稚拙，形式随意杂乱，简上的图画很可能就是文吏或画工的随意消遣之作。这类杂画还有不少，值得关注的是，很多杂画出现在简背，而且只存见某种形象的一部分，如肩叁 73EJT25：79B 简上的房屋等形象都只存一部分。④　笔者认为这些残缺的图形，当是简册作废后好画者在其背后作闲杂图画或绘画练习形成的。

简牍作绘画材料的好处，还在于它像书写文字一样，出现错误的地方可以用削刀刮削下去。不过，目前还没有看到在削掉的柿片中有图画的情况。既然简牍是汉代的主要书写材料，在简牍中又出现了如此多的图画，而且还有杂画、习画简，应该可以说明在汉代简牍不仅可以作为绘画材料，而且可能是习画练习的基本材料。不过，帛画形式完整、内容丰富、尺寸较大，基本都是画工精良、水平很高的作品。简牍画形式不定，尺寸都比较小，绘画大多粗糙，有些还比较幼稚，内容比较简单、贴近生活。从对比来看，简牍更像是绘画者日常练习或者下层画工的基本绘画载体，特别是初学者练习绘画的主要材料，或者是绘画初级构思阶

---

①　甘肃简牍保护研究中心等：《肩水金关汉简》(壹)，上海：中西书局，2011 年(简作"肩壹")。
②　甘肃省文物考古所：《敦煌汉简》，北京：中华书局，1991 年(简作"敦")。
③　长沙市文物考古研究所等：《长沙东牌楼东汉简牍》，北京：文物出版社，2006 年(简作"东牌楼")。
④　甘肃简牍保护研究中心等：《肩水金关汉简》(叁)，上海：中西书局，2013 年(简作"肩叁")。

段习作练习的主要材料。

三、绘画所使用的桌案

书法史上说秦汉因为没有桌案,所以采取一手拿简牍,一手执笔的书写姿势。以往家具发展史研究也同样支持这一观点。马怡利用近些年新出图像材料,仍然赞同以往观点,认为唐以前没有可供伏身书写的几案,而采取一手执简牍,一手持笔的书写姿势。[①] 邢义田认为汉代已经有了伏身书写的几案,不必手执简书写,也可以把书写材料放在几案上伏身书写。[②] 李跃林说两种书写都应该存在,但他反对从图像信息来还原历史。[③] 经过众多专家学者的讨论,各家所使用的文献材料和出土实物证据都较充分,都有各自的道理,很难再找出什么漏洞。如果抛开书写问题,从绘画的角度按常理逻辑来说,简牍书写时代没有桌案可以写字,但没有桌案很难画画,尤其是上述的写生和自画像,需要一边对照实物或镜子一边绘画,如果没有桌案辅助,仅仅手持绢帛或简牍,则很难进行。而且笔者在出土文献中也找到了"伏几"的记载,说明汉代就已经有了供写字的桌案。

(一)帛画、简牍画与几案的关系

汉代时有写生,有自画像,所用的绘画材料有绢帛、简牍,在写生状态下,如果没有桌子,很难想象在绢帛和编连的简册上如何作画。除非汉代时就已经有了专门的画板,但这没有实物和文献证据。在长沙马王堆汉墓和山东银雀山汉墓中都出土了大尺幅的帛画。长沙马王堆一号汉墓《轪侯妻帛画》,纵 205 厘米,上横 92 厘米,下横 47.7 厘米。马王堆三号汉墓《帛画车马仪仗图》,纵 94 厘米,横 212 厘米。山东临沂银雀山九号汉墓《金雀山帛画》,纵 200 厘米,横 42 厘

---

① 马怡:《简牍时代的书写——以视觉数据为中心的考察》,载中国汉画学会、济宁市在城汉文化研究中心编:《中国汉画学会第十四届年会论文集》,西安:三秦出版社,2013 年,第 151-181 页;马怡:《从"握卷写"到"伏纸写"——图像所见中国古人的书写姿势及其变迁》,载中国社会科学院历史研究所文化史研究室编:《形象史学研究(2013)》,北京:人民出版社,第 2014 年,第 72-102 页;马怡:《中国古代书写方式探源》,《文史》2013 年第 3 辑,第 147-189 页。前两篇文章也见于武汉大学简帛研究中心"简帛网"。

② 邢义田:《伏几案而书——再论中国古代的书写姿势(订补稿)》,载邢义田著:《今尘集:秦汉时代的简牍、画像与文化流播》,上海:中西书局,2019 年,第 576-579 页。

③ 李跃林:《从执卷书和伏案书之辩谈图像数据释读的误区》,武汉大学简帛研究中心"简帛网"2015 年 3 月 8 日。

米。① 这三幅帛画的尺寸都很大,最大长度是 212 厘米,最大宽度是 94 厘米。这么大的图如果没有桌案的话,大概要挂在墙上站在梯子上画。汉帛画也不全是以上所说那么大,也有比较小的,比如马王堆汉墓出土的《导引图》,长 100 厘米,宽 50 厘米;《驻军图》,长 98 厘米,宽 78 厘米;《城邑图》,长 52 厘米,宽 52.5 厘米。② 这几幅帛画最长 100 厘米,最宽 78 厘米。这样大小的帛画如果不用桌子,也要挂在墙上画才能实现。不过从常理上推,似乎没这个必要,放在桌案上画,并不是很难想到的事情。

如果说帛画可以挂在墙上作画,但在简牍上绘画就没办法操作了。周家台秦简中有一组图是画在 26 枚长 29.3~29.6 厘米、宽 0.5~0.7 厘米的竹简上(见图 4)。要想画这样的图,不可能单支画,只能是把 26 枚竹简紧密拼合在一起才能画出来。整个图的长约 30 厘米,宽约 18 厘米。要想在这种多枚简组成的简册上绘制图画,必须有一个比这个面积稍大可供排放简的平面。像周家台这类竹简上的图画,在孔家坡汉简、睡虎地秦简中都有,不是个例。将这类竹简上

图 4　周家台秦简《日书》

的图画和帛画联系起来综合思考,相信汉代人不会舍弃几案而选择其他的地面、墙面之类作为帛和竹简的摆放面。而且据邢义田文中所举,汉代也有尺寸不同的几案。如汉代乐浪郡太守掾王光墓和南井里彩箧冢出土的几案,其中一件称为曲足漆几,长约 114 厘米,宽 17 厘米,高约 26.3 厘米;平壤南井里彩箧冢型漆案长 216 厘米,宽 113 厘米,高 36 厘米;还有武威磨嘴子西汉墓中出土木几,长 117 厘米,宽 19 厘米,高 26 厘米。这三种形制的几案用来摆放简牍完全没有问题,大的几案用来摆放帛画也没有问题。

(二)汉代有可伏身书画几案的出土文献证据

说汉代有了可伏身书画用的几案,除了上面通过创作形式、作品、材料信息

①　阮荣春等:《美术考古一万年》,上海:上海大学出版社,2008 年,第 181-182 页。
②　傅举有、陈松长:《马王堆汉墓文物》,长沙:湖南人民出版社,1992 年,第 149-153 页。

证明外,还有其他文献证据。邢义田在文章中列举了很多,笔者在出土文献中发现一条重要的材料。张家山 247 墓《遣策》中有如下一条记载:

伏机(几)一　铤一(36 号简)①

由于受汉代没有可供伏身书写的几案之说法影响,有研究者在解读此条文献时,将此简中的"伏"读为"凭",认为简中的"伏几"就是凭几的别称。② 其实大可不必曲折通假地解释。西汉桓宽《盐铁论》记:

东向伏几,振笔如调文者,不知木索之急、棰楚者之痛也。

这条传世文献邢义田文中也有引用,作为汉代有用来伏身书写几案的证据。这里也出现了伏几,但此"伏几"应译为伏在几案上,如果把此处的"伏几"当作"凭几"依靠,那么"振笔调文"就没办法解释了,不可能一边依靠着几一边拿着简书写。张家山汉简的"伏机(几)",是记述随葬物品的名词。《盐铁论》中提到的所伏之"几",应该就是张家山汉简中所记的"伏机(几)"。两者相应说明,确实有可供伏身书写的几案,没必要为了迎合旧说婉转通假。而且在东汉的画像石中也能看到这种伏几,如图 5 所示。③

图 5　东汉画像石中的伏几

---

① 张家山二四七号汉墓竹简整理小组编:《张家山汉墓竹简(二四七号墓)》,北京:文物出版社,2001 年,第 304 页。

② 刘洪涛:《释罗泊湾一号墓〈从器志〉的"凭几"》,《考古与文物》2012 年第 4 期。

③ 王建中、赵成甫、魏仁华:《中国画像石全集·河南卷》,郑州:河南美术出版社,2000 年,第 18 页;蒋英炬:《中国画像石全集·山东卷 2》,济南:山东美术出版社,2000 年,第 18 页。

根据孙机的考证,汉代虽然没有椅子但是已经有了桌子的雏形。[①] 桌子的产生应该就是"案"的功能分化演变的结果。从文献上看,汉代的"案"比较复杂,不仅有书案、食案的功用区别,还有大案、小案的形制区别。[②] 笔者还发现江陵凤凰山 168 号汉墓的遣册中记有"坐案"(42)。[③] 既然汉代的"案"已经分出不同功用,那么出现伏身书画用的"书画案"也没什么不可能。这种几案形制、功能变化产生的相混问题,与孔子所说的"觚不觚"的情况大概相似,这时的几案应该已经开始向后世的桌椅形制分化。总之,结合本文论述和邢义田文章所举的实物及相关传世文献证据,加上本文的出土材料证据,可以证明至少在汉代已经有了可供伏身书画用的几案。那么汉代就应该有"伏案作画"的基本绘画形式。

四、总　结

综上所述,本文对汉代的绘画方式、所使用的绘画材料以及书画是否用几案作了考察。通过文献考察,可将人物写生的文献记载追溯到汉代,并更新了自画像最早源自东汉的旧说,将其文献记载提前到西汉末。通过对汉代所用简牍材料的分析,认为简牍不仅可以写字,也可以用作绘画创作和练习。最后,综合汉代绘画作品的材料、尺寸和传世文献记载,以及出土实物、出土文献记载,充分证明汉代已经有了伏身书画的几案。

自王国维提倡二重证据以来,地下出土材料成为历史研究的关注焦点。随着地下材料的不断出土公布,让今天的历史研究者看到了更多史籍未载的细微信息。以美术史研究为例,除了对画家、画作关注外,绘画工具、材料、方式也逐渐进入研究者的探索视野。历史研究的方向俨然从宏观的"大历史"构架,走向细微的"小生活"复原。或者说历史学家很早就已经确立了大的历史轮廓,反倒是其中很多细小的问题一直被忽视,而这些细节内容非常值得我们深入探索。

---

① 孙机:《汉代物质文化资料图说》,上海:上海古籍出版社,2011 年,第 258 页。
② 居延汉简 293·1+293·2 中记有"大案七"和"小案十"的记录。
③ 湖北省文物考古研究所:《江陵凤凰山西汉简牍》,北京:中华书局,2012 年。

秦汉简牍所见粟稻制度语词丛考[*]

张　鑫　李建平

山东师范大学文学院古籍整理研究所

摘要： 上古文献所见各级粟稻制度及系列语词释义多有差异，历代学者多有考索但仍多争议，或增字解经，或删改文献，权威辞书也莫衷一是。基于出土与传世文献互证，《说文》与出土简牍所载基本不误，但因历时层次差异及不同语义场成员的交叉，造成诸多同名异实和同实异名现象，以致后世难以厘清。粟稻加工品为两个不同的语词系统，早期粟加工后为粝、粺（糳）、毇三级，稻为米、粲（糳/糳粲/粲糳）两级；后期为避免粟毇与稻毇相混及米表义的模糊性，部分语词所指调整并明确：粟为粝、粺、糳、御四级，稻为毇、粲两级。因此系列语词当据不同时代及粮食作物加工制度分别释义，方能确保科学性；部分文献语词可用于泛指，如西北简载隶卒多食"粝"，则"粺、糳、毇、粲"浑言均有精米义。

关键词： 秦简；汉简；粟米简；《算数书》；《九章算术》；岳麓秦简

先秦两汉时期粟、稻在粮食作物中占据绝对优势地位，特别是粟在中唐以前一直是五谷之首；在粟、稻加工过程中基于精细程度产生了系列专用词语，东汉许慎《说文解字》（以下简称《说文》）对系列字词均收录并释义，但由于部分专科词汇语义具有时代性，不同历时层次意义不同，而《说文》是一部以探索本义为核心的字典，其体例决定了其释义以本义为主而一般不会阐明词义的历时演化，因此导致其释义与不同时代层次的诸多文献记载，如《九章算术》、毛诗郑笺等，往

---

* 本文为张鑫主持山东省社科规划项目"基于数据库的战国秦汉简帛农业词汇研究"（21CYYJ13）及李建平主持国家社科冷门绝学专项项目"走马楼三国吴简汇校集释、字门全编与数据库建设"（20VJXG045）、山东省青创科技支持计划项目"出土文献与古文字研究创新团队"（2020RWC003）、山东省社科重点项目"现代汉语量词系统的生成、演化及其当代发展新趋势研究"（20BYYJ03）及山东省研究生教改项目"语言文献类研究生课程思政建设研究"（SDYJG21102）阶段性成果。本文曾在清华大学"五一简与东汉历史文化"学术研讨会宣读，与会专家多予指正；山东师范大学郭超颖副教授、杨朋飞博士审读了全文并补充了部分资料，谨致谢忱。

往有所抵牾。汉代以降去古日远,历代学者不明制度而对系列语词多有考释,但莫衷一是,特别是清人段玉裁注《说文》据其他文献径改许氏原文,被同时代及后世学者广泛接受并传播,对该问题的研究影响极大;近年来诸多秦汉简牍文献出土并整理公布,其中大量涉及粟稻制度的简牍文献为该问题的解决提供了崭新而可靠的语料。但由于所见资料范围、时代层次和观察视角的不同,现代学者的观点也各有不同,系列语词训释非但没有得到解决,问题反而越来越复杂,远远没有形成一致意见。本文基于出土简牍文献睡虎地秦简《秦律十八种·仓律》、张家山汉简《算数书》、岳麓书院藏秦简《数》以及《居延汉简》《居延新简》《凤凰山汉简》等所见粟米类相关语料,以及传世文献《说文》《九章算术》与毛诗郑笺等历代学者训释,结合秦汉时期粟稻制度的发展演变,力图厘清不同历时阶段粟稻加工相关名物词的具体所指及其词义演化的动因。

一、《说文》释义与历代诸说考辨

许慎《说文·禾部》"秅"条:"秅,百二十斤也。稻一秅,为粟二十斗;禾黍一秅,为粟十六斗大半斗。"其中"斗"本作"升",清段玉裁注:"斗,宋刻皆讹升,毛本又误改斤,今正。"①清王筠《说文句读》:"(升)皆斗之讹也。"②清桂馥《说文义证》:"(秅)今省作石。"③按睡虎地秦简《秦律十八种·仓律》简 42-43、张家山汉简《算数书》简 89-90 及岳麓书院藏秦简《数》简 0756 都明确记载稻一石为粟二十斗、禾黍一石为粟十六斗大半斗④,清儒所改无误,已为学界公认,此不赘列。但其致误原因各家均未作探讨,其实宋刻本之讹原因在于汉隶"斗"字往往书作"𣁬"(敦煌汉简 847)、"斗"(额济纳汉简 2000ES7SF1:29B),与"升"字形近;毛本作"斤",则可能是因为"秅(后作'石')"为衡制单位量词,按秦汉制度为当时的 120 斤(约合今之 30 千克),故误将该字也改为衡制单位量词,当然也可能是因为汉隶中"斗"与"斤"字形近而讹。粟或稻加工后根据精细程度的不同,而采用的专有名词有粝、毇、粲、糳、粺、御以及毇粲、粲毇等。

粝,为第一次加工的粗米,按东汉许慎《说文·米部》:"粝,粟重一秅,为十

①　[清]段玉裁:《说文解字注》,经韵楼本,第 1312 页。
②　[清]王筠:《说文解字句读》,《续修四库全书》本,第 942 页。
③　[清]桂馥:《说文解字义证》,连筠簃丛书本,第 613 页。
④　萧灿:《岳麓书院藏秦简〈数〉研究》,北京:中国社会科学出版社,2015 年,第 68 页。

六斗大半斗,舂为米一斛曰粝。从米,万声。"清段玉裁注:"粟十六斗大半斗为米十斗,即《九章算术》粟米之法,粟率五十粝米三十也。张晏曰:'一斛粟七斗米为粝。'与《九章算术》率异。"①无论传世文献还是出土文献所载,如段玉裁说带壳的粟十六斗大半斗舂为米十斗后最为粗糙的米,称为粝米,历代制度明确而无争议,张晏说不知何据;我们推测两汉作为容量的"石""斛"可以通用,从殷商甲骨文直到秦汉时期数词"十"和"七"在实际书写中的形体非常相近,如"七"汉简中往往作"╈"(敦煌汉简 522)、"╤"(额济纳汉简 99ES17SH1:1),因此在传抄过程中"十"误作"七"。因此,"粟重一石,舂为十斗米为粝"即"一石粟十斗米为粝",后来讹变为"一斛粟七斗米为粝"。

毇,《说文·米部》:"粝米一斛舂为八斗也。从臼米,从殳。"糳,字或书作"䵽",《说文·米部》:"粝米一斛舂为九斗曰䵽。从毇,举省声。"清段玉裁注:"九斗各本讹八斗,糳下八斗各本讹九斗,今皆正。"②将其中的"八"改为"九","九"则改为"八"。其依据是《九章算术》:"粝米率三十,粺米二十七,糳米二十四,御米二十一。"③又,毛诗郑笺:"米之率,粝十,粺九,糳八,侍御七。"④《九章算术》、毛诗郑笺均未言及"毇",但《说文·米部》:"粺,毇也。"段玉裁注:"《诗·生民》《召旻》音义、《左传·桓二年》音义皆引《字林》:'糳,子沃反。粝米一斛舂为八斗也。'与《九章算术》、毛诗郑笺皆合。然则许在张苍之后(笔者按,段玉裁认为《九章算术》为张苍所作),郑吕之前,断无乖、异。各本八斗讹九斗,缪误显然。"因此段注认为许慎《说文》本无误,而是后人传抄过程中出现了错误,于是径改《说文》传本;该说影响非常深远,清人桂馥《说文义证》亦云:"毇,当为九斗。"⑤今人张舜徽《说文解字约注》、汤可敬《说文解字今释》皆取此说而改《说文》。从睡虎地秦简《仓律》、张家山汉简《算数书》、岳麓书院藏秦简《数》等出土简牍文献来看,其实今传本《说文》所记无误,如:

(1)〔粟一〕石六斗大半斗,舂之为糲(粝)米一石;糲(粝)米一石为凿(糳)米九₌斗〔₌〕(九斗;九〔斗〕)为毁(毇)米八斗。稻禾一石。

---

① 〔清〕段玉裁:《说文解字注》,经韵楼本,第 1322 页。
② 〔清〕段玉裁:《说文解字注》,经韵楼本,第 1333 页。
③ 郭书春:《汇校九章算术》,沈阳:辽宁教育出版社,台北:九章出版社,2004 年,第 69 页。
④ 《毛诗正义》卷十七,〔清〕阮元校刻:《十三经注疏》,清嘉庆刻本,北京:中华书局,2009 年,第 1145 页。
⑤ 〔清〕桂馥:《说文解字义证》,连筠簃丛书本,第 2489 页。

有米委赐,禀禾稼公,尽九月,其人弗取之,勿鼠(予)。(睡虎地秦简《秦律十八种·仓律》41-42)

(2)为粟廿斗,舂为米十=斗=(十斗;十斗),粲毁(毇)米六斗大半斗。麦十斗,为麴三斗。叔(菽)、荅、麻十五斗为一石。·禀毁(毇)粺者,以十斗为石。(睡虎地秦简《秦律十八种·仓律》43)

(3)程曰:禾黍一石为粟十六斗泰(大)半斗,舂之为糲(粝)米一石,糲(粝)米一石为糳米九斗,糳米[九]斗为毁(毇)米八斗。王程曰:稻禾一石为粟廿斗,舂之为米十斗,为毁(毇)粲米六斗泰(大)半斗。麦十斗[为]麴三斗。程曰:麦、菽、荅、麻十五斗一石。禀毁(毇)糳〈糳〉者,以十斗为一石。(张家山汉简《算数书》88-90)

作为出土文献,秦简《仓律》和汉简《算数书》所记一致,显然是反映当时之事实的,其中糲(粝)米一石舂为九斗为糳米,舂为八斗为毁米;裘锡圭先生也据此指出:“随着秦简出土,才知道《说文》并不错。”但是仍有疑惑的是,如裘先生所言:“至于《九章算术》和郑笺所记比例与《说文》所据的《秦律》不同的原因,还有待研究。”[1]

糳,《说文·米部》:“稻重一秅,为粟二十斗;为米十斗,曰毇;为米六斗大半斗,曰糳。从米,殺声。”段玉裁注:“此当有夺文,当以‘为米十斗’句绝,下云‘为米九斗曰毇’。稻粟二十斗为米十斗者,《九章算术》所谓稻率六十、粝米率三十也。稻粟二十斗为米十斗,今目验犹然,其米甚粗,不得曰毇明矣。为米九斗曰毇者,下文云米一斛舂为九斗曰毇是也。毇即粺,禾黍言粺,稻言毇。稻米九斗而舂为八斗则亦曰糳,八斗而舂为六斗大半斗则曰糳,犹之禾黍糳米为七斗则曰侍御也。禾黍米至于侍御,稻米至于糳,皆精之至矣。不言亦曰粝,不言为米八斗亦曰糳者,名各有所系,欲读者参伍而得之。”[2]按段氏说《说文》有“脱文”,又省略了“为米八斗曰糳”,并提出可以与其他条目互参,则该条当作:“稻重一秅,为粟二十斗,为米十斗;为米九斗曰毇,(为米八斗曰糳),为米六斗大半斗曰糳。”徐灏《段注笺》认为《说文》之“毇”字“乃粝之误”[3],王筠《说文句读》亦认为

① 裘锡圭:《谈谈地下材料在先秦秦汉古籍整理工作中的作用》,《中国社会科学》1980年第5期。
② [清]段玉裁:《说文解字注》,经韵楼本,第1321页。
③ 丁福保:《说文解字诂林》,北京:中华书局,1988年,第3154页。

"毇当作粝"①,张舜徽《说文解字约注》、汤可敬《说文解字今释》皆取此说。上述观点皆将稻米加工制度及其语词释义,与粟米制度与语词释义比照统一,其实从上文引秦简《仓律》和汉简《算数书》简文记载来看,如邹大海所言:"稻和粟舂出的米分属两个不同的系列,不能混为一谈。"②因此清儒将稻、粟所舂之米统一化,导致将两个语义场中同名异实的交叉成员混为一谈,造成各种米释义的混乱,为自圆其说又只能删改原文并增字解经,显然是错误的;但是,许慎《说文》所记的正误,是否有所本,仍未能获得解释;而且邹先生也提出新的疑惑:"繫米的比率,在秦简、《算数书》和《说文》三种文献中都相同,而独《九章》不同,其原因则有待更多的考古发现和更进一步的研究来进行解释。"

"粺""御"《说文》限于体例释义模糊,无明确制度,上古其他文献亦罕见。《米部》:"粺,毇也。从米,卑声。"段玉裁注:"粺者,粝米一斛舂为九斗也。《大雅》'彼疏斯粺'传云:'彼宜食疏,今反食精粺。'笺云:'米之率粝十、粺九、繫八、侍御七。'按汉《九章算术》云:'粝米三十,粺米二十七,繫米二十四,御米二十一。'"③《彳部》:"御,使马也。"用于粟米为辗转引申,《诗·小雅·吉日》:"发彼小豝,殪此大兕,以御宾客。"孔颖达疏:"御者,给与充用之辞。"④秦汉简牍文献中"御"米未见用例,"粺"米多见,制度与段注所言一致。

此外,秦汉简牍文献中又出现了传世文献未见的"毇粲""粲毇"之米,学界在校勘、句读、释义方面都有争议。因此,本文力图从共时与历时相结合的角度对目前所见与该问题相关的纷纭复杂的语料,分成粟、稻两个不同的并行系统全面排比系联,探索历代诸家训释的时代性与系统性,为进一步研究打开思路,进而在明确句读和语词结构的基础上厘清系列语词的词义历时演变及其动因。

二、从秦汉简牍看粟米制度语词的历时发展

词汇及词义的发展和社会发展密切相关,粟米类语词的意义更是与粟米制度的产生、发展与演变关系密切,从而造成不同时代词义的差异。与粟米相关的

---

① [清]王筠:《说文解字句读》,《续修四库全书》本,第 949 页。
② 邹大海:《从〈算数书〉和秦简看上古粮米的比率》,《自然科学史研究》2003 年第 4 期。
③ [清]段玉裁:《说文解字注》,经韵楼本,第 1322 页。
④ 《毛诗正义》卷十,[清]阮元校刻:《十三经注疏》,清嘉庆刻本,北京:中华书局,2009 年,第 920 页。

语词主要有粟、粝、繫、粺、毇、御六个,在历代训释和当代权威辞书中粟、粝二词释义明确,而繫、粺、毇、御释义均有争议,需要综合整理分析出土文献和传世文献语料,在明确粟米加工制度发展演变的基础上才能厘清具体语词在不同历时阶段的具体所指。

（一）新出土秦汉简牍所见粟米制度

目前所见粟米加工情况最早的语料是两种出土秦简,一是前文所引睡虎地秦简《仓律》,带壳的粟加工后不同等级的比率为:粟 $16_{2/3}$ 斗→粝 10 斗→繫 9 斗→毇 8 斗。二是新出岳麓书院藏秦简《数》中的部分语料,如:

(4) 以粺求毇(毇),九母八实。以毇(毇)求粺,八母九实。(岳麓书院藏秦简《数》0756)

(5) 以米求粟,三母五实。以粟求米,五母三实。以粺求米,九母十实。以米求粺,十母九实。(岳麓书院藏秦简《数》0823)

(6) 以粺求粟,廿七母五十实。以粟求粺,五十母廿七实。以毇(毇)求米,八母十实。以米求毇(毇),十母八实。(岳麓书院藏秦简《数》0853)

(7) 以粟求毇(毇),五十母廿四实。以毇(毇)求粟,廿四母五十实。粟一升为米五分升三。米一升为粟一升大半升。(岳麓书院藏秦简《数》0974)

综合来看,其中的"米"即秦简《仓律》之"粝米",粟和米的比例为5：3,米和粺的比例为10：9,米和毇的比例为10：8;为便于比较,依据《说文》所述粟加工后不同等级的比例可换算为:粟 $16_{2/3}$ 斗→粝 10 斗→粺 9 斗→毇 8 斗。

此后文献所见用例为张家山汉简《算数书》简88-90,按前文所引可以换算比率为:粟 $16_{2/3}$ 斗→粝 10 斗→繫 9 斗→毇 8 斗。其他记载亦可证,如:

(8) 粟五为米三,米十为粺九,为毇(毇)八。(张家山汉简《算数书》109)

其后,《九章算术》卷二"粟米"首先罗列了众多类型和级别粮食作物的换算率,参考相关算题其比例完全经得起验算,特别是其所载粟米的比率是历代学者及诸多辞书所本:

（9）粟米之法：粟率五十，粝米三十，粺米二十七，糳米二十四，御米二十一，小䵂十三半，大䵂五十四，粝饭七十五，粺饭五十四，糳饭四十八，御饭四十二，菽、荅、麻、麦各四十五，稻六十，豉六十三，飧九十，熟菽一百三半，糵一百七十五。（《九章算术·粟米》）

按《九章算术》之说可以换算为：粟 16²/₃ 斗→粝 10 斗→粺 9 斗→糳 8 斗→御 7 斗。又，《诗·大雅·召旻》："彼疏斯粺，胡不自替？"郑玄笺："米之率：粝十、粺九、糳八、侍御七。"[①]与《九章算术》完全相同。

此后，许慎《说文解字》对各级粟米名称所指均有明确训释，可统一换算为：粟 16²/₃ 斗→粝 10 斗→糳 9 斗→毇 8 斗。综上，为便于分析其源流和差异，可以将秦汉简牍和传世文献所见粟米加工后的各种米之制度总结为表1。

表 1　秦汉文献所见各级粟米比率

秦 汉 文 献	粟	粝	糳	粺	毇	御
睡虎地秦简《仓律》	16²/₃	10	9		8	
岳麓书院藏秦简《数》	16²/₃	10		9	8	
张家山汉简《算数书》	16²/₃	10	9		8	
《说文》	16²/₃	10	9	毇	8	
《九章算术》、毛诗郑笺	16²/₃	10	8	9		7

（二）粟米语词语义发展分析

从目前所见出土文献与传世文献的相关记载来看，许慎《说文》比较特殊，作为一部探源性质的字典，其所揭示的字义是小篆等古文字字形所反映的本义，而非许慎（58—147 年）生活的东汉时期所见的常用义；但许慎的释义又不免为当时之常用义所影响，故而部分释义造成了不同历时层面词义的杂糅；在粟米制度上没有采用与之时代相近的《九章算术》，而是采用最早的与睡虎地秦简《仓律》等简牍文献一致的观点，更符合其释义体例。又，唐孔颖达《毛诗正义》、清段玉裁《说文》注都认为毛诗郑笺本自《九章算术》，按《后汉书》卷三十五《郑玄传》："师事京兆第五元先，始通京氏易、公羊春秋、三统历、九章筭（算）术。"[②]可见郑

---

① 《毛诗正义》卷十七，[清]阮元校刻：《十三经注疏》，清嘉庆刻本，北京：中华书局，2009 年，第1145 页。

② 《后汉书·张曹郑列传》，北京：中华书局，1965 年，第 1207 页。

笺本自《九章算术》无疑;关于《九章算术》的成书时代,邹大海说:"周公制定礼制时已经有'九数',它在先秦发展成了《九章》,这部《九章》由于秦始皇焚书而受损,经过张苍(汉初)、耿寿昌(宣帝时)的抢救、删补而流传后世。据此,则它最后成书于耿寿昌。"[①]如此粟米制度及其语词释义构成了两个系统,秦简《仓律》《算数书》和《说文》为一说,《九章算术》、毛诗郑笺为一说;从时代上看前者为早期,后者为晚期。

出土秦汉简牍等早期文献,如睡虎地秦简《仓律》、岳麓书院藏秦简《数》、张家山汉简《算数书》及《说文》中粟加工后均为三级,其中第一级"粝"和第三级"毇"名实均完全相同,只有第二级米虽然所指精度相同,但其名称不一,睡虎地秦简《仓律》、张家山汉简《算数书》称之为"糳",岳麓书院藏秦简《数》称之为"粺"。按睡虎地秦简《仓律》简43:"稟毁(毇)粺者,以十斗为石。"张家山汉简《算数书》简90:"稟毁(毇)糳者,以十斗为一石。"其中"毁(毇)粺""毁(毇)糳"二词互文,可见"糳""粺"所指是相同的。那么,早期粟米加工的层级可以总结为:粟 $16 2/3$ 斗→粝/米 10 斗→粺/糳 9 斗→毇 8 斗。晚期文献《九章算术》与毛诗郑笺中,随着社会发展粟米加工进一步精细化,成为四级:粟 $16 2/3$ 斗→粝/米 10 斗→粺 9 斗→糳 8 斗→御 7 斗。其中改变有二:一是增加了更为精细的第四级精度的"御",此前文献未见,其释义历代文献记载一致;二是原来第三级精度的"毇"消失了,该级精度之米改用"糳",相应的第二级精度之米不再用"糳"而只能用"粺"。这就导致了"糳""粺"二词在不同历时阶段的同名异实。

综上可见,粟米类语词"秙""粝""御"的释义据出土与传世文献互证均可明确。

其一,"秙"条出土与传世诸多文献皆可证前引《说文·禾部》段玉裁改"升"为"斗"是正确的。

其二,"粝"条《说文·米部》释义亦无疑,即"粟重一秙,为十六斗大半斗,舂为米一斛曰粝",而张晏说于文献无征,当系后世传抄之误,因此《汉语大字典》未收,而《辞源》收录此说,当删之。

其三,"御"条《说文》仅释其本义"使马",未及粟米义,《汉语大词典》《汉语大

---

① 邹大海:《秦汉量制与〈九章算术〉成书年代新探——基于文物考古材料的研究》,《自然科学史研究》2017 年第 3 期。

字典》《辞源》诸辞书亦未收,《汉语大词典》"御米"条亦仅有"供宫廷食用的米"之义[1],当补充粟米义:"粟重一秅,为十六斗大半斗,舂为米七斗曰御"。

其四,"毇"的释义在出土文献和传世的《说文》中释义是一致的,即"粟重一秅,为十六斗大半斗,舂为米八斗曰毇"。但《说文》段注将"八"改为"九",其依据是前引《九章算术》和毛诗郑笺中的"粺九"一语以及《说文·米部》"粺,毇也"之说,由此推论"毇"亦当为"九";但我们认为,《说文》其实并未阐述"粺"的具体制度,只是因为"粺"是黍米再加工的精米,"毇"是稻米再加工的精米,虽然加工比率不同,但均为精米,故混言之二词语义相近,清人段玉裁注亦有所阐发:"粺谓禾黍米,毇谓稻米,而可互称,故以毇释粺。"那么,段注据此改《说文》是错误的,出土文献亦可证。权威辞书该词条释义最为混乱,《汉语大词典·殳部》引明杨慎《丹铅杂录·精凿醍醐》:"谷一石得米六斗为粝,一石五斗为毇。"[2]其制度文献无征,时代也过晚;《汉语大字典·殳部》引《说文·毇部》:"毇,米一斛舂为八斗也。"及段玉裁注:"粝米一斛舂为九斗也。"[3]显然是接受段玉裁说,也当修正。《辞源·殳部》:"舂米使精。《说文》:'毇,米一斛,舂为八斗也。'"[4]基本是符合史实的。但上述释义是仅就"粟米"而言的,到晚期文献中"毇"不再用于"粟米",而是用于"稻米",其语义不同,也应当分别开来。

其五,"糳"的释义比较特殊,早期文献和晚期文献所指不同。在睡虎地秦简、张家山汉简等早期出土文献和传世的《说文》中释义是一致的,即"粟重一秅,为十六斗大半斗,舂为米九斗曰糳";而晚期文献《九章算术》和毛诗郑笺中则是"舂为米八斗"。但是,段玉裁没有认识到其词义从早期到晚期的发展变化,而据晚期文献改《说文》中的"九斗"为"八斗",显然是不正确的。权威辞书《汉语大字典》《辞源》皆仅引《说文》而无段注所改,是正确的;《汉语大词典》仅言"指舂过的精米"[5],释义过于模糊。但是,诸辞书均回避了晚期文献与《说文》不同的记载,应当补充晚期"舂为米八斗曰糳"的情况,以免读者误解其不同历时阶段的词义差别。

其六,"粺"的释义《说文》仅言:"毇也。"而无具体制度,段玉裁注参考毛诗

① 《汉语大词典》,上海:汉语大词典出版社,1990—1993年,第1024页。
② 《汉语大词典》,上海:汉语大词典出版社,1990—1993年,第1509页。
③ 《汉语大字典》(第二版),成都:四川辞书出版社,武汉:崇文书局,2010年,第2322页。
④ 《辞源》(第三版),北京:商务印书馆,2015年,第2246页。
⑤ 《汉语大词典》,上海:汉语大词典出版社,1990—1993年,第243页。

郑笺云:"粺者,粝米一斛春为九斗也。"①诸辞书皆据此制度释义,从出土文献看是正确的,美中不足在于释义皆混言:"精米。"容易误解为"精制稻米",其实"粺"是专指粟的,即谷子去壳进一步精制后的小米。

综上可见,粟米类语词的释义在不同历时阶段或有变化,从早期到晚期既有新生的语词,又有部分语词随着词汇系统的发展在该语义场中不再使用而转用于稻米类语义场,其演变原因还需要结合稻米类语词的历时发展进一步考察。

三、从秦汉简牍看稻米制度语词的历时发展

与粟米相比,稻米加工制度相对简单,传世文献中语词释义争议也少,但早期文献中部分语词释义和粟米通用,导致同名异实,后世学者不明其历时发展而致误;随着汉语双音化的发展"毇""粲"还可以组成双音节词"毇粲"或"粲毇",但这两个双音节词昙花一现,很快就消亡了,仅见于新出土秦汉简牍文献,引发了学界的诸多争议与讨论。

(一)新出土秦汉简牍所见稻米制度

前文所引睡虎地秦简《仓律》简 41-43 原简简文抄写有错简衍文,学界意见一致,去掉所衍之错简"有米委赐,禀禾稼公,尽九月,其人弗取之,勿鼠(予)",并将简 43 与简 41、42 连读,则简文可连读为:

> (10)[粟一]石六斗大半斗,舂之为糲(粝)米一石;糲(粝)米一石为凿(糳)米九=斗[=](九斗;九[斗])为毁(毇)米八斗。稻禾一石,为粟廿斗,舂为米十=斗=(十斗;十斗),粲毁(毇)米六斗大半斗。麦十斗,为麱三斗。叔(菽)、荅、麻十五斗为一石。•禀毁(毇)粺者,以十斗为石。(睡虎地秦简《仓律》简 41-43)

其中"稻禾"一句的句读多有争议,原整理者作:"稻禾一石,为粟廿斗,舂为米十斗。十斗粲,毁(毇)米六斗大半斗。"②裘锡圭先生赞同整理者说,并以此校订《说文•米部》"粲"条:"稻重一秅,为粟二十斗,为米十斗曰毇,为米六斗大半

① [清]段玉裁:《说文解字注》,经韵楼本,第 1322 页。
② 《睡虎地秦墓竹简》,北京:文物出版社,1990 年,第 30 页。

斗曰粲。"裴先生认为："根据这条律文,《说文》'粲'字注解里'毇''粲'二字的位置应互易。"①陈抗生进一步提出"毇"前当补"为"字②,则简 43 关于稻米的记载与简 41-42 关于粟米的记载文句结构类似,句读也无疑。陈伟等则认为:"简文似当读作:'十斗,粲毇(毇)米六斗大半斗。'"③但未能肯定,亦未阐述其重新句读的缘由。

2000 年,张家山汉简《算数书》"程禾"简的公布为该问题的解决提供了新材料:

（11）程曰：稻禾一石为粟廿斗,舂之为米十斗,为毁(毇)粲米六斗泰(大)半斗。（张家山汉简《算数书》88-90）

该简文句与睡虎地秦简《仓律》类似,引发了对秦律文句释读的新思考,特别是其中"毁(毇)粲米",秦律作"粲毁(毇)米",目前学界主要有三种观点:一是认为"粲"为衍文,以秦律为准校改《算数书》,彭浩认为:"对照秦律'仓律',本题简文'为毁(毇)粲米'句多'粲'字。另,秦律'仓律'的'十斗粲'不见于本题简文。"④二是认为"毇""粲"为两个词,《算数书》无误,并以之与《说文》为准校改秦律,如邹大海指出张家山汉简所记"为毇"二字当连上读,句读作:"舂之为米十斗为毇,粲米六斗泰半斗(亦可将'毇'字移到第 1 个'为'字之后,而以第 2 个'为'字连下读,作'舂之为毇米十斗,为粲米六斗泰半斗',不过这种做法需要移动一字)。"⑤和《说文·米部》"粲"字训释顺序相同,则《说文》和《算数书》所记不误,而是秦简《仓律》简文"毇""粲"二字误倒所致,并进一步校改睡虎地秦简《仓律》为:"十斗毇,粲米六斗大半斗。"彭先生此后观点与邹先生相同,并参考《说文·米部》将睡虎地秦简《仓律》简进一步校改为:"舂为米十斗毇；米十斗为粲米六斗大半斗。"⑥三是认为"毁(毇)粲"为一个词,并以此为准校改秦律,陈伟等认为睡虎地秦简《仓律》:"'粲毇'是'毇粲'的误倒。"⑦但上述诸观点学界也仍多

---

① 裴锡圭：《谈谈地下材料在先秦秦汉古籍整理工作中的作用》,《中国社会科学》1980 年第 5 期。

② 陈抗生：《"睡简"杂辨》,载《中国历史文献研究集刊》第 1 集,长沙：湖南人民出版社,1990 年,第 175 页。

③ 陈伟等：《秦简牍合集(释文注释修订本)》,武汉：武汉大学出版社,2016 年,第 68 页。

④ 彭浩：《张家山汉简〈算术书〉注释》,北京：科学出版社,2001 年,第 80 页。

⑤ 邹大海：《从〈算数书〉和秦简看上古粮米的比率》,《自然科学史研究》2003 年第 4 期。

⑥ 彭浩：《睡虎地秦墓竹简〈仓律〉校读一则》,载北京大学考古文博学院编：《考古学研究》第六辑,北京：科学出版社,2006 年,第 502 页。

⑦ 陈伟等：《秦简牍合集(释文注释修订本)》,武汉：武汉大学出版社,2016 年,第 73 页。

有争议,"衍文说"并无确切证据,"毇粲"是两个词还是连读为一个词也多有争议。

2011年,岳麓书院藏秦简第二函数学文献《数》公布,其中包含了谷物换算类简牍,为该问题的解决再次提供了崭新语料:

(12)以稻米求毁(毇)粲米,三母倍实。以毁(毇)米求稻米,倍母三实。(岳麓书院藏秦简《数》0756)

值得注意的是,该简第一句同《算数书》一样作"毁(毇)粲米",但后一句则作"毁(毇)米",从文义看二者所指显然相同。学界亦有两种截然相反的观点:一是认为当作"毇粲米",作"毇米"者脱"粲"字,如彭浩认为"稻米"即《仓律》"稻禾一石,为粟廿斗,春为米十斗"中的"米",稻禾与毇粲的换算率为3:2,毇与稻米的换算率为2:3,可见稻米与毇粲、毇的换算率相同,显然后一句的"毇"和前一句的"毇粲"是同一粮食之名,则后一句脱"粲"字,"毇粲"指精细而白的米[①];二是认为当作"毇米",作"毇粲米"者衍"粲"字,如萧灿认为:"这里的'稻米'可能是指由稻谷春成的稻系列的毇米(与由黍粟春成的粟系列的毇米不同),'毇粲'中的'毇'字可能是多余的字,'以毁米求稻米'中的'毁米'则可能应是'粲米'。但这些错误是《数》这个抄本之误,还是《数》的原本之误,抑或是《数》所取材料的更早的材料中就已有的错误,不能判断。"[②]

综上,为便于分析其源流和差异,可以将出土秦汉简牍文献和传世文献所见稻米加工后的各种米之制度及不同语词总结为表2。

表2　秦汉文献所见各级稻米比率

秦汉文献	稻	米/稻米	粲毇	毁粲	毁/毇	粲
睡虎地秦简《仓律》	20	10	62/3			
张家山汉简《算数书》	20	10		62/3		
岳麓书院藏秦简《数》	20	10		62/3	62/3	
《说文》	20				10	62/3

① 彭浩:《秦和西汉早期简牍中的粮食计量》,载中国文化遗产研究院编:《出土文献研究》第11辑,上海:中西书局,2012年,第94页。

② 萧灿:《岳麓书院藏秦简〈数〉研究》,北京:中国社会科学出版社,2015年,第68页。

（二）稻米语词语义发展分析

综上可见，"粲毁（毇）米"和"毁（毇）粲米"的校勘和训释是该问题解决的关键，我们认为所有简文都不存在衍文或脱文，也不存在误倒并需互乙之处，"粲""毇（毁）"混言之为同义词，又可组成一对同素异序双音词"粲毇"或"毇粲"。首先，从语法史的角度来看，秦简《仓律》中的"十斗粲毁（毇）米六斗大半斗"若句读作"十斗粲，毁（毇）米六斗大半斗"，则"十斗粲"为"数＋量＋名"结构，根据笔者对先秦两汉量词发展史的系统研究可知该称数构式最早见于战国楚简，秦简未见，到两汉简牍也不多见①，可见这种构式及句读方式并不符合秦简之语法习惯，秦简只能用"名＋数＋量"结构，即"粲十斗"才符合语法习惯，因此从语法角度看当在"粲"前句读，则"粲毁（毇）"连读为一个词。其次，从词汇史的角度来看，"粲毇"和"毇粲"是上古汉语双音化发展初期常见的同素异序词。对于粟米而言，除了后期实际使用中罕见的御米，"毇"为最精者；对于稻米而言，"粲"为最精者。因此二者往往都可泛指精米，随着秦汉时期汉语的双音化可以组成双音词"粲毇"或"毇粲"。这种并列式的"同素异序"双音词上古汉语常见，如郑奠指出《诗经·周南·桃夭》首章有"之子于归，宜其室家"，次章有"之子于归，宜其家室"；《齐风·东方未明》首章有"东方未明，颠倒衣裳"，次章有"东方未明，颠倒裳衣"；其中"室家、家室"和"衣裳、裳衣"都是如此。② 再次，从训诂学的角度来看，秦简《仓律》《数》和汉简《算数书》，其文中均有"粲毇米"或"毇粲米"之说，如果认为三种简文所载均有衍文"粲"或"毇"显然是不合情理的。如果没有衍文，岳麓书院藏秦简《数》0756："以稻米求毁（毇）粲米，三母倍实。"其中"毁（毇）粲米"做动词"求"的宾语，显然是表示该级加工之米的专用词；同样，张家山汉简《算数书》简 88-90 中的"毁（毇）粲米六斗泰（大）半斗"组成当时最常见的"名＋数＋量"结构，做"为"的宾语，均文从字顺。因此，明确了"粲毇"或"毇粲"二词无误，也就明确了简文的句读和校勘，秦简《仓律》简 41-43 当句读作："稻禾一石，为粟廿斗，舂为米十〓斗〓（十斗；十斗），粲毁（毇）米六斗大半斗。"张家山汉简《算数书》88-90 作："为毁（毇）粲米六斗泰（大）半斗。"岳麓书院藏秦简《数》0756 作："以毁（毇）米求稻米，倍母三实。"可见，如此则三处简文既无衍文也无

---

① 李建平：《先秦两汉量词研究》，北京：中国社会科学出版社，2017 年，第 400 页。
② 郑奠：《古汉语中字序对换的双音词》，《中国语文》1964 年第 6 期。

脱文,句读亦文从字顺,正如清王引之《经义述闻·通说下》所言:"经典之文,自有本训,得其本训,则文义适相符合,不烦言而已解。失其本训,而强为之说,一则扞格不安,乃于文句之间增字以足之,多方迁就,而后得申其说,此强经以就我,而究非经之本义也。"①

明确了新出简牍文献相关语料的校勘与句读,结合传世文献所见稻米制度情况,可以进一步厘清稻米制度系列语词的释义。稻第一次加工去壳后,早期简牍文献称之为"米"或"稻米",但"米"和"稻米"本身无精米之义,因此易与未加工的带壳的稻混淆;稻第二次加工后,早期简牍文献采用"毇"和"粲"及其组成的双音节词,即"毇、粲、毇粲、粲毇"构成一组同实异名之词,使用较为随意,其所指均为:"稻重一䄷,为粟二十斗,为'米/稻米'十斗,为米六斗大半斗曰'毇/粲/毇粲/粲毇'。"虽然乱中有序、制度明确,但诸多同实异名之词,非常容易造成误解;因此,后期文献《说文》分别用"毇"替代"米"或稻米表示第一级加工品,第二级加工品则只用"粲"来表示,明确区分了两个不同等级的加工品,粟、稻及其加工品两个语义场不再存在交叉成员,从而避免了歧义。

综上可见,稻米类系列语词释义据出土与传世文献互证均可明确。其一,"毇"对于不同粮食作物粟、稻制度不同,词义亦有时代差异。秦汉早期,"毇"或书作"毇",既可以用于粟米,也可以用于稻米;对于粟米来说,即《说文》"毇"条所言"粝米一斛舂为八斗";对于稻米来说,则是出土简牍文献所见"稻米十斗,为米六斗大半斗曰毇";到后期文献中,"毇"则仅用于稻米,即《说文》"粲"条所言"稻重一䄷,为粟二十斗,为米十斗曰毇"。权威辞书《汉语大字典》《汉语大词典》《辞源》对"毇"的释义均为粟米之制度,未涉及稻米之制度,其释义是不完整的,辞书释义对稻米之"毇"也应当区分其不同历时层次的不同制度和词义。

其二,"粲"无论在出土文献还是传世文献中,都是仅用于稻米的,与粟米无关,而且其制度也是稳定的,都是指稻第二次加工后的最精的米,即《说文》所言"稻重一䄷,为粟二十斗,为米十斗曰毇,为米六斗大半斗曰粲",如段玉裁注说:"禾黍米至于侍御,稻米至于粲,皆精之至矣。"但是段玉裁混淆了粟米和稻米制度,而且误导了后世学者,如张舜徽《说文解字约注》:"粝米即今俗所称糙米。谷但去皮,未曾一舂者也。凡米舂之愈久,则碎米愈多,而粒米少。用箄去碎米

① [清]王引之:《经义述闻》卷三十二,上海:上海书店出版社,2012年,第335页。

而存粒米,故粝米仅六斗大半斗矣。米愈舂,色愈白,是之谓粲。"①其实"粲"与粟的加工无关,从后来其引申义来看也是很明确的,粲往往有鲜明、洁白之义,都由稻经加工后色白而来,而粟为黄色,自然并非"米愈舂,色愈白",显然与此无关。从当前权威辞书释义来看,《汉语大字典·米部》引《说文》及段注,但段注释义有误而当删;《汉语大词典》没有解释其具体制度,当据《说文》补;《辞源·米部》:"精米。《诗·郑风·缁衣》:'适子之馆兮,还予授子之粲兮。'《传》训粲为餐;宋朱熹《集注》谓粟之精凿者为粲。"②其书证多有争议,或训为"餐",则非本字而与该义项无关,不宜作为书证,当引《说文》及其前期秦汉简牍所见之用例,并明确其制度。

其三,"粲毇""毇粲"二词传世文献未见,《汉语大词典》《辞源》均未收,可据出土简牍文献用例补入,为秦汉早期稻米的第二级加工品,即"稻重一秅,为粟二十斗,为米十斗,为米六斗大半斗曰'毇粲/粲毇'。"相当于早期的"毇"或"粲",后期仅用"粲"表示该级稻米加工品。

四、粟稻语词语义演变的动因

将目前所见全部出土文献和传世文献资料排比分析,可以发现秦汉时期粟、稻加工后各级米的名称构成了两个不同的语义场。由于粟和稻是早期中国最主要的粮食作物,不同地域的人对其各级加工品命名的不同造成了其"同实异名";同时,由于加工制度的相似性,导致粟稻两个语义场的成员有交叉,又造成了部分词语"同名异实";随着社会经济的发展,粟和稻加工更加精细化,语义场成员随之增加与调整,使得粟稻制度语词系统更加复杂。在语言表达的明晰化原则的要求下,早期部分同名异实的语词逐渐固定用于某一语义场中,部分表义不清的语词被淘汰,粟稻两个语义场的成员不再交叉,从而避免了歧义;但是另一方面,这又造成了历时上的"同名异实"。历代学者训诂随文释义,在具体语境中正确的训释往往各不相同,后世学者去古日远,混淆了不同的语义场或者历时层次以致对部分语词训释往往有误。基于对粟稻两个语义场诸多语词历时发展的探讨,我们将其演变过程分别对比并图示如图 1、图 2,同时探索其词义演变的动因。

---

① 张舜徽:《说文解字约注》,武汉:华中师范大学出版社,2009 年,第 1738 页。

② 《辞源》(第三版),北京:商务印书馆,2015 年,第 3161 页。

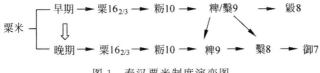

图 1　秦汉粟米制度演变图

注：早期指睡虎地秦简、岳麓秦简、张家山汉简、《说文》；晚期指《九章算术》、毛诗郑笺。

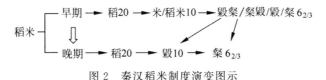

图 2　秦汉稻米制度演变图示

注：早期指睡虎地秦简、岳麓秦简、张家山汉简；晚期指《说文》。

　　未去壳的粟经过加工后所得之米，在早期出土文献睡虎地秦简《仓律》、岳麓书院藏秦简《数》、张家山汉简《算数书》中分为三级，后期的《九章算术》、毛诗郑笺中进一步精密化，增加了"御米"而成为四级。早期粟米语词中第一级的"粝"和晚期新增的"御"皆无争议；第二级加工品睡虎地秦简《仓律》、张家山汉简《算数书》称之为"糳"，岳麓书院藏秦简《数》称为"粺"；而第三级的"毇"则同稻米制度中第二级的"毇"同名异实，二者的精度相差很大，粟之"毇"是 10 斗粝加工为 8 斗之米，稻之"毇"是 10 斗稻米加工为 $6_{2/3}$ 斗之米；显然容易造成表义混乱。因此，在粟米语义场进一步调整并精密化的过程中，到《九章算术》"粟米"章中粟米不再使用与稻米通用易混的"毇"，而是将原来精度相同的"粺"和"糳"分成二级，并增加了进一步精加工的"御"，成为"粝→粺→糳→御"四级；粟、稻两个语义场不再有交叉成员，从而避免了表义上的混乱。

　　未去壳的稻经过加工后所得之米，一直都是分为两级的，但早期出土文献睡虎地秦简《仓律》、岳麓书院藏秦简《数》、张家山汉简《算数书》中第一级皆称为"米"或"稻米"，其中"米"显然表义比较模糊，容易和粟及其他粮食作物之米造成混淆；第二级加工品则多同实异名之词，可以用"毇"或"粲"，但单用"毇"时容易和粟之毇混淆，早期部分文献又可加描述性的定语以明确其具体所指，如岳麓书院藏秦简《数》0981："稷毇（毇）十九斗四升重一石。"稷，即粟。随着双音化的发展，也可用二者组成的双音节词"粲毇（毇）"或"毇（毇）粲"，但是这两个并列式同素异序双音词并不符合汉语双音化发展的趋势，因为"单音节类别词＋米"的偏正式双音词表义更为清晰，也更符合汉语的韵律，所以"毇米""粲米"比"毇粲/粲毃"或"毃粲/粲毃米"更容易被人们所接受,因此双音词"毃粲/粲毃"迅速被淘汰,以致传世文献未见。随着稻米语义场的进一步调整,稻第一次加工后不再用表义模糊的"稻米"或"米",而是采用了"毃";第二次加工后更精的稻米则用"粲",成为表达更为固定、清晰的三级稻米语词系统"稻→毃→粲"。

综上所述,从粟稻制度系列语词的词义发展演变来看,词义的发展往往与社会经济及相关制度的发展密切相关,同时汉语双音化的趋势、语言表达明晰性的要求等都制约着词义系统的发展变化,要厘清特定文献中语词的具体所指,在出土文献与传世文献互证的基础上,既要分清其不同的历时层次,也要分清其所属的不同语义场,才能进一步明确其词义演变的动因。

由一件彩绘陶壶再谈卜千秋墓壁画

易　萧

清华大学出土文献研究与保护中心

近日在清华大学艺术博物馆举办的"华夏之华：山西古代文明精粹"展览中，有一件精美的西汉彩绘陶壶，其器身纹饰与洛阳卜千秋墓壁画有相近之处，可为相关壁画的解读提供帮助。现据有关资料，试作一些讨论。

一、陶壶的基本情况

此壶不见于著录，来源亦不明，据展览标签知为临汾市博物馆所藏。壶高47.2厘米，口径19.8厘米，底径22.2厘米，腹径37.6厘米。通过观察可知，此壶为泥质灰陶，轮制，侈口，粗短颈，斜肩，鼓腹，圈足（见图1）。壶上原应有盖，今缺。此类陶壶多为低温烧制，不宜日常实用，常作为明器随葬，故知此壶可能出土于临汾附近的墓葬。

图1　彩绘陶壶（朱学斌摄）

　　器身环绕带状分布的纹饰,为陶胎烧成后再绘,主要有三组:第一组在颈部,主要饰以三角纹、云气纹和倒立的水滴形纹饰;第二组在肩部,主要饰以三角纹和实心圆点;第三组在腹部,绘有龙、三头凤、蛇、狐、兔、仙人、流云、火焰和植物等纹饰。画面以黑色为底,多数纹饰先以白色勾勒轮廓,再上以赭、红、紫、绿等较为明亮的颜色。组与组之间常以赭或赭白相间的带状纹为区分。总体来看,壶身纹饰保存较好,色彩绚丽,线条流畅,极富动感。

　　从器形与纹饰来看,此壶当属于西汉中晚期,与其形制、时代较为接近的是二十世纪五十年代洛阳烧沟汉墓出土的一批彩绘陶壶。[1] 不过,目前所见其他同时代、同类彩绘陶壶的纹饰皆不如此壶精美,故此壶就愈显珍贵。

二、陶壶纹饰与卜千秋墓壁画之比较

　　1976 年 6 月,考古工作者在河南洛阳发现了一座西汉壁画墓(昭、宣时期),因墓中出土的一枚铜质印章上有"卜千秋印"四字,故通常认为墓中所葬二人即为卜千秋夫妇。此墓最为人注意者是墓门内上额、后壁和顶脊砖上的壁画,自出土以来不断有学者进行讨论,相关壁画也被公认为中国古代美术史上的重要代表作。其中,顶脊的壁画绘在二十块空心砖上,按照砖边上"第一"至"廿"的编号从里往外(从西往东)依次排砌,即第一砖在最里,第廿砖在最外。前十八个编号为刻划,后两个为墨书。[2] 上述彩绘陶壶的腹部纹饰(见图 2、图 3)即与顶脊前五号砖上的画面(图 4)非常相近,今述之如下:

图 2　彩绘陶壶腹部纹饰(局部,易萧摄)

---

　　① 洛阳区考古发掘队:《烧沟汉墓》,北京:科学出版社,1959 年,第 94-106 页。
　　② 洛阳博物馆:《洛阳西汉卜千秋壁画墓发掘简报》,《文物》1977 年第 6 期。下文简称《简报》。

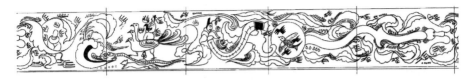

图 3　彩绘陶壶腹部纹饰展开图（高菲绘）

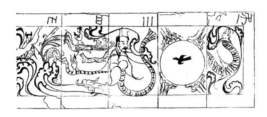

图 4　卜千秋墓顶脊前五号砖画面（摘自《简报》）

　　第一，陶壶腹部一侧绘有一巨龙，龙身周围则环饰云气纹，而卜千秋墓顶脊第一号砖的纹饰也以龙形和云气为主。总体来看，两条龙皆为正面俯视，且皆只绘半身，无角，背上有一对鳍。陶壶龙首之后有一对羽状纹饰，而砖上之龙亦有相近纹饰，应是羽翮或双耳。陶壶之龙有一对长须，而砖上之龙呈蛇形而无须。其中的云气纹类似出土战国至西汉时期丝织品上的"茱萸云纹"，一般由赭、紫二色组成，其他区域还有以赭、绿二色组成的。

　　第二，壶上与巨龙身体连在一起的是一轮太阳，太阳中还有一只振翅飞翔的金乌，乌飞的方向与龙首相反，太阳周围还分布着几片火焰纹，其画面与顶脊第二号砖的纹饰大体一致。

　　第三，太阳的另一侧则紧挨着人首蛇身鱼尾的伏羲像，伏羲呈回首张望状，其画面与顶脊第三号砖的纹饰一致。

　　第四，伏羲前面是一组图案。主要包括一只三头凤，凤上乘有抱乌的女子；凤下绘一昂首游动之蛇，蛇上亦乘有一人，其上肢呈"∞"形；蛇下为一只奔跑的狐狸。凤、蛇、狐都朝着一个方向行进。整幅图案与顶脊第四号砖大体一致。其主要区别有两点：一是陶壶上狐的位置在凤、蛇之下，而墓砖上的狐则在凤、蛇之间；二是墓砖图案最下方还画有一羽人，陶壶则无羽人，而是在右下方增加一片云气纹。

　　第五，蛇前有一兔，兔首紧挨一束绿色植物，兔下是一大朵云气，兔尾与蛇头几乎连在一起；植物前面的一朵云气纹上坐有一位仙人，仙人做回首张望状。

其画面与顶脊第五号砖的纹饰几乎完全一样。与仙人之间隔着一片云气纹的即是巨龙之首,壶身一圈图像至此连成一体。

通过上述比较,可以看出陶壶上的纹饰展开后与卜千秋墓顶脊前五号砖的画面非常接近,它们在主纹的种类、数量、位置、朝向和形态上几乎完全一样,画面主题也都是与"升仙"有关的神仙世界。当然,除上文所论构图上的细微差异之外,两图在艺术风格上还有一些不同:一是陶壶用厚厚的颜料绘制图案,有类似微浮雕的效果,故比壁画更有立体感;二是陶壶图案绘制较为工整稳重,线条一丝不苟,而壁画则显得轻灵飘逸,并没有严格按照墨线勾勒的轮廓来填入颜料,有的地方甚至近于没骨画法。我们以为,这些差异多源于创作时的别出心裁,反映了不同绘工的个性,但并不影响两图整体上的相似性。就其载体而言,相似主题的图案见于不同载体本不稀奇,如西王母形象在铜镜和画像石之上都能见到,但像这样图案复杂且几乎完全相同的,目前还极为罕见。

由此,我们可对许多相关问题进行讨论。

其一,壁画一号砖上的龙,《简报》及孙作云、王念周、王元化等学者称之为"黄蛇",而贺西林先生则认为是见于《山海经》的北方神灵鱼妇[①],而据陶壶纹饰可知原本应即是龙。龙与蛇形近,故绘成蛇形并无不可,而"鱼妇"之说则略显牵强。四号砖上的奔跑小兽,《简报》及个别学者认为是犬,而多数学者皆认为是狐,现据陶壶纹饰可确定为狐。

其二,壁画四号砖上乘凤、蛇之人。《简报》及多数学者皆认为即是墓主卜千秋夫妇,目前所见各种美术史及文化史著作一般都采纳此说,其流行程度可见一斑。[②] 同时,也有个别学者认为此砖画面是表现东王公与西王母相会,但其说较

---

① 各家观点分别见孙作云:《洛阳西汉卜千秋墓壁画考释》,《文物》1977 年第 6 期;《文物》编辑部:《关于西汉卜千秋墓壁画中一些问题》,《文物》1979 年第 11 期;王元化:《〈卜千秋墓壁画〉试探》,载《文学沉思录》,上海:上海文艺出版社,1983 年,第 168 页;贺西林:《洛阳卜千秋墓墓室壁画的再探讨》,《故宫博物院院刊》2000 年第 6 期。

② 如孙作云:《洛阳西汉卜千秋墓壁画考释》,《文物》1977 年第 6 期;陈少丰、宫大中:《洛阳西汉卜千秋墓壁画艺术》,《文物》1977 年第 6 期;王元化:《〈卜千秋墓壁画〉试探》,载《文学沉思录》,上海:上海文艺出版社,1983 年,第 165 页;陈昌远:《关于洛阳西汉卜千秋墓室壁画的几个问题》,《洛阳古墓博物馆馆刊》创刊号(《中原文物》1987 年特刊);贺西林:《洛阳卜千秋墓墓室壁画的再探讨》,《故宫博物院院刊》2000 年第 6 期;顾森:《秦汉绘画史》,北京:人民美术出版社,2000 年,第 48 页;中央美术学院美术史系中国美术史教研室:《中国美术简史》,北京:中国青年出版社,2010 年,增订本第 2 版,第 47 页;《中国美术史教程》编写组:《中国美术史教程》,北京:高等教育出版社,2017 年,第 96 页;贺西林、赵力:《中国美术史简编》,北京:高等教育出版社,2020 年,第 46 页。

为笼统，并未明确指出乘凤、蛇之人的身份。① 日本学者林巳奈夫先生则认为乘凤之人是代表北方之神的玄冥，乘蛇之人是其侍者。② 陶壶上相似纹饰的出现，则明确说明壁画中乘凤、蛇之人并非卜千秋夫妇，而应是两位仙人，不过其身份还需考证。所谓玄冥及其侍者之说，自然也是猜测，没有可靠的证据支撑。当然，整幅画面是表示"升仙"主题，两位仙人能否作为墓主夫妇的代表，则又是另外一回事了。这提醒我们，学者在解读战国秦汉以来墓葬出土的人物画时，常常将画中一些人物定为墓主，甚至直接说是墓主画像，这种解读在宴饮等生活场景时确实可以成立，但在表现"升仙"或神仙世界的场景中却未必正确，故还要十分谨慎，不可轻下结论。

其三，壁画砖的排列是否有错误。贺西林先生认为卜千秋墓壁画图像的阴阳关系是错乱的，可能是由于画工或建墓工匠缺乏相应知识而造成图像结构错误，并认为只有把二、三号砖（日、伏羲）和十八、十九号砖（月、女娲）相互置换，其阴阳关系才得以顺畅。③ 现在从陶壶的纹饰可以知道，二、三号砖的位置不存在错误，相应地，十八、十九号砖的位置自然也不必调换。

其四，两图如此相似，足以说明它们不仅题材一致，而且使用了几乎完全一样的图谱。陶壶纹饰是图谱的减省版，而壁画则相对完整。中国古代绘画中的伏羲与女娲、日与月、金乌与蟾蜍（或兔）三组形象通常成对出现，而陶壶上与伏羲、太阳（及金乌）相对应的另一侧图案却并非女娲、月亮（及蟾蜍），现在与壁画进行对比，这种构图上的反常之处便容易理解，反常实际是图案减省导致的。当然，陶壶制作者对原图的截取和简单改造，是否又寄托了新的思想，则不得而知。继二十世纪七十年代卜千秋墓出土之后，1992 年又发现洛阳浅井头西汉壁画墓（编号 CM1231，年代在西汉成帝至新莽时期），2000 年发现洛阳新安县磁涧镇里河村西汉壁画墓（年代在西汉中晚期至新莽时期），三墓顶脊壁画在题材、构图和画法上皆十分相近④，可见当时应有一个比较相似的图谱广泛流行于绘工之间。

① 如陈昌远与邵武，见《文物》编辑部：《关于西汉卜千秋墓壁画中一些问题》，《文物》1979 年第 11 期。陈昌远的观点后来有所修正，亦认为是墓主夫妇，见陈昌远：《关于洛阳西汉卜千秋墓室壁画的几个问题》，《洛阳古墓博物馆馆刊》创刊号（《中原文物》1987 年特刊）。

② （日）林巳奈夫：《对洛阳卜千秋墓壁画的注释》，蔡凤书译，《华夏考古》1999 年第 4 期。

③ 贺西林：《洛阳卜千秋墓墓室壁画的再探讨》，《故宫博物院院刊》2000 年第 6 期。

④ 分别见洛阳市第二文物工作队：《洛阳浅井头西汉壁画墓发掘简报》，《文物》1993 年第 5 期；沈天鹰：《洛阳出土一批汉代壁画空心砖》，《文物》2005 年第 3 期；沈天鹰：《洛阳博物馆新获几幅汉墓壁画》，《考古与文物》2006 年第 5 期。

而陶壶的出现,则进一步证实当时甚至有几乎完全一样的图谱被不同地区的绘工所使用。这种相对固定的范本,显然有着共同的来源,并经过不断的传抄而流传开来,为考察中国古代绘画史上图谱(即后世所谓"粉本")的使用提供了重要参考,同时,其流行背后又展现着当时绘画技艺的发展与传播。从时间和地域来看,这一图谱的流行不会晚于西汉晚期,似乎以洛阳地区最为兴盛,并向以临汾为代表的晋南地区辐射,其背后则是两地民众在信仰和艺术审美等方面的高度一致,大而言之,西汉中晚期河洛与晋南地区在文化上的一体性也由此得以体现。

综上所述,临汾博物馆所藏这件彩绘陶壶,为解读卜千秋墓顶脊壁画提供不少启发,也为进一步探索秦汉绘画的题材、艺术风格和技艺传授等问题提供了重要的实物证据,其在中国古代绘画史和文化史上的价值值得重视。

[附记]本文原载《中国文物报》2022 年 3 月 1 日第 5 版,陶壶腹部纹饰线图由高菲女士绘制,贾高操、朱小丫、朱学斌、梁睿成等学友亦提供帮助,谨致谢忱!

文书简研究取径与方法的再思考
——以文书学和考古学为中心

郭伟涛

清华大学出土文献研究与保护中心

本文讨论的文书简,是指官府行政作业过程中产生的各种书檄符券、簿籍账册等官方简牍[①],绝大部分出自边塞烽燧、传置和古井,小部分出自墓葬。烽燧传置简——如居延汉简、敦煌汉简、悬泉简等[②],自然不用说,出自汉代边塞的防御机构,本来就属于官方设施;古井简——如走马楼吴简、里耶秦简、五一广场简、益阳兔子山简、湘乡三眼井楚简等,出自官署遗址中的古井。两者绝大多数都是官府文书。墓葬较具个人化色彩,所出简牍多是记录随葬品清单的遣策和典籍文献,偶尔也有文书,如包山楚简司法文书、尹湾汉墓和黄岛汉墓郡县簿籍等。迄今为止,已经公布和有待公布的文书简,已有二三十万枚,可算是井喷式发现。

1925 年王国维艳称殷墟甲骨文字、敦煌塞上及西域各处之汉晋木简、敦煌出土六朝唐人写本书卷和内阁大库收藏元明以来之书籍档册等为近代古文献之四大发现,并认为其中任何一项的价值,都足以比肩孔壁中书和汲冢古书。[③] 当时所见的汉晋简牍,不过数千枚,而今天则是当时的数十百倍。而且,

---

① 从王国维、劳干以来,学界对"文书简"的定义就不甚一致,但后来随着典籍简牍的大量出土,学界逐渐采取将文书简、典籍简对举的二分法,以至于文书简成为囊括典籍简之外所有简牍的概念(可参均明:《秦汉简牍文书分类辑解》,北京:文物出版社,2009 年,第 3-8 页)。实际上,典籍简之外,还包括律令文书(如张家山汉简《二年律令》、睡虎地秦简《秦律十八种》等)、私人书信等,而这两类资料与学界习称的因行政作业而产生的"文书简"特点迥异,不宜笼统放在一起。有鉴于此,同时也考虑到讨论的集中性,本文使用的"文书简"概念不包括律令简与私人书信等。

② 悬泉置汉简出自汉代官方机构——传置遗址,与烽燧同样具有面积开阔的特点,而与古井、墓葬的环境特点迥异,为叙述方便,一并讨论。

③ 王国维:《最近二三十年中国新发见之学问》,载谢维扬、房鑫亮主编:《王国维全集》,杭州:浙江教育出版社,2010 年,第 239 页。

文书简绝大多数都是基层政府留下的实时性资料,未经史家的笔削增减,故可视为真正意义上的第一手记录①,具有不可替代的重要价值。今天研究战国秦汉历史而不关注简牍,几有"不预流"之虞。针对这些与传世文献既有联系又性质迥异的宝贵资料,该如何开展研究、怎么研究才更加有效,也需适时总结和反思。

一、文书简研究与二重证据法的得失

提起出土文献研究——包括文书简在内,影响最为广泛的就是王国维1925年提出的二重证据法:"吾辈生于今日,幸于纸上之材料外,更得地下之新材料。由此种材料,我辈固得据以补正纸上之材料,亦得证明古书之某部分全为实录,即百家不雅驯之言亦无不表示一面之事实。此二重证据法,惟在今日始得为之。"②这一提法有一个演变发展的过程,同时也有其特定的背景,即针对古史辨运动疑古太过而发③,并不单纯是着眼于如何研究出土文献。其后陈寅恪将之提炼为"取地下之实物与纸上之遗文互相释证"④。这一概括简单直接,弃去了王国维当时发言的背景考虑,对后来学者的影响更大。

尽管王国维这一提法并非专为简牍研究而发,但其研究理念与方法毫无疑问可以应用在文书简研究上。作为中国简牍研究的开山鼻祖,王国维、罗振玉身体力行,对斯坦因第二次中亚之行所获敦煌汉简开展了研究,取得骄人成绩。⑤细察王国维在简牍方面的研究,不仅研究简牍文字,关注到简牍形制、文书制度等多领域,还敏锐注意到简牍出土地的重要性,可以说研究面向相当丰富、研究视野相当广阔了。随后,劳干继踵先贤,依据居延旧简的资料,结合传世文献,对

---

① 学者一度有"史书出,史料亡"的感叹,认为文书简较前四史等传世史籍更为真切地反映了历史事实。详参侯旭东:《"史书"出,"史料"亡》,《中华读书报》2007年9月19日。

② 王国维:《古史新证》,载谢维扬、房鑫亮主编:《王国维全集》,杭州:浙江教育出版社,2010年,第241-242页。

③ 关于二重证据法提出的背景和演变等,可参李锐:《"二重证据法"的界定及规则探析》,《历史研究》2012年第4期,第116-133页。

④ 陈寅恪:《王静安先生遗书序》,载《陈寅恪集 金明馆丛稿二编》,北京:生活·读书·新知三联书店,2001年,第247页。

⑤ 王国维、罗振玉:《流沙坠简》,1914年初版,1934年修订,此据何立民点校本,杭州:浙江古籍出版社,2013年。

汉代的军事、政治、边塞等各方面的制度作了综合考证分析，取得不俗成绩。[①]后来者更是利用简牍资料与传世文献对证，解决了不少疑难问题。可以说，"二重证据法"至今依然普遍应用于包括简牍在内的甲骨、青铜器、碑刻等出土文献研究中，成就不可谓不大。

当然，必须指出，王国维在实践"二重证据法"时并非简单地用出土文献去证明传世文献，陈寅恪应该也意识到了这一点，故表述为两者"互相释证"。不幸的是，后来却发展出一种非常欠缺精细度的研究取径，即用出土文献去论证和证明传世文献。这一方式并不是一种科学和有效的方法，本身存在不易察觉的致命逻辑错误，即不可证伪性。[②] 换言之，假使出土文献出现了某个（些）与传世文献相同的记载，也并不能天然地证明传世文献的记载就是事实。进一步说，需要辨别两种出土文献：追述过去历史的文献和当时无意遗留的文献；前者以典籍为代表，后者以档案文书为代表。就时效性来说，档案文书因为是事件发生过程中的无意遗留，故可视为未经剪裁的一手文献；而典籍文献则追述过去的历史，反映的是典籍文献作者及其时代的认识，并非实时性的和一手的。换言之，出土汉代文书档案，虽然肯定也有文书吏有意无意的"修饰"，但关于汉代历史的记载无疑是值得高度重视的，在与《汉书》的记载相矛盾时，相信前者要比后者更经得起检验；而出土汉代典籍类文献关于早期历史的记载（譬如三代或战国），其有效性并非天然就比传世汉代典籍（如《史记》）更高，出土汉代典籍类文献也只是汉人及其时代的一种认识，只不过没有像传世文献一样幸运地流传下来而已。从这一点来说，典籍类出土文献，即使与传世文献的某些说法相合，也只是为传世文献增加一条证据而已，并不能证明后者的正确性。反之亦然，典籍类出土文献出现了与传世文献不同的记载，并不能证明传世文献就错了。

不过，无须讳言的是，后来学者在文书简研究方面，存在一种愈演愈烈的倾向，即仅仅直接比勘简牍与传世文献的相关记载，将文书简单纯当作另一种文献，而忽视其独特的生成背景与特点。这一做法偏离了王国维的研究实践，考虑问题略欠周到。进一步说，文书简多数较为残碎，且能与传世文献直接勾连者实

---

① 劳干：《居延汉简考释——考证之部》，1944 年初版，此据作者《居延汉简·考释之部》，台北："中央研究院"历史语言研究所，1986 年。

② 可参（日）西山尚志：《我们应该如何运用出土文献？——王国维"二重证据法"的不可证伪性》，《文史哲》2016 年第 4 期，第 45—52 页。

在少之又少,因此这种简、史互证的研究思路,效果有限。具体而言,首先是能被利用的简牍较少,如劳干的皇皇巨著《居延汉简考证之部》引用居延旧简才 700 多枚,仅占全部的 7% 左右①,绝大多数都未发挥应有的作用。其次,某地出土的文书简,基本上反映了所驻机构作业簿籍的大致状况,一定程度上可以视为一个整体。如果拆开来进行孤立分析,等于是割裂了简牍之间的内部联系,其效果自然远不如整体性分析。最后,文书简都是实时性遗留,未经后人的笔削润色,反映的信息都是当时实际行用和发生的,这与后世史家综合各方面材料撰写的传世史籍并不相同。换言之,文书简记载的内容,传世文献未必有;文书简记载的名物,即使传世文献同样记载,但内涵和所指也未必相同。

实际上,藤枝晃早就批评过简牍资料与传世文献简单互勘的研究思路,认为这并不是正确利用汉简的途径。因为在这种研究方式之下,"一万枚断片在任何时候也只是一万枚断片,不仅无法推进汉简研究,且最终或将陷入语句的细枝末节,或轻率比勘木简与史籍,以致引起误解"②。这一批评,无疑是非常敏锐的。③ 此后,徐苹芳、永田英正、谢桂华等纷纷倡导从古文书学的角度开展汉简研究。④ 近年来,随着简帛学理论的深入思考和进一步建构,学界更加关注简帛的交叉属性,呼吁重视与利用简帛的考古信息。⑤ 可以说,学界已经深刻认识到文书简研究不能仅仅关

---

① (日)永田英正:《統簡牘研究事始の記》,载《日本秦漢史學會會報》第 11 号,2011 年,第 268 页。

② (日)藤枝晃:《長城のまもり—河西地方出土の漢代木簡の内容の概観》,原載《ユーラシア学会研究報告》第 2 号,1955 年,转引自(日)籾山明:《日本居延汉简研究的回顾与展望——以古文书学研究为中心》,原刊籾山明、佐藤信編:《文献と遺物の境界——中國出土簡牘史料の生態研究》,東京外國語大學アジア・アフリカ言語文化研究所,2011 年,此据增补稿,载《中国古代法律文献研究》第九辑,2015 年,第 158 页。

③ 近期凌文超提出了"二重证据分合法"的思路,即先针对出土文献展开独立研究,得出独立结论,条件成熟再与传世文献和依据传世文献得出的结论相比勘(凌文超:《考信于簿——走马楼吴简采集簿书复原整理与研究》,北京大学博士学位论文,2011 年,第 12-14 页;后以《长沙走马楼三国吴简采集简研究述评》为题,发表于《中国中古史研究》第四卷,2014 年,第 242 页;此据凌文超:《考信于簿——走马楼吴简采集簿书整理与研究》,桂林:广西师范大学出版社,2015 年,第 470-471 页。新近的思考,参见凌文超:《吴简与吴制》,北京:北京大学出版社,2019 年,第 8-12 页)。这一提法值得重视。

④ 徐苹芳:《汉简的发现与研究》,原载《传统文化与现代化》1993 年第 6 期,此据徐苹芳:《中国历史考古学论集》,上海:上海古籍出版社,2012 年,第 303-309 页;谢桂华、沈颂金、邬文玲:《二十世纪简帛的发现与研究》,原刊《历史研究》2003 年第 6 期,此据谢桂华:《汉晋简牍论丛》,桂林:广西师范大学出版社,2014 年,第 468、472 页;(日)籾山明:《日本居延汉简研究的回顾与展望——以古文书学研究为中心》,顾其莎译,载中国政法大学法律古籍整理研究所编:《中国古代法律文献研究》第九辑,第 154-175 页。

⑤ 杨振红:《简帛学的知识系统与交叉学科属性》,《河南师范大学学报(哲学社会科学版)》第 43 卷第 5 期,2016 年,第 99-101 页;蔡万进:《出土简帛整理的理论与实践》,《郑州大学学报(哲学社会科学版)》第 50 卷第 5 期,2017 年,第 83-84 页;沈刚《出土文书简牍与秦汉魏晋史研究》,《社会科学战线》2018 年第 10 期,第 126-127、129 页。

注文字,有必要从文书学和考古学的角度开展研究,并且在这方面做了不少工作。因此,适时总结与反思这方面的进展,对于简帛学或历史学的未来发展也不无裨益。

二、文书简研究取径与方法的反思

文书简牍不仅有着与传世文献不同的生成背景,且每批简牍之间也存在特点迥异的埋藏环境,从发掘整理到出版面世的过程更与考古学有着千丝万缕的关系。有鉴于此,本文结合文书简自身的特点,从文书学与考古学的角度,品评学界之前工作的得失,全面反思文书简研究的取径与方法。需要说明的是,限于篇幅和立意,本文并非面面俱到的学术史梳理,而是选取重要研究取径与方法做深入评述。大致可概括为八个层面,下面依次分讨论析。

(一)注意简牍的物质形态和文本形态

文字记录必须依存于一定的载体,呈现一定的方式,在简牍作为主要书写载体的时代,则需要留意简牍文献的物质性与文本形态。简牍的物质形态,包括材质、尺寸、刻齿、断简茬口及编联、收卷方式等;文本形态则指符号、版面、反印文、背划线、简侧墨线、笔迹、用印,以及正本、副本、草稿等状态的判定。这些信息貌似琐细,但在具体研究中往往起到意料之外的关键作用。

简牍所具有的特殊形状,往往透露重要信息。比如居延汉简与里耶秦简中的物资出入简,简侧通常有契口刻齿,学者深入研读,发现不同的刻齿代表不同的数字,且刻齿表示的数值与简文数值相对应;[①]又如,里耶秦简中削成阶梯形状的"束"简,学者推测是用来捆扎那些叠压存放而非编缀的简牍的。[②] 此外,还可以根据茬口、材质纹理和词例,推进断简缀合工作。[③] 至于形状特殊的封检、

---

① (日)籾山明:《刻齿简牍初探—漢簡形態論のために》,原刊《木简研究》第 17 号,1995 年,此据中译本,刊于中国社会科学院简帛研究中心编:《简帛研究译丛》第二辑,长沙:湖南人民出版社,1998 年,第 147-177 页;张春龙、(日)大川俊龙、(日)籾山明:《里耶秦简刻齿简研究——兼论岳麓秦简〈数〉中的未解读简》,《文物》2015 年第 3 期,第 53-69、96 页。

② (日)籾山明:《简牍文书学与法制史——以里耶秦简为例》,载柳立言主编:《史料与法史学》,台北:"中央研究院"历史语言研究所,2016 年,第 40-49 页。

③ 谢桂华:《居延汉简的断简缀合和册书复原》,原载《简帛研究》第二辑,1996 年,此据谢桂华:《汉晋简牍论丛》,桂林:广西师范大学出版社,第 74-81 页;邬文玲:《东牌楼东汉简牍断简缀合与研究》,《简帛研究 2005》,2008 年,第 187-204 页;杨小亮:《金关简牍编联缀合举隅——以简牍书体特征考察为中心》,《出土文献研究》第十三辑,2014 年,第 300-309 页。

多面体觚、中间起脊的木觚等,其具体作用更值得进一步研究。① 即使是常见的简牍形态,深入研究也能发现一些规律性的现象。比如西北汉简中常见的单札与两行简,角谷常子综合分析后即认为文书正本使用两行,草稿多用札。② 不仅如此,简牍物质形态还关乎一些重大历史问题。比如有学者指出,在东晋十六国之前,简牍作为户口簿记的书写载体,太过庞大笨重,故仅由地方县乡收藏存放,而将统计数字上报至州郡和中央,等到轻便的纸张代替简牍之后,中央才有条件收藏全国各地的户籍文书。③ 新近又有学者进一步指出,这一书写载体的更替引起了国家统治重心的转移。④ 这一研究揭示出书写载体在物质形态方面的观察所具有的重大意义。

至于文本形态,比如文书简牍中广泛存在着句读、钩校、题示等各种符号,在版面上则有容字、留空、分栏、抬头、提行等差异和讲究,对这些问题点的分析研究⑤,有助于认识当时文书类文献的形态、样式和特点,丰富文献学的内涵。又如居延旧简中部分簿籍简,简侧有整齐划一的墨划线,起到指示书写起始处与分栏的作用,很可能与特殊的书写姿势有关。⑥ 里耶秦简少数简牍之间存在反印文,据以能推测彼此之间的叠压关系和存放方式。⑦ 不限于文书简的话,典籍简常见的背划线在文本整理方面发挥了至关重要的作用,这一点已引起学界的广

---

① 富谷至注意到典籍简、诏书与檄的特殊形制,提出了视觉木简这一颇具启发性的观察视角。参(日)富谷至:《文书行政的汉帝国》第一编,2010 年初版,此据刘恒武、孔李波中译,南京:江苏人民出版社,2013 年,第 9-88 页。

② (日)角谷常子:《簡牘の形状における意味》,收入(日)富谷至编:《边境出土木简の研究》,京都:朋友书店,2003 年,第 90-98 页。

③ 韩树峰:《论汉魏时期户籍文书的典藏机构的变化》,《人文杂志》2014 年第 4 期,第 72-80 页。作者的进一步申论,可参《从简到纸:东晋户籍制度的变革》,《中国人民大学学报》2020 年第 5 期,第 163-172 页。

④ 张荣强:《中国古代书写载体与户籍制度的演变》,《武汉大学学报(哲学社会科学版)》2019 年第 3 期,第 92-106 页;《简纸更替与中国古代基层统治重心的上移》,《中国社会科学》2019 年第 9 期,第 180-203 页。

⑤ 可参李均明、刘军:《简牍文书学》,南宁:广西教育出版社,1999 年,第 60-142 页。

⑥ 石升烜:《再探简牍编联、书写姿势与习惯——以"中研院"史语所藏居延汉简的简侧墨线为线索》,《"中央研究院"历史语言研究所集刊》第 88 本第 4 分,2017 年,第 644-715 页。

⑦ 邢义田:《湖南龙山里耶 J1(8)和 J1(9)1-12 号秦牍的文书构成、笔迹和原档存放方式》,原载《简帛》第一辑,2006 年,此据邢义田:《治国安邦:法制、行政与军事》,北京:中华书局,2011 年,第 473-498 页;张忠炜:《里耶秦简 9-2289 的反印文及相关问题》,原载《文汇报》第 390 期,2019 年 5 月 17 日,此据张忠炜主编:《里耶秦简研究论文选集》,上海:中西书局,2021 年,第 113-134 页;马增荣:《秦代简牍文书学的个案研究——里耶秦简 9-2283、[16-5]和[16-6]三牍的物质形态、文书构成和传递方式》,《"中央研究院"历史语言研究所集刊》第九十一本第三分,2020 年,第 349-416 页。

泛注意。① 具体到完整的簿籍,呈文与细目的排列顺序,也关系匪浅。② 至于正本、副本、草稿等文书性质的判定,签署笔迹和用印的誊录等③,不仅关系到文书制度和文书行政,也是利用具体文书开展进一步研究的起点。

这些对简牍物质形态、文本形态与其功能之间关系的深入观察,往往是单纯解读简文所看不到的。可以说,对简牍物质和文本形态全面而细致的观察,是简牍研究的必备功课之一,同时也与简牍本身属于出土文物、具有考古属性这一特点相吻合。当然,相信不难发现,若要充分开展这方面的研究,对简牍整理与刊布的要求是远比现在要高的,需要考古和出版从业者予以特别注意和努力。

(二)尽可能复原册书

所谓册书复原,是指依照一定的方法或方式将散乱无章的简牍恢复到古代册书的状态。大庭脩在这方面有开创性贡献,1961 年即成功复原甲渠候官遗址(A8)出土的元康五年诏书册④,并总结了"出土地点相同、笔迹相同、形制相同、内容相关"的操作要点。⑤ 在此基础上,大庭脩考察了汉代诏书从中央下发到地方的运行流程,并更新了学界对御史大夫职掌的认识。考虑到当时学界尚不清楚全部居延旧简的出土地,这一复原的难度极高。

在大庭脩复原元康五年诏书册不久之后,参与居延旧简档案整理工作的陈公柔、徐苹芳,也认识到册书复原工作在居延汉简研究中的重要性,提出"在今后

---

① 何晋:《浅议简册制度中的"序连"——以出土战国秦汉简为例》,载武汉大学简帛研究中心主办:《简帛》第八辑,上海:上海古籍出版社,2013 年,第 451-470 页。

② 侯旭东:《西北所出汉代簿籍册书简的排列与复原——从东汉永元兵物簿说起》,《史学集刊》2014 年第 1 期,第 58-73 页;侯旭东:《西北出土汉代文书册的排列与复原》,《简帛》第十八辑,2019 年,第 109-132 页。

③ 李均明、刘军:《简牍文书学》,南宁:广西教育出版社,1999 年,第 164-171 页;汪桂海:《汉代官文书制度》,南宁:广西教育出版社,1999 年,第 119-128 页;邢义田:《汉代简牍公文书的正本、副本、草稿和签署问题》,《"中央研究院"历史语言研究所集刊》第 82 本第 4 分,2011 年,第 601-676 页;(日)鹰取祐司:《秦漢時代公文書の下達形態》,原载《立命館東洋史學》31 卷,2008 年,此据(日)鹰取祐司:《秦漢官文書の基礎の研究》,东京:汲古书院,2015 年,第 243-270 页;邢义田:《汉至三国公文书中的签署》,《文史》2012 年第 3 辑,第 163-198 页。

④ (日)大庭脩:《居延出土的诏书册与诏书断简》,原刊于《关西大学学术研究所论丛》52 卷,1961 年,此据中译,收入中国社会科学院历史研究所战国秦汉史研究室编:《简牍研究译丛》第二辑,北京:中国社会科学出版社,1987 年,第 1-34 页。

⑤ (日)大庭脩:《汉简研究》,1992 年初刊,此据徐世虹中译,桂林:广西师范大学出版社,2001 年,第 10-20 页。

居延汉简的整理和研究中,将同一地点出土的简,经过对其形制、字迹、款式和内容的全面分析与整理之后,完全有可能把其中的某些已经散乱了的簿籍档案复原成册,以便于逐宗逐件地加以研究。我们认为,这在汉简的研究工作中是一个值得注意的方面。"①这一主张,倡导重视简牍的出土地,通过仔细观察简牍的形制、书式、笔迹等以复原册书或系联成群,已经接近于后来日本学者倡导的古文学研究的经典做法。两位中国研究者有如此卓识,当与其深厚的考古学背景密切相关。不过,后来者很少能够复原像元康五年诏书册一样逐级下发或上呈的文书,只能尝试复原簿籍类文书残册。② 之所以如此,一方面当然与简牍遗存的偶然性密不可分,更重要的则是居延汉简弃置之前已属垃圾,成卷成册者本来就很少,大庭脩的复原工作具有非常大的偶然性。

与西北汉简的残碎零散相比,走马楼吴简是以卷册状态弃置堆积在古井内的,且发掘者细心绘制了显示简牍彼此位置关系的揭剥图,可以说为复原简册提供了得天独厚的宝贵条件。最早开始这一工作的是侯旭东,他在细致观察揭剥图的基础上,复原了"嘉禾六年吏民人名年纪口食簿",并结合汉简与传世文献考察了簿籍的制作与性质,进而探讨了官府控制吏民人身的方式这一重要历史课题。③ 此后,凌文超在册书复原方面做了较多工作,尤其是残册,且在此基础上对如何利用揭剥图推进走马楼吴简的文书学研究进行了总结。④ 此外,邓玮光还进行了所谓"横向比较复原"和"纵向比较复原"的探索。⑤

---

① 陈公柔、徐苹芳:《大湾出土的西汉田卒簿籍》,原载《考古》1963 年第 3 期,此据徐苹芳:《中国历史考古学论集》,上海:上海古籍出版社,2012 年,第 355 页。

② 谢桂华:《新、旧居延汉简册书复原举隅》,原载《秦汉史论丛》第五辑,1992 年,此据谢桂华:《汉晋简牍论丛》,桂林:广西师范大学出版社,2014 年,第 47-56 页。

③ 侯旭东:《长沙走马楼吴简〈竹简(贰)〉"吏民人名年纪口食簿"复原的初步研究》,原刊《中华文史论丛》2009 年第 1 期;侯旭东:《长沙走马楼吴简〈嘉禾六年(广成乡)弦里吏民人名年纪口食簿〉集成研究:三世纪初江南乡里管理一瞥》,原刊邢义田、刘增贵主编:《第四届国际汉学会议论文集:古代庶民社会》,台北:"中央研究院",2013 年。两文据侯旭东:《近观中古史》,上海:中西书局,2015 年,第 81-107、108-142 页。

④ 凌文超相关复原研究颇多,可参凌文超:《走马楼吴简采集簿书整理与研究》,桂林:广西师范大学出版社,2015 年。其关于吴简文书学研究的思考,可参《吴简考古学与吴简文书学》,原题《走马楼吴简簿书复原整理刍议》,刊于《历史学评论》第一卷,2013 年,此据修订本,收入长沙简牍博物馆编:《走马楼吴简研究论文精选》,长沙:岳麓书社,2016 年,第 35-50 页。

⑤ 邓玮光:《走马楼吴简三州仓出米简的复原与研究——兼论"横向比较复原法"的可行性》,《文史》2013 年第 1 辑,第 231-254 页;邓玮光:《对三州仓"月旦簿"的复原尝试——兼论"纵向比较复原法"的可行性》,《文史》2014 年第 2 辑,第 5-35 页。

古代文书行政过程中产生的简牍,大都是编联或捆束在一起的,而目前出土的简牍,除极个别保持编联册书的状态外,绝大部分都零乱无章,甚至残断。因此,最理想的方式,当然是依照一定的方法将简牍复原为册书,呈现之前的状态。只有如此,才能更充分地发挥简牍材料的价值。当然,目前看来,仅有走马楼吴简具备大规模复原的条件,而其他大多数批次的简牍仅能进行零星的复原研究(详见下)。

(三)确定簿籍的名称与性质

目前发现的文书简,大多数是行政过程中产生的各种簿籍的孑遗,再加上发掘工作不够充分、简牍本身信息公布有限、复原工作难度较高等各方面因素的影响,真正能复原的册书十分有限。因此,就需要考虑按照一定的书式给这些残篇断简分别门类,辨别出不同的簿籍,归纳其性质、作用与所涉事务的流程,甚至进而推测簿籍在当时的名称。

早期,森鹿三、陈公柔、徐苹芳、鲁惟一等即尝试分类汇总不同的簿籍[①],做出突出成绩的则是永田英正。永田从简牍书式、形制入手,结合简牍图版、出土地等信息,辨识出多种簿籍,并总结归纳其特征与性质。[②] 对于散乱无章、较难寻找简牍之间彼此关系的文书简来说,这一工作十分必要。簿籍定名的工作完成之后,再去看其他或新出文书简,心里就可以对它们做一个初步的判定,大概知道属于哪种簿籍,有什么用途,不再生渺无头绪之感。而且,根据完整簿籍的特点及书式,还可判断残碎简牍属于何种簿籍,这对残碎简牍占大多数的文书简来说,具有特别重要的意义。此后,李天虹、李均明两位学者赓续其事,进一步完善了居延汉简的簿籍分类与定名工作。前者较多关注簿籍所涉事务的流程[③],后者对文书的分类则更为全面而准确,为学界开展相关研究奠定了基础。[④]

簿籍的定名和定性研究,早期主要集中在居延汉简上。随着走马楼吴简、里

---

① (日)森鹿三:《居延漢簡の集成——とくに第二亭食簿について》,原刊《東方學報》第29卷,1959年,此据(日)森鹿三:《東洋史研究·居延漢簡篇》,京都:同朋舍,1975年,第95-111页;陈公柔、徐苹芳:《大湾出土的西汉田卒簿籍》,载《中国历史考古学论集》,上海:上海古籍出版社,2012年,第346-355页;(英)鲁惟一:《汉代行政记录》,1967年初版,此据于振波、车今花中译,桂林:广西师范大学出版社,2005年,第151-473页。

② (日)永田英正:《居延汉简研究》第一、二章,1989年初版,此据张学锋中译,桂林:广西师范大学出版社,2007年,第42-254页。

③ 李天虹:《居延汉简簿籍分类研究》,北京:科学出版社,2003年。

④ 李均明:《秦汉简牍文书分类辑解》,北京:文物出版社,2009年。

耶秦简、悬泉简和其他文书简的刊布,这一工作开展的必要性和急迫性愈益凸显。尤其是里耶秦简,簿籍种类非常丰富,堪称秦汉时期内地县级官府文书的样本,更有必要大力开展簿籍定名定性的研究。悬泉简、益阳兔子山简、走马楼西汉简等,文书种类的丰富性虽然比不上居延汉简和里耶秦简,但也值得充分重视和持续关注。可以说,文书簿籍的定名定性,是每一批简牍群开展研究的基础。

这一工作,最为直接的意义是增进对各个简牍群和各个时段的文书制度与运作的认识,尤其是在基层文书方面。过去学界往往依靠《独断》等传世史籍勾勒中央层面的文书制度[①],而对基层文书知之甚少,针对文书简开展簿籍定名和定名的研究,恰恰能够弥补这方面的缺陷和不足。更进一步,对秦汉基层文书制度与运作的深入研究,还有助于从技术层面理解秦汉帝国的统治和运行。此前富谷至提出两汉之所以能够维持长达四百年的有效统治,端赖高度完备的文书行政制度[②],这一针对秦汉帝国统治模式的重要论断是否正确,有待我们在深入研究秦汉基层文书制度的基础上,加以检验和分析。

目前,中国境内发现多个朝代的古文书,除秦汉文书之外,还有敦煌吐鲁番出土的六朝隋唐文书、黑水城出土的西夏及元代文书,明清文书也在各地发现。在识别各种簿籍的基础上,从分类与功能的角度,拉长时段考察各种簿籍的演变,也不失为一个十分重要的课题。[③]

(四)重视简牍的出土地

重视简牍的出土地,实质上是重视简牍出土遗址所驻机构的名称、级别与性质。每一枚(份)文书,都是在特定的行政网络里产生、运转、保存和遗弃的,其出现有其特定的背景和合理性。通俗点说,甲类文书简可能只在此地(机构)出土,

① Enno Giele, *Imperial Decision-Making and Communication in Early China: a Study of Cai Yong's Duduan*, Wiesbaden: Harrassowitz Verlag, 2006.

② (日)富谷至:《文书行政的汉帝国》,刘恒武、孔李波译,南京:江苏人民出版社,2013年,第353-354页。

③ 前些年,国内学者引进了日本的古文书学这一概念,并有计划地开展了古文书学研究,企图打通秦汉至明清的出土文书研究(参黄正建:《中国古文书学的历史与现状》,《史学理论研究》2015年第3期,第135-139页;黄正建主编:《中国古文书学研究初编》,上海:上海古籍出版社,2019年)。另有学者在讨论唐代解文时,就注意溯及秦汉史学者的相关研究(参刘安志:《唐代解文初探——以敦煌吐鲁番文书为中心》,《西域研究》2018年第4辑,第53页),惜未能进一步展开。就现有研究状况而言,中国古代文书学研究还处于各说各话的阶段,距离贯通的目标还有很长的距离。

乙类文书简则只在彼地（机构）出土，而丙类文书简则可能在多个地方（机构）出土。如果第一类文书出现在乙地、第二类文书简出现在甲地，则需要考虑两地机构的关系与文书制度和运作流程。这一点，对西北烽燧文书简来说，具有特别重要的意义。因为西北烽燧简出土遗址较多、分布范围广，各个遗址的性质、地位与隶属关系不同，即使是同一种簿籍，甚至完全相同的内容，在不同遗址出土，其意义与内涵也是不一样的。

关于简牍出土地的重要作用，不妨回顾一下早期简牍学者的研究历程。比如王国维综合邮书刺、封检等，将疏勒河流域部分烽燧排列了前后次序，但无法确定具体地点①，而在得知每一枚简牍的出土地之后，即将诸烽燧落实到具体遗址上。② 这一研究推进，不仅体现了王国维眼光的敏锐，同时也凸显了简牍出土地的关键作用和重要价值。居延旧简出土后，劳干也从事过类似工作，试图将甲渠候官、珍北候官、卅井候官、肩水金关、肩水候官、肩水都尉府等机构落实在具体遗址上，可惜当时简牍出土地信息并未公布，故这一机构定位的工作极不理想。③ 而陈梦家利用手头掌握的居延旧简出土地信息④，综合分析邮书刺、封检等资料，基本完成了机构定位的工作。⑤ 当然，后续随着新资料的刊布，关于驿北亭、东部候长和肩水候等机构或长官的驻地，侯旭东、青木俊介及笔者又有了新的认识⑥，但这些成果也是在充分重视简牍出土地的基础上才能取得的。

---

① 王国维、罗振玉：《流沙坠简》，1914年初版，1934年修订，此据何立民点校本，杭州：浙江古籍出版社，2013年，第3-11、50-56页。

② 王国维、罗振玉：《流沙坠简》，1914年初版，1934年修订，此据何立民点校本，杭州：浙江古籍出版社，2013年，第170-171、197-206页。

③ 劳干：《居延汉简考释——考证之部》，1944年初版，此据劳干：《居延汉简·考释之部》，台北："中央研究院"历史语言研究所，1986年，第30-33页。

④ 记有全部居延旧简及遗物出土地点的登记册，存放在原科学院考古所，早在1962年3月就已清理出来（陈梦家提到甲编、乙编已释未释的编号及标记册，参《汉简考述》，原刊《考古学报》1963年第1期，此据《汉简缀述》，北京：中华书局，1980年，第9、29页），故陈得以利用。

⑤ 陈梦家：《汉简考述》，载《汉简缀述》，北京：中华书局，1980年，第1-36页。值得称道的是，陈梦家不仅正确比勘出各遗址的机构驻地，还提出要考虑遗址布局、建筑构造、编缀简册等较有预见性的意见（第2页）。

⑥ 可参侯旭东：《西汉张掖郡肩水候官驿北亭位置考》，《湖南大学学报（社会科学版）》2016年第4期，第32-37页；拙文《汉代张掖郡肩水塞东部候长驻地在A32遗址考》，载邬文玲主编：《简帛研究》2017年春夏卷，桂林：广西师范大学出版社，2017年，第270-286页；拙文《汉代肩水候驻地移动初探》，载武汉大学简帛研究中心主办：《简帛》第十四辑，上海：上海古籍出版社，2017年，第129-173页。约略与笔者同时，（日）青木俊介也指出肩水塞东部候长驻地在A32遗址，参氏著《漢代肩水地区A32所在機関とその業務関係》，载（日）高村武幸编：《周縁領域からみた秦漢帝国》，东京：六一书房，2017年，第66-68页。

把简牍放在遗址群和行政网络里进行考虑,是正确解读简文的基础,也是充分发掘简牍价值的前提。陈公柔、徐苹芳两位考古学者即曾指出:"在整理和分析这些简的过程中,最重要的是简的出土地点。必须对同一地点所出的简做一全面的考察,然后再根据其形制、书写的款式和内容来进行整理。"①可以说,简牍出土地的重要性,是怎么强调都不为过的;包括前面提到的册书复原、下文将要论述的简牍集成与遗址功能区划研究等,无一不是以简牍出土地为基点进行的研究。从这个意义上看,重视西北烽燧简的出土地,不能说是一种方法或取径,而是贯穿在几乎所有研究面向中的一条基本原则。

(五)以遗址单位为基点进行简牍集成研究

简单点说,就是首先确定某个遗址驻扎的机构,然后通过对该机构出土简牍的分类集成,理清其所遗留簿籍的种类、制作流程、涉及事务等,进而讨论该机构的具体职掌及行政运作实态。

永田英正以 A8(甲渠候官)、A33(肩水候官)、P9(卅井候官)、A10(通泽第二亭)、A35(肩水都尉府)等遗址为中心,分门别类集成了各种簿籍文书,在此基础上联系西北边塞"隧—部—候官—都尉府"的组织体系,考察了汉代边塞的上计制度,认为候官是文书簿籍作成的最末端机构,并进一步推导出内地郡县体制下县在上计过程中的基础作用。②

这种以某个考古单位而非某种书式为基点进行分类集成的处理方式,将那些貌似彼此无关、令人一筹莫展的残篇断简视为整体,从中建立起有机联系,进而深入考察遗址所驻机构的职掌及业务处理实态,成果令人耳目一新。这一研究方式,可以说真正克服了前文提及的孤立分析单枚简牍产生的弊端。而且可操作性强,适用范围广,不仅可用于甲渠候官,也可如法炮制考察悬泉置、迁陵县衙、临湘侯国官署等。可惜,这一研究需要将遗址出土的所有简牍纳入分析,前期工作量太大,略显笨拙,因此虽然成效极大,但效仿者寥寥。

---

① 陈公柔、徐苹芳:《大湾出土的西汉田卒簿籍》,此据徐苹芳:《中国历史考古学论集》,上海:上海古籍出版社,2012 年,第 346 页。早在陈公柔、徐苹芳之前,日本学者森鹿三也曾尝试按照出土地,重新整理居延旧简〔可参(日)森鹿三:《居延漢簡研究序說》,《東洋史研究》第十三卷第三号,1953 年,第 201 页〕。不过,森鹿三的想法不如陈公柔、徐苹芳更明确可行。

② (日)永田英正《居延汉简研究》第三章,1989 年初版,此据张学锋中译,桂林:广西师范大学出版社,2007 年,第 255-323 页。

另外,永田英正这一研究也存在可改进之处。即以某个遗址为中心进行简牍集成,其默认前提就是该遗址仅驻扎一个机构。如 A8 仅有甲渠候官,A33 仅有肩水候官,P9 仅有卅井候官,A35 仅有肩水都尉府。实际上,A33 不仅驻扎肩水候官,还有候官置①,A35 不仅驻扎肩水都尉府,还有肩水城尉,两地均不止一个机构。因此,永田以遗址为单位进行集成,还是有很大风险的,极可能混淆了不同机构遗留的简牍。换言之,通过集成方法研究候官或其他机构的职掌与作用,首先需要明确哪些材料属于哪些机构的遗留物,必须界定清晰才可进行下一步工作。

(六)深入遗址内部分析其功能区划与事务运行

西北烽燧简出土自面积开阔的机构遗址,每个遗址所驻的机构并非铁板一块,不仅可以在机构(遗址)内部分区,发掘足够系统细致的话,还可进一步细分机构下辖的部门,理清遗址(机构)某个/些房间的功能与作用,进一步深入考察机构内部的行政运作实态。

青木俊介对甲渠候官遗址(A8)的研究,堪称这方面的典范。他综合遗址内的建筑设置及简牍出土情况,将遗址东部的 F22 视为甲渠候官的文书库,负责存储文书,而将 T40、T43、T65 为代表的遗址西部视为甲渠候官的事务区,处理具体事务,并通过对数组簿籍文书笔迹的细致观察,发现文书库出土的簿籍,原则上是在甲渠候官作成的,而部隧呈报的文书簿籍则汇集在事务区,但不会长久保存,很快即遗弃在事务区内。候官通常会核查部隧提交的簿籍,并据以制作更为准确的文书,然后再呈给都尉府。②

这一工作,突破了学界将甲渠候官遗址作为一个整体进行研究的传统,深入到候官遗址内部,探讨其功能区划与行政运作实态,无论对制度史还是对简牍研究来说,都可谓推陈出新、别开生面。其思路,类似于考古学所常见的对遗址的分析与研究,只不过考古学用的是实物资料而青木俊介用的是文字材料。籾山明予以积极评价,并从考古学的角度出发,倡导分析包括简牍在内的考古遗物背

---

① 《汉代弱水中下游流域边防系统中的"置"》,《中国文化研究所学报》第 68 期,2019 年,第 63-67 页。

② (日)青木俊介:《候官における簿籍の保存と廃棄——A8 遗址文書庫・事務區画出土簡牘の狀況を手がかりに》,原刊(日)籾山明、(日)佐藤信编:《文献と遺物の境界——中國出土簡牘史料の生態研究》,东京:六一书房,2011 年,此据苏俊林中译本,载邬文玲、戴卫红主编:《简帛研究》(2018 年春夏卷),桂林:广西师范大学出版社,2018 年,第 298-322 页。

后的人的活动及工作场景。① 这一研究取径同样可以应用在悬泉置、马圈湾及 A32、A33、A35 等面积开阔的遗址。放开一点说,出土背景非常特别的古井简和墓葬简,未必不可开展类似的研究。

不过,青木的研究受到先天性条件的制约,尚待进一步细化。即甲渠候官(A8)遗址的考古发掘状况,目前只有简报②,详细的考古报告并未出版,所能利用的信息十分有限,主要集中在简牍资料上。而甲渠候官遗址出土的简牍资料并未区分地层,因此在开展事务区的功能区划分析时,极可能把早期遗弃的简牍也当作晚期简牍来利用,混淆时代先后。这一点也在提示,考古发掘工作的充分开展,对于后续研究来说,是多么的重要!

(七)确定简牍群的主人与归属

所谓主人问题,就是确认某个简牍群到底是哪个机构遗留的。这个问题不解决,则简牍群涉及的文书层级、文书制度,甚至法律诉讼、政治制度等方面的研究,均难以有效开展。因此,确定简牍群的主人,堪称开展相关研究的基础。

这一课题,也要区分烽燧简与古井简。对西北烽燧简来说,明确简牍群的主人归属,最重要的是确定遗址驻扎的机构。因为绝大多数烽燧简都是行政过程中无意丢弃或留下的文书,只要确定了遗址的某个/些驻扎机构,基本上也就可以说该遗址出土了这个/些机构遗留的简牍。比如 A32 遗址,不仅驻扎金关、驿北亭和肩水塞东部候长治所,肩水塞候也一度驻在该地,早期通道厩也可能驻在此处③,因此该地出土的简牍——现在通称为肩水金关汉简——毫无疑问就包含了上述机构或长吏留下的文书。

古井简的情况则更为复杂一些。一者,古井简面临与烽燧简相似的情况,即古井遗址所在地区可能并非仅驻一个机构。比如,出土多批次简牍群的长沙五一广场附近,该地很可能同时驻有临湘县(侯国)衙与长沙郡府,中部督邮甚至也

---

① (日)籾山明:《日本居延汉简研究的回顾与展望——以古文书学研究为中心》,原刊(日)籾山明、(日)佐藤信编:《文献と遗物の境界——中國出土简牍史料の生態研究》,東京外國語大學アジア・アフリカ言語文化研究所,2011 年,第 169-172 页。

② 甘肃居延考古队:《居延汉代遗址的发掘与新出土的简册文物》,《文物》1978 年第 1 期,第 1-3 页。

③ 侯旭东:《西汉张掖郡肩水候官驿北亭位置考》,《湖南大学学报(社会科学版)》2016 年第 4 期,第 32-37 页,插页及封三;郭伟涛:《肩水金关汉简研究》第四、五章,上海:上海古籍出版社,2019 年,第 99-162 页。

有可能驻在该地。① 二者,内地官府的行政组织较为发达,可细分为多个机构部门,因此古井简出自哪个/些部门也要进一步分析。比如,里耶秦简通常认为属于迁陵县廷的遗留物,但其中是否包含了司空、少内、库等机构的遗留物,也值得再推敲。② 此前,学者曾通过分析走马楼吴简所涉官曹的地位和性质及文书运行和事务处理流程,推测吴简的归属。③ 笔者认为,解决古井简的主人归属问题,最关键、最直接的是要找到能反映简牍留置地的文书,也就是说,文书本身已经写明或透露出其最终所在。此类材料其实并不少,比如题署收件机构的封检,记录了文书收件者、发件者、发送、接收及开封记录的文书,等等。结合文书制度和机构层级进行综合分析,这些材料均足以显示文书的最终留置地。④

(八) 注意分析简牍的弃置过程与性质

所谓弃置与性质问题,是指简牍是一次性弃置还是多次长时期弃置,是简牍单独弃置还是与其他杂物相伴,进而判断简牍弃置之前的状态,是编联成册保存在档案室,还是作为垃圾与杂物堆放在地面某处。

西北地区出土的烽燧简,大多数都是从机构遗址外的垃圾坑或灰坑内发现的,且部分有烧灼痕迹,少量加工成勺子、捕猎装置等,可见绝大部分在弃置垃圾坑之前就已经呈现散乱状态,且是在较长时间内偶然丢弃的。只有少部分,如甲渠候官遗址的F22、金关遗址的F3等少数房间,原本就是作为文书室使用的,因而房间内出土的简牍极可能是作为档案存放的。两房间出土的简牍,不仅能找到卷册的痕迹,其年代也较为集中,可见应是文书室晚期档案的自然遗存。西北文书简的性质问题,可以说,并不存在太多问题。

古井简的情况与之相反,较为复杂,需要特别澄清。目前,学界通常倾向于认为所有的古井简都是有计划封存的档案,这一看法显然是有失偏颇的。走马

① 郭伟涛:《籾山明、佐藤信编〈文献と遗物の境界〉(第一二册)评介》,载郭伟涛著:《肩水金关汉简研究》,上海:上海古籍出版社,2019 年,第 234-236 页。

② 郭伟涛:《籾山明、佐藤信编〈文献と遗物の境界〉(第一二册)评介》,载郭伟涛著:《肩水金关汉简研究》,上海:上海古籍出版社,2019 年,第 230-232 页。

③ 徐畅:《走马楼简牍公文书中诸曹性质的判定》,《中华文史论丛》2017 年第 1 期,第 179-218 页;侯旭东:《湖南长沙走马楼三国吴简性质新探——从〈竹简(肆)〉涉米簿书的复原说起》,载长沙简牍博物馆编:《长沙简帛研究国际学术研讨会论文集》,上海:中西书局,2017 年,第 59-97 页。

④ 相关研究,可参拙文《籾山明、佐藤信编〈文献と遗物の境界〉(第一、二册)评介》,载郭伟涛著:《肩水金关汉简研究》,上海:上海古籍出版社,2019 年,第 232-236 页。

楼吴简从出的 J22 井内堆积共分四层,绝大部分简牍出自第二层,且该层纯为简牍无杂物,其他三层均为纯净填土①,可见走马楼吴简属于一次性集中清理。从该批简牍多数皆可复原成册及尚未发现烧灼痕迹来看,在弃置之前应属档案,且呈现编联成册的状态,有可能是从文书室直接拿来弃置井内的。不过,简牍层呈现圆丘形的自然堆积状态,且未见防水和其他防护措施②,因此不可能是有计划封存的档案。情形近似的,还有益阳兔子山三号井简牍。其他古井简牍群,则与之相反。比如里耶秦简,古井井内堆积达 30 层(17 大层),简牍出自十多个层位,且多层出现淤泥甚至板结的现象③,可见不是一次性集中清理。从简牍多与残砖碎瓦、竹木屑和生活垃圾伴出,极少集中出土,且部分有烧灼痕迹等情况来看④,里耶秦简在弃置井内之前绝对不是编联成册的状态,很可能与杂物垃圾堆放在一起。当然,里耶秦简也没有出现下层简牍年代较早、上层简牍年代较晚的分布现象,故其弃置过程应该也不会太久。走马楼西汉简、东牌楼东汉简、五一广场东汉简、郴州苏仙桥吴简、益阳兔子山七号井简牍等,情形皆与里耶秦简相近。⑤

简牍群性质的理清,有助于下一步工作的开展。比如成卷成束弃置的走马楼吴简,就需要绘制揭剥图,进而可利用揭剥图复原简册;而弃置之前就已处于散乱状态的里耶秦简、五一广场东汉简等,则不太可能复原简册,也大可不必绘制揭剥图。⑥ 简帛整理标准的建立与统一,正日渐引起业界的注意,是否绘制揭

---

① 长沙市文物工作队、长沙市文物考古研究所:《长沙走马楼 J22 发掘简报》,《文物》1999 年第 5 期,第 5-7 页。

② 走马楼简牍整理组编著:《长沙走马楼三国吴简·嘉禾吏民田家莂》上册《长沙走马楼二十二号井发掘报告》,北京:文物出版社,1999 年,第 7-9 页。

③ 湖南省文物考古研究所、湘西土家族苗族自治州文物处、龙山县文物管理所:《湖南龙山里耶战国—秦代古城一号井发掘简报》,《文物》2003 年第 1 期,第 4-35 页;刘瑞:《里耶古城 J1 埋藏过程试探》,载中国社会科学院考古研究所等编:《里耶古城·秦简与秦文化研究——中国里耶古城·秦简与秦文化国际学术研讨会论文集》,北京:科学出版社,2009 年,第 84-97 页。

④ 目前刊布的里耶秦简,有烧灼痕迹者如 6-6、6-10、8-11、8-34、8-473、8-527、8-611、8-693、8-1146、8-1156、8-1186、8-1191、8-1207、8-1208、8-1233、8-1537、8-1693、8-1742、8-1796、8-1799、8-1800、8-1807、8-1825、8-1909、8-2034、8-2527、8-2548、9-81、9-104、9-268、9-687、9-2260、9-2319、9-2405、9-2509、9-2546、9-2568、9-2582、9-2610、9-2669、9-2676、9-2741、9-3366、9-3375 等。如果在弃置之前属于档案,是不应该被烧灼的。

⑤ 详细研究,请参考拙文《古井简的弃置与性质》,《文史》2021 年第 2 辑,第 27-44、78 页。

⑥ 有学者即为里耶秦简没有提供揭剥信息而遗憾,参 Robin D. S. Yates. The Qin Slips and Boards From Well No. 1, Liye, Hunan: a Brief Introduction to the Qin Qianling Country Archives, *Early China* 35 (2013), p. 296.

剥图是古井简整理要面临的基本问题,而理清简牍群的性质,则可以减少不必要的工作,并促进相关研究的开展。

三、结语:作为出土文物的简牍

自二十世纪初以来,各地陆续出土大量文书简牍,而与传世文献不同,文书简牍的生成具有迥异的特点,属于货真价实的出土文物,具有鲜明的物质属性和考古属性。毫无疑问,文书简最有价值的信息当然是简牍文字,但文字之外的信息同样也具有重要意义,有时会发挥不可替代的关键作用。因为各种主客观条件的限制,以往的研究出现过于强调简文而忽略简牍本身特点的倾向,故文书简价值未被充分发掘,部分研究的基础不够牢靠。有鉴于此,本文提出,应充分重视文书简的考古属性与物质属性,从文书学和考古学的角度开展研究,关注或结合文字之外的信息。具体而言,应充分注意文书简的物质形态和出土地,考察簿籍性质和主人归属,细心留意能否编联成册,判断简牍群是由什么机构所遗留的,是如何弃置的。如果是西北地区较为开阔的遗址出土的文书简,还需要密切留意简牍出土的具体地点及整个遗址的功能区划,考察简文记载与遗址分区的对应关系,甚至进一步考察遗址机构的行政运作。[①] 这些角度的观察与研究,能够扩大研究者的视野,增进对简牍文字的正确理解与进一步利用。

同时,从前面的讨论中,也不难感受到简牍的考古信息对具体研究的开展所具有的关键作用。因此,这也对简牍发掘者和整理者提出了更高的要求——考古工作尽可能细致和充分,信息公布尽可能及时和丰富。具体而言,一方面在简牍发掘工作中,除了关注简牍上的文字外,还要密切留意其文物属性,详细记录考古信息,包括出土遗址、层位、堆积、伴出物等;另一方面,在简牍整理刊布时,提供尽可能充分的信息,包括简牍的尺寸、重量、空白简和简牍无字面等情况。当然,最为重要的是,这些信息一定要及时公布,尽早出版详细的考古报告。此外,在简牍整理和刊布时希望充分贯彻考古学原则,譬如简牍的编号一定要反映

[①] 此前,籾山明借鉴 Michael Schiffer 的行为考古学(behavioral archaeology)理论,倡导关注简牍从生产到消亡的整个过程,将简牍制作、使用、移动、保管、再利用、废弃、出土等环节都放在整体中进行考量和研究〔参(日)籾山明:《序論——出土簡牘史料の生態の研究に向けて》,载(日)籾山明、(日)佐藤信编:《文献と遺物の境界——中國出土簡牘史料の生態研究》,東京外國語大學アジア・アフリカ言語文化研究所,2011年,第63-65頁〕。这一思路极具启发意义,值得学界充分重视。

遗址、层位、序号等,以利于开展相关研究。

今天简牍发掘和整理刊布的现状,还远远满足不了上述要求。不过,可喜的是,一些先进经验已被采用,如对册书复原至关重要的揭剥图,已经在文书简的发掘工作中陆续得到应用。[①] 作为研究者,笔者希望能更进一步,真正将简牍视为考古文物,在整理和刊布时,注意提取和公布更多更丰富的信息,毕竟有些信息是即时性的,一旦失去,事后再难补救。

---

① 比如益阳兔子山遗址九号井第七层简牍就绘制了揭剥图,参湖南省文物考古研究所、益阳市文物处:《湖南益阳兔子山遗址九号井发掘简报》,《文物》2016 年第 5 期,第 39 页。